easy **Excel 2007**

Excel 2007

Spielend einfach kalkulieren

RAINER WALTER SCHWABE

→leicht →klar →sofort

Bibliografische Information Der Deutschen Bibliothek
Die Deutsche Bibliothek verzeichnet diese Publikation in der
Deutschen Nationalbibliografie; detaillierte bibliografische Daten
sind im Internet über http://dnb.ddb.de abrufbar.

Umwelthinweis:
Dieses Buch wurde auf chlorfrei gebleichtem Papier gedruckt.

10 9 8 7 6 5 4 3 2 1

09 08 07

ISBN 978-3-8272-4139-9

© 2007 by Markt+Technik Verlag,
ein Imprint der Pearson Education Deutschland GmbH,
Martin-Kollar-Straße 10–12, D-81829 München/Germany
Alle Rechte vorbehalten
Coverkonzept: independent Medien-Design, Widenmayerstraße 16, 80538 München
Covergestaltung: Thomas Arlt, tarlt@adesso21.net
Titelfoto: ID, Image Direkt
Lektorat: Birgit Ellissen, bellissen@pearson.de
Herstellung: Monika Weiher, mweiher@pearson.de
Satz: reemers publishing services gmbh, Krefeld
Druck und Verarbeitung: Kösel, Krugzell (www.KoeselBuch.de)
Printed in Germany

Inhaltsverzeichnis

8 Zeit sparen: Formeln schnell kopieren   161

9 Ein Währungsrechner für den Urlaub   175

10 Prozente leicht ermitteln   199

11 Präsentieren mit Diagrammen und Bildern   213

Liebe Leserin, lieber Leser,

auf jeder Seite dieses Buches lernen Sie Excel 2007 Schritt für Schritt kennen: einfach und präzise, ohne viel Umstände direkt zum Ziel.

Die ersten Kapitel dienen zum Kennenlernen der Software. Je weiter Sie kommen, desto mehr erfahren und lernen Sie. Also ganz leicht, dann intensiv und kompakt. Kapitel wie Diagramme und Funktionen sind umfangreich, aber für Sie leicht gehalten und auf den Punkt gebracht!

Mit jedem Mausklick erweitern Sie Ihr Wissen. Halten Sie sich einfach an die Schritte und Sie werden Excel 2007 schnell beherrschen. Wenn Sie das letzte Kapitel im Buch beendet haben, werden Sie sagen: »Excel 2007 – ja, das kann ich!«

Sollten Sie dennoch Fragen und/oder weitere Anregungen haben, können Sie mir unter *Info@mut.de* eine Mail schreiben. Bitte geben Sie dabei die ISBN-Nummer und den Titel des Buches an. Es würde mich sehr freuen, von Ihnen zu lesen! Ich helfe Ihnen gerne.

Übrigens, wem's gefällt und wer Word 2007 lernen möchte, dem empfehle ich Word Easy. Es ist genauso einfach aufgebaut wie dieses Buch.

Ihr

Rainer Walter Schwabe

Die Tastatur

Auf den folgenden drei Seiten sehen Sie, wie Ihre Computer-
tastatur aufgebaut ist. Damit es für Sie übersichtlich ist, werden
Ihnen immer nur bestimmte Tastenblöcke auf einmal vorgestellt.
Ein großer Teil der Computertasten funktioniert wie bei der
Schreibmaschine. Es gibt aber noch einige zusätzliche Tasten,
die auf Besonderheiten der Computerarbeit zugeschnitten sind.
Sehen Sie selbst ...

Schreibmaschinen-Tastenblock

Diese Tasten bedienen Sie genauso wie bei der Schreibmaschine.
Mit der Eingabetaste schicken Sie außerdem Befehle an den Computer ab.

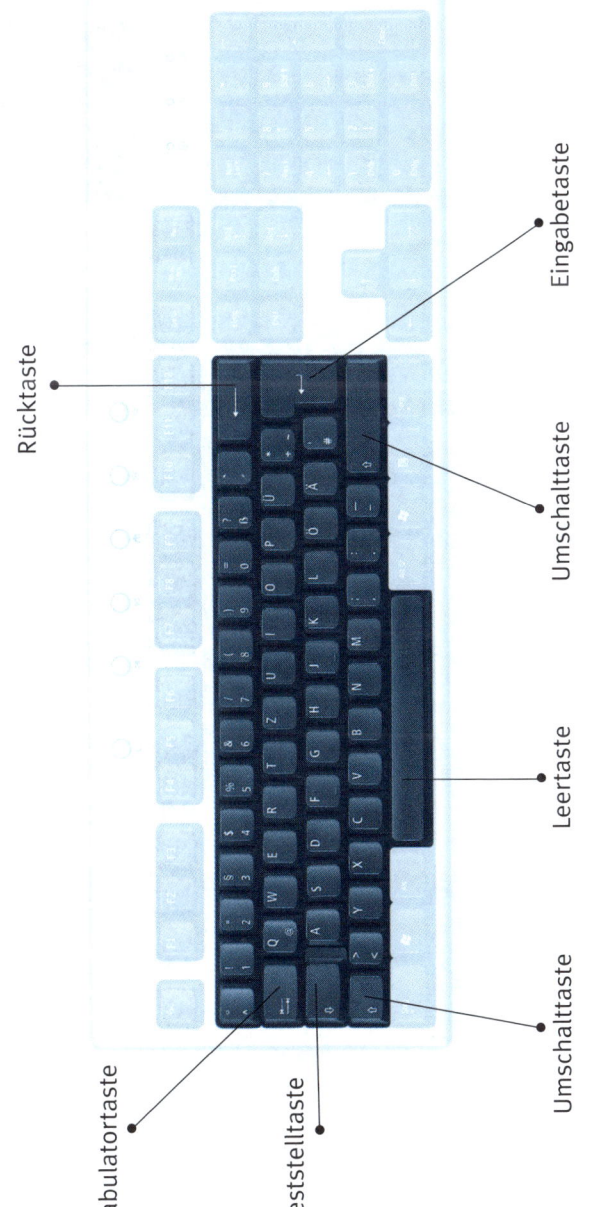

Rücktaste

Eingabetaste

Umschalttaste

Leertaste

Umschalttaste

Tabulatortaste

Feststelltaste

Sondertasten, Funktionstasten, Kontrollleuchten, Zahlenblock

Sondertasten und Funktionstasten werden für besondere Aufgaben bei der Computerbedienung eingesetzt. [Strg]-, [Alt]- und [AltGr]-Taste meist in Kombination mit anderen Tasten. Mit der [Esc]-Taste können Sie Befehle abbrechen, mit Einfügen und Entfernen u.a. Text einfügen oder löschen.

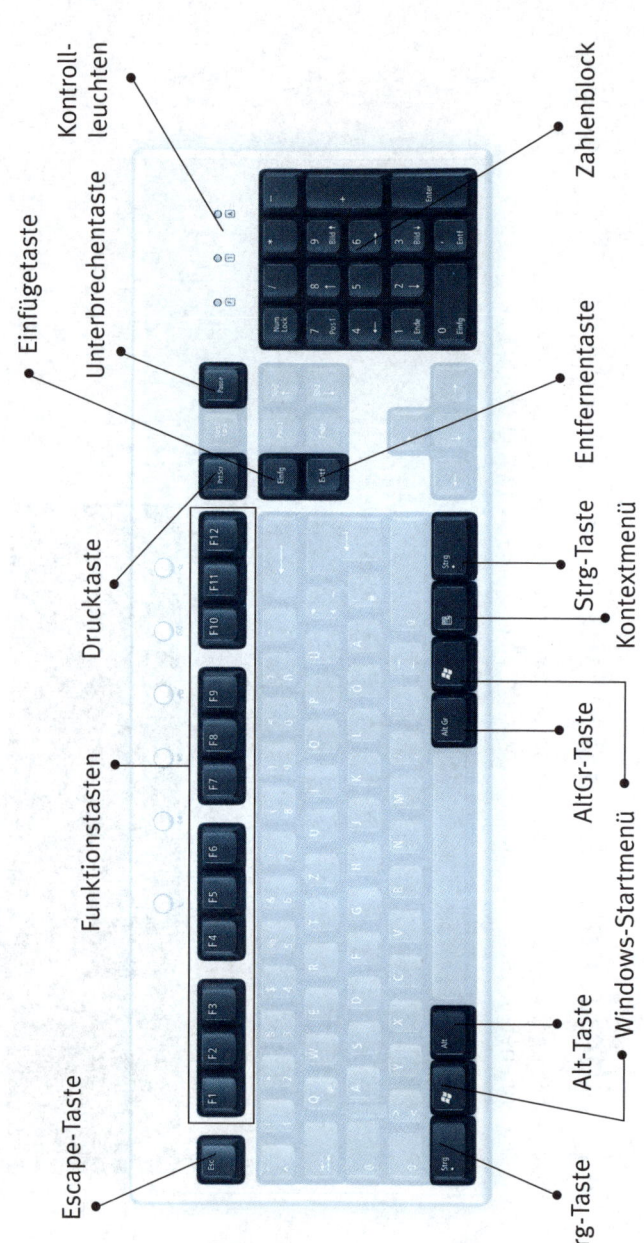

Kontroll-leuchten

Zahlenblock

Einfügetaste

Unterbrechentaste

Entfernentaste

Drucktaste

Strg-Taste

Kontextmenü

Funktionstasten

AltGr-Taste

Windows-Startmenü

Escape-Taste

Alt-Taste

Strg-Taste

Navigationstasten

Mit diesen Tasten bewegen Sie sich auf dem Bildschirm.

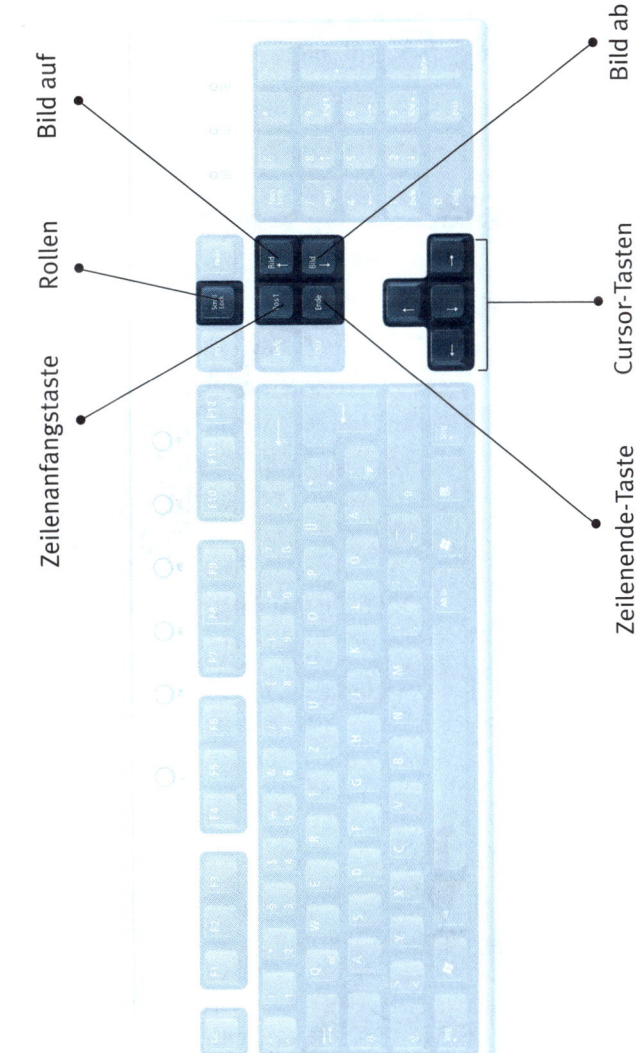

Die Maus

»Klicken Sie ...«

heißt: einmal kurz
auf eine Taste drücken.

Mit der
linken Maustaste
klicken ...

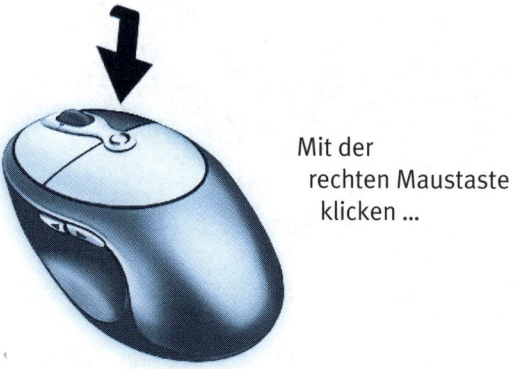

Mit der
rechten Maustaste
klicken ...

»Doppelklicken Sie ...«

heißt: die linke Taste zweimal
schnell hintereinander
ganz kurz drücken.

Doppelklicken

»Ziehen Sie ...«

heißt: auf bestimmte Bildschirmelemente
mit der linken Maustaste klicken, die Taste
gedrückt halten, die Maus bewegen und
dabei das Element auf eine andere Position
ziehen.

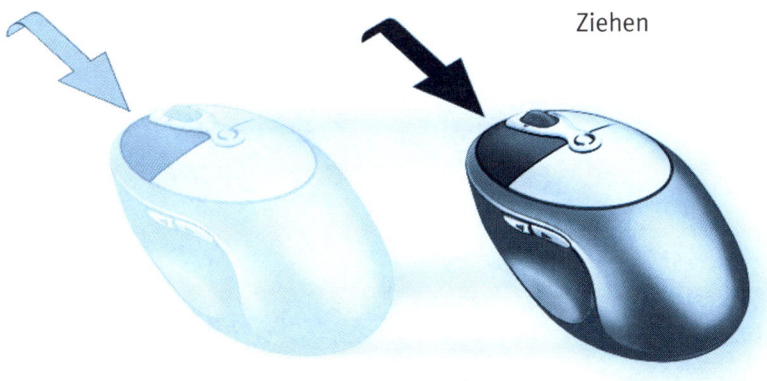

Ziehen

Das lernen Sie zuerst

Kapitel 1

So sieht Excel 2007 also aus!

Sie starten die Tabellenkalkulation Excel 2007 zum ersten Mal: eine fremde Welt, die Sie nun in wenigen Schritten kennen lernen werden. Sie tasten sich langsam, jedoch gezielt heran. In diesem Kapitel lernen Sie die einzelnen Symbolleisten kennen und mit ihnen umzugehen. Sie erfahren zunächst mit ein paar Mausklicks, wie die Benutzeroberfläche von Excel 2007 aufgebaut ist und wie Sie sich mit ihr schnell zurechtfinden.

Das Aussehen von Excel 2007

Microsoft Excel ist ein Programm, um *Tabellenkalkulationen* durchzuführen. Dazu wird am Bildschirm eine Tabelle dargestellt, die in Spalten und Zeilen eingeteilt ist. Hier führen Sie größtenteils Rechnungen, also Kalkulationen, durch.

> **Fachwort**
>
> *Kalkulieren* = »berechnen, überlegen«. Eine Abwandlung des lateinischen Worts *calculare* (die präzise wörtliche Übersetzung lautet: mit Rechensteinen umgehen).

Die Titelleiste

In der Titelleiste erkennen Sie den Namen der Arbeitsmappe, mit der Sie im Moment arbeiten.

Mappe1 - Microsoft Excel

In Excel bezeichnet man die Blätter, die Sie bearbeiten, als *Arbeitsmappe*.

Diese beinhaltet mehrere *Arbeitsblätter*.

Büroalltag	=	Excel
Ordner	=	Arbeitsmappe
Seiten im Ordner	=	Arbeitsblatt (oder Tabellenblatt)

Der Befehlsbereich

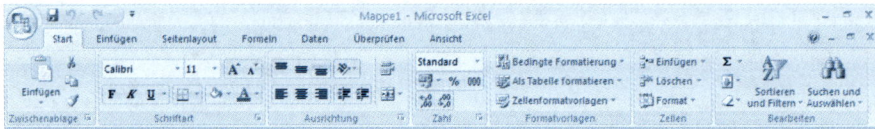

Ganz oben befindet sich der *Befehlsbereich*. Hier werden, wie der Name es bereits verrät, Befehle mit der Maus angesteuert und ausgeführt.

Achtung

Entscheidend für die Darstellungen in Excel 2007 ist Ihre *Bildschirmauflösung*. Standardmäßig arbeiten Sie mit einer Bildschirmeinstellung von »1 024 x 768«. Arbeiten Sie mit einer geringeren Auflösung, kann es gelegentlich vorkommen, dass die Schaltflächen anders dargestellt werden.

Das Arbeitsblatt

Des Weiteren sehen Sie den Arbeitsbereich. In Excel bezeichnet man ihn als Arbeitsblatt bzw. *Tabellenblatt*. Hier führen Sie Ihre Berechnungen (oder auch Zahlen- und Texteingaben) durch. Ein Tabellenblatt besteht aus *Zeilen* und *Spalten*.

Hinweis

Nur zur Information: Ein Tabellenblatt umfasst insgesamt 1 048 576 Zeilen und 16 384 Spalten.

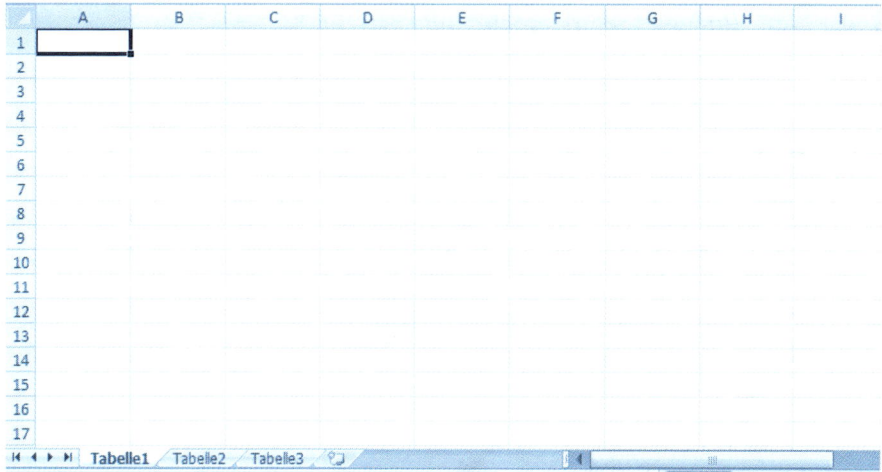

Das Aussehen des Mauszeigers

 Der Mauszeiger zeigt Ihnen an, wo Sie sich gerade mit ihm befinden. Er spricht (in seiner Zeichensprache) förmlich mit Ihnen und gibt Auskunft darüber, was Sie gerade – Befehle oder Eingaben – machen können.

Sein Aussehen ändert sich entsprechend seiner Position auf dem Monitor. Befinden Sie sich mit der Maus im Befehlsbereich, erscheint er als Pfeil. Jetzt könnten Sie Aktionen wie Speichern oder Drucken ausführen.

Wenn Sie dagegen den Mauszeiger im Tabellenblatt positionieren, erhält er das Aussehen eines weißen Kreuzes. Jetzt könnten Sie Eingaben wie Zahlen und/oder Texte durchführen.

Die Office-Schaltfläche

 Links oben am Bildschirm erkennen Sie eine Schaltfläche. Über die *Office*-Schaltfläche öffnen Sie per Mausklick ein Menü. Die Einträge, die Sie hier finden, werden Ihnen im Laufe des Buches erklärt, doch zunächst zur Handhabung.

 **1** Klicken Sie auf die *Office*-Schaltfläche. Das Menü öffnet sich. Hier führen Sie Befehle aus.

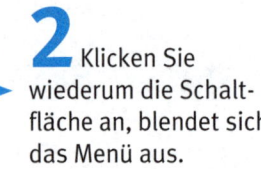 **2** Klicken Sie wiederum die Schaltfläche an, blendet sich das Menü aus.

Die Symbolleiste für den Schnellzugriff

Die *Symbolleiste für den Schnellzugriff* ermöglicht Ihnen, Schaltflächen schnell einzubinden. Diese Symbolleiste passen Sie nach Ihren eigenen Arbeitsbedürfnissen an. Sie erreichen dann die benötigten Befehle sehr schnell. In diesem Beispiel binden Sie die Schaltfläche *Neu*

ein. Mit *Neu* legen Sie eine neue Arbeitsmappe schnell an. Das kann sehr hilfreich sein, falls Sie neue Übungen durchführen möchten. Ansonsten wählen Sie immer den Eintrag *Neu* im Menü über die *Office*-Schaltfläche.

1 Öffnen Sie über die Schaltfläche *Symbolleiste für den Schnellzugriff anpassen* eine Liste mit möglichen Befehlen. Die mit einem Häkchen versehenen Einträge sind bereits in der Symbolleiste für den Schnellzugriff platziert.

Hinweis

Klicken Sie hier auf einen Befehl, zu dem ein Häkchen angezeigt wird, erscheint die jeweilige Schaltfläche nicht mehr in der *Symbolleiste für den Schnellzugriff*.

2 Aktivieren Sie den Eintrag *Neu*.

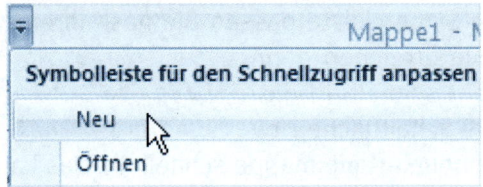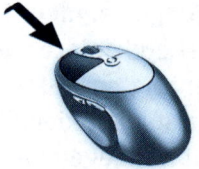

Die Schaltfläche *Neu* wird in die *Symbolleiste für den Schnellzugriff* platziert.

Genauso wie eine Schaltfläche hier angelegt wurde, kann sie auch wieder schnell entfernt werden. Dazu stehen Ihnen zwei Wege zur Verfügung. Der erste: Sie blenden die Schaltfläche aus, indem Sie den ersten Schritt von vorhin durchführen, aber dann durch Anklicken des Befehls das Häkchen entfernen.

In den nächsten Schritten lernen Sie den zweiten, neuen Weg kennen. Sie platzieren den Mauszeiger auf die Schaltfläche und klicken mit der rechten Maustaste. Anschließend erscheint ein Menü, präziser ausgedrückt ein *Kontextmenü*, in dem Sie die Schaltfläche wieder aus der *Symbolleiste für den Schnellzugriff* entfernen können.

Fachwort

Der Name *Kontextmenü* besagt, dass die Zusammenstellung der einzelnen Menüpunkte davon abhängig ist, was Sie gerade machen, wenn Sie die rechte Maustaste drücken.

1 Bewegen Sie den Mauszeiger auf die Schaltfläche *Neu*.

2 Drücken Sie die rechte Maustaste.

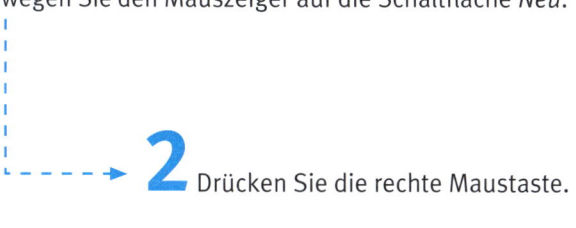

A̲us Symbolleiste für den Schnellzugriff entfernen

S̲ymbolleiste für den Schnellzugriff anpassen...

Symbolleiste für den Schnellzugriff unter der M̲ultifunktionsleiste anzeigen

Multifunktionsleiste mi̲nimieren

3 Wählen Sie den Eintrag *Aus Symbolleiste für den Schnellzugriff entfernen*.

A̲us Symbolleiste für den Schnellzugriff entfernen

S̲ymbolleiste für den Schnellzugriff anpassen...

Symbolleiste für den Schnellzugriff unter der M̲ultifunktionsleiste anzeigen

Multifunktionsleiste mi̲nimieren

Die Schaltfläche *Neu* wird wieder aus der Symbolleiste entfernt.

Die *Symbolleiste für den Schnellzugriff* können Sie auch an einen anderen Ort platzieren: unter die Multifunktionsleiste. Diese Leiste werden Sie im übernächsten Lernabschnitt kennenlernen.

1 Öffnen Sie die Auswahl für *Symbolleiste für den Schnell-zugriff anpassen*.

Symbolleiste für den Schnellzugriff anpassen
Neu
Öffnen
√ Speichern
E-Mail
Schnelldruck
Seitenansicht
Rechtschreibung
√ Rückgängig
√ Wiederholen
Aufsteigend sortieren
Absteigend sortieren
Weitere Befehle...
Unter der Multifunktionsleiste anzeigen
Multifunktionsleiste minimieren

2 Aktivieren Sie den Befehl *Unter der Multifunktionsleiste anzeigen*.

Weitere Befehle...
Unter der Multifunktionsleiste anzeigen
Multifunktionsleiste minimieren

Die Symbolleiste wird unter die Multifunk-tionsleiste gesetzt.

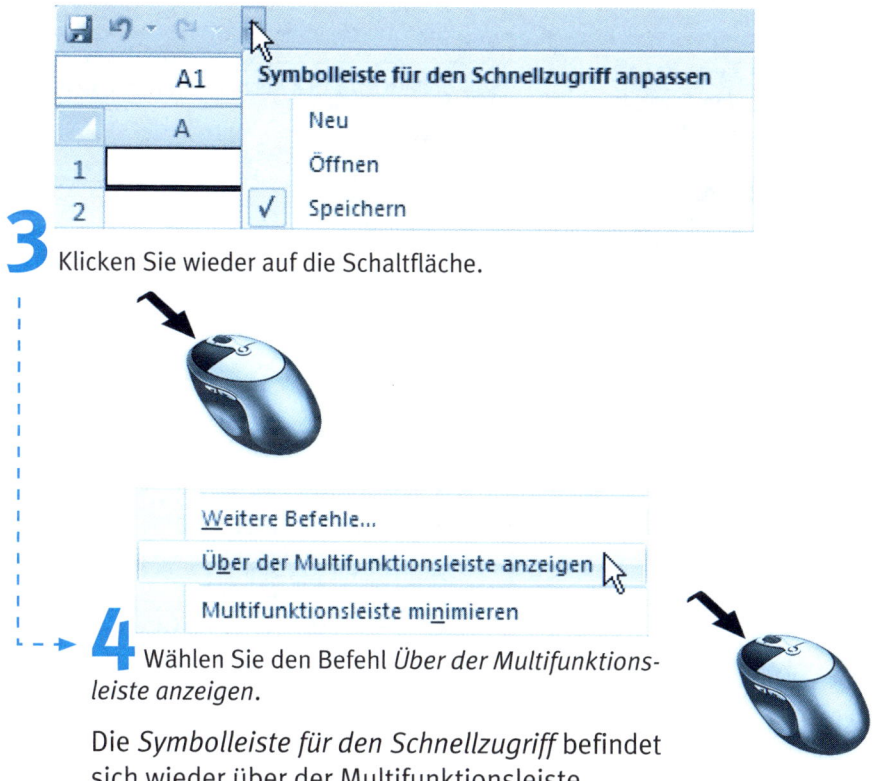

3 Klicken Sie wieder auf die Schaltfläche.

4 Wählen Sie den Befehl *Über der Multifunktions-leiste anzeigen*.

Die *Symbolleiste für den Schnellzugriff* befindet sich wieder über der Multifunktionsleiste.

Die Multifunktionsleiste

Die bereits erwähnte Multifunktionsleiste beinhaltet viele Befehle, die Sie im Laufe des Buches kennenlernen. Zunächst können Sie diese Leiste am Bildschirm auch minimieren.

1 Öffnen Sie in der *Symbolleiste für den Schnellzugriff* wieder die Auswahl.

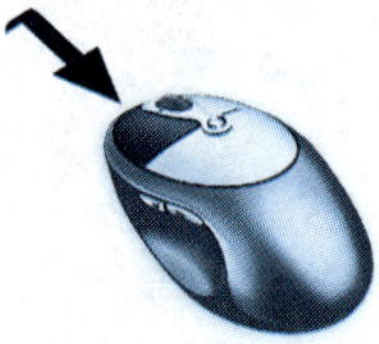

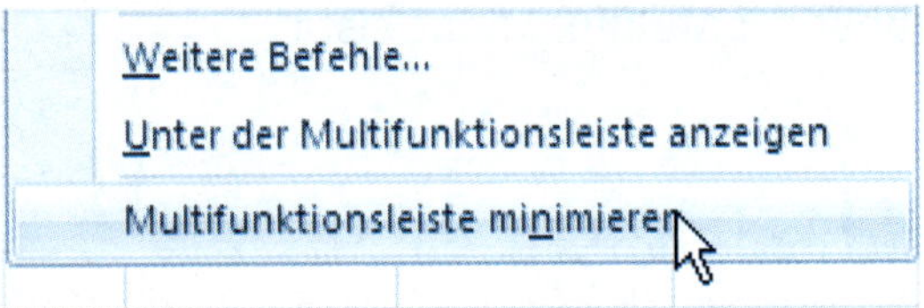

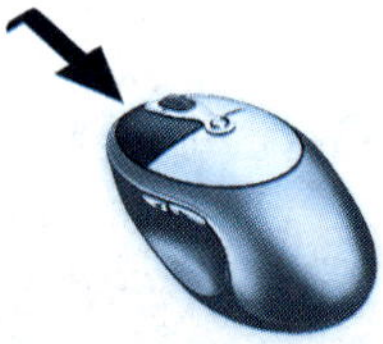

Symbolleiste für den Schnellzugriff anpassen

Neu

Öffnen

✓ Speichern

E-Mail

Schnelldruck

Seitenansicht

Rechtschreibung

✓ Rückgängig

✓ Wiederholen

Aufsteigend sortieren

Absteigend sortieren

W̲eitere Befehle...

U̲nter der Multifunktionsleiste anzeigen

Multifunktionsleiste mi̲nimieren

W̲eitere Befehle...

U̲nter der Multifunktionsleiste anzeigen

Multifunktionsleiste mi̲nimieren

2 Klicken Sie den Befehl *Multifunktionsleiste minimieren* an.

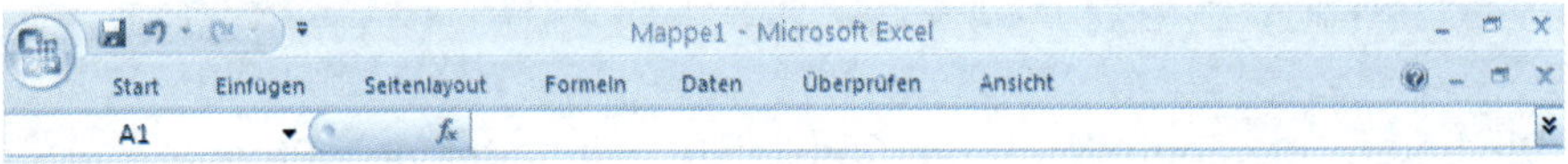

Mappe1 - Microsoft Excel

Start   Einfügen   Seitenlayout   Formeln   Daten   Überprüfen   Ansicht

A1

Die Multifunktionsleiste wurde minimiert.

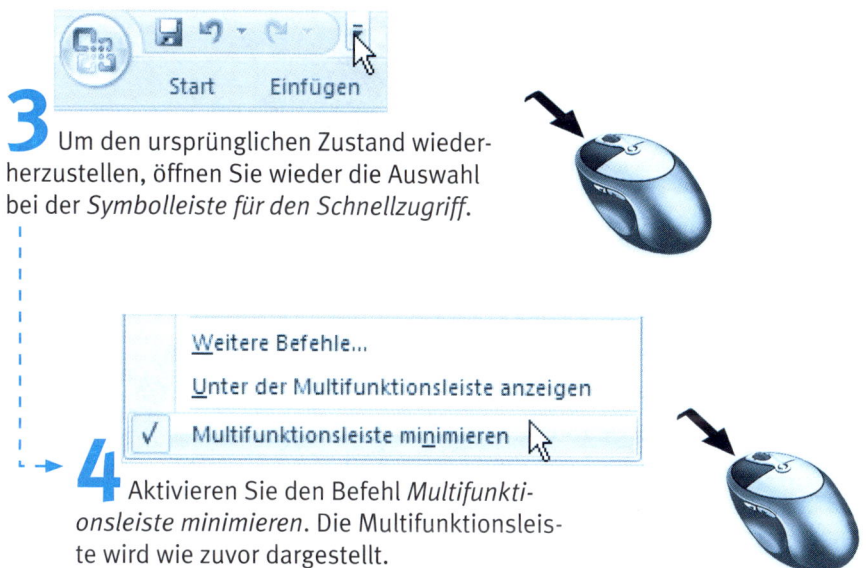

3 Um den ursprünglichen Zustand wiederherzustellen, öffnen Sie wieder die Auswahl
bei der *Symbolleiste für den Schnellzugriff.*

4 Aktivieren Sie den Befehl *Multifunktionsleiste minimieren.* Die Multifunktionsleiste wird wie zuvor dargestellt.

Die Multifunktionsleiste ist wie eine Art »Karteikasten« dargestellt, der
verschiedene Karten (= *Registerkarten*) enthält. Auf jeder Registerkarte
finden Sie die unterschiedlichsten Befehle, abhängig davon, was Sie gerade in Excel 2007 bearbeiten.

Der Zoom

Sie können die Ansicht auf Ihrem Bildschirm mithilfe des *Zooms* individu-
ell vergrößern oder auch verkleinern. Wichtig dabei ist: Die Schriftgröße
ändert sich nicht bei einem späteren Ausdruck. Die Funktion dient nur zur
besseren Darstellung auf dem Monitor. Betrachten Sie es wie beim Zoom
eines Fotoapparats oder Fernglases. Damit können Sie sich die Motive
näher heranholen. Das Motiv jedoch ändert seine tatsächliche Größe in
Wirklichkeit nicht.

Sie ändern den Zoom in der Statusleiste am unteren Bildschirmrand, indem
Sie die Schaltflächen – oder + wählen.

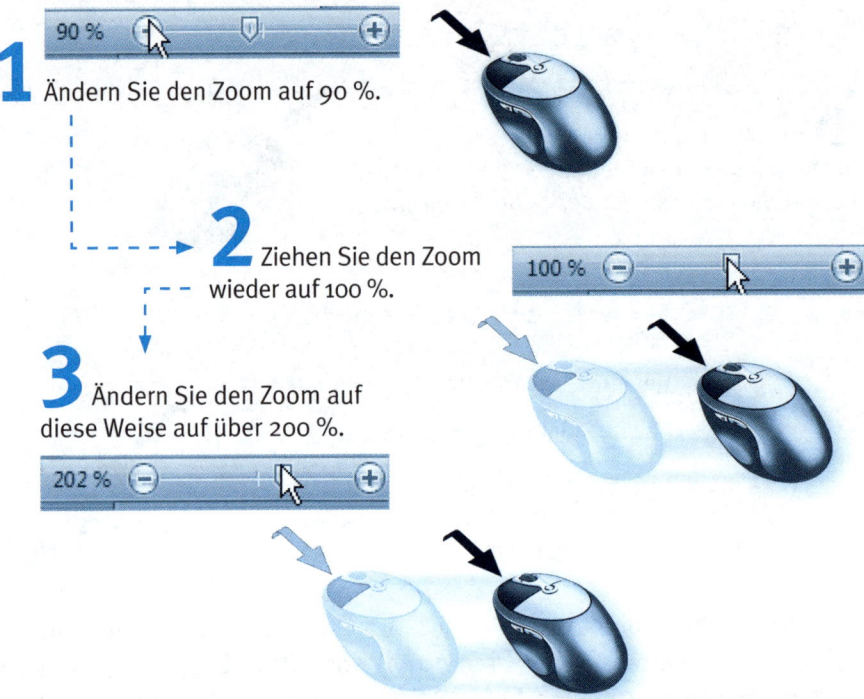

1 Ändern Sie den Zoom auf 90 %.

2 Ziehen Sie den Zoom wieder auf 100 %.

3 Ändern Sie den Zoom auf diese Weise auf über 200 %.

Bei jeder Zoomeinstellung ändert sich die Ansicht auf Ihrem Bildschirm.

Auf diese Art und Weise stellen Sie den Zoom nach Ihren persönlichen Bedürfnissen ein. Eine weitere Möglichkeit, den Zoom einzustellen, finden Sie unter der Registerkarte *Ansicht*.

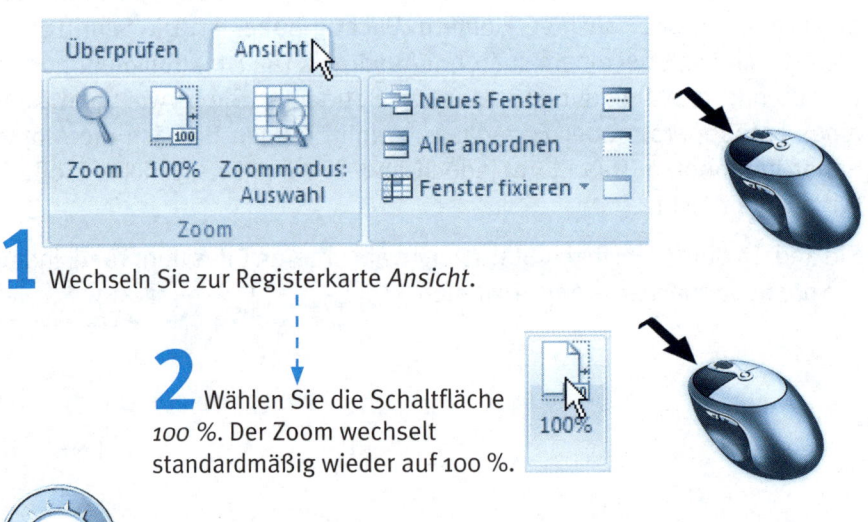

1 Wechseln Sie zur Registerkarte *Ansicht*.

2 Wählen Sie die Schaltfläche *100 %*. Der Zoom wechselt standardmäßig wieder auf 100 %.

> **Tipp**
>
> Wenn Sie später mit umfangreichen Tabellen bzw. Kalkulationen arbeiten, macht eine Anpassung des Zooms Sinn. Dadurch erhalten Sie einen besseren Überblick.

Über die Schaltfläche *Zoom* erhalten Sie eine Alternative. Sie gelangen in ein Dialogfeld, in dem Sie Ihre Zoomeinstellungen vornehmen können. Sie können die Einstellung unter *Zoommodus* und vor allem hier bei *Benutzerdefiniert* sehr genau festlegen.

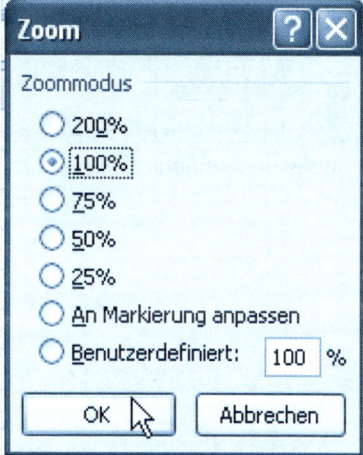

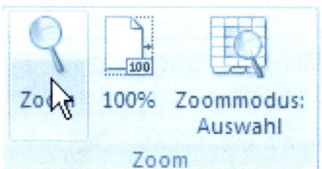

> **Hinweis**
>
> Markieren Sie eine Tabelle, können Sie den Zoom auf *Tabellengröße* einstellen. Dazu wählen Sie die Schaltfläche *Zoommodus: Auswahl*. Die markierte Tabelle füllt den Bildschirm aus. So können Sie sich auf die Eingaben in der Tabelle konzentrieren. Um diese Zoomeinstellung zu nutzen, müssen Sie erst einmal eine Tabelle bzw. eine Kalkulation erstellen, und das machen Sie im Laufe des Buches.

Sie müssen natürlich selbst entscheiden, mit welcher Zoomeinstellung Sie arbeiten möchten. Die einfachste Möglichkeit, den Zoom festzulegen, ist sicherlich über die Leiste am unteren Bildschirmrand.

Die Fenstermodi

Ein Fenster kann drei »Zustände« besitzen: Es kann

1. als »Vollbild« oder
2. »minimiert« dargestellt oder
3. als »Symbol« in die Taskleiste von Windows platziert werden.

1 Klicken Sie in der Excel-Titelleiste auf die Schaltfläche *Minimieren*.

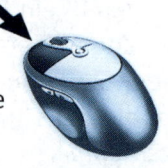

2 Excel erscheint in der Taskleiste am unteren Windows-Bildschirmrand. Klicken Sie auf das *Excel-Symbol* in der Taskleiste.

Das Programm Excel 2007 erscheint als Vollbild.

3 Klicken Sie auf die Schaltfläche *Verkleinern*. Excel 2007 erscheint als verkleinertes Arbeitsfenster auf dem Bildschirm.

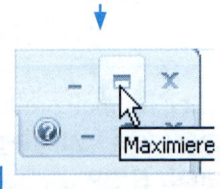

4 Klicken Sie auf die Schaltfläche *Maximieren*. Das Programm Excel 2007 erscheint wieder als Vollbild.

Sie können in Excel 2007 mit mehreren Arbeitsmappen gleichzeitig arbeiten. Das untere Kreuz (X) – *Fenster schließen* – schließt die jeweilige Arbeitsmappe, beendet Excel aber nicht.

Schließen Sie die Arbeitsmappe nicht und machen Sie gleich mit Kapitel 2 weiter. Dort lernen Sie das Beenden von Excel 2007 genauer kennen.

Tipps zum Kapitel

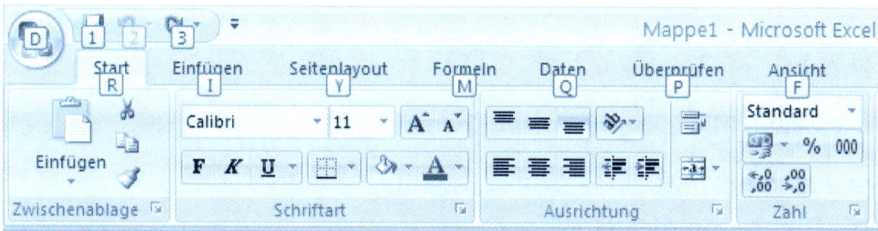

1. Wenn Sie – aus welchen Gründen auch immer – lieber nur mit der Tastatur arbeiten möchten, können Sie auch die Alt -Taste drücken. Es erscheinen dann Zeichen für Tasten und Tastenkombinationen, mit denen Sie die Befehle ausführen können, ohne mit der Maus zu arbeiten. Ein beliebiger Klick ins Tabellenblatt hebt diese Anzeige wieder auf.

> **Fachwort**
>
> Bei einer *Tastenkombination* drücken Sie die eine Taste, halten diese gedrückt und drücken dann zusätzlich die andere Taste. Entsprechend wird ein Befehl ausgeführt.

2. Mit der Tastenkombination ⊞ + M reduzieren Sie sämtliche Arbeitsfenster zu einzelnen Symbolen in der Taskleiste.

3. Gelegentlich mangelt es bei dem Bildschirmausschnitt in Excel an der Übersichtlichkeit. Eine Möglichkeit bietet die Ansicht *Ganze Bildschirmansicht*. Sie finden diesen Befehl auf der Registerkarte *Ansicht* bei den *Arbeitsmappenansichten*. Klicken Sie hier auf die Schaltfläche *Ganzer Bildschirm*. Der Bildschirmausschnitt wird größer. Drücken Sie die Esc -Taste auf der Tastatur, gelangen Sie zur *Normal*-Ansicht zurück.

Kapitel 2

Zahlen schnell eingeben

Excel 2007 ist eine Software, um Tabellenkalkulationen durchzuführen. Bei einer Tabellenkalkulation geht es hauptsächlich um Zahlen, die Sie in diesem Kapitel mittels leichter Übungen in Zellen eingeben. Wie tragen Sie die Zahlen ein und wie löschen Sie sie wieder? Die Eingaben können Sie wieder rückgängig machen oder rückgängig gemachte Eingaben wiederherstellen. Das hört sich komplizierter an, als es in Wirklichkeit ist! Denn es ist ganz easy: Ein Mausklick reicht dazu!

Die Zellen in Excel

	A	B	C	D
1				
2				
3				
4				
5				
6				
7				
8				
9				

Ihr Tabellenblatt besteht aus vielen Kästchen (= *Zellen*). Es erinnert vielleicht an das Spiel »Schiffe versenken« und funktioniert eigentlich genauso, nur dass Sie hier nichts »untergehen lassen«, sondern etwas eintragen.

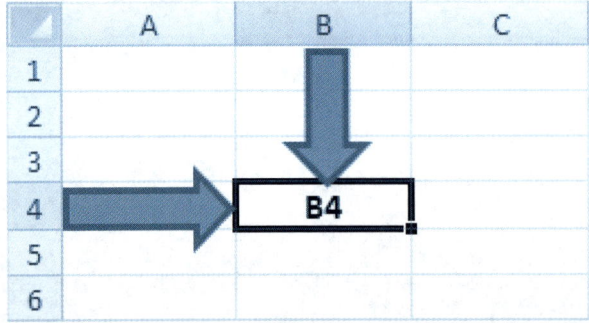

Die einzelnen Kästchen sind die Schnittpunkte zwischen den Spalten und Zeilen.

Fachwort

Die Schnittstelle, an der Spalte und Zeile sich treffen, bezeichnet man in Excel als Zelle.

Die Zellennamen ergeben sich aus den Schnittpunkten der einzelnen Spalten und Zeilen.

Zeilen/Spalten	Spalte A	Spalte B	Spalte C	Spalte D
1. Zeile	Zelle $A1$	Zelle $B1$	Zelle $C1$	Zelle $D1$
2. Zeile	Zelle $A2$	Zelle $B2$	Zelle $C2$	Zelle $D2$
3. Zeile	Zelle $A3$	Zelle $B3$	Zelle $C3$	Zelle $D3$

Achtung
Der Name einer Zelle führt zuerst die Spalte, dann die Zeile auf.

Von Zelle zu Zelle

Sie gelangen von einer Zelle in die nächste, indem Sie einfach eine andere mit der Maus anklicken.

Sie erkennen am hervorgehobenen schwarzen Kasten, in welcher Zelle Sie sich gerade befinden. Hier führen Sie später Ihre Eingaben durch.

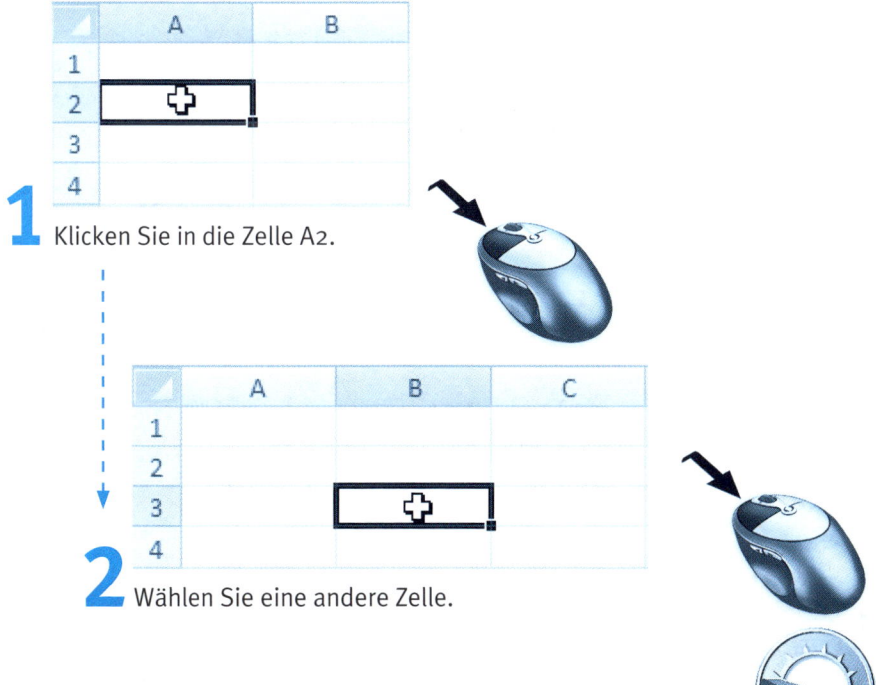

1 Klicken Sie in die Zelle A2.

2 Wählen Sie eine andere Zelle.

Sie können die folgenden Möglichkeiten nutzen, um sich innerhalb eines Arbeitsblatts am Bildschirm zu bewegen:

- die linke Maustaste
- die Cursortasten ⬅, ⬆, ⬇, ➡
- die Tabstopptaste ⇥

Zahlen eingeben

Der Zweck einer Tabellenkalkulation besteht darin, Zahlen zu berechnen. Dazu zählen nur die arabischen Ziffern (0123456789). Die Werte erscheinen immer in den einzelnen Zellen.

Sie klicken beispielsweise eine Zelle mit der linken Maustaste an und tippen über die Tastatur die gewünschten Ziffern ein. Sobald Sie die erste Zahl eingeben, blinkt der Cursor in der Zelle auf.

> **Fachwort**
>
> Der *Cursor* ist ein Positionsanzeiger auf dem Bildschirm in Form eines blinkenden Strichs. Er steht an der Stelle, an der die nächste Angabe erscheint.

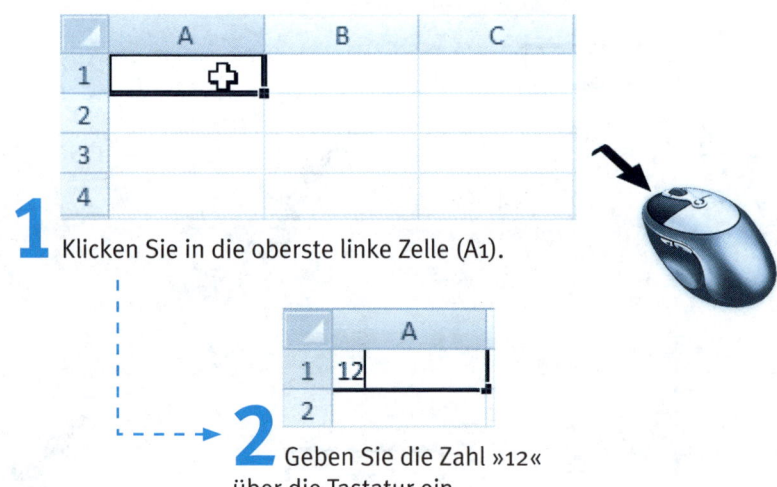

1 Klicken Sie in die oberste linke Zelle (A1).

2 Geben Sie die Zahl »12« über die Tastatur ein.

Sobald Sie eine andere Zelle mit der linken Maustaste anklicken oder auf Ihrer Tastatur ⏎, ⇆, ←, ↑, ↓, → drücken, übernimmt Excel die Angaben. Excel weiß dadurch, dass die Eingabe abgeschlossen ist und die Zahl in der Zelle erscheinen soll.

> **Achtung**
> Jede Eingabe in einer Zelle muss bestätigt werden.

Eine »Art von Bestätigung« erkennen Sie daran, dass die Zahl vom Programm nach rechts geschoben wurde.

> **Achtung**
> Zahlen werden in Zellen standardmäßig immer nach rechts ausgerichtet.

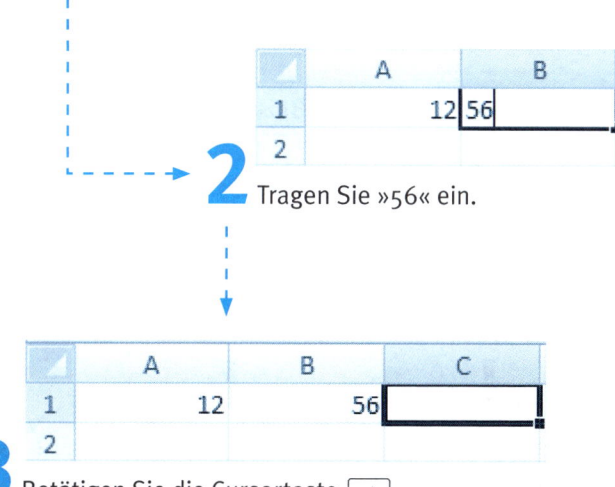

1 Drücken Sie einmal die ⇆-Taste. Sie gelangen nach rechts in die Zelle B1.

2 Tragen Sie »56« ein.

3 Betätigen Sie die Cursortaste →. Sie gelangen in die Zelle C1.

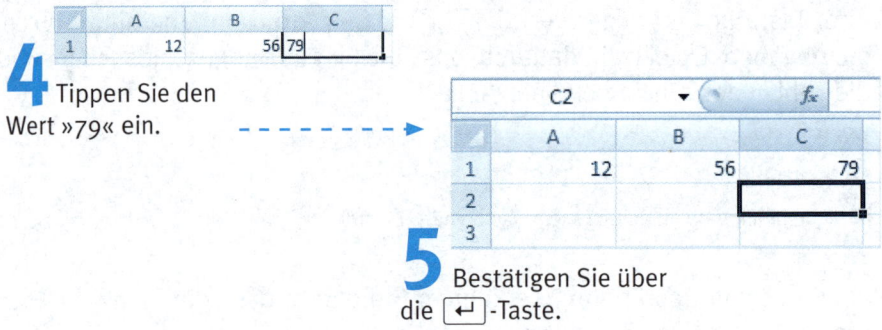

4 Tippen Sie den Wert »79« ein.

5 Bestätigen Sie über die ⏎-Taste.

Beenden Sie Ihre Eingabe über die ⏎-Taste, gelangen Sie automatisch eine Zelle tiefer (im obigen Beispiel in die Zelle C2)!

Die Bearbeitungsleiste

Eine wichtige Hilfe zur Eingabe bietet Ihnen die *Bearbeitungsleiste*. Wie der Name es hier schon verrät, gibt sie an, was Sie gerade in dem Moment der Eingabe bearbeiten. Hier finden Sie den Namen der Zelle (A1, A2, B1, B2 ...), die zurzeit aktiviert ist. Zusätzlich erkennen Sie den Inhalt. Klicken Sie auf Ihre bereits geschriebene Zahl »12«, sehen Sie diesen Wert auch dort.

Die Bearbeitungsleiste informiert Sie über:

Begriff	Beispiel
Zellenname	A1
Zelleninhalt	12

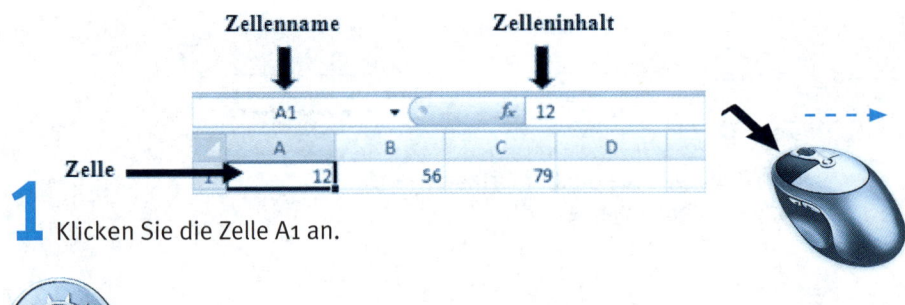

1 Klicken Sie die Zelle A1 an.

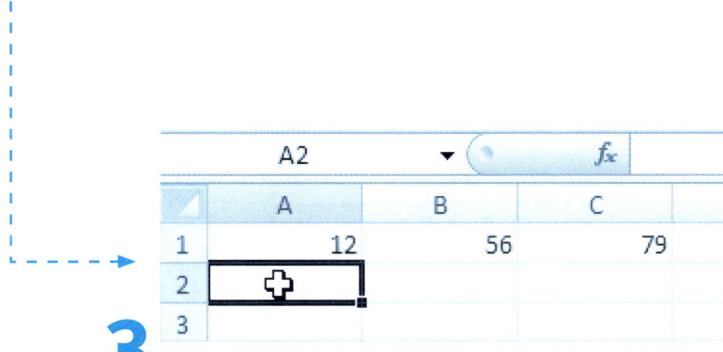

2 Wählen Sie die Zelle C1. Sie sehen den Zelleninhalt in der Bearbeitungsleiste.

3 Klicken Sie dagegen in eine Zelle (hier Zelle A2), deren Inhalt leer ist, sehen Sie in der Bearbeitungsleiste lediglich den Namen und sonst nichts.

Hinweis

Einer negativen Zahl müssen Sie ein Minuszeichen voranstellen.

Während einer Eingabe ...

 ... sehen Sie in der Bearbeitungsleiste neben dem Namen und Inhalt der Zelle zusätzlich ein Kreuz und ein Häkchen.

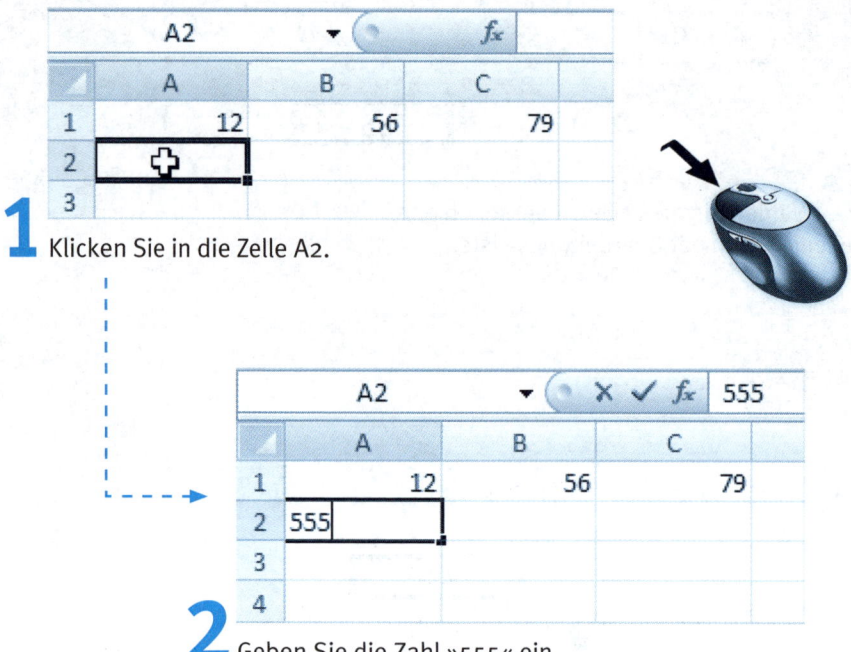

Klicken Sie in die Zelle A2.

2 Geben Sie die Zahl »555« ein.

Klicken Sie auf das *Kreuz* in der Bearbeitungsleiste (oder drücken die `Esc`-Taste auf Ihrer Tastatur), brechen Sie Ihre bisherige Eingabe ab.

Achtung

Haben Sie Ihre Eingabe bereits beendet, können Sie mit dem roten Kreuz später nicht mehr löschen! Das rote Kreuz erscheint nur während des Eingabevorgangs.

1 Löschen Sie die Zahl ...

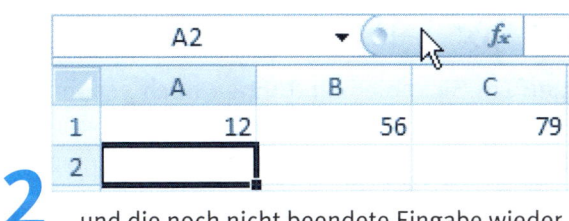

2 ... und die noch nicht beendete Eingabe wieder.

Wenn Sie das Häkchen in der Bearbeitungsleiste anklicken, bestätigen und übernehmen Sie die eingegebene Zahl.

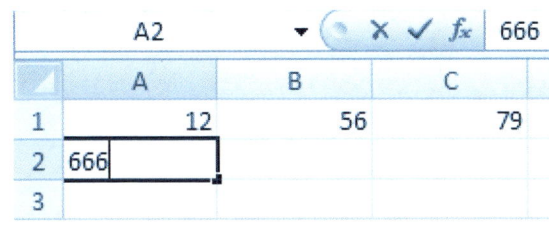

1 Tippen Sie die Zahl »666« ein.

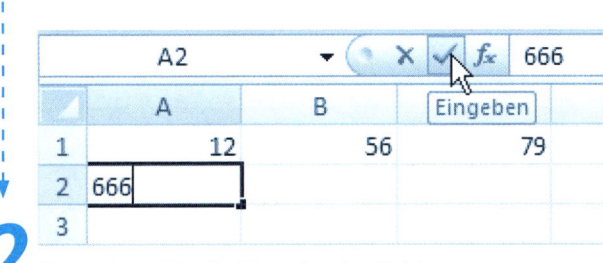

2 Bestätigen Sie die Eingabe der Zahl.

Eingaben korrigieren

Nobody is perfect! Sicherlich sind Ihnen auch schon Fehler unterlaufen, und kaum einer kann von sich behaupten, dass er stets korrekte Angaben macht: Feller – oh, Verzeihung – Fehler machen ist menschlich!

Den einen Fehler möchten Sie vielleicht ganz aus der Welt schaffen, bei dem anderen brauchen Sie nicht alles neu einzugeben, sondern lediglich nur zu korrigieren.

Eine Zelle neu überschreiben

Sie möchten den Wert einer Zelle vollständig ändern? Dazu klicken Sie in die entsprechende Zelle und tippen einfach die neuen Angaben ein.

Beispiel

In der Zelle A2 erkennen Sie den Wert »666«. Sie möchten ihn durch die Zahl »777« ersetzen.

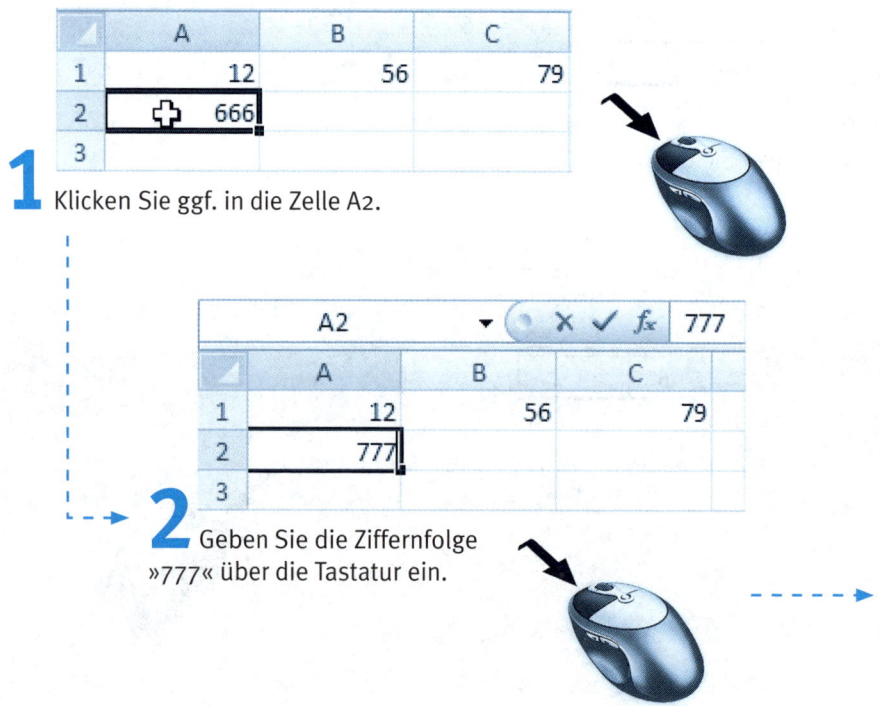

1 Klicken Sie ggf. in die Zelle A2.

2 Geben Sie die Ziffernfolge »777« über die Tastatur ein.

3 Bestätigen Sie die Eingabe.

Zellen(inhalte) löschen

Sie können Zellen – präziser ausgedrückt, deren Inhalte – ganz löschen.
Dazu drücken Sie die [Entf]-Taste auf der Tastatur.

Beispiel

Sie möchten den Inhalt der Zelle A2 vollständig löschen.

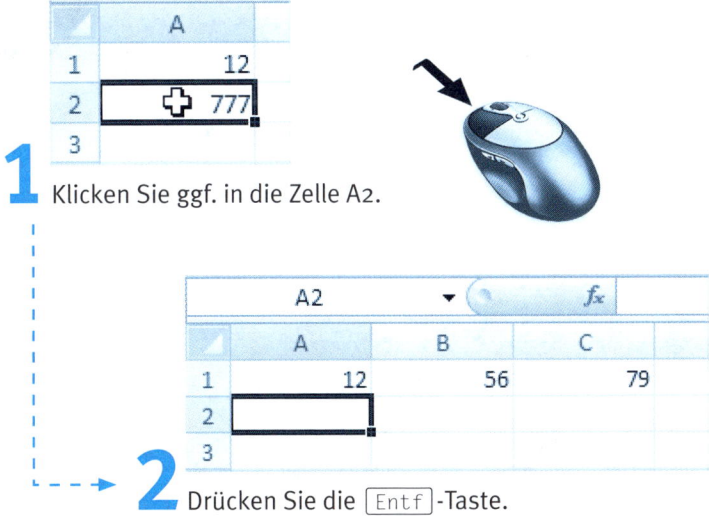

1 Klicken Sie ggf. in die Zelle A2.

2 Drücken Sie die [Entf]-Taste.

Einen Zelleninhalt ändern

Statt Zelleninhalte völlig neu einzugeben, korrigieren Sie diese einfach. Hier hilft Ihnen am besten die Bearbeitungsleiste.

> **Tipp**
>
> Die *Bearbeitungsleiste* ist ein einfacher Weg, um Eingaben zu ändern.

Beispiel

Sie möchten den Inhalt der Zelle A1 von »12« in »123« ändern. Sie fügen lediglich eine »3« hinter den Zahlenwert ein.

Zellenname	Bisheriger Zelleninhalt	Ändern in
A1	12	123

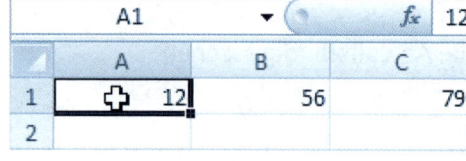

1 Wählen Sie die Zelle A1.

> **Hinweis**
>
> Sobald Sie die Bearbeitungsleiste direkt anklicken, ändert der Mauszeiger sein Aussehen!

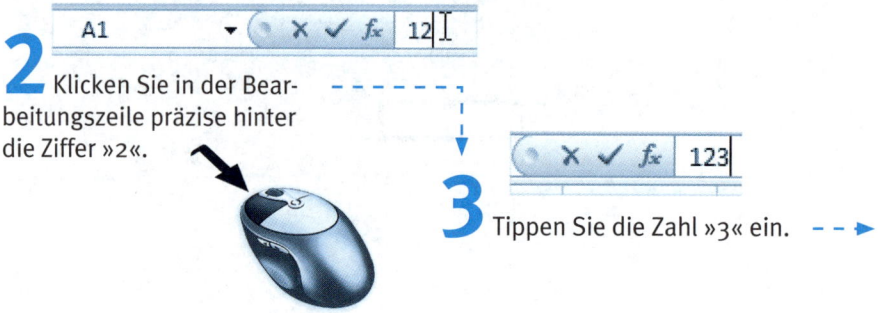

2 Klicken Sie in der Bearbeitungszeile präzise hinter die Ziffer »2«.

3 Tippen Sie die Zahl »3« ein.

4 Aktivieren Sie eine beliebige Zelle, um das Ende der Eingabe zu bestätigen.

Beispiel

Sie korrigieren den Inhalt der Zelle B1 in »456«. Es muss also eine Ziffer vor den bereits vorhandenen Wert »56« eingefügt werden.

Zellenname	Bisheriger Zelleninhalt	Ändern in
B1	56	456

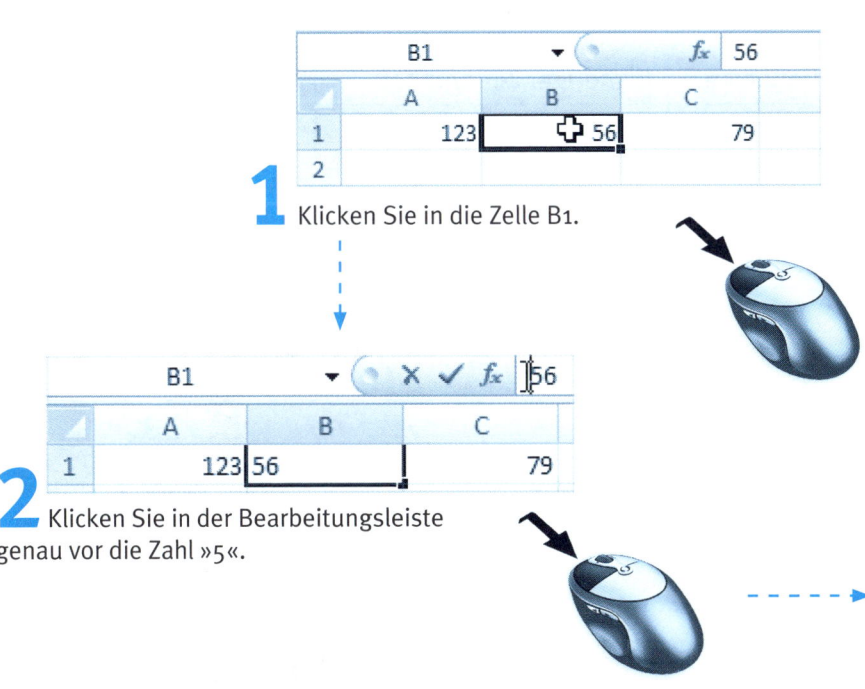

1 Klicken Sie in die Zelle B1.

2 Klicken Sie in der Bearbeitungsleiste genau vor die Zahl »5«.

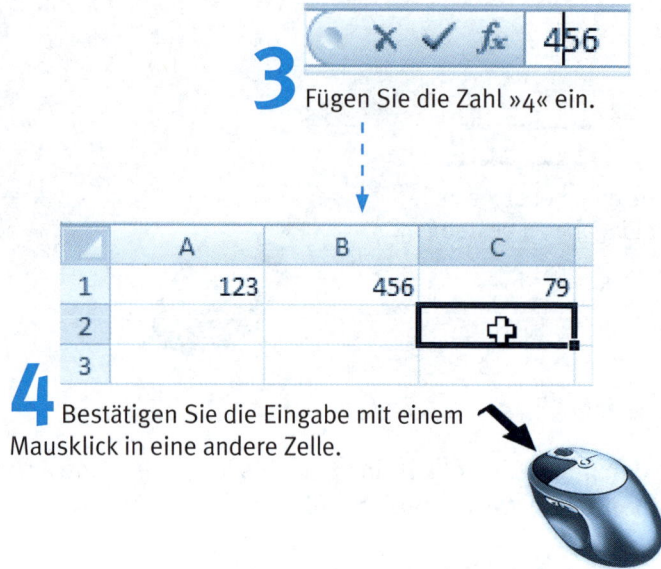

3 Fügen Sie die Zahl »4« ein.

4 Bestätigen Sie die Eingabe mit einem Mausklick in eine andere Zelle.

Beispiel

Sie ändern den Inhalt der Zelle C1 von »79« in »789« um. Sie fügen zwischen die bereits vorhandenen Ziffern eine neue ein.

Zellenname	Bisheriger Zelleninhalt	Ändern in
C1	79	789

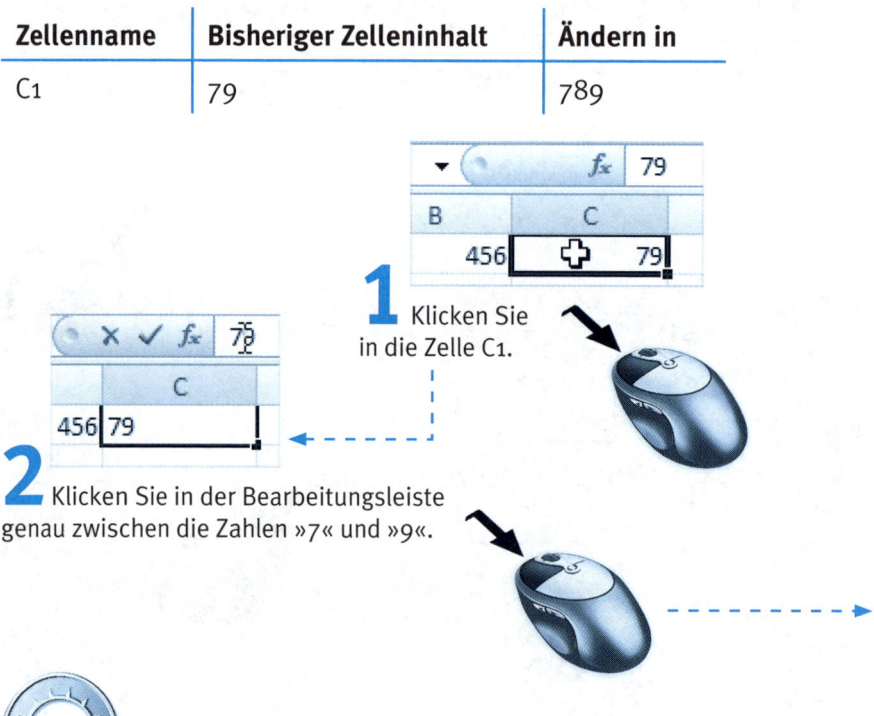

1 Klicken Sie in die Zelle C1.

2 Klicken Sie in der Bearbeitungsleiste genau zwischen die Zahlen »7« und »9«.

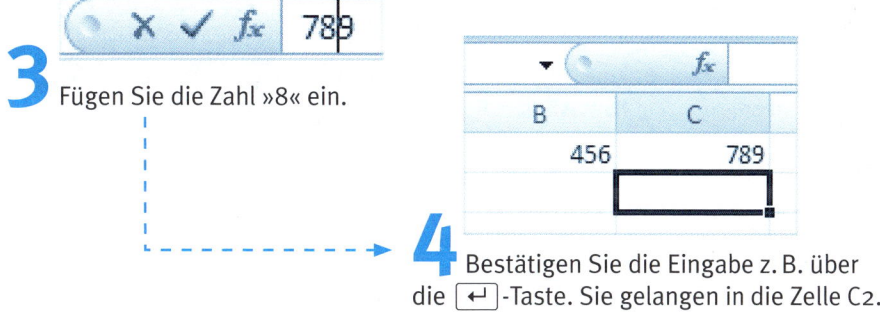

3 Fügen Sie die Zahl »8« ein.

4 Bestätigen Sie die Eingabe z. B. über die ⏎-Taste. Sie gelangen in die Zelle C2.

Eingaben rückgängig machen

Im richtigen Leben kann es einem schon mal schwerfallen, etwas rückgängig zu machen.

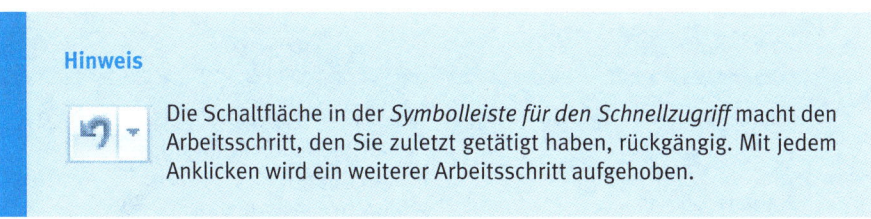

Hinweis

Die Schaltfläche in der *Symbolleiste für den Schnellzugriff* macht den Arbeitsschritt, den Sie zuletzt getätigt haben, rückgängig. Mit jedem Anklicken wird ein weiterer Arbeitsschritt aufgehoben.

1 Klicken Sie auf die Schaltfläche *Rückgängig*.

Die letzte Eingabe wird »rückgängig« gemacht.

Sie können die letzte Aktion auch über die Tastenkombination Strg + Z rückgängig machen.

> **Fachwort**
>
> Bei einer *Tastenkombination* drücken Sie zuerst eine Taste, halten diese nieder und drücken eine weitere Taste. Dadurch wird eine bestimmte Funktion ausgeführt.

Beispiel

Sie möchten nicht einen, sondern die letzten vier Befehle wieder aufheben.

Neben der Schaltfläche *Rückgängig* befindet sich ein kleines Dreieck. Klicken Sie es an, erscheint eine Auswahl bzw. eine Liste der Aktionen, die Sie rückgängig machen können.

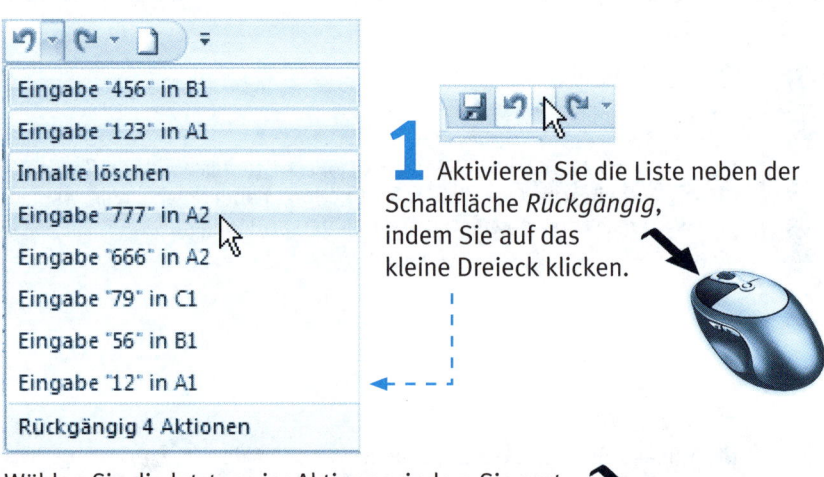

1 Aktivieren Sie die Liste neben der Schaltfläche *Rückgängig*, indem Sie auf das kleine Dreieck klicken.

2 Wählen Sie die letzten vier Aktionen, indem Sie erst ohne Drücken der Maustaste nach unten ziehen. Erst wenn Sie die vierte Aktion erreichen, klicken Sie mit der linken Maustaste.

Haben Sie die Anweisungen des Buches bisher präzise eingehalten, sieht das Arbeitsblatt so aus!

> **Hinweis**
>
> Sie stornieren immer nur die letzten Befehle, also nicht beliebig mal den einen, mal den anderen. Beim Rückgängigmachen einer bestimmten Aktion werden automatisch alle in der Liste vorhergehenden Aktionen von Excel aufgehoben.

Rückgängig gemachte Eingaben wiederherstellen

Im Zusammenhang mit dem Rückgängigmachen muss die Funktion *Wiederherstellen* analog erklärt werden. Die Schaltfläche finden Sie dazu in der *Symbolleiste für den Schnellzugriff*.

> **Hinweis**
>
> 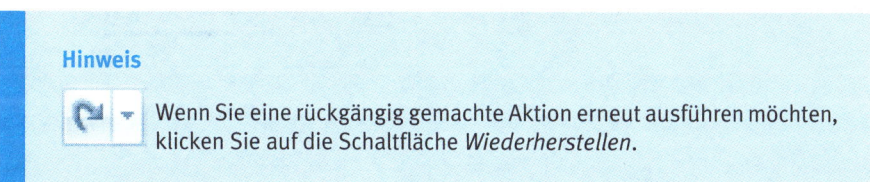 Wenn Sie eine rückgängig gemachte Aktion erneut ausführen möchten, klicken Sie auf die Schaltfläche *Wiederherstellen*.

Beispiel

Sie möchten die letzten vier rückgängig gemachten Befehle wiederherstellen.

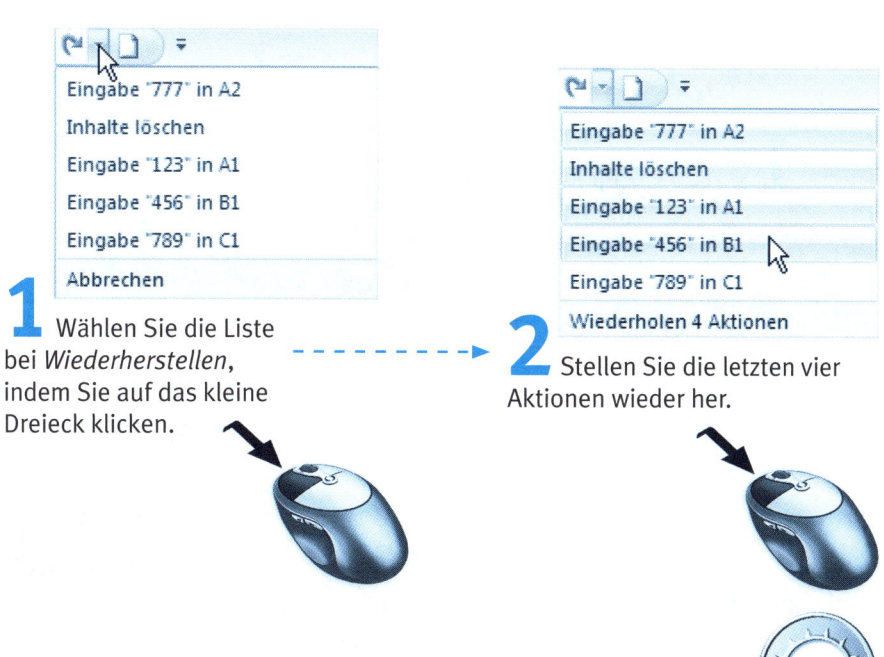

1 Wählen Sie die Liste bei *Wiederherstellen*, indem Sie auf das kleine Dreieck klicken.

2 Stellen Sie die letzten vier Aktionen wieder her.

Natürlich können Sie die Schaltfläche auch einmal anklicken. Der nächste letzte Befehl wird wiederhergestellt.

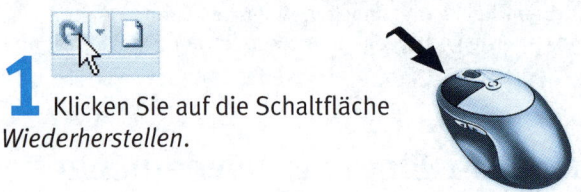

1 Klicken Sie auf die Schaltfläche *Wiederherstellen*.

Diesmal müsste das Ergebnis so aussehen!

	C1			f_x	789	
	A	B		C	D
1	123	456		789	
2					
3					

Excel 2007 beenden

Über die *Office*-Schaltfläche beenden Sie Excel.

Der Befehl *Excel beenden* befindet sich immer ganz unten rechts im geöffneten Menü.

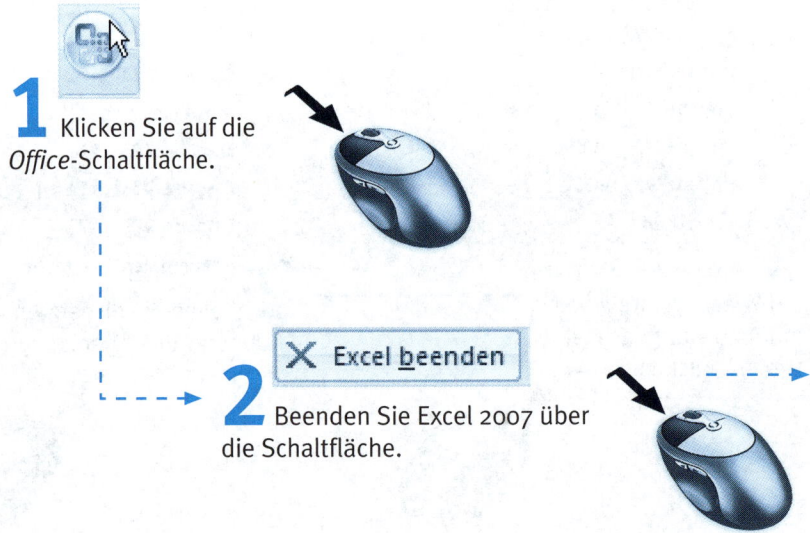

1 Klicken Sie auf die *Office*-Schaltfläche.

X Excel beenden

2 Beenden Sie Excel 2007 über die Schaltfläche.

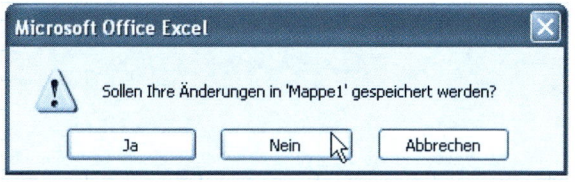

3 Sollte Ihnen Excel diese Frage stellen, klicken Sie mit der linken Maustaste einfach auf *Nein*.

Da Sie noch nichts von großer Bedeutung eingegeben haben, ist eine *Speicherung* (= Aufbewahrung von Daten) zurzeit nicht notwendig.

> **Hinweis**
>
> Mehr zum Thema *Speichern* erfahren Sie in Kapitel 5!

Würden Sie die Schaltfläche *Abbrechen* anklicken, kämen Sie wieder zum Programm Excel zurück, so als wenn nichts gewesen wäre.

Tipps zum Kapitel

1. Sie können Excel beenden, indem Sie mit der linken Maustaste entweder die *Office-Schaltfläche* (oben links) doppelt oder das Kreuz (X) oben rechts einmal anklicken.

2. Sie können Excel auch über die Tastatur beenden, indem Sie die Tasten Alt + F4 drücken.

3. Den letzten Befehl in Excel wiederholen Sie über die Tasten Strg + Y oder F4 .

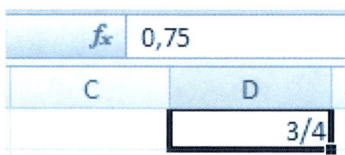

4. Möchten Sie eine Bruchzahl wie 3/4 in eine Dezimalzahl umwandeln, tippen Sie eine Null (0) und drücken einmal die Leer -Taste, dann geben Sie den Bruch »3/4« ein. Sobald Sie z. B. die ↵ -Taste drücken, führt Excel den dezimalen Wert in der Bearbeitungsleiste auf.

Das können Sie schon

Das lernen Sie neu

Kapitel 3

Excel 2007 – der Taschenrechner

In diesem Kapitel ist es so weit. Sie machen das, wofür Excel 2007 da ist: Sie führen die ersten Berechnungen durch. Anstatt Berechnungen verwenden Sie den Ausdruck Kalkulationen. Diese sind hier allerdings noch ganz EASY gehalten. Natürlich geben Sie nicht nur Zahlen, sondern auch Texte ein. Das hört sich alles noch leicht an, aber dieses Kapitel ist die Grundlage für spätere umfangreiche Kalkulationen.

Rechnen in Excel 2007

Die Zellen, die zu einer Kalkulation gehören, werden als *Tabelle* bezeichnet. Das Blatt, in dem Sie arbeiten, wird daher auch Tabellenblatt genannt.

Beispiel

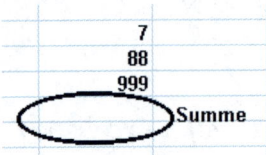

Sie möchten die Summe aus den Zahlen »7«, »88« und »999« errechnen.

Die erste Kalkulation ist eine einfache Addition von drei Zahlenwerten, die untereinander stehen.

Enter
Sie geben jede Zahl jeweils in eine Zelle ein. Dazu klicken Sie die Zelle an, geben den Wert ein und bestätigen die Berechnung z. B. durch Drücken der Enter -Taste.

Das Ergebnis

In der Zelle B5 soll das Resultat erscheinen, das sich aus der Addition der drei oberen Zahlen (hier B2, B3 und B4) ergibt. Das Wichtige dabei: Sie müssen ein Gleichheitszeichen (=) angeben. Dadurch teilen Sie Excel mit, dass eine Formel zum Rechnen folgt.

> **Achtung**
>
> Vor einer Berechnung muss immer das Gleichheitszeichen (=) erscheinen. So weiß das Programm, dass es sich nicht um eine »normale« Eingabe (Zahl oder Text) handelt, sondern dass eine Kalkulation durchgeführt werden soll.

Allgemein:

Ergebnis = Zelle1 + Zelle2 + Zelle3

In diesem Beispiel:

Zelle B5 = Zelle B2 + Zelle B3 + Zelle B4

	A	B	C
1			
2		7	
3		88	
4		999	
5		✛	
6			
7			

1 Geben Sie in den einzelnen Zellen die einzelnen Zahlen ein: »7, 88, 999«.

Klicken Sie ggf. in die Zelle B5. In dieser Zelle soll die Summe der Zellen ermittelt werden.

	A	B
1		
2		7
3		88
4		999
5		=
6		
7		

2 Geben Sie das Gleichheitszeichen ($\boxed{\text{Umschalt}}$ + $\boxed{0}$) für die Formeleingabe über die Tastatur ein.

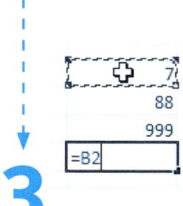

3 Aktivieren Sie die Zelle B2.

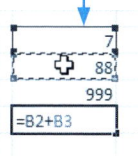

4 Tippen Sie das Pluszeichen (+) über die Tastatur ein und klicken Sie in die Zelle B3.

5 Fügen Sie erneut das Pluszeichen (+) über die Tastatur ein. Klicken Sie in die Zelle B4.

6 Bestätigen Sie über die [Enter]-Taste. Die Summe wird ermittelt: »1094«.

Rechenzeichen

Bei einer Subtraktion, Multiplikation oder Division gehen Sie genauso wie bei der Addition vor. Nur das jeweilige Zeichen ändert sich bei der entsprechenden Rechenoperation.

Rechenzeichen in Excel:

Rechenart	Zeichen in Excel
Addition	+
Subtraktion	−
Multiplikation	*
Division	/

Andere Zahlen – ein neues Ergebnis

Der Vorteil von Excel ist, dass Sie Zahlen im Nachhinein ändern können. Sie müssen nicht jedes Mal eine neue Kalkulation aufstellen.

Beispiel

Sie ändern den Wert »7« in »77« um.

Sie löschen die Zahl »7«, indem Sie die betreffende Zelle anklicken und »77« eintippen.

Sie überschreiben quasi den alten Wert durch den neuen. Das Ergebnis wird automatisch angepasst.

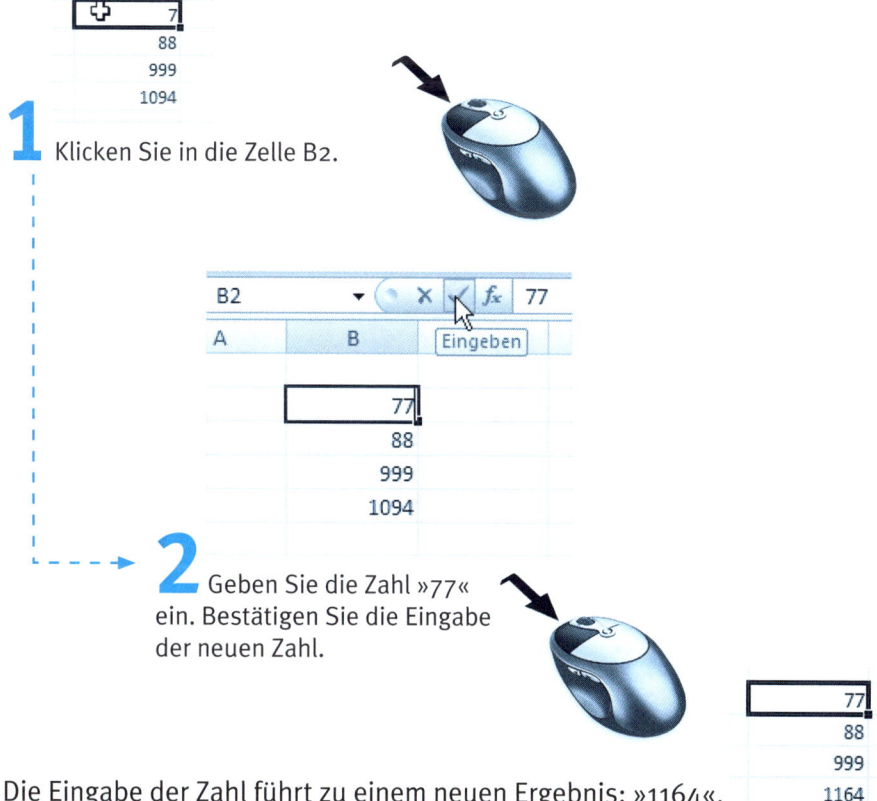

1 Klicken Sie in die Zelle B2.

2 Geben Sie die Zahl »77« ein. Bestätigen Sie die Eingabe der neuen Zahl.

Die Eingabe der Zahl führt zu einem neuen Ergebnis: »1164«.

Die AutoSumme

Um Summen zu ermitteln, bietet sich hier ein schneller Befehl an. Für Zellen, die untereinander (oder auch nebeneinander) stehen, gibt es in Excel eine verkürzte Form. So brauchen Sie nicht nach jeder Zelle das Pluszeichen anzugeben.

Bisher:

Summe = Zelle1 + Zelle2 + Zelle3

Neu:

Summe = *Summe* (Zelle1; Zelle2; Zelle3)

	A	B	C	D
1				
2		77	1	
3		88	22	
4		999	333	
5		1164		
6				
7				

1 Geben Sie in die Zellen C2, C3 und C4 die Werte
»1, 22, 333« ein. Bestätigen Sie zum Schluss über die
Enter -Taste. Die Zelle C5 muss aktiviert sein.

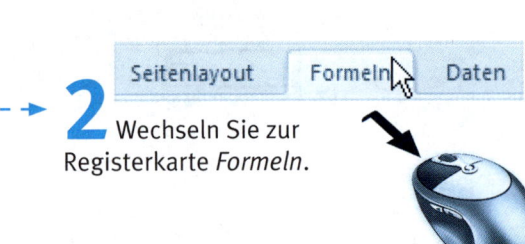

2 Wechseln Sie zur
Registerkarte *Formeln*.

Hinweis

Die Registerkarte *Formeln* bietet Ihnen zahlreiche Werkzeuge an, um später Kalkulationen zu berechnen. Diese lernen Sie im Laufe des Buches kennen.

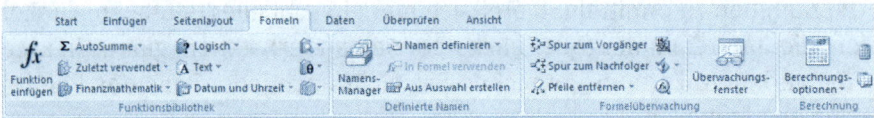

Sie klicken auf der Registerkarte *Formeln* auf das Summenzeichen (Schaltfläche *AutoSumme*).

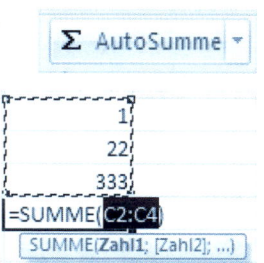

Excel umrandet automatisch die Zellen mit einer gestrichelten Linie.

Sie erkennen dann, dass Excel Ihnen »SUMME (C2:C4)« in der Bearbeitungsleiste anzeigt.

Dadurch werden die Zellen »C2, C3, C4« addiert.

Der Doppelpunkt (:) bedeutet »bis«.

Excel summiert also die Zahlen in den Zellen C2 bis C4.

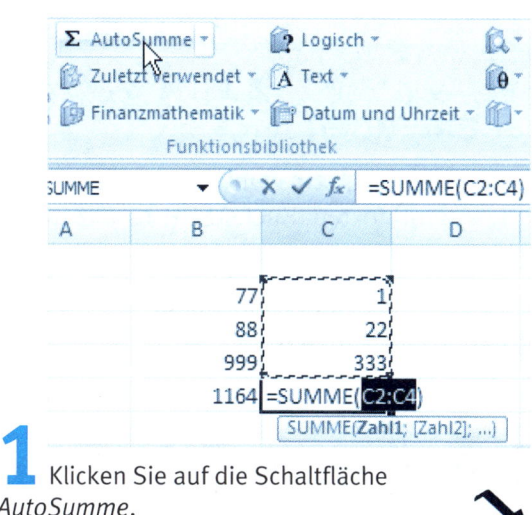

1 Klicken Sie auf die Schaltfläche *AutoSumme*.

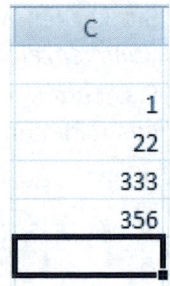

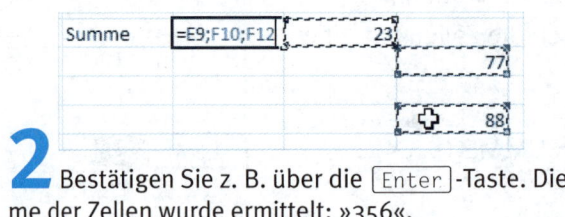

2 Bestätigen Sie z. B. über die Enter -Taste. Die Summe der Zellen wurde ermittelt: »356«.

Tipp

Möchten Sie Zellen bzw. Zellenbereiche berechnen, die nicht nebeneinander liegen, drücken Sie die Strg -Taste und klicken mit der Maus jeweils in die Zellen oder geben nach jeder Zellenbezeichnung ein Semikolon als Trennungsmerkmal über die Tastatur ein.

Texte in Excel eingeben

Die »kleine« Kalkulation sieht noch ein wenig »nackt« aus, daher beschriften Sie diese. Die Eingabe von Texten (Buchstaben) und Zahlen unterscheidet sich jedoch stark.

Excel unterscheidet in den Zellen zwischen Zahlen (rechtsbündig), Texten (linksbündig) und Formeln (Gleichheitszeichen).

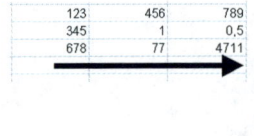

Achtung

Excel kann (logischerweise) nur mit Zahlen rechnen, nicht aber mit Texten.

Zahlen richten sich in den Zellen standardmäßig nach rechts aus.

Texte dagegen stehen in einer Zelle immer links.

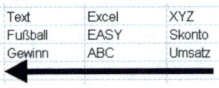

Ein Zahlenwert in der Schreibform »123,--« ist für Excel keine Zahl, sondern aufgrund der Zeichen »--« ein Text. Er wird also linksbündig ausgerichtet.

A1	▼	✕	✓	*fx*	Summe	

◢	A	B	Eingeben	D
1	Summe			
2		77	1	
3		88	22	
4		999	333	
5		1164	356	
6				

1 Klicken Sie in die Zelle A1 und tippen Sie das Wort »Summe« ein. Bestätigen Sie die Eingabe des Wortes über die Bearbeitungsleiste.

A5	▼	✕	✓	*fx*	Ergebnis	

◢	A	B	C	D
1	Summe			
2		77	1	
3		88	22	
4		999	333	
5	Ergebnis	1164	356	
6				

2 Geben Sie in Zelle A5 das Wort »Ergebnis« ein. Bestätigen Sie die Eingabe des Wortes über die Bearbeitungsleiste.

Eine Rahmenlinie anlegen

Sie können die Zellen, in denen die Ergebnisse der Zellen stehen, durch eine Rahmenlinie extra hervorheben. Dazu markieren Sie die beiden Zellen.

Achtung

Zum *Markieren* von Zellen klicken Sie eine an und ziehen mit gedrückter linker Maustaste in die nächste Zelle.

Summe		
	77	1
	88	22
	999	333
Ergebnis	1164	356

1 Markieren Sie die zwei Zellen B5 und C5.

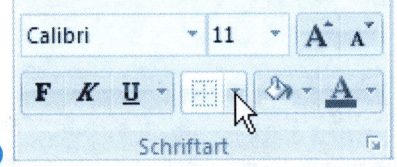

2 Wechseln Sie auf die Registerkarte *Start*.

3 Klicken Sie neben der Schaltfläche *Rahmen* auf das kleine Dreieck. Eine Auswahl von Rahmenlinien öffnet sich.

▤	_D_oppelte Rahmenlinien unten	
▤	D_i_cke Rahmenlinie unten	
▤	Ra_h_menlinie oben und unten	
▤	Rahmenlinie oben und di_c_ke unten	
▤	Ra_h_menlinie oben und ͺoppelte unten	
	Rahmenlinien zeichnen	

4 Wählen Sie hier den Eintrag _Rahmenlinie oben und doppelte unten_.

▰	A	B	C
1	Summe		
2		77	1
3		88	22
4		999	333
5	Ergebnis	1164	356

Die ausgewählten Rahmenlinien wurden für die Zellen übernommen.

Tipps zum Kapitel

1. Möchten Sie Rechenzeichen wie =, +, – als Text eingeben, verwenden Sie vor der Eingabe das Hochkomma (').

2. Excel ermittelt in Tabellen schnell die Summen.

		Ergebnis:
11	44	77
22	55	88
33	66	99
Ergebnis:		✚

		Ergebnis:	
11	44	77	132
22	55	88	165
33	66	99	198
Ergebnis:	66	165	264	495

Sie brauchen nur die Tabelle einschließlich Ergebniszellen zu markieren und die Schaltfläche _AutoSumme_ auf der Registerkarte _Formeln_ anzuklicken.

3. Auf der Registerkarte _Start_ können Sie ebenfalls über die Schaltfläche die Summe von Zellen ermitteln. Hier können Sie auch andere Funktionen auswählen.

Kapitel 4

Einnahmen und Ausgaben im Griff

Fragen Sie sich immer wieder, wo am Monatsende Ihr Geld geblieben ist? Das war doch am Monatsanfang noch da. Wieder einmal Ebbe im Portemonnaie? Wer zeitweise den Überblick über Münzen und Scheine verliert, findet in Excel eine sinnvolle Unterstützung zur Organisation seiner täglichen Ein- und Ausgaben. Ein Diagramm gibt die Richtung an: mehr Einnahmen oder mehr Ausgaben?

Die Spaltenbreite ändern

Zunächst tippen Sie in eine Zelle, worum es überhaupt geht: »Haushalts-budget«. Das Wort ist zu lang für eine Zelle. Passt ein Eintrag von der Länge her nicht mehr genau in eine Zelle, nimmt Excel ihn trotzdem auf.

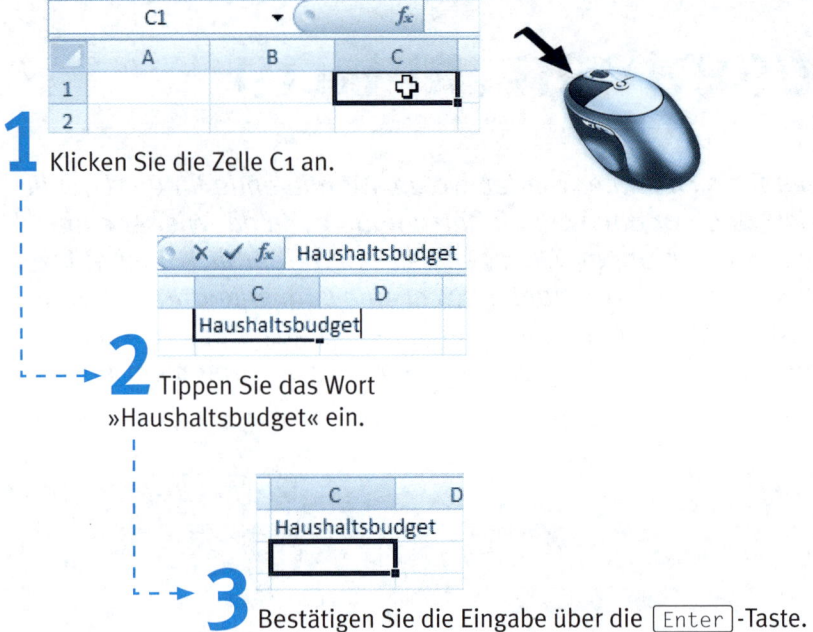

1 Klicken Sie die Zelle C1 an.

2 Tippen Sie das Wort »Haushaltsbudget« ein.

3 Bestätigen Sie die Eingabe über die [Enter]-Taste.

Der Platz in der Zelle für das Wort »Haushaltsbudget« reicht nicht ganz aus. Die Spalte ist ein wenig zu klein.

Es könnte sich dabei auch um längere Texte handeln, wie etwa »Haushalts-budget der Familie von und zu Feuerstein im Monat Dezember«. Sie sehen den Inhalt einer Zelle in der Bearbeitungsleiste.

1 Klicken Sie in die Zelle C1, sehen Sie den Inhalt der Zelle in der Bearbeitungsleiste.

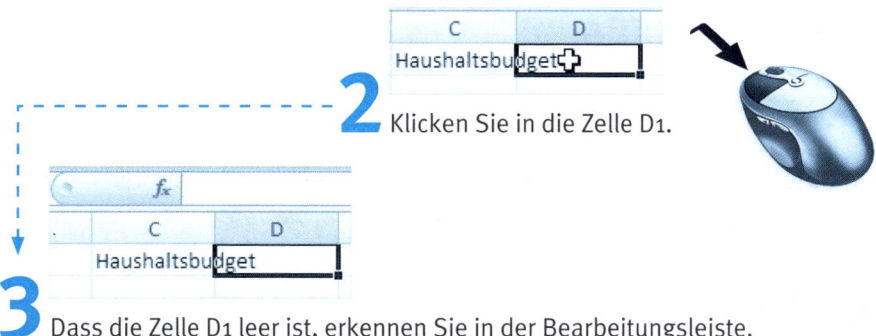

2 Klicken Sie in die Zelle D1.

3 Dass die Zelle D1 leer ist, erkennen Sie in der Bearbeitungsleiste.

Zur besseren Optik und Übersicht können Sie die *Spaltenbreite* anpassen. Bewegen Sie dazu den Mauszeiger auf die Trennlinie zwischen zwei Spaltennamen. Er verwandelt sein Aussehen.

Mit gedrückter Maustaste ändern Sie die Spaltenbreite, bis die gewünschte Breite erreicht wird. Dann lassen Sie die Maustaste los.

Doch es geht noch einfacher!

Klicken Sie doppelt mit der linken Maustaste auf die *Spaltentrennlinie*, passt Excel die Spalte optimal an, d. h., die Breite richtet sich nach dem längsten Ausdruck (Zahl oder Wort).

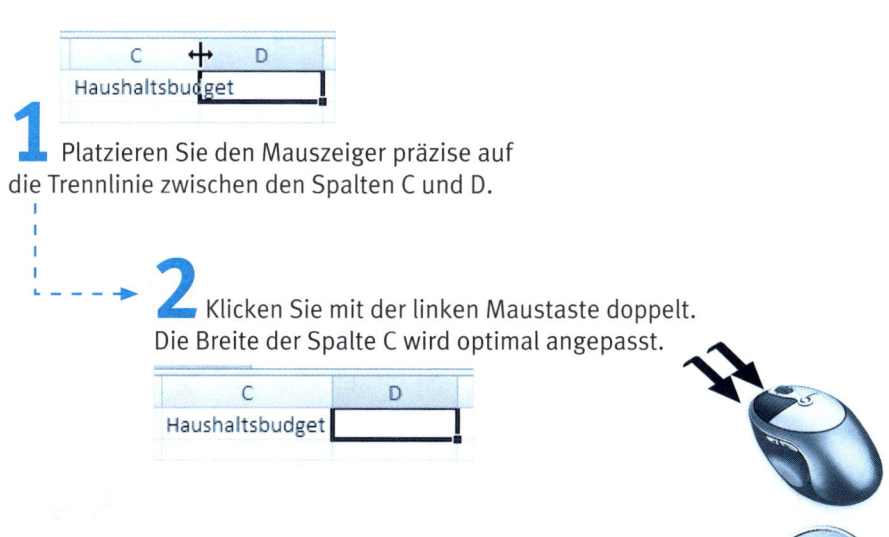

1 Platzieren Sie den Mauszeiger präzise auf die Trennlinie zwischen den Spalten C und D.

2 Klicken Sie mit der linken Maustaste doppelt. Die Breite der Spalte C wird optimal angepasst.

Zellen formatieren

In Excel können Sie einzelne Wörter (oder auch Zahlen) optisch hervorheben. Diesen Vorgang bezeichnet man als *Formatieren*.

> **Fachwort**
>
> Zeichen können zur optischen Hervorhebung formatiert werden. Das geschieht durch Fettschrift, Unterstreichungen usw.

Sie können beispielsweise die Schriftart und -größe wechseln oder Texte *fett* bzw. *kursiv* hervorheben.

1 Klicken Sie in die Zelle C1.

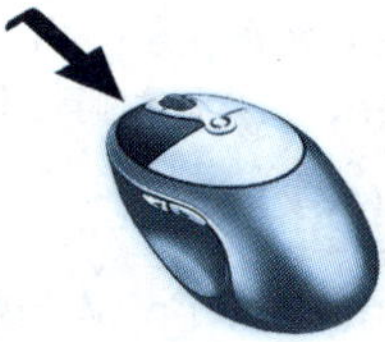

2 Klicken Sie ggf. auf die Registerkarte *Start*.

3 Aktivieren Sie über die Schaltfläche die *Fettschrift*.

4 Klicken Sie auf den Pfeil neben *Schriftgrad*.

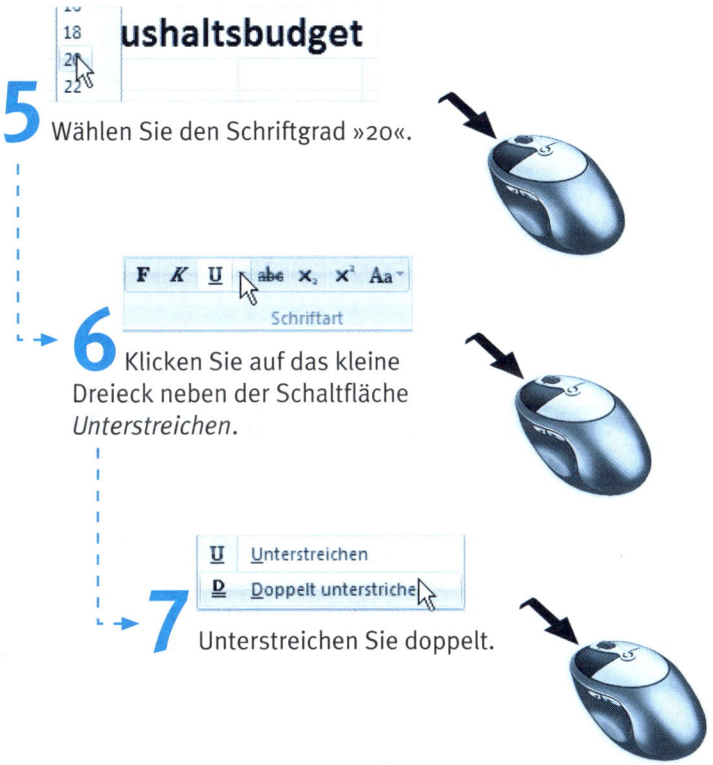

5 Wählen Sie den Schriftgrad »20«.

6 Klicken Sie auf das kleine Dreieck neben der Schaltfläche *Unterstreichen*.

7 Unterstreichen Sie doppelt.

Hinweis

Mit den beiden Schaltflächen *vergrößern* bzw. *verkleinern* Sie den Schriftgrad jeweils um einen Punkt.

Über Tastenkombinationen können Sie die Formatierungen auch durchführen:

Tastenkombinationen zur Formatierung:

Formatierung	Tastenkombination
Fettschrift	Strg + Umschalt + F
Kursivschrift	Strg + Umschalt + K
Unterstreichen	Strg + Umschalt + U

Weitere Formatierungen

Klicken Sie auf den kleinen Pfeil bei *Schriftart*, gelangen Sie in das Dialogfeld *Zellen formatieren*. Auf der Registerkarte *Schrift* finden Sie weitere
Effekte wie *Durchgestrichen*, *Hochgestellt* oder *Tiefgestellt*.

Interessant ist hier das *Vorschau*-Fenster. Sie können das Aussehen prüfen, bevor Sie die gewähl-
ten Formatierungen über die Schaltfläche *OK* bestätigen.

Die Standardschrift wechseln

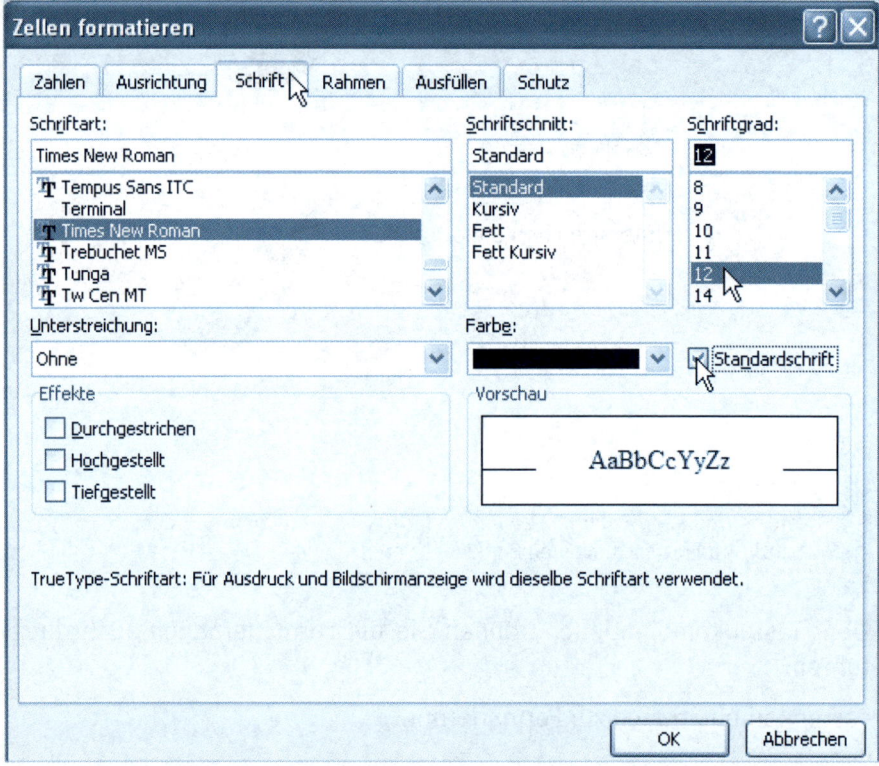

So lässt sich im Dialogfeld *Zellen formatieren* auch die Standardschrift von
Excel 2007 definieren, also mit welcher Schriftart Sie arbeiten möchten.
Dazu wählen Sie die Schriftart und/oder den Schriftgrad aus und aktivie-
ren per Mausklick das Kontrollkästchen *Standardschrift*. Sobald Sie über

die Schaltfläche *OK* bestätigen, arbeiten Sie zukünftig mit Ihrer neuen Standardschrift, bis Sie diese über denselben Weg wieder ändern!

Da Sie den Schriftgrad erhöht und dadurch den Zelleninhalt vergrößert haben, können Sie die Spaltenbreite wieder anpassen.

C　✛　D

Haushaltsbudget

1 Positionieren Sie den Mauszeiger zwischen Spalte C und D.

C

Haushaltsbudget

2 Doppelklicken Sie.

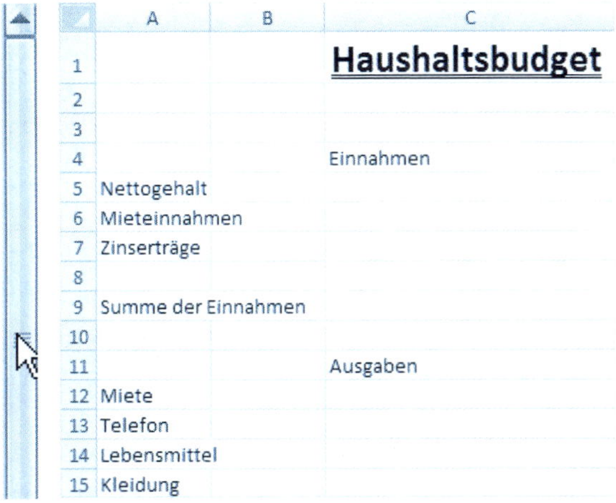

	A	B	C
1			**Haushaltsbudget**
2			
3			
4			Einnahmen
5	Nettogehalt		
6	Mieteinnahmen		
7	Zinserträge		
8			
9	Summe der Einnahmen		
10			
11			Ausgaben
12	Miete		
13	Telefon		
14	Lebensmittel		
15	Kleidung		

3 Tragen Sie die hier gezeigten Angaben in die entsprechenden Zellen ein.

Hinweis

Um innerhalb eines Arbeitsblatts zu blättern, verwenden Sie die *Bildlaufleiste* am rechten Bildschirmrand. So können Sie in Ihrer Kalkulation jede Zeile erreichen.

4 Machen Sie mit den folgenden Angaben weiter:

A16: »Taschengeld«

A18: »Summe der Ausgaben«

C19: »Einnahmen – Ausgaben =«

16	Taschengeld	
17		
18	Summe der Ausgaben	
19		Einnahmen - Ausgaben
20		
21		

> **Hinweis**
>
> Beim Eingeben des Worts »Taschengeld« in die Zelle A16 ist Ihnen sicherlich aufgefallen, dass Excel das bereits eingegebene Wort »Telefon« vorschlug, als Sie das »T« tippten. Hätten Sie es gebraucht, hätten Sie es z. B. mit der Enter-Taste übernehmen können.

Die Formate übertragen

Sie wissen, wie Sie Texte oder Zahlen hervorheben. Möchten Sie eine bereits vorhandene Formatierung mehrmals vergeben, verwenden Sie am besten die Schaltfläche *Format übertragen*.

 Klicken Sie einmal mit der linken Maustaste, nimmt der Mauszeiger das Aussehen eines Pinsels an, sobald Sie ihn in das Arbeitsblatt ziehen.

> **Hinweis**
>
> Mit der Esc-Taste schalten Sie die Funktion wieder aus oder Sie klicken noch einmal auf die Schaltfläche.

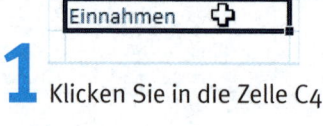

1 Klicken Sie in die Zelle C4.

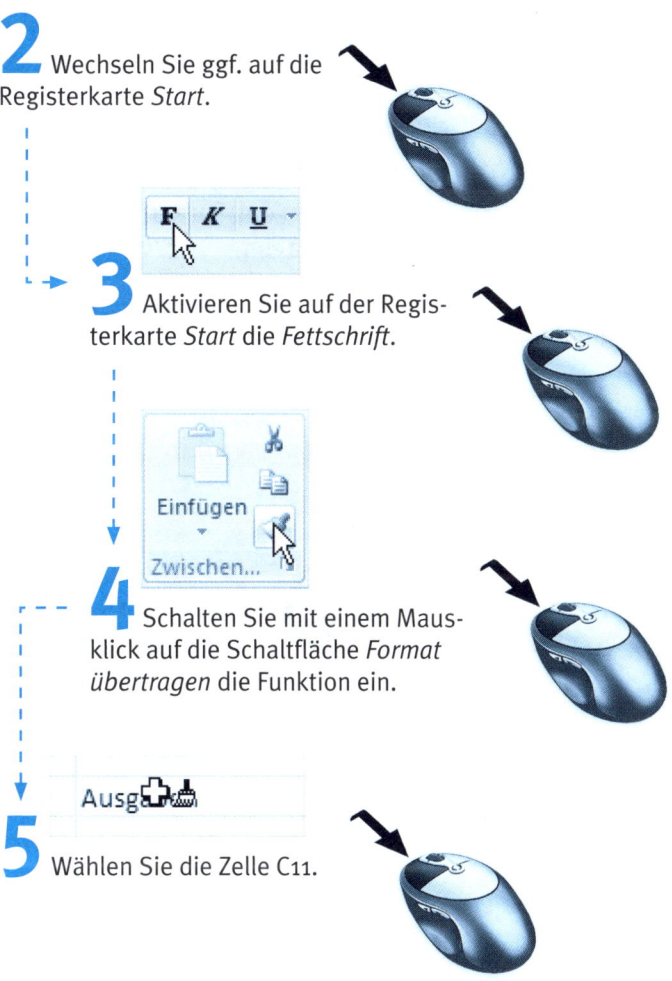

2 Wechseln Sie ggf. auf die Registerkarte *Start*.

3 Aktivieren Sie auf der Registerkarte *Start* die *Fettschrift*.

4 Schalten Sie mit einem Mausklick auf die Schaltfläche *Format übertragen* die Funktion ein.

5 Wählen Sie die Zelle C11.

Das Format *Fett* wurde übertragen.

Mit einem Mausklick auf die Schaltfläche formatieren Sie nur einmal. Doppelklicken Sie dagegen auf die Schaltfläche mit dem »Pinsel«, können Sie ihn so oft verwenden, wie Sie möchten.

	**Auswirkung**
Einmal anklicken	Sie können das Format einmal übertragen.
Doppelt anklicken	Sie können das Format beliebig oft übertragen.
Die ⌈Esc⌉-Taste betätigen oder die Schaltfläche noch einmal anklicken	Die Funktion ist wieder ausge-schaltet.

Ausgaben

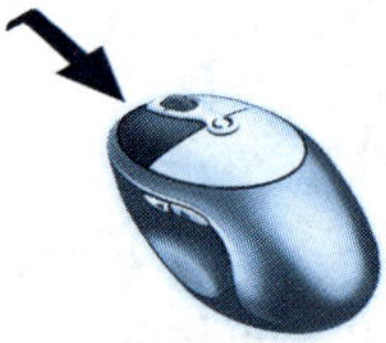

1 Klicken Sie ggf. in die Zelle C11.

Einfügen

Zwischen...

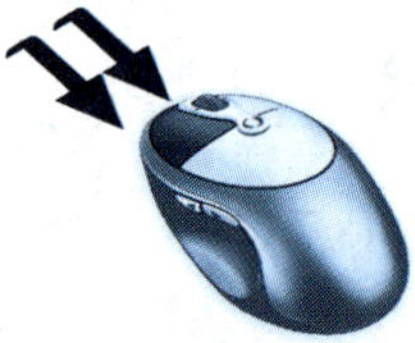

2 Schalten Sie die Funktion über die Schaltfläche mit einem Doppelklick ein.

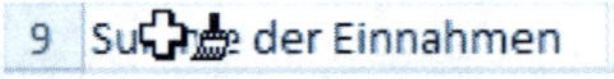

9 Summe der Einnahmen

3 Aktivieren Sie die Zelle A9.

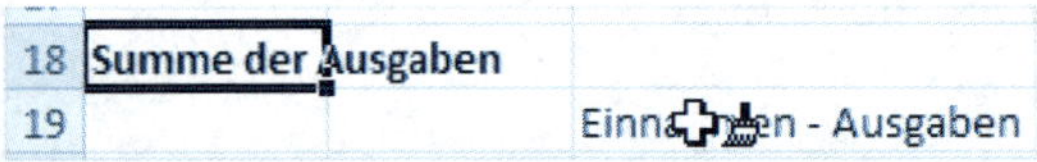

| 18 | **Summe der Ausgaben** | |
| 19 | | Einnahmen - Ausgaben |

4 Klicken Sie in die Zellen A18 und C19.

5 Beenden Sie die Funktion über die ⎡Esc⎤-Taste.

6 Bewegen Sie den Mauszeiger auf die Trennlinie zwischen den Spaltennamen A und B.

7 Passen Sie die gesamte Spalte A optimal an.

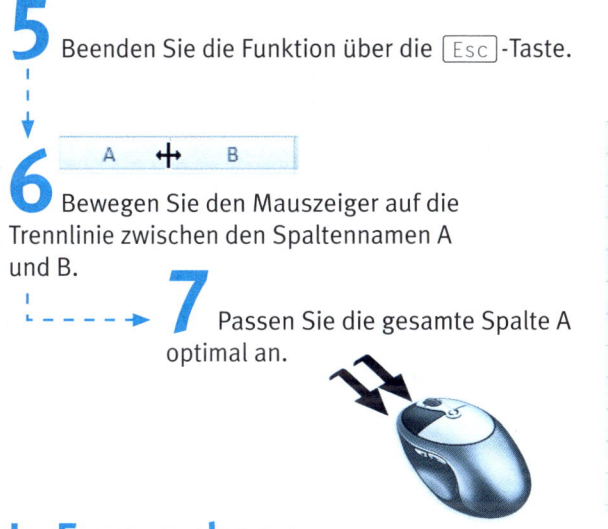

5	Nettogehalt
6	Mieteinnahmen
7	Zinserträge
8	
9	**Summe der Einnahmen**
10	
11	
12	Miete
13	Telefon
14	Lebensmittel
15	Kleidung
16	Taschengeld

In Euro rechnen

Ein deutscher Haushaltsplan wird wahrscheinlich nicht in Yen oder Dollar, sondern in Euro erfasst. Mehr zu Währungsangaben erfahren Sie in Kapitel 9.

Hier bietet sich die Schaltfläche *Buchhaltungszahlenformat* auf der Registerkarte *Start* an.

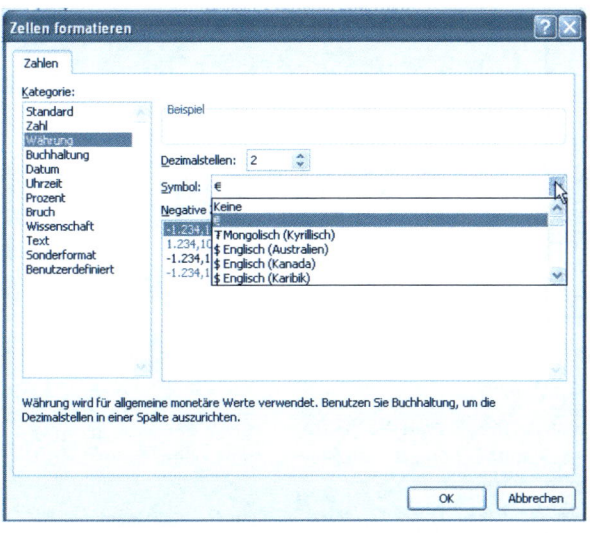

Klicken Sie auf das kleine Dreieck neben der Schaltfläche, erhalten Sie eine Auswahl. Hier können Sie zwischen Euro und Dollar wechseln. Über den Eintrag *Weitere Buchhaltungsformate* legen Sie andere Devisen fest. Dazu geben Sie als Kategorie *Währung* an und wählen bei *Symbol* die gewünschte Währung aus.

1 Geben Sie die Werte für die Einnahmen in die Zellen C5, C6, C7 und für die Ausgaben in die Zellen von C12 bis C16 entsprechend ein. Klicken Sie in die Zelle C5 und markieren Sie die Zellen.

```
                                          3400
                                           650
                                            50

Ausgaben

                                           850
                                            60
                                           600
                                           300
                          ✛                300
```

2 Klicken Sie auf die Schaltfläche.

Einnahmen	
	3.400,00 €
	650,00 €
	50,00 €
Ausgaben	
	850,00 €
	60,00 €
	600,00 €
	300,00 €
	300,00 €

Die Zahlen in den markierten Zellen werden mit dem Eurozeichen (€) formatiert.

Hinweis

Die Zahlen werden automatisch mit zwei Nachkommastellen dargestellt. Über die beiden Schaltflächen können Sie Dezimalstellen entfernen oder hinzufügen.

Die Summen errechnen

Die Möglichkeit, eine Summe zu bilden, finden Sie sowohl auf der Registerkarte *Formeln* (Schaltfläche *AutoSumme*) als auch auf der Registerkarte *Start*. Da Sie sich momentan auf der Registerkarte *Start* befinden, wählen Sie hier die Schaltfläche *Summe* (siehe auch Kapitel 3).

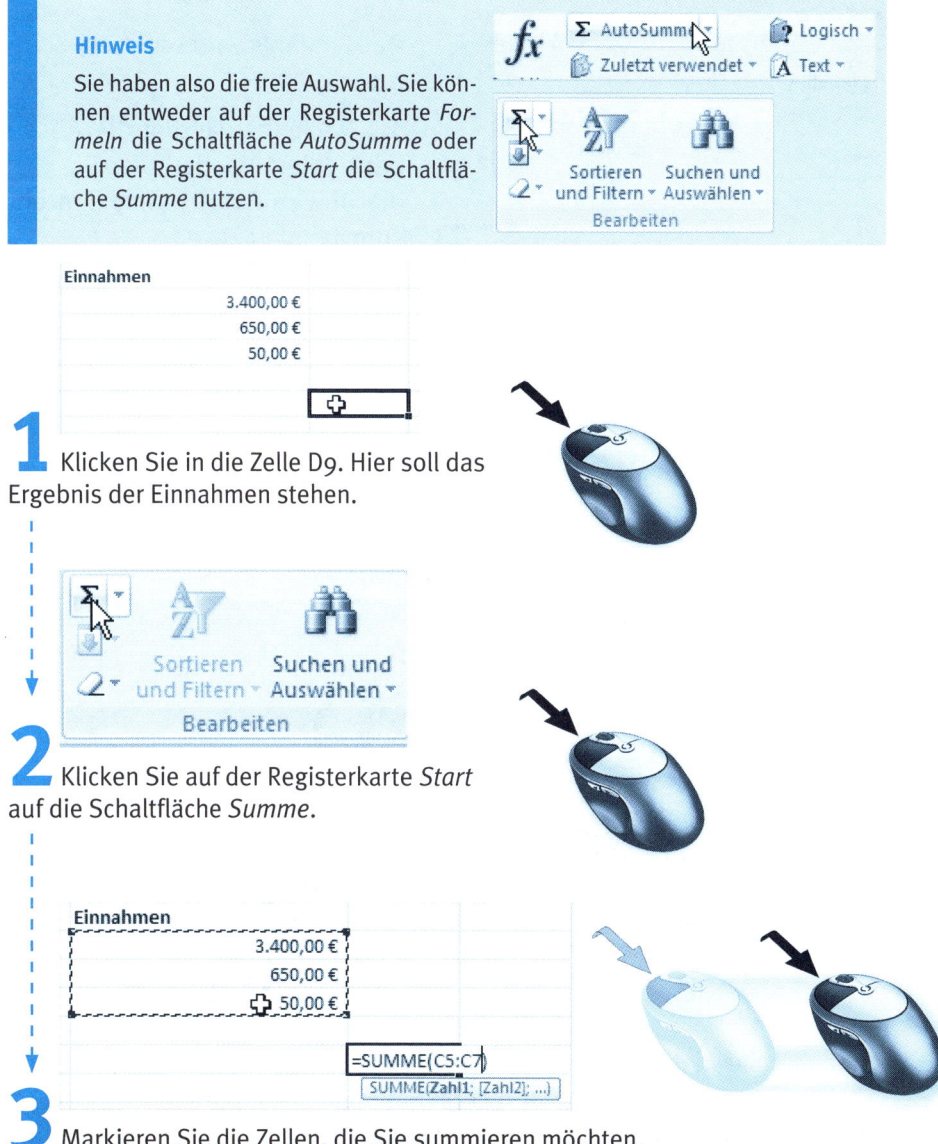

Hinweis

Sie haben also die freie Auswahl. Sie können entweder auf der Registerkarte *Formeln* die Schaltfläche *AutoSumme* oder auf der Registerkarte *Start* die Schaltfläche *Summe* nutzen.

1 Klicken Sie in die Zelle D9. Hier soll das Ergebnis der Einnahmen stehen.

2 Klicken Sie auf der Registerkarte *Start* auf die Schaltfläche *Summe*.

3 Markieren Sie die Zellen, die Sie summieren möchten.

| X | f_x | =SUMME(C5:C7) |
| Eingeben | | C |

4 Sie sehen, dass Excel Ihnen »=SUMME (C5: C7)« anzeigt. Damit werden die Zellen C5, C6, C7 addiert. Geben Sie die Formel ein.

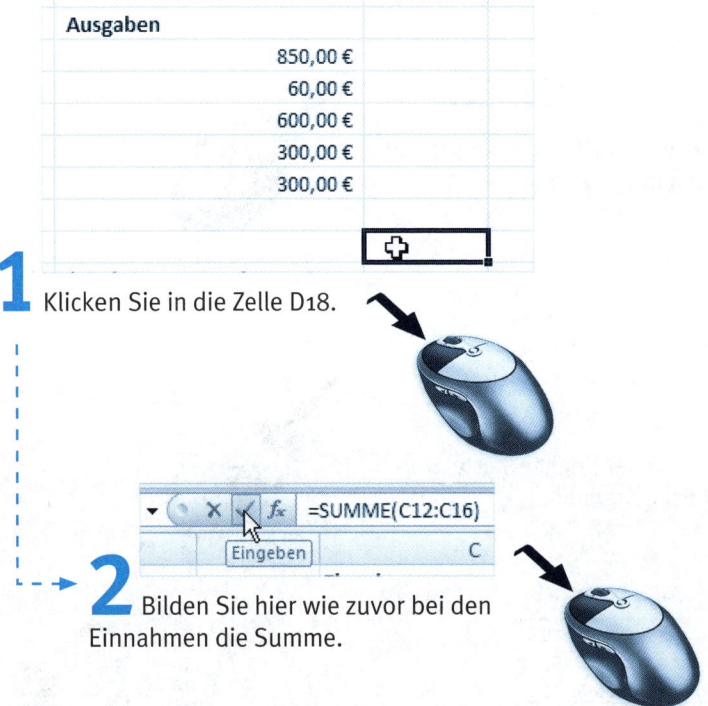

C	D
Einnahmen	
3.400,00 €	
650,00 €	
50,00 €	
	4.100,00 €

Das Ergebnis wird ermittelt: 4.100,00 €.

Als Nächstes werden die Ausgaben addiert. Wiederholen Sie dazu die obigen Schritte mit den entsprechenden Zellen.

Ausgaben	
850,00 €	
60,00 €	
600,00 €	
300,00 €	
300,00 €	

1 Klicken Sie in die Zelle D18.

| X | f_x | =SUMME(C12:C16) |
| Eingeben | | C |

2 Bilden Sie hier wie zuvor bei den Einnahmen die Summe.

Möchten Sie wissen, was unterm Strich übrig bleibt? Sie benötigen für die Kalkulation die Summe aus den Einnahmen minus den Ausgaben. Es handelt sich dabei also um eine einfache Rechnung.

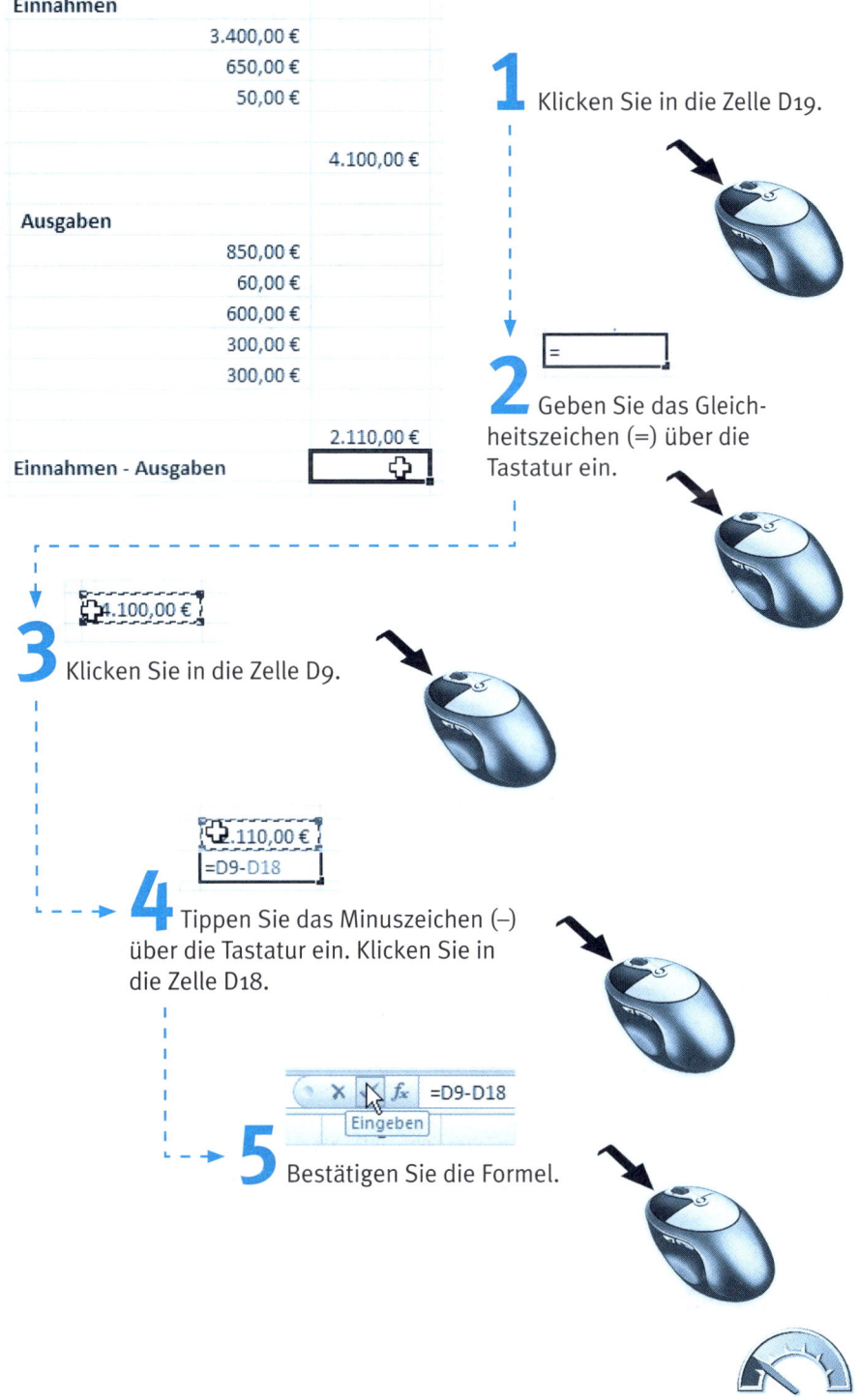

Einnahmen	
	3.400,00 €
	650,00 €
	50,00 €
	4.100,00 €
Ausgaben	
	850,00 €
	60,00 €
	600,00 €
	300,00 €
	300,00 €
	2.110,00 €
Einnahmen - Ausgaben	

1 Klicken Sie in die Zelle D19.

=

2 Geben Sie das Gleichheitszeichen (=) über die Tastatur ein.

4.100,00 €

3 Klicken Sie in die Zelle D9.

.110,00 €
=D9-D18

4 Tippen Sie das Minuszeichen (–) über die Tastatur ein. Klicken Sie in die Zelle D18.

× fx =D9-D18
Eingeben

5 Bestätigen Sie die Formel.

Das Ergebnis durch einen Rahmen hervorheben

Das Ergebnis aus Einnahmen minus Ausgaben ist ermittelt. Zum Hervorheben der aktivierten Zelle geben Sie hier Rahmenlinien an.

1 Klicken Sie auf das kleine Dreieck bei der Schaltfläche *Rahmenlinien*.

2 Wählen Sie den Eintrag *Rahmenlinie oben und dicke unten* aus.

Drag&Drop: Zellen verschieben

Sie möchten die Zellen bzw. die Inhalte der Zellen C19 (»Einnahmen – Ausgaben«) und D19 aus optischen Gründen verschieben.

Dazu brauchen Sie die Eingabe nicht zu wiederholen, sondern Sie nutzen die *Drag&Drop*-Methode.

> **Hinweis**
>
> *Drag&Drop* – englische Bezeichnung für »Ziehen und Fallenlassen«. Auf diese Weise verschieben Sie die Inhalte von Zellen.

Entscheidend für das Gelingen der Drag&Drop-Methode ist das Aussehen des Mauszeigers. Er zeigt Ihnen an, welche Funktion Sie ausführen können.

Im Arbeitsblatt erscheint der Mauszeiger normalerweise als weißes Kreuz. Hiermit klicken Sie – wie bereits bekannt – die Zellen an.

Positionieren Sie dagegen den Mauszeiger auf einer Linie des schwarzen Eingabekastens, ändert sich sein Aussehen.

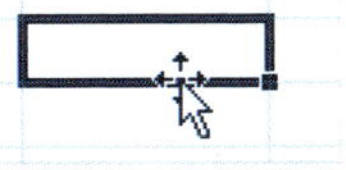

Achtung

Nur wenn der Mauszeiger im Arbeitsblatt als Pfeil erscheint, ist die Drag&Drop-Methode durchführbar.

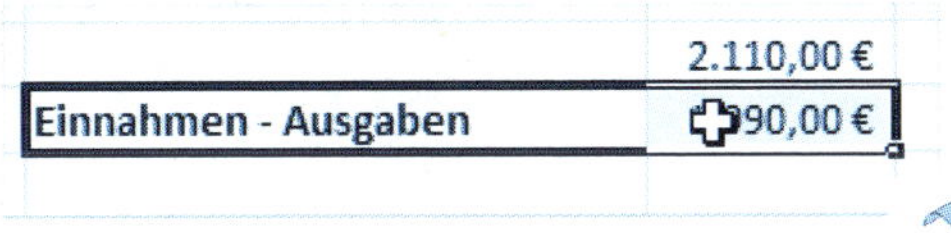

	2.110,00 €
Einnahmen - Ausgaben	90,00 €

1 Markieren Sie die Zellen C19 und D19.

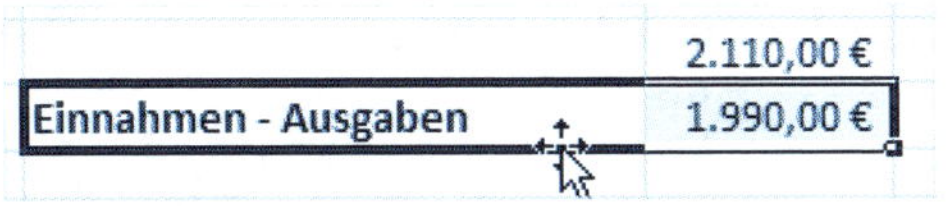

	2.110,00 €
Einnahmen - Ausgaben	1.990,00 €

2 Bewegen Sie den Mauszeiger auf die Linie des Eingabekastens.

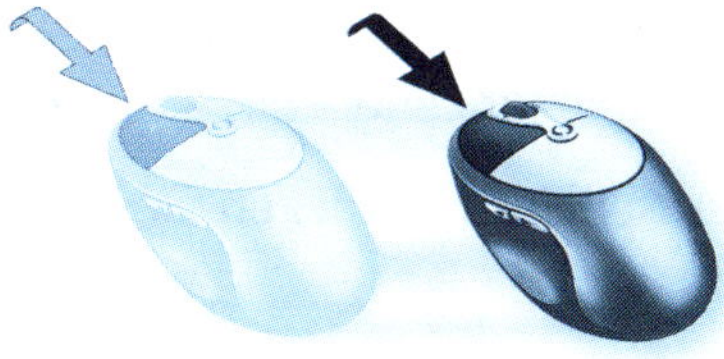

3 Verschieben Sie mit gedrückter Maustaste die Zellen nach links zu den Zellen A19 und B19.

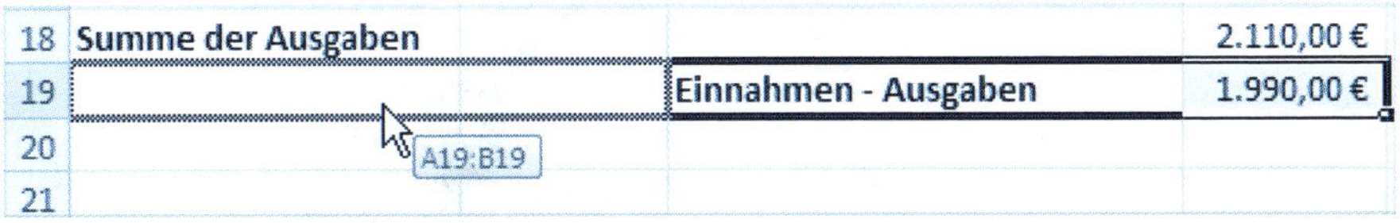

18	Summe der Ausgaben			2.110,00 €
19			Einnahmen - Ausgaben	1.990,00 €
20		A19:B19		
21				

Haben Sie als Anfänger vielleicht Schwierigkeiten mit der Drag&Drop-Methode, bietet sich eine Alternative an.

Einfügen

Zwischen...

Anstelle von Drag&Drop nutzen Sie die Schaltfläche mit der Schere (= *Ausschneiden*). Sie schneiden etwas aus, das Original verschwindet zunächst und wird an einer anderen Stelle wieder eingefügt.

1 Markieren Sie die Zellen D9 bis D18.

2 Aktivieren Sie über die Schaltfläche *Aus-schneiden* die Funktion (Tastenkombination `Strg`+`X`).

Das Ergebnis: Excel umrandet die Zelle mit einer gestrichelten Linie.

Wie geht's weiter? Zunächst geben Sie mit einem Mausklick an, wo – also in welcher Zelle – die Angaben nun erscheinen sollen.

Anschließend klicken Sie auf die Schaltfläche *Einfügen*.

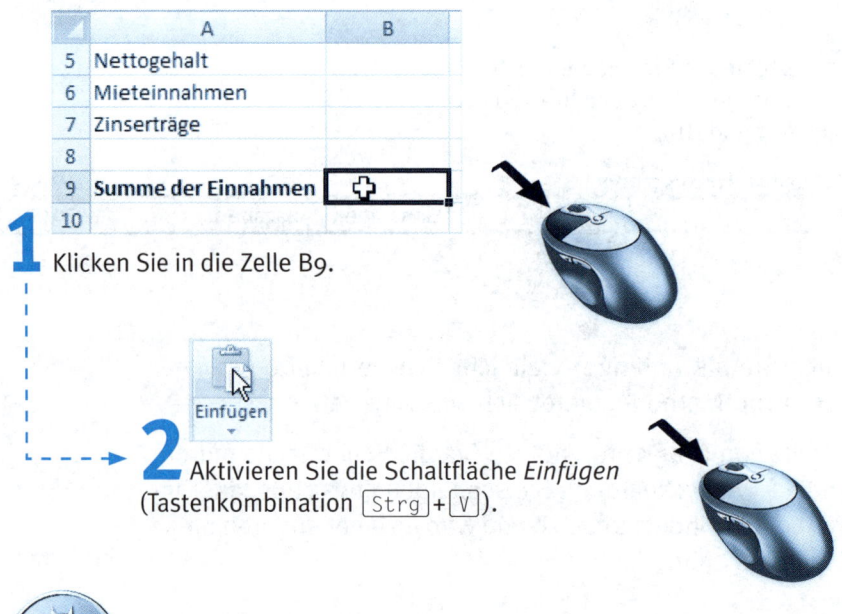

1 Klicken Sie in die Zelle B9.

2 Aktivieren Sie die Schaltfläche *Einfügen* (Tastenkombination `Strg`+`V`).

9	Summe der Einnahmen	4.100,00 €
10		
11		
12	Miete	
13	Telefon	
14	Lebensmittel	
15	Kleidung	
16	Taschengeld	
17		
18	Summe der Ausgaben	2.110,00 €
19	Einnahmen - Ausgaben	1.990,00 €

Der Inhalt wurde verschoben.

Sie können nicht nur Zellen ausschneiden, sondern auch kopieren. Hier bleibt das Original bestehen und Sie fügen Kopien ein.

> **Hinweis**
>
> Beim *Ausschneiden* verschwindet das Original, beim *Kopieren* bleibt es bestehen.

Zeilen oder Spalten einfügen

Zwischen den Zeilen 19 und 20 soll eine Leerzeile stehen. Dazu bewegen Sie den Mauszeiger auf die Zellenbezeichnung. Der Mauszeiger wandelt sein Aussehen.

1

19	Einnahmen - Ausgaben	1.990,00 €

Klicken Sie die Zeilenbezeichnung 19 an. Die Zeile ist markiert.

2 Drücken Sie zunächst die `Strg`-Taste, halten Sie diese fest und drücken Sie dann zusätzlich die `+`-Taste.

18	Summe der Ausgaben	2.110,00 €
19		
20	⟨ahmen - Ausgaben	1.990,00 €
21		

Das Ergebnis: Eine Zeile wurde hinzugefügt.

Wenn Sie eine neue Zeile einfügen, erscheint die Schaltfläche *Format übertragen*, da die markierte Zeile eine Formatierung enthält. Diese Formatierung können Sie übernehmen oder auch löschen. Da Sie die neue

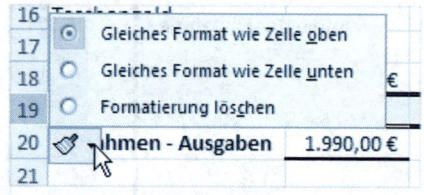

Zeile nur als optische Trennzeile eingefügt haben, können Sie die Schaltfläche ignorieren.

Spalten einfügen

Was für Zeilen gilt, gilt natürlich auch für Spalten. Bewegen Sie den Mauszeiger auf den Spaltenkopf und klicken mit der linken Maustaste, ist die Spalte markiert. Auf gleiche Art und Weise wie bei Zeilen fügen Sie Spalten ein.

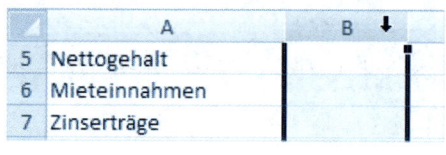

Tastenkombination	Auswirkungen
Strg + +	Eine Zeile oder Spalte einfügen
Strg + -	Eine Zeile oder Spalte löschen

Natürlich müssen Sie nicht unbedingt die Tastenkombinationen verwenden. Sie können auch auf der Registerkarte *Start* die Schaltflächen *Einfügen* oder *Löschen* angeben, um Zeilen bzw. Spalten hinzuzufügen oder zu löschen.

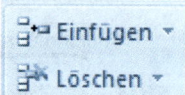

Ein Diagramm einfügen

Ein Diagramm soll eingefügt werden. Hier werden die Summen der Einnahmen und Ausgaben einfach gegenübergestellt. So können Sie auf den ersten Blick kontrollieren, ob die Einnahmen auch höher sind.

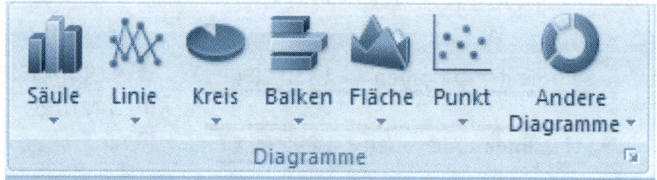

9	**Summe der Einnahmen**	4.100,00 €
10		
11		
12	Miete	
13	Telefon	
14	Lebensmittel	
15	Kleidung	
16	Taschengeld	
17		
18	**Summe der Ausgaben**	🔧10,00 €

1 Markieren Sie die Zellen A9 und B9. Halten Sie die [Strg]-Taste gedrückt und markieren Sie die Zellen A18 und B18. Alle vier Zellen sind markiert.

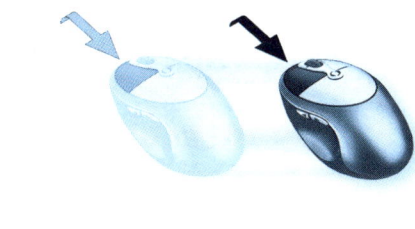

2 Aktivieren Sie die Registerkarte *Einfügen*.

3 Im Bereich *Diagramme* haben Sie die Wahl zwischen verschiedenen Diagrammarten. Geben Sie die Schaltfläche *Säule* an.

4 Klicken Sie auf die Schaltfläche für das erste Säulendiagramm.

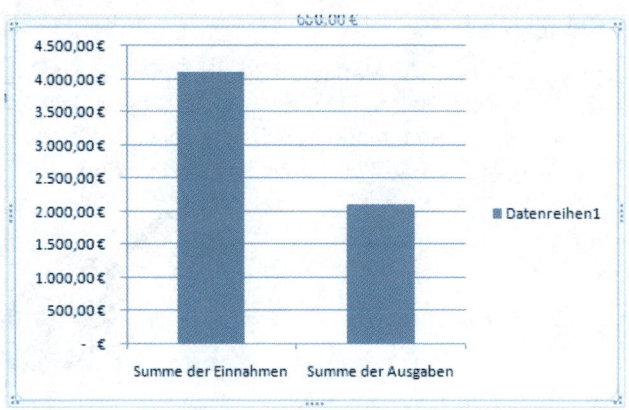

Das Diagramm wird eingefügt.

Ein Diagramm bearbeiten

Als Nächstes muss das Diagramm ein wenig bearbeitet werden. Sie verkleinern es und bewegen es an eine andere Stelle im Tabellenblatt.

> **Fachwort**
>
> Eine *Legende* enthält die Erklärungen zu den Flächen innerhalb eines Diagramms.

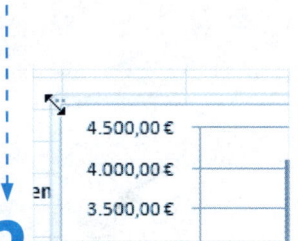

1 Diese Legende wird nicht benötigt. Klicken Sie die Legende an und drücken Sie die Entf-Taste.

2 Bewegen Sie den Mauszeiger auf den linken oberen Eckpunkt (= Ziehpunkt). Mit gedrückter linker Maustaste verkleinern Sie das Diagramm.

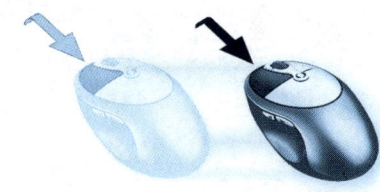

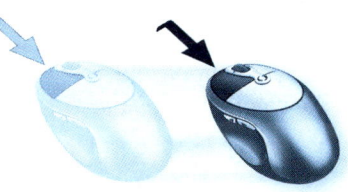

3 Bewegen Sie den Mauszeiger auf den
Rand des Diagramms. Er ändert sein Aussehen.

4 Verschieben Sie das
Diagramm an die Stelle im
Tabellenblatt wie in der
Abbildung gezeigt.

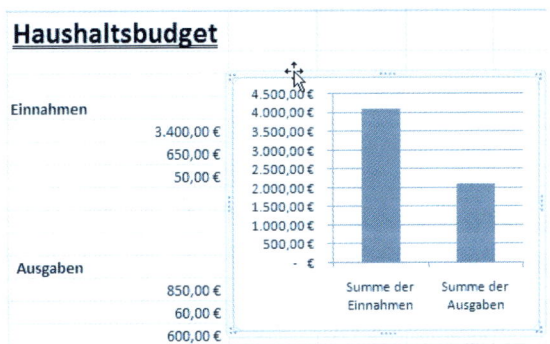

Wenn Sie ein Diagramm
einfügen, stellt Ihnen Excel drei neue Registerkarten zur Verfügung:

- *Diagrammtools/Entwurf*
- *Diagrammtools/Layout*
- *Diagrammtools/Format*

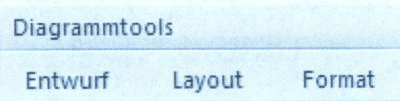

Hier finden Sie sämtliche Werkzeuge zur Bearbeitung eines Diagramms vor.

Einen Trend hinzufügen

Zwischen den beiden Säulen soll
eine Trendlinie eingebunden werden. So erkennen Sie einpräg-
samer, wohin der Trend geht:
mehr hin zu den Ausgaben oder
zu den Einnahmen. Besonders
bei mehreren Diagrammsäulen
beispielsweise ist es sinnvoll,
einen Trend festzulegen.

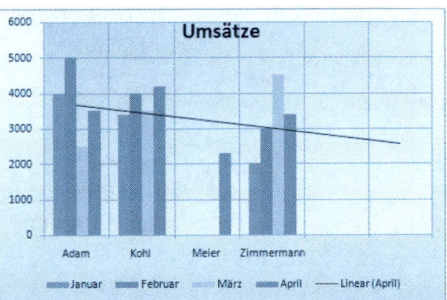

Diagrammtools

Entwurf   Layout   Format

Analyse

1 Wählen Sie bei den *Diagrammtools* die Registerkarte *Layout*.

2 Klicken Sie auf die Schaltfläche *Analyse*.

Trendlinie

3 Klicken Sie auf die Schaltfläche *Trendlinie*.

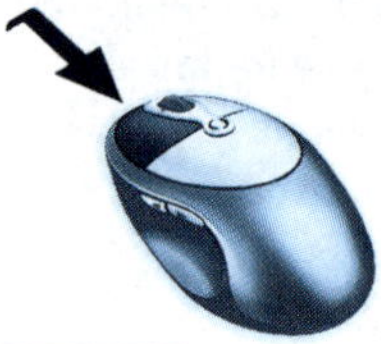

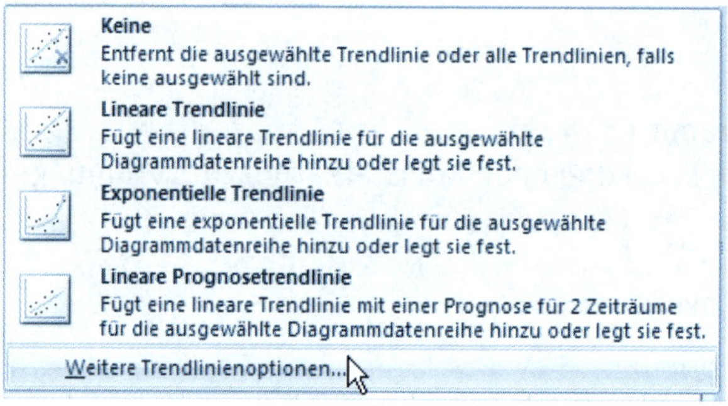

Keine
Entfernt die ausgewählte Trendlinie oder alle Trendlinien, falls keine ausgewählt sind.

Lineare Trendlinie
Fügt eine lineare Trendlinie für die ausgewählte Diagrammdatenreihe hinzu oder legt sie fest.

Exponentielle Trendlinie
Fügt eine exponentielle Trendlinie für die ausgewählte Diagrammdatenreihe hinzu oder legt sie fest.

Lineare Prognosetrendlinie
Fügt eine lineare Trendlinie mit einer Prognose für 2 Zeiträume für die ausgewählte Diagrammdatenreihe hinzu oder legt sie fest.

Weitere Trendlinienoptionen...

4 Hier könnten Sie bereits eine Trendlinie festlegen. Doch Sie möchten noch mehr! Wählen Sie den Eintrag *Weitere Trendlinienoptionen* aus.

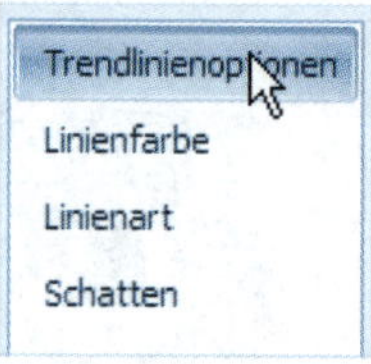

Trendlinienoptionen

Linienfarbe

Linienart

Schatten

5 Aktivieren Sie die Angabe *Trendlinienoptionen*.

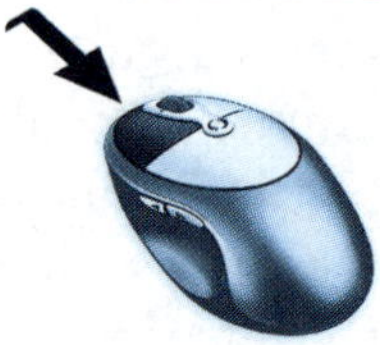

6 Hier haben Sie die Auswahl zwischen den unterschiedlichen Darstellungsformen der Trendlinie. Aktivieren Sie hier den Typ *Linear*.

7 Wählen Sie nun die *Linienart* aus.

8 Öffnen Sie bei *Pfeileinstellungen* die Auswahl bei *Anfangstyp*.

9 Aktivieren Sie die Pfeilrichtung.

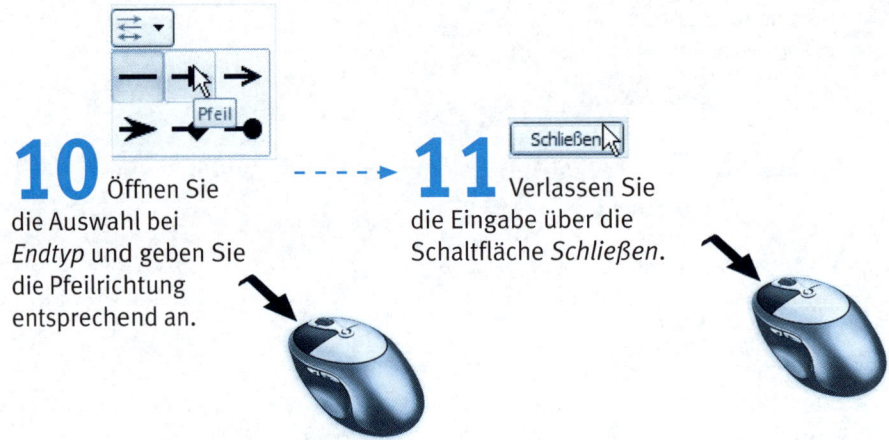

10 Öffnen Sie die Auswahl bei *Endtyp* und geben Sie die Pfeilrichtung entsprechend an.

11 Verlassen Sie die Eingabe über die Schaltfläche *Schließen*.

Die Trendlinie mit beiden Pfeilen ist eingefügt. Die Einnahmen sind hier im Beispiel größer als die Ausgaben. Der linke Pfeil zeigt nach oben zu den Einnahmen. Würde der rechte Pfeil, der zu den Ausgaben zeigt, nach oben zeigen, müssten Sie sich finanziell Sorgen machen.

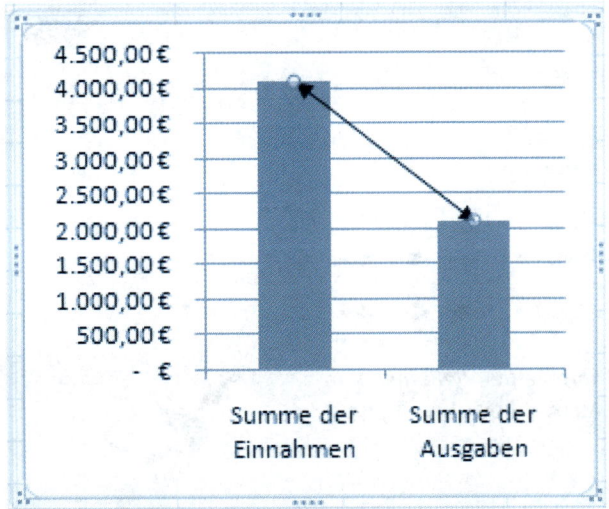

Hinweis

Eine Trendlinie entfernen Sie wieder, indem Sie auf der Registerkarte *Diagramm-tools/Layout* im Bereich *Analyse* erneut die Schaltfläche *Trendlinie* anklicken und anschließend den Eintrag *Keine* auswählen.

Eine Linie einfügen

Damit der Trend wie eine Art Waage aussieht, fügen Sie noch eine Linie ein, die die Trendlinie in der Mitte halbiert. Eine Spielerei – aber so erfahren Sie, wie man Formen einfügt. Neben der Linie haben Sie noch eine größere Auswahl an Formen, die Sie einbinden können:

Rechtecke, Standardformen, Blockpfeile, Formelformen, Flussdiagramme, Sterne und Banner, Legenden.

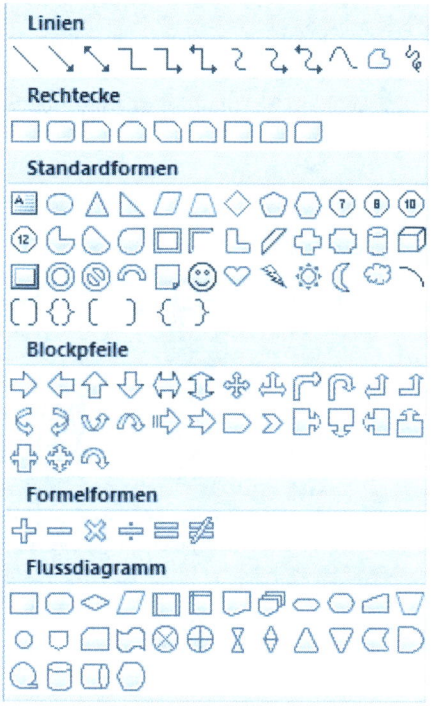

1 Klicken Sie die Schaltfläche *Einfügen* an.

2 Aktivieren Sie die Schaltfläche *Formen*.

3 Wählen Sie die hier gezeigte Linienart aus.

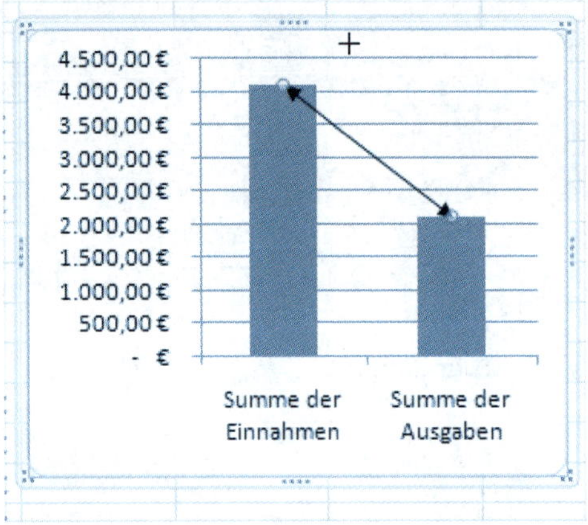

4 Bewegen Sie den Mauszeiger in das Diagramm. Der Mauszeiger erscheint als Kreuz.

5 Legen Sie nun die Linie von oben nach unten im Diagramm an.

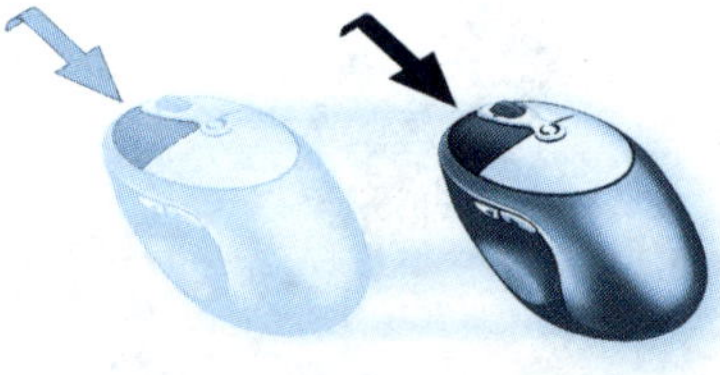

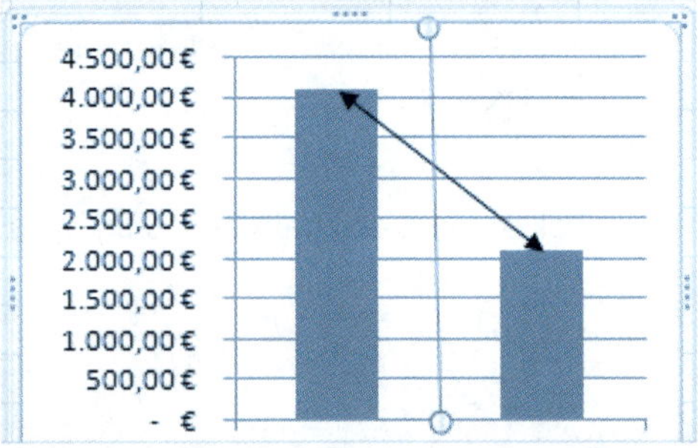

Ihre erste Kalkulation ist erstellt. Um diese besser zu überblicken, reduzieren Sie ggf. die Zoomeinstellung von 100 % z. B. auf 80 %.

1 Verkleinern Sie den Zoom, indem Sie zweimal auf die *Minus*-Schaltfläche klicken.

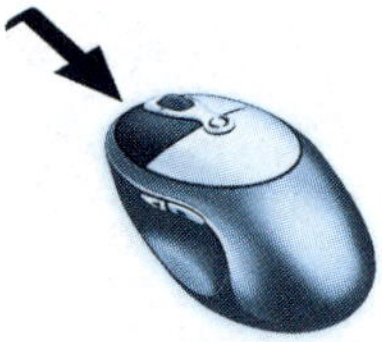

Sie überblicken die Kalkulation nun wesentlich besser!

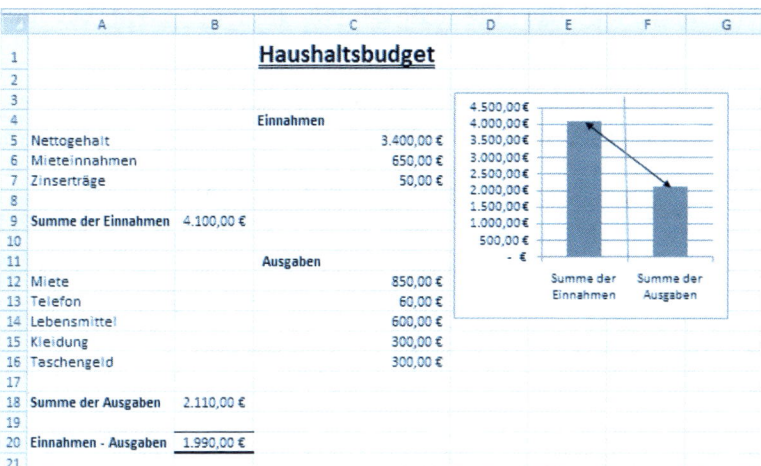

Achtung

Beenden Sie Excel diesmal nicht! Im nächsten Kapitel lernen Sie das Speichern und Drucken kennen. Dazu verwenden Sie am besten diese Kalkulation.

Tipps zum Kapitel

1. Mit der Schaltfläche *Verbinden und zentrieren* werden Zellen verbunden und zentriert. Ein erneuter Klick auf die Schaltfläche hebt den Befehl wieder auf.

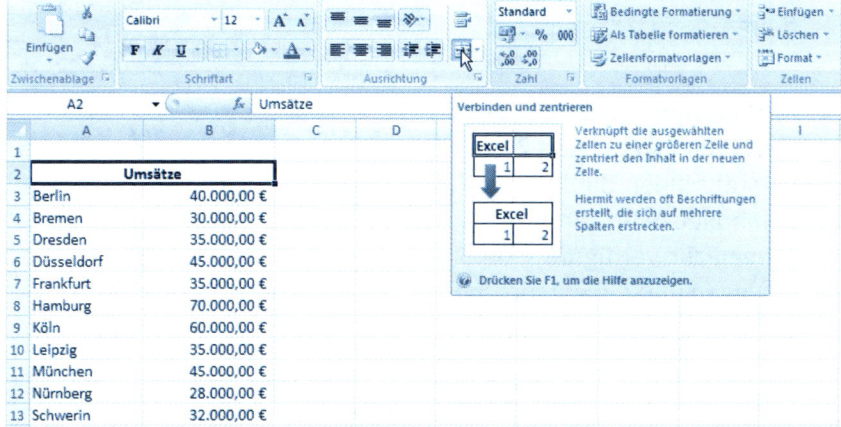

2. Mit der Tastenkombination ⌈Strg⌉+⌈#⌉ werden die Formeln in einem Ta-bellenblatt angezeigt. Über die Tastenkombination ⌈Strg⌉+⌈#⌉ schalten Sie wieder zu den Werten zurück.

3. Auf der Registerkarte *Start* erhalten Sie über die Schaltfläche *Als Tabelle formatieren* eine Auswahl, um das Aussehen einer Tabelle zu gestalten.

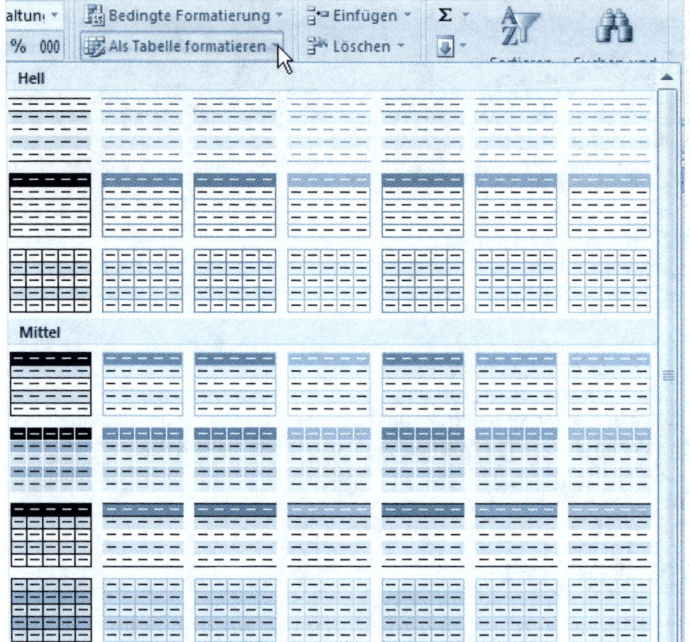

4. Über die Registerkarte *Überprüfen* können Sie eine Rechtschreibprüfung Ihrer Texte durch-führen.

5. Klicken Sie mit der rech-ten Maustaste in eine Zel-le, steht Ihnen direkt eine Symbolleiste für Formatie-

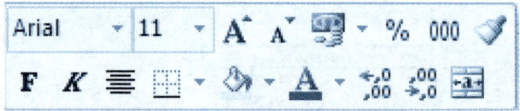

rungen zur Verfügung. Sie brauchen nur den Mauszeiger auf diese zu bewegen und die entsprechende Schaltfläche anzuklicken.

6. Auf der Registerkarte *Start* können Sie über die Schaltfläche *Designs* ein bestimmtes Design festlegen. Dazu muss eine Zelle innerhalb einer Kalkulation (= Tabelle) angeklickt sein.

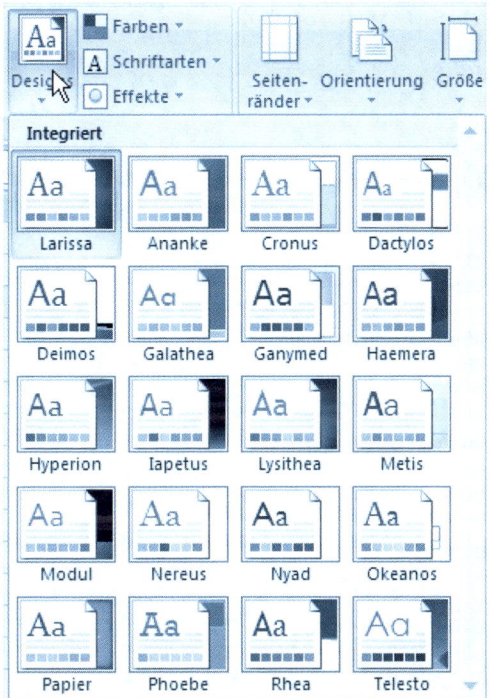

Bewegen Sie den Mauszeiger auf die einzelnen Design-Vorschläge. Sie sehen, wie die Tabelle im Hintergrund das Design in der Vorschau anzeigt. Haben Sie sich für ein Design entschieden, klicken Sie es an.

7. Was für Tipp Nr. 6 bezüglich Designs gilt, gilt auch für Schriftarten. Die Schaltfläche *Schriftarten* finden Sie ebenfalls  auf der Registerkarte *Start*. Die Tabelle im Hintergrund zeigt eine Vorschau der jeweiligen Schriftart, wenn Sie den Mauszeiger auf diese bewegen.

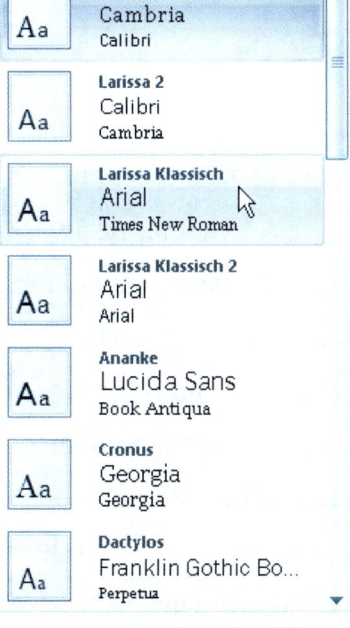

Kapitel 5

Speichern und Drucken

Sie möchten mit Ihren Arbeitsmappen beim nächsten Start von Excel 2007 weiterarbeiten? Dafür ist der Computer ja da: zum Speichern von Dateien. In diesem Kapitel lernen Sie das wohl Wichtigste kennen: das Aufbewahren, also Speichern Ihrer Kalkulation. Dazu stehen mehrere Möglichkeiten zur Verfügung. Auch müssen Sie wissen, wo Sie Ihre Arbeitsmappe gespeichert haben. Nur so können Sie diese wiederfinden.

Um alles schwarz auf weiß zu erhalten, drucken Sie die Kalkulation aus.

Eine Arbeitsmappe speichern

Sicherlich möchten Sie Ihre Arbeit im Computer aufbewahren, um damit zu einem späteren Zeitpunkt weiterzuarbeiten.

Die Titelleiste

In der Titelleiste wird angegeben, in welcher Arbeitsmappe Sie sich gerade befinden.

> **Fachwort**
> In Excel bezeichnet man die Blätter, die Sie bearbeiten, als *Arbeitsmappe*.

Mappe1

Stellen Sie sich eine Arbeitsmappe als einen Aktenordner zum Abheften einzelner Blätter vor. In Excel 2007 arbeiten Sie ebenfalls mit Blättern.

Den Aktenordner können Sie mit einem Namen beschriften. In Excel entspricht das dem *Speichern* einer Arbeitsmappe.

Das Wort »Mappe« in der Titelleiste bedeutet, dass noch nicht gespeichert wurde. Es ist also ein Name, der von Excel automatisch vergeben wird.

Die Zahl 1 hinter dem Ausdruck »Mappe« sagt Ihnen, dass Sie gerade Ihre erste Arbeitsmappe auf dem Bildschirm bearbeiten.

Ein Beispiel aus der Praxis:

Praxis	Ausdrücke in Excel
Aktenordner	Arbeitsmappe
Ein Blatt im Aktenordner	Blatt
Ein unbeschrifteter Aktenordner	Ungespeichert, mit dem Ausdruck »Mappe« versehen
Ein beschrifteter Aktenordner	Gespeichert, mit einem Namen versehen

Um eine Kalkulation endgültig auf der Festplatte Ihres Computers abzulegen, speichern Sie die Arbeitsmappe ab.

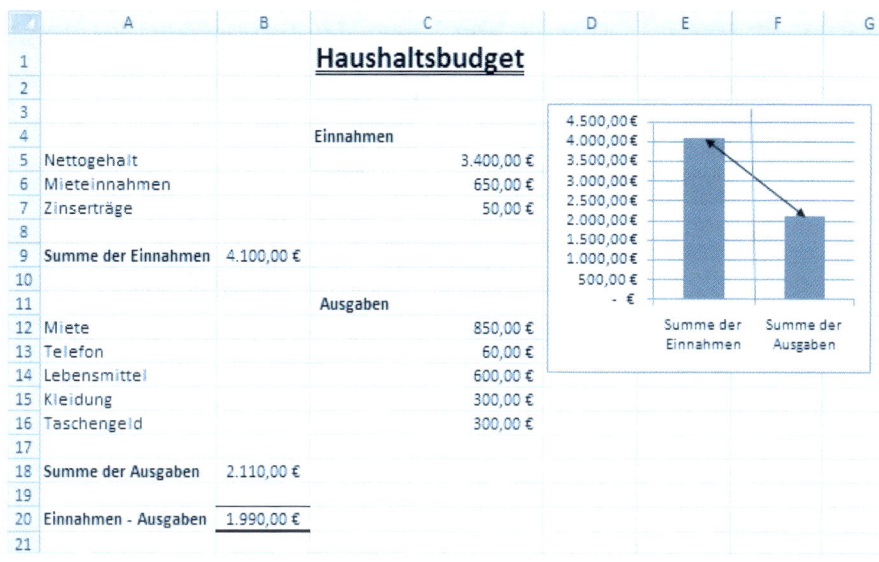

Zum besseren Verständnis ein Beispiel:

Praxis im Büroalltag	Excel
Die Akte »Kalkulation« beschriften	Den Dateinamen vergeben
Die Akte im Aktenschrank ablegen	Den Speicherort angeben
Den Aktenschrank abschließen	Excel beenden

 Sie können zum Speichern die Schaltfläche mit dem Disketten-symbol in der *Symbolleiste für den Schnellzugriff* oder die *Office*-Schaltfläche anklicken.

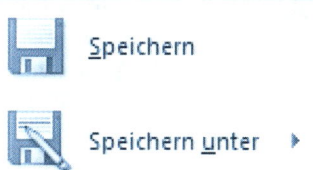

Hier wählen Sie entweder den Befehl *Speichern* oder *Speichern unter*.

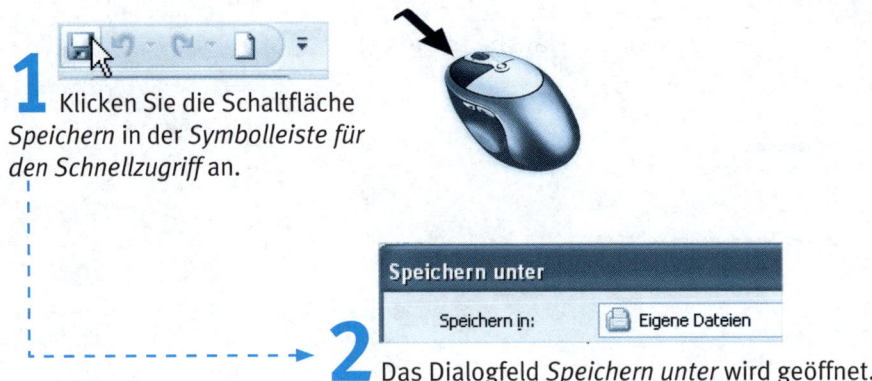

1 Klicken Sie die Schaltfläche *Speichern* in der *Symbolleiste für den Schnellzugriff* an.

2 Das Dialogfeld *Speichern unter* wird geöffnet.

Bei *Dateiname* legen Sie den Namen fest, unter dem die Arbeitsmappe abgelegt werden soll (wie das Beschriften eines Aktenordners).

Fachwort

Datei = alles, was Sie mit einem Windows-Programm wie Excel oder Word erstellen und abspeichern, wird zu einer Datei.

Excel schlägt automatisch den Namen »Mappe1« vor.

Achtung

Der Name »Mappe1« sollte – falls Sie nichts anderes getan haben – von Excel noch markiert sein. Sie können ihn daher einfach überschreiben.

Dateiname: Mappe1

Dateityp: Excel-Arbeitsmappe

Achtung

Sollte der Ausdruck »Mappe1« *nicht markiert* sein, klicken Sie mit der linken Maustaste doppelt auf den Ausdruck. Er ist dann markiert und Sie können ihn überschreiben.

Der Speicherort

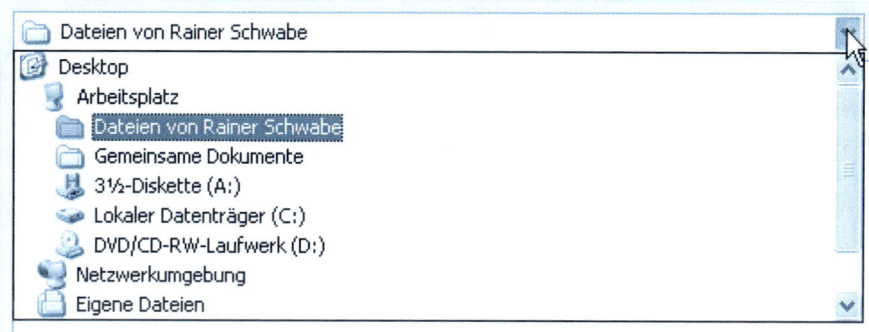

Sie geben bei *Speichern in* an, wo Sie die Arbeitsmappe anlegen wollen. Excel schlägt automatisch *Eigene Dateien* vor. Sie können hier aber auch einen anderen Speicherort festlegen.

> **Hinweis**
>
> Möchten Sie die Datei über das Internet versenden, starten Sie Ihr E-Mail-Programm und fügen das Dokument als Anhang bei. Hier geben Sie den Speicherort und den Dateinamen an.

Innerhalb des Dialogfelds erkennen Sie links eine Leiste. Dort erhalten Sie weitere Möglichkeiten, den Speicherort schnell anzugeben. Klicken Sie hier z. B. *Desktop* an, wird die Datei auf dem Desktop, also der Arbeitsoberfläche von Windows, gespeichert. Klicken Sie in dieser Leiste *Eigene Dateien* an, gelangen Sie direkt in den Ordner *Eigene Dateien*.

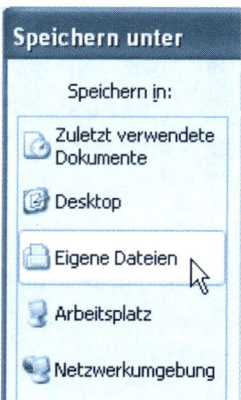

> **Hinweis**
>
> Excel 2007 speichert Arbeitsmappen als Dateityp »Excel-Arbeitsmappe«, solange Sie nichts anderes angeben.

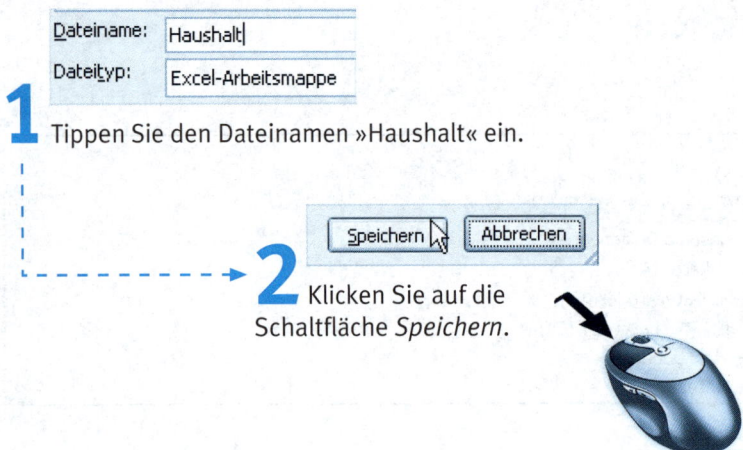

1 Tippen Sie den Dateinamen »Haushalt« ein.

2 Klicken Sie auf die
Schaltfläche *Speichern*.

Hinweis

Anstatt die Schaltfläche *Speichern* im Dialogfeld *Speichern unter* anzuklicken,
können Sie auch die `Enter`-Taste drücken.

Sie sehen in der Titelleiste den Namen »Haushalt«.

Die entsprechenden Angaben befinden sich von
nun an in dieser Arbeitsmappe.

Haushalt

Tipp

Um ins Dialogfeld *Speichern unter* zu gelangen, können Sie auch die Taste `F12`
drücken.

---

1 Drücken Sie die `F12`-Taste.

2 Öffnen Sie die Liste bei *Ansichten*.

3 Probieren Sie die eine oder andere Ansicht im Dialogfeld aus.

Wählen Sie für die weitere einheitliche Vorgehensweise in diesem Buch wieder *Liste* aus.

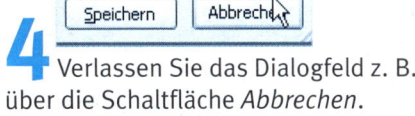

4 Verlassen Sie das Dialogfeld z. B. über die Schaltfläche *Abbrechen*.

Dateityp: Excel-Arbeitsmappe

Excel-Arbeitsmappe
Excel-Arbeitsmappe mit Makros
Excel-Binärarbeitsmappe
Excel 97-2003-Arbeitsmappe
XML-Daten
Einzelnes Webarchiv

Hinweis

Im Dialogfeld *Speichern unter* haben Sie die Auswahl bei *Dateityp*. Hier können Sie u. a. angeben, dass Sie die Arbeitsmappe in einer Excel-Vorgängerversion wie Excel 97, 2000, 2002/XP, 2003 speichern möchten.

Arbeitsmappen auf einem anderen Datenträger speichern

Möglicherweise möchten Sie Ihr Dokument auf einem anderen externen Datenträger speichern. Das können Sie mithilfe einer CD-ROM, einer Diskette oder eines USB-Sticks.

Um die Daten auf eine CD-ROM zu brennen, verwenden Sie eine andere Software wie z. B. Nero.

Von Excel 2007 aus können Sie Daten auf eine Diskette oder einen USB-Stick übertragen.

Der USB-Stick

Am häufigsten finden USB-Sticks (= Universal-Serial-Bus-Stick) als Speichermedium Anwendung.

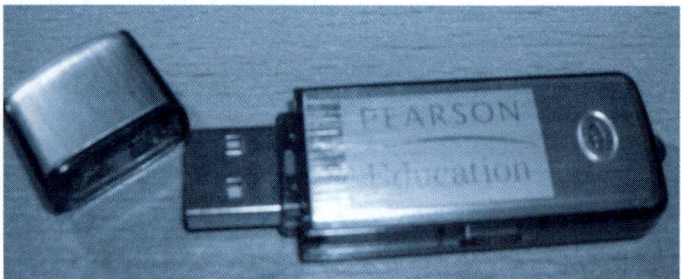

Sie sind dann, auch wenn sie keinerlei bewegliche Teile enthalten, Laufwerk und Speichermedium in einem (wie eine Festplatte).

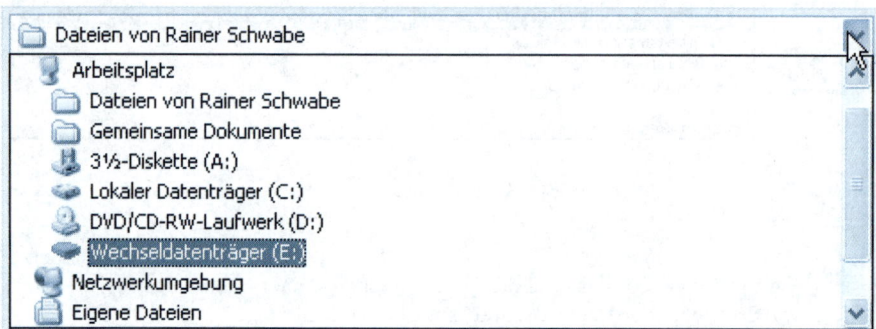

> **Hinweis**
>
> Die Betriebssysteme Windows Vista, Windows ME, Windows 2000 und Windows XP erkennen USB-Speichersticks automatisch, sobald diese am PC eingesteckt werden.

Wenn Sie eine Arbeitsmappe auf einem USB-Stick speichern möchten, geben Sie dazu »meistens« das Laufwerk (E:) an.

Beispiele Wo speichern?	Übliche Laufwerksbezeichnungen
auf einer Diskette	Laufwerk (A:)
auf der Festplatte	Laufwerk (C:)
auf einem USB-Stick	Laufwerk (E:)

Änderungen speichern

Doch was geschieht, wenn Sie die Daten in der Arbeitsmappe ändern? Hier genügt ein Klick auf die Schaltfläche *Speichern* in der *Symbolleiste für den Schnellzugriff*.

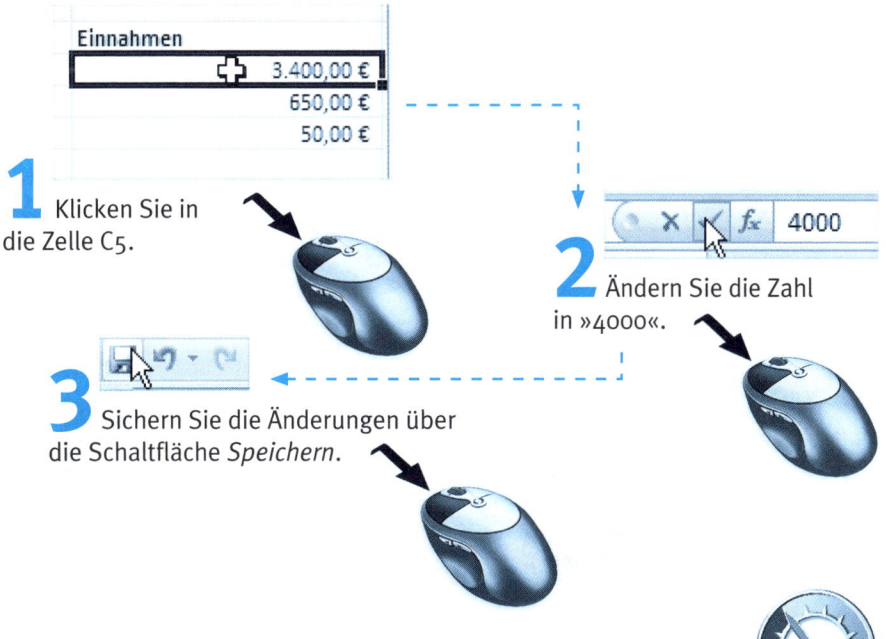

1 Klicken Sie in die Zelle C5.

2 Ändern Sie die Zahl in »4000«.

3 Sichern Sie die Änderungen über die Schaltfläche *Speichern*.

Die Änderung der Zahl »3.400,00 €« in »4.000,00 €« in Zelle C5 wurde von Excel gespeichert.

Den Aufgabenbereich speichern

Über die Schaltfläche *Aufgabenbereich speichern* auf der Registerkarte *Ansicht* erfassen Sie eine Arbeitsbereichsdatei.

In einer *Arbeitsbereichsdatei* speichern Sie alle aktuellen Arbeitsmappen, die gleichzeitig auf dem Bildschirm geöffnet sind.

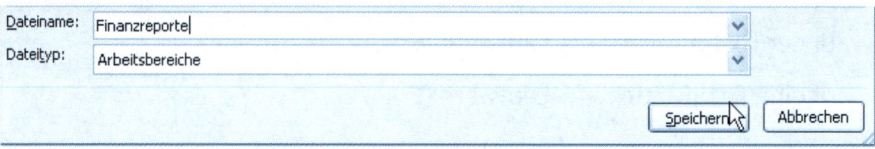

Ändern Sie eine Arbeitsmappe und speichern diese anschließend, sind die ursprünglichen Angaben verschwunden bzw. neue hinzugekommen.

Speichern oder Speichern unter ...?

... das ist hier die Frage. Worin besteht der Unterschied zwischen *Speichern* und *Speichern unter*?

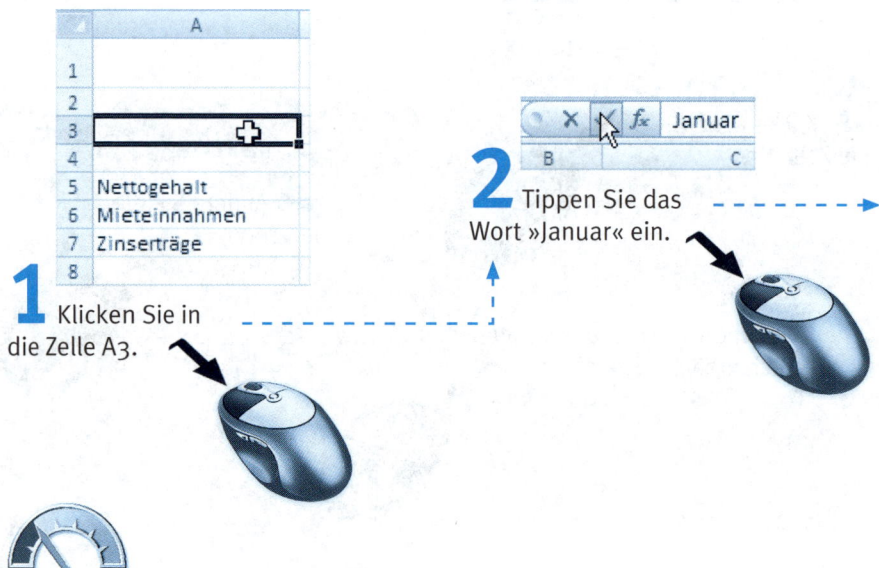

1 Klicken Sie in die Zelle A3.

2 Tippen Sie das Wort »Januar« ein.

3 Klicken Sie auf die Schaltfläche *Speichern* in der *Symbolleiste für den Schnellzugriff.*

Speichern unter

Die Änderung bleibt von nun an in der Arbeitsmappe »Haushalt« erhalten. Doch wozu ist der Befehl *Speichern unter* da?

Beispiel

Sie möchten für den Monat Februar ebenfalls ein Haushaltsbudget erstellen. Die erste Kalkulation soll erhalten bleiben, die zweite separat gespeichert werden.

(Zur Vereinfachung: Die Zahlen der Kalkulation haben sich nicht geändert!)

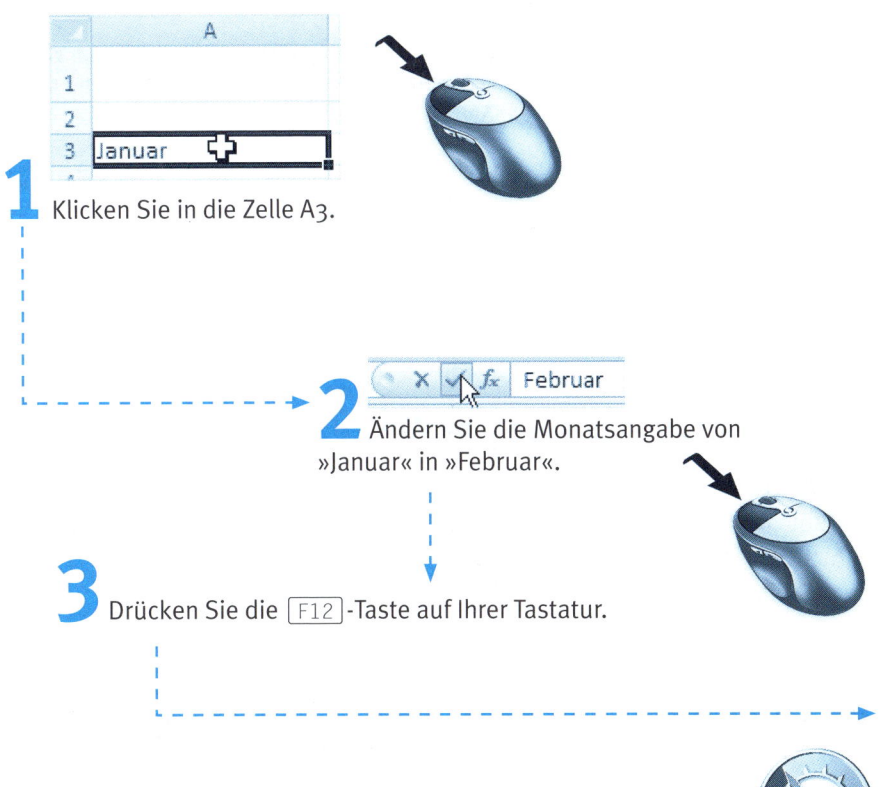

1 Klicken Sie in die Zelle A3.

2 Ändern Sie die Monatsangabe von »Januar« in »Februar«.

3 Drücken Sie die F12 -Taste auf Ihrer Tastatur.

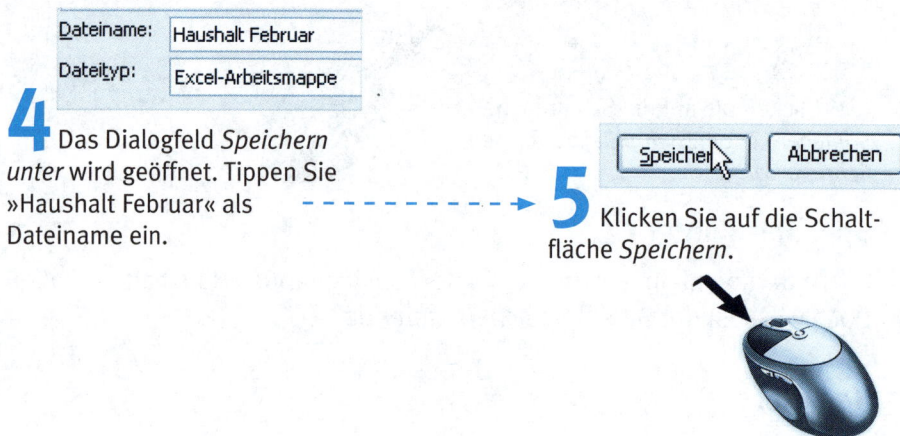

4 Das Dialogfeld *Speichern unter* wird geöffnet. Tippen Sie »Haushalt Februar« als Dateiname ein.

5 Klicken Sie auf die Schaltfläche *Speichern*.

Die Kalkulation für den Monat Februar wurde von Excel gespeichert.

Die Arbeitsmappen »Haushalt« und »Haushalt Februar« befinden sich auf der Festplatte Ihres Rechners.

> **Fachwort**
>
> Die *Festplatte* ist in der Regel ein in dem Computer eingebautes Speichermedium, das es erlaubt, größere Datenmengen auch dann zu verwahren, wenn der Computer nicht mehr mit Strom versorgt wird.

 Statt die `F12`-Taste zu drücken, können Sie auch die *Office*-Schaltfläche anklicken und den Befehl *Speichern unter* wählen. Sie gelangen in das Dialogfeld *Speichern unter*.

Die Schaltfläche »Speichern unter« anlegen

Wie Sie bemerkt haben, benötigen Sie den Befehl *Speichern unter* häufiger. Bis jetzt mussten Sie immer den Weg über die *Office*-Schaltfläche wählen oder die Taste `F12` drücken.

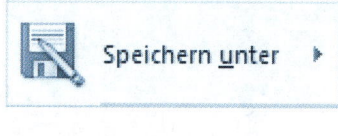

Was liegt da näher, als den Befehl als Schaltfläche in der *Symbolleiste für den Schnellzugriff* anzulegen.

1 Öffnen Sie das Menü über die *Office*-Schaltfläche.

Speichern unter ▸

2 Klicken Sie mit der rechten Maustaste auf den Befehl *Speichern unter*.

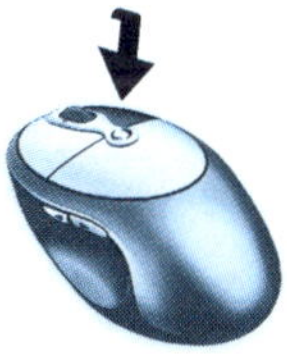

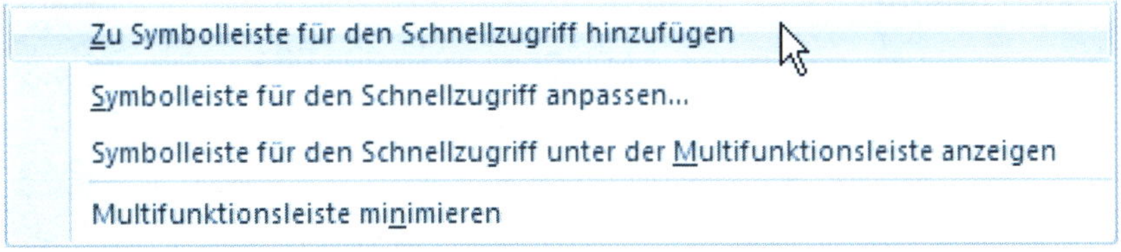

| Zu Symbolleiste für den Schnellzugriff hinzufügen |
| Symbolleiste für den Schnellzugriff anpassen... |
| Symbolleiste für den Schnellzugriff unter der Multifunktionsleiste anzeigen |
| Multifunktionsleiste minimieren |

3 Wählen Sie den Befehl *Zu Symbolleiste für den Schnellzugriff hinzufügen*.

Die Schaltfläche *Speichern unter* ist in der *Symbolleiste für den Schnellzugriff* platziert. Der Befehl kann nun schnell ausgeführt werden.

Das Seitenlayout

Zurzeit schreiben Sie in der *Normal*-Ansicht. Im *Seitenlayout* wird angezeigt, wie das Tabellenblatt ausgedruckt aussieht.

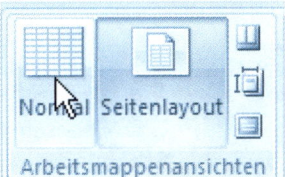

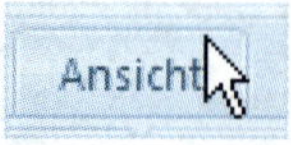

Ansicht

1 Wählen Sie die Registerkarte *Ansicht*.

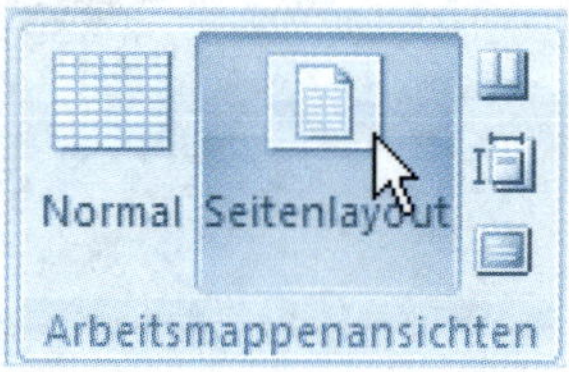

Normal **Seitenlayout**

Arbeitsmappenansichten

2 Aktivieren Sie über die Schaltfläche das *Seitenlayout*.

Einnahmen	
	4.000,00 €
	650,00 €
	50,00 €
Ausgaben	

5.000,00 €

4.000,00 €

3.000,00 €

2.000,00 €

1.000,00 €

- €

Sie sehen, dass die Kalkulation nicht auf eine Seite passt.

Nor**mal** **Seitenlayout**

Arbeitsmappenansichten

3 Wechseln Sie wieder über die Schaltfläche zur *Normal*-Ansicht.

Zwischen Hoch- und Querformat wechseln

Die Kalkulation passt nicht auf eine Seite, da diese auf das Hochformat eingestellt ist. Excel wählt es standardmäßig aus. Wählen Sie das Querformat, passt die Kalkulation auf eine Seite.

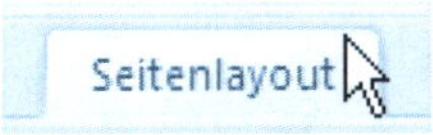

1 Aktivieren Sie die Registerkarte *Seitenlayout*.

2 Klicken Sie die Schaltfläche *Orientierung* an.

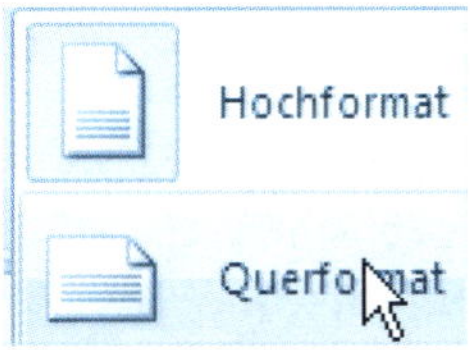

3 Wechseln Sie zum *Querformat*.

Die Umbruchvorschau

Bevor Sie eine Kalkulation ausdrucken, sollten Sie den Ausdruck auf seine Korrektheit hin zuerst am Bildschirm prüfen. Das kennen Sie schon vom Seitenlayout. Hier lernen Sie eine andere Art der Vorkontrolle für den Ausdruck kennen. Durch den Befehl *Umbruchvorschau* wird eine Kalkulation auf *Druckseiten* verkleinert. Hier können Sie auch Änderungen vornehmen.

Fachwort

Seitenumbruch ist ein anderer Ausdruck für Seitenwechsel. Excel zeigt an, welche Daten sich auf welcher Seite befinden und aus wie vielen Seiten die Kalkulation insgesamt besteht.

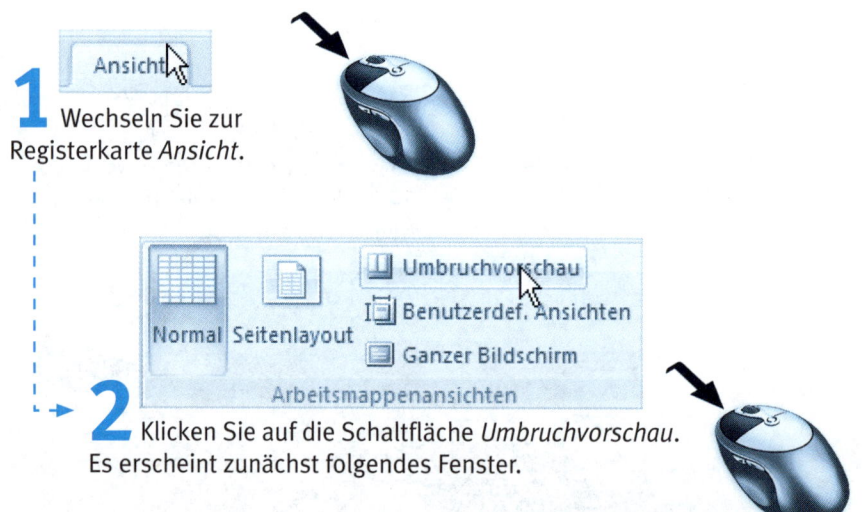

1 Wechseln Sie zur Registerkarte *Ansicht*.

2 Klicken Sie auf die Schaltfläche *Umbruchvorschau*. Es erscheint zunächst folgendes Fenster.

Das ist Ihre Entscheidung! Um das Dialogfeld zukünftig zu unterdrücken, aktivieren Sie das Kontrollkästchen und bestätigen über die Schaltfläche *OK*.

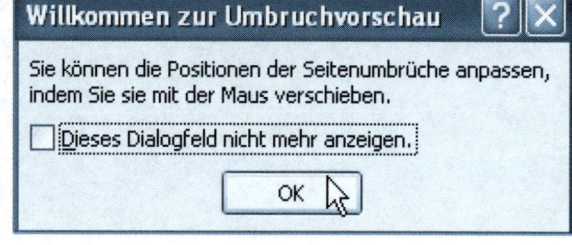

Wollen Sie den Hinweis weiter einblenden, klicken Sie direkt auf die Schaltfläche *OK*. Daraufhin erscheint die Umbruchvorschau.

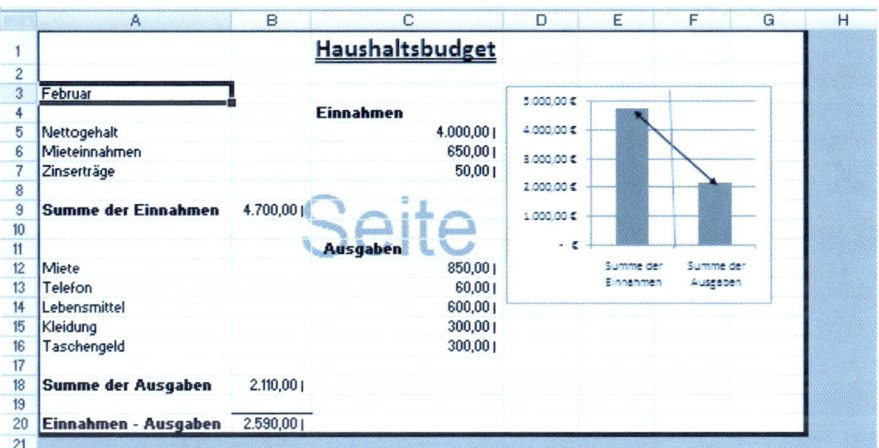

Die Kalkulation des Beispiels passt jetzt auf eine Seite, da Sie zuvor das
Querformat ausgewählt haben.

3 Wechseln Sie wieder zur
Normal-Ansicht.

Ausdrucken

Wählen Sie die Schaltfläche *Schnelldruck* in der *Symbolleiste für den
Schnellzugriff*, erhalten Sie Ihre Kalkulation schwarz auf weiß. Dazu muss
die Schaltfläche in der Symbolleiste platziert werden.

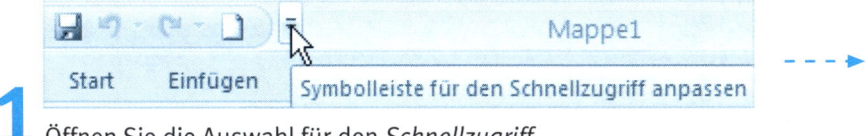

1 Öffnen Sie die Auswahl für den *Schnellzugriff*.

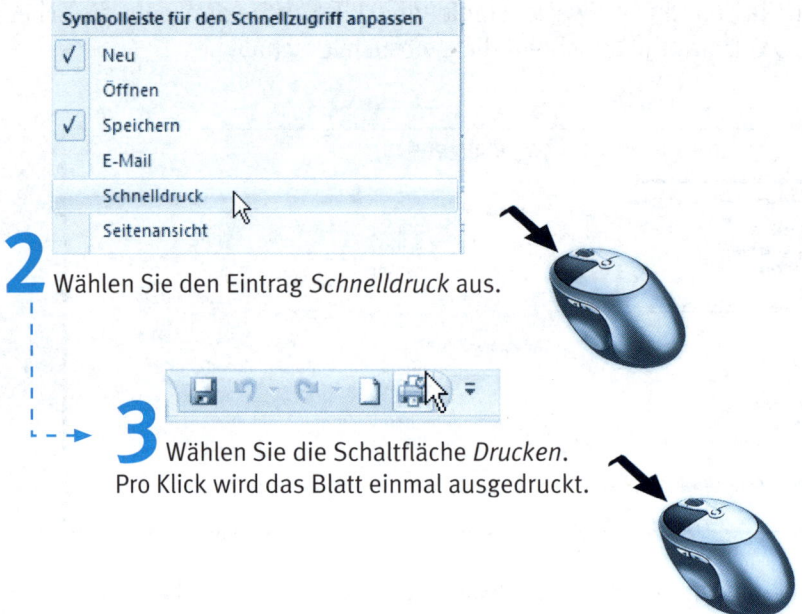

2 Wählen Sie den Eintrag *Schnelldruck* aus.

3 Wählen Sie die Schaltfläche *Drucken*.
Pro Klick wird das Blatt einmal ausgedruckt.

Für den Ausdruck steht Ihnen zusätzlich unter der *Office*-Schalt-
fläche der Menübefehl *Drucken* (Strg+P) zur Verfügung.

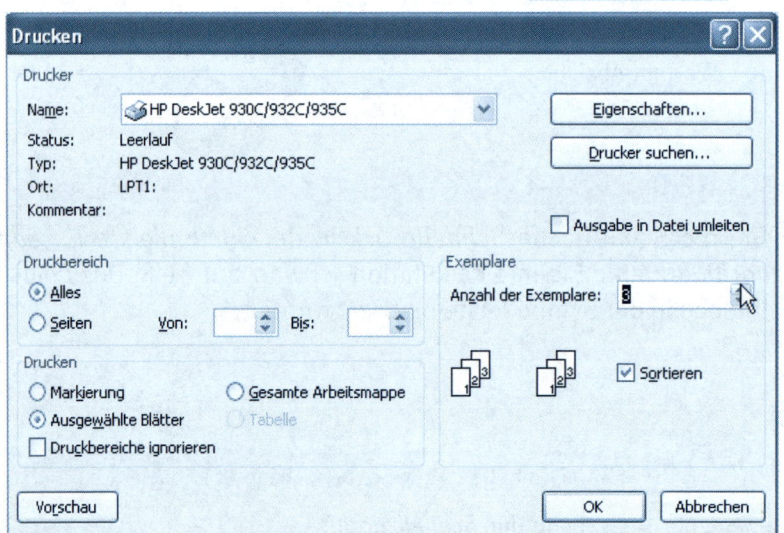

Hier können Sie noch weitere Angaben detaillieren. So lässt sich festlegen, wie viele Exemplare Sie von Ihrer Kalkulation wünschen oder auf welchem Drucker die Ausgabe erfolgen soll, falls Sie beispielsweise über einen Schwarzweiß- und einen Farbdrucker verfügen. Markieren Sie Zellen, werden nur diese gedruckt, wenn Sie die Option *Markierung* im Dialogfeld *Drucken* aktivieren.

Der Druckbereich

Die Funktion *Druckbereich* ist eine weitere spezielle Angabe des Ausdrucks. Möchten Sie nur einen bestimmten (Zell-)Bereich innerhalb eines Arbeitsblatts ausdrucken, können Sie einen Druckbereich festlegen. Markieren Sie den Zellbereich der Tabelle, den Sie ausdrucken möchten.

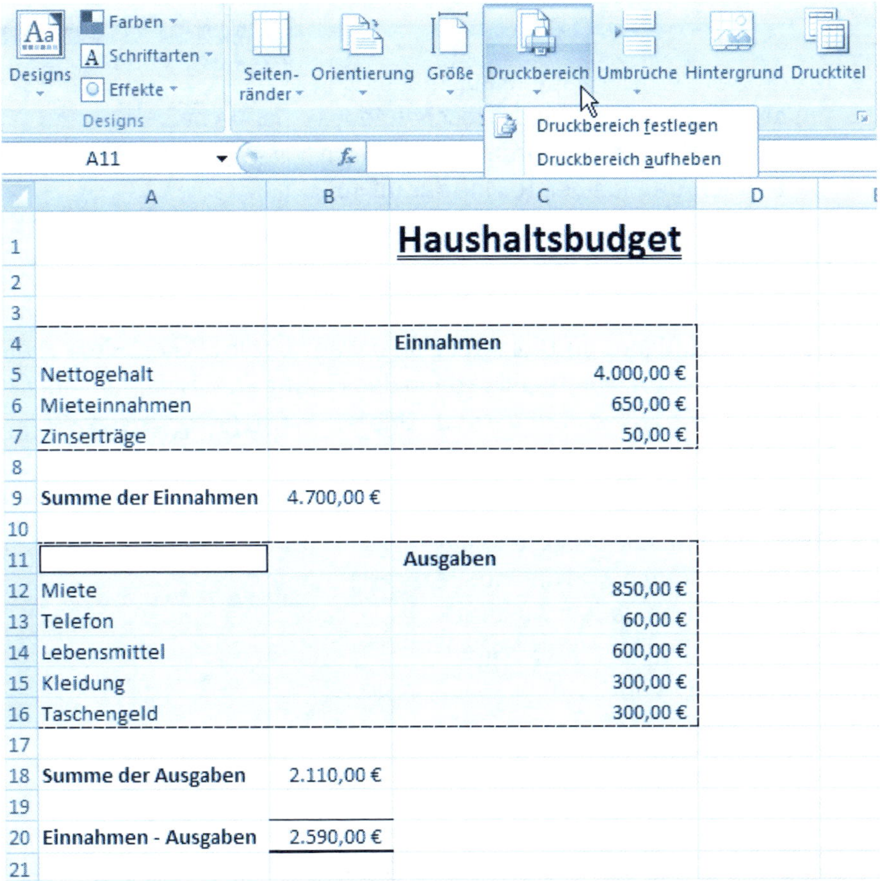

		Designs		Seiten-ränder	Orientierung	Größe	Druckbereich	Umbrüche	Hintergrund	Drucktitel

Druckbereich festlegen

Druckbereich aufheben

A11

	A	B	C	D	
1			**Haushaltsbudget**		
2					
3					
4			Einnahmen		
5	Nettogehalt		4.000,00 €		
6	Mieteinnahmen		650,00 €		
7	Zinserträge		50,00 €		
8					
9	Summe der Einnahmen	4.700,00 €			
10					
11			Ausgaben		
12	Miete		850,00 €		
13	Telefon		60,00 €		
14	Lebensmittel		600,00 €		
15	Kleidung		300,00 €		
16	Taschengeld		300,00 €		
17					
18	Summe der Ausgaben	2.110,00 €			
19					
20	Einnahmen - Ausgaben	2.590,00 €			
21					

Wählen Sie mehrere auseinanderliegende Bereiche mithilfe der [Strg]-Taste aus. Halten Sie dazu die Taste gedrückt, während Sie mit der Maus über die zu markierenden Zellen fahren.

Rufen Sie dann die Registerkarte *Seitenlayout* auf und aktivieren Sie über die Schaltfläche *Druckbereich* den Befehl *Druckbereich festlegen*.

Der Druckbereich wird festgelegt. Dies erkennen Sie an dem gestrichelten Rahmen auf dem Bildschirm. Beim nächsten Ausdruck wird nur dieser Bereich gedruckt.

Soll später die gesamte Tabelle ausgedruckt werden, wählen Sie wieder die Registerkarte *Seitenlayout* an. Aktivieren Sie über die Schaltfläche *Druckbereich* den Befehl *Druckbereich aufheben*.

Tipps zum Kapitel

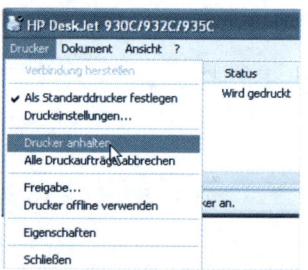

1. Drucken Sie Arbeitsmappen aus und möchten den Druckauftrag wieder löschen, doppelklicken Sie auf das Druckersymbol im Infobereich der Taskleiste. Im darauf folgenden Dialogfeld können Sie Druckaufträge anhalten oder löschen.

2. Sie können einer gespeicherten Arbeitsmappe detaillierte Informationen hinzufügen. Im Dialogfeld *Speichern unter* klicken Sie auf die Schaltfläche *Extras* und wählen dann den Eintrag *Eigenschaften*. Auf der Registerkarte *Zusammenfassung* tippen Sie die Angaben ein.

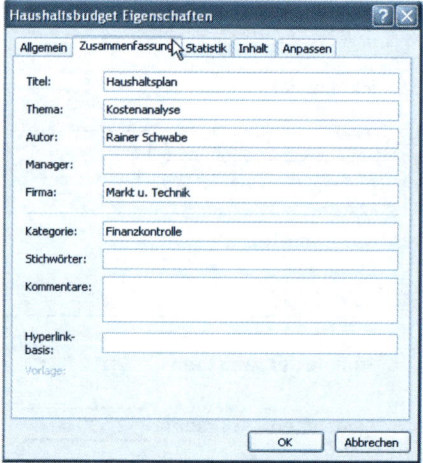

3. Sie können eine Tabelle durch Verkleinern an die Druckseite angleichen. Dadurch wird die Tabelle automatisch bei jedem Ausdruck angepasst: Registerkarte *Seitenlayout*, *Skalierung*.

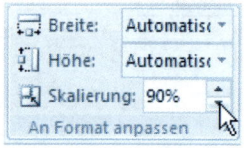

4. Sie können die Seitenränder einer Arbeitsmappe in *Normal*, *Breit*, *Schmal* ändern. Wählen Sie dazu die Registerkarte *Seitenlayout* und die Schaltfläche *Seitenränder*. Wählen Sie hier den Eintrag *Benutzerdefinierte Seitenränder*. Das Dialogfeld *Seite einrichten* erscheint auf dem Bildschirm. Sie können die Angaben selbst festlegen.

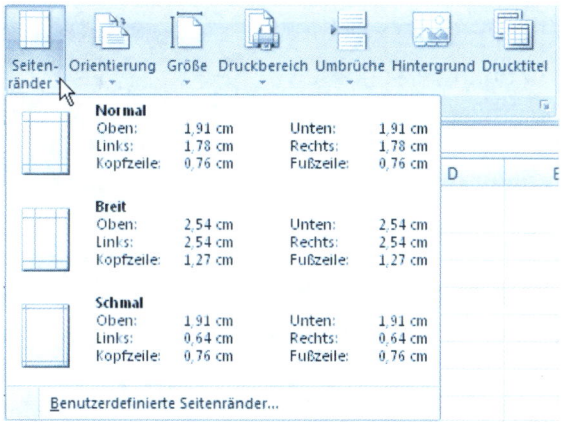

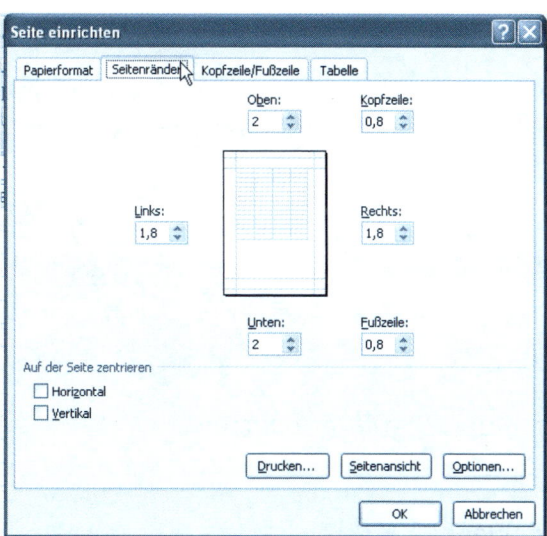

5. Auf der Registerkarte *Seitenlayout* wählen Sie über die Schaltfläche *Hintergrund* ein Hintergrundbild für das Tabellenblatt aus. Das kann Ihr eigenes Bild sein. Sie klicken dazu auf die Schaltfläche, geben den Speicherort an und fügen das Bild ein.

Kapitel 6

Dateien öffnen, schützen und löschen

In Kapitel 5 lernten Sie das Speichern von Excel-Dateien kennen. Doch wie erhalten Sie diese zurück? Wer speichert, möchte wahrscheinlich damit weiterarbeiten. In diesem Kapitel erfahren Sie, wie Sie Ihre Dateien öffnen.

Damit Unbefugte keinen Zugriff auf Ihre persönlichen Daten erhalten, schützen Sie diese. Entweder können die Daten dann nicht mehr geändert oder überhaupt nicht gelesen werden! Ist eine Arbeitsmappe überflüssig geworden, wird sie gelöscht und in den Papierkorb »geworfen«.

Eine Arbeitsmappe öffnen

Um eine Kalkulation in Excel 2007 zu öffnen, muss sie zunächst (wie bereits in Kapitel 5 erläutert) gespeichert werden.

> **Fachwort**
>
> Wenn Sie eine Kalkulation wieder verwenden, bezeichnet man das als *Öffnen*.

Danach haben Sie vielleicht das Programm beendet und es sind ein paar Stunden oder Tage ins Land gezogen.

Sie haben Excel neu gestartet und möchten nun mit einer gespeicherten Arbeitsmappe weiterarbeiten.

Zum besseren Verständnis soll ein Beispiel dienen:

Praxis im Büroalltag	Excel
Einen Aktenschrank öffnen	Excel starten
Die Akte »Kalkulation« aufschlagen	Die Arbeitsmappe »Kalkulation« öffnen

Sie haben also bereits den Aktenschrank geöffnet und brauchen nur die Kalkulation herauszuholen.

> **Hinweis**
>
> Formeln, die zuletzt mit einer früheren Version von Microsoft Office Excel gespeichert wurden, werden beim Öffnen der Datei neu berechnet.

 Dazu können Sie den Weg über die *Office*-Schaltfläche wählen. Sie rufen hier den Befehl *Öffnen* auf und gelangen so zum Dialogfeld *Öffnen*.

Ein schnellerer Weg wäre die Schaltfläche *Öffnen* in der *Symbolleiste für den Schnellzugriff*. Die Schaltfläche *Öffnen* muss dazu von Ihnen noch angelegt werden.

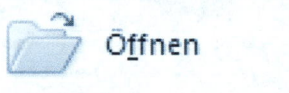

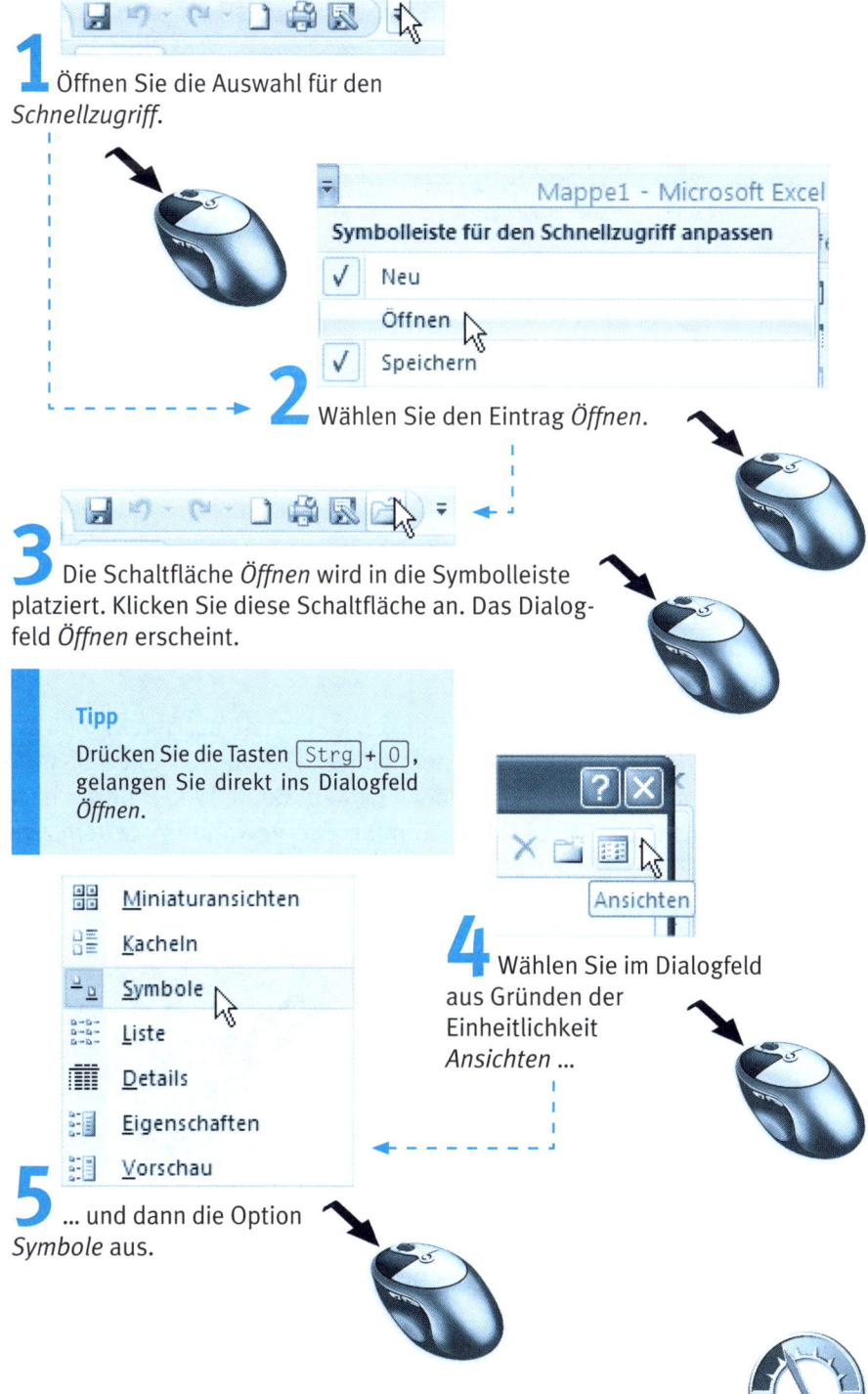

1 Öffnen Sie die Auswahl für den *Schnellzugriff*.

Mappe1 - Microsoft Excel

Symbolleiste für den Schnellzugriff anpassen

✓ Neu

Öffnen

✓ Speichern

2 Wählen Sie den Eintrag *Öffnen*.

3 Die Schaltfläche *Öffnen* wird in die Symbolleiste platziert. Klicken Sie diese Schaltfläche an. Das Dialogfeld *Öffnen* erscheint.

Tipp

Drücken Sie die Tasten Strg + O , gelangen Sie direkt ins Dialogfeld *Öffnen*.

Ansichten

Miniaturansichten

Kacheln

Symbole

Liste

Details

Eigenschaften

Vorschau

4 Wählen Sie im Dialogfeld aus Gründen der Einheitlichkeit *Ansichten* ...

5 ... und dann die Option *Symbole* aus.

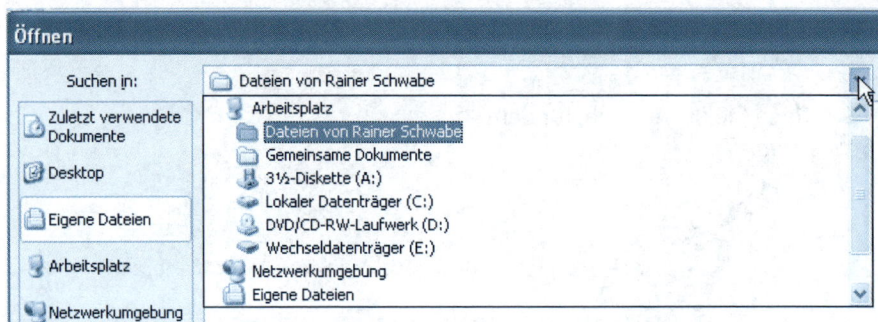

Achtung

Beachten Sie stets den Speicherort einer Arbeitsmappe, hier im Beispiel ist das *Eigene Dateien*. So brauchen Sie hier nichts anzugeben.

Achtung

Sollten Sie eine Arbeitsmappe in ein anderes Verzeichnis gespeichert haben, müssen Sie das bei *Suchen in* angeben. Dies kann z. B. der Fall sein, wenn sich die Arbeitsmappe auf einem USB-Stick (Laufwerk E:) befindet.

Entweder klicken Sie doppelt mit der linken Maustaste auf den Namen der Datei oder markieren diesen mit einem einfachen Mausklick und bestätigen anschließend über die Schaltfläche *Öffnen*. Beide Wege führen nach Rom – oh, Verzeihung – auf Ihren Monitor: Die gewählte Arbeitsmappe öffnet sich.

1 Doppelklicken Sie auf die Datei »Haushalt Februar«.

Die Arbeitsmappe erscheint auf dem Bildschirm.

Haushalt Februar

Die letzten Arbeitsmappen

 Der momentan leichteste Weg für Sie führt wahrscheinlich über die *Office*-Schaltfläche.

Im geöffneten Menü erkennen Sie rechts oben die Namen:

»1 Haushalt Februar«

»2 Haushalt«

Zuletzt verwendete Dokumente
1 Haushalt Februar
2 Haushalt

Hier werden die zuletzt (bis jetzt waren es nur zwei!) von Ihnen bearbeiteten Arbeitsmappen aufgeführt.

Wählen Sie den Eintrag »Haushalt«, öffnet sich diese Kalkulation auf dem Bildschirm. Diese Möglichkeit ist quasi eine Abkürzung.

1 Klicken Sie auf die *Office*-Schaltfläche.

2 Wählen Sie die Arbeitsmappe »Haushalt« aus.

Wählen Sie wiederum die *Office*-Schaltfläche, sehen Sie, dass sich die Reihenfolge der geöffneten Arbeitsmappen geändert hat.

Der Eintrag »Haushalt« steht an erster Position, da Sie diese Arbeitsmappe zuletzt in Excel geöffnet haben.

Zuletzt verwendete Dokumente
1 Haushalt
2 Haushalt Februar

Die Fenster in Excel

Sie wechseln zwischen den einzelnen Arbeitsmappen hin und her. Dazu holen Sie das entsprechende Fenster in den Vordergrund, indem Sie es aktivieren.

1 Holen Sie über die Taskleiste zunächst die Arbeitsmappe »Haushalt Februar« in den Vordergrund.

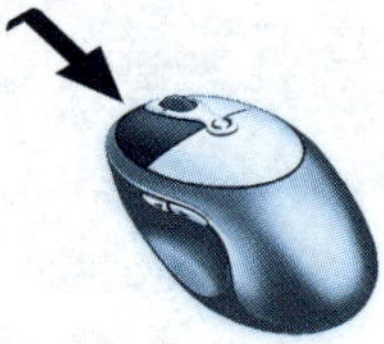

2 Wählen Sie die Registerkarte *Ansicht*.

3 Aktivieren Sie die Schaltfläche *Fenster wechseln*.

4 Holen Sie die Arbeitsmappe »Haushalt« in den Vordergrund.

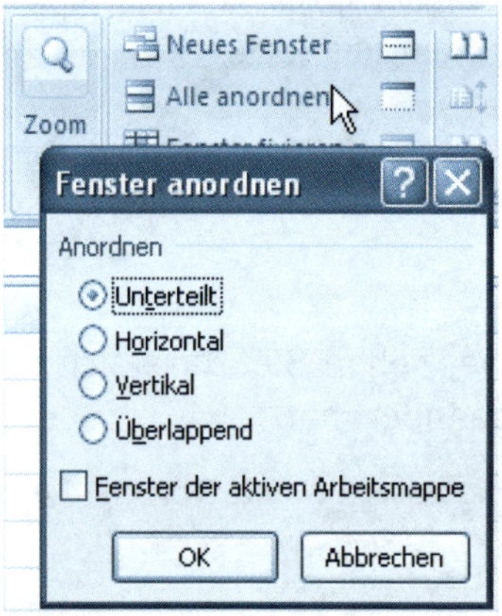

Tipp

Möchten Sie zwei Arbeitsmappen gleichzeitig auf dem Bildschirm angezeigt haben, wählen Sie auf der Registerkarte *Ansicht* die Schaltfläche *Alle anordnen*. Danach wählen Sie aus, wie die Fenster angeordnet werden sollen.

Tipp

Sollen die Arbeitsmappen nebeneinander auf dem Bildschirm dargestellt werden, aktivieren Sie die Schaltfläche *Nebeneinander anzeigen*.

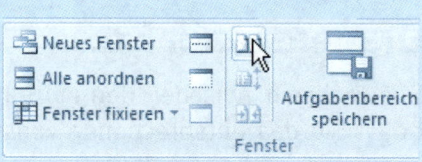

Daten vor fremden Zugriffen schützen

Pst! Nicht weitersagen! Geheim! Es gibt Situationen im Leben, da möchten Sie vielleicht Ihre Daten vor anderen geheim halten.

Dazu müssen Sie sich ein Passwort überlegen.

Beispiel

Die Arbeitsmappe »Haushalt« befindet sich auf Ihrem Bildschirm. Sie möchten sie vor fremdem Zugriff schützen, sodass sie nur von Ihnen gelesen werden kann. Sie geben das Geheimwort »Easy« ein.

Achtung

Achten Sie bei der Vergabe des Kennworts auf die Groß- und Kleinschreibung.

1 Klicken Sie auf die Schaltfläche *Speichern unter*. Das Dialogfeld *Speichern unter* erscheint.

Hinweis

Die Schaltfläche *Speichern unter* haben Sie im letzten Kapitel in der *Symbolleiste für den Schnellzugriff* angelegt. Wenn nicht, drücken Sie die Taste $\boxed{\text{F12}}$.

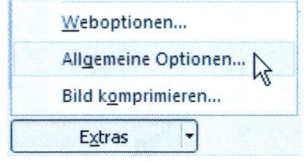

2 Aktivieren Sie die Schaltfläche *Extras*, dann den Eintrag *Allgemeine Optionen*.

Im darauf folgenden Dialogfeld *Allgemeine Optionen* können Sie festlegen, ob Sie ...

- das Öffnen oder

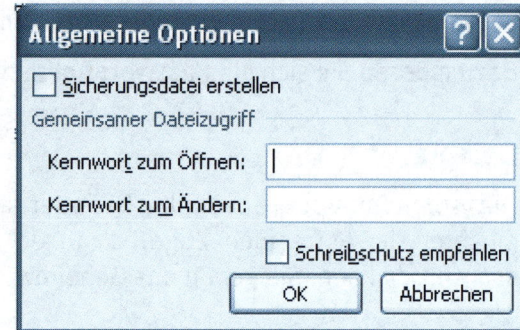

- das Beschreiben bzw. Ändern einer Arbeitsmappe (*Schreibschutzkennwort*) verhindern möchten.

- Klicken Sie das Kontrollkästchen *Schreibschutz empfehlen* an, erhalten Sie beim jeweiligen Starten der Arbeitsmappe einen entsprechenden Hinweis.

- Zusätzlich können Sie noch eine Sicherungsdatei erstellen.

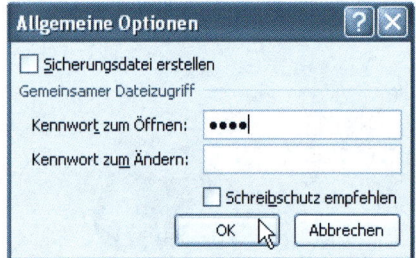

1 Tippen Sie das Kennwort »Easy« in das Feld *Kennwort zum Öffnen* ein. Bestätigen Sie über die Schaltfläche *OK*.

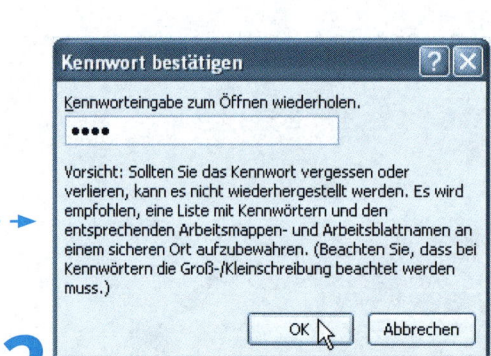

2 Wiederholen Sie die Eingabe des Kennworts, achten Sie dabei auf die gleiche Schreibweise wie zuvor. Anschließend bestätigen Sie mit *OK*.

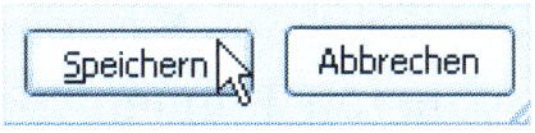

Speichern❯   Abbrechen

3 Speichern Sie die Änderungen der Arbeitsmappe über die Schaltfläche *Speichern*.

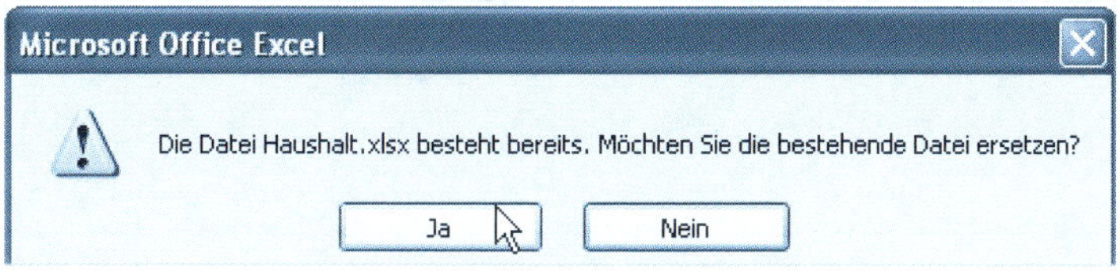

Microsoft Office Excel   ☒

⚠ Die Datei Haushalt.xlsx besteht bereits. Möchten Sie die bestehende Datei ersetzen?

Ja   Nein

4 Bestätigen Sie das Ersetzen der vorhandenen
Arbeitsmappe »Haushalt« mit *Ja*.

5 Schließen Sie die Arbeits-
mappe »Haushalt« auf Ihrem
Bildschirm. Klicken Sie die *Office-*
Schaltfläche an.

Schließen

6 Wählen Sie den Befehl
Schließen aus.

Tipp
Sie können eine Arbeitsmappe schließen, indem Sie die Tasten Strg + W oder
Strg + F4 drücken.

Die Arbeitsmappe »Haushalt« kann von nun an nur noch über das Kennwort »Easy« gelesen werden.

Beim nächsten Öffnen der Arbeitsmappe »Haushalt« werden Sie von Excel aufgefordert, das Kennwort einzugeben, ansonsten können Sie die Arbeitsmappe auf Ihrem Bildschirm nicht starten.

1 Klicken Sie auf die *Office*-Schaltfläche und ...

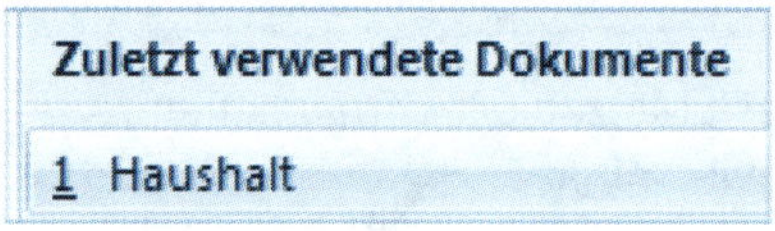

Zuletzt verwendete Dokumente

1 Haushalt

2 ... wählen Sie den Eintrag »Haushalt« aus.

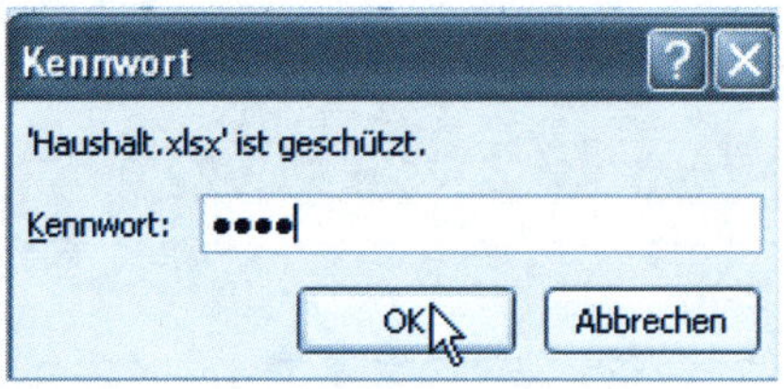

Kennwort

'Haushalt.xlsx' ist geschützt.

Kennwort: ●●●●

OK   Abbrechen

3 Sesam öffne dich! Geben Sie das Kennwort »Easy« ein und bestätigen Sie mit *OK*.

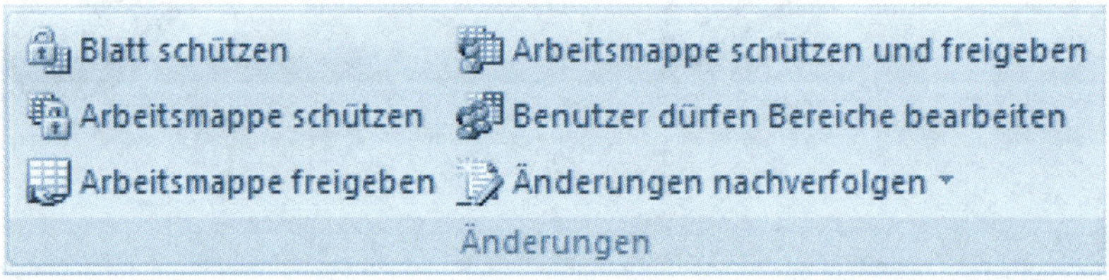

🔒 Blatt schützen   Arbeitsmappe schützen und freigeben

Arbeitsmappe schützen   Benutzer dürfen Bereiche bearbeiten

Arbeitsmappe freigeben   Änderungen nachverfolgen ▾

Änderungen

Auf der Registerkarte *Überprüfen* erhalten Sie noch weitere Möglichkeiten für den Schutz in Excel 2007. Die Schaltflächennamen im Bereich *Änderungen* informieren, was Sie machen können. So lassen sich Arbeitsmappen auch hier schützen. Sie können auch einzelne Tabellenblätter über die Schaltfläche *Blatt schützen* sichern.

Den Schutz wieder aufheben

Sie brauchen nur das Kennwort im Dialogfeld *Speicheroptionen* mit der
⌈Entf⌉-Taste zu löschen.

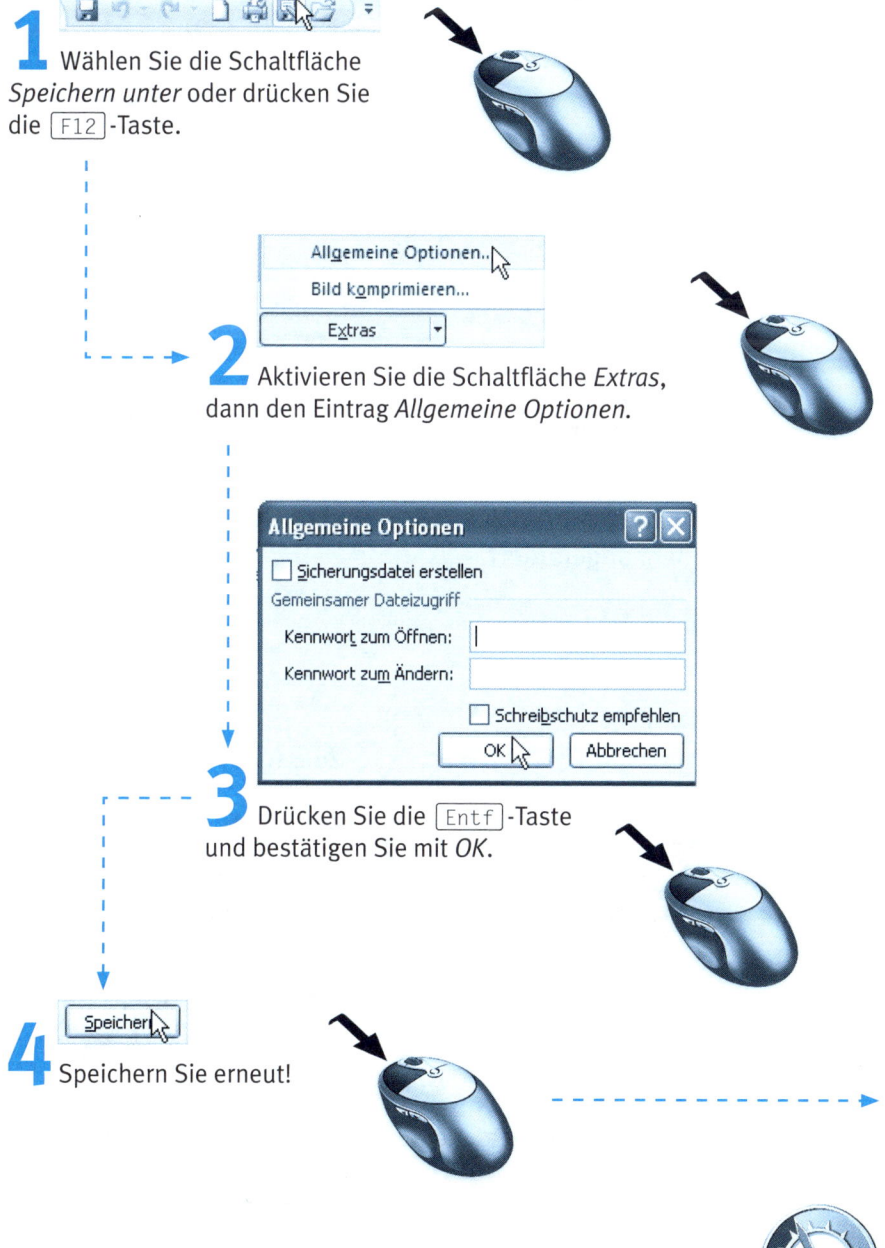

1 Wählen Sie die Schaltfläche
Speichern unter oder drücken Sie
die ⌈F12⌉-Taste.

2 Aktivieren Sie die Schaltfläche *Extras*,
dann den Eintrag *Allgemeine Optionen*.

3 Drücken Sie die ⌈Entf⌉-Taste
und bestätigen Sie mit *OK*.

4 Speichern Sie erneut!

5 Bestätigen Sie das Ersetzen der Datei mit *Ja*.

6 Schließen Sie die Arbeitsmappe »Haushalt«, indem Sie die Tastenkombination `Strg`+`W` drücken.

Wenn Sie von nun an die Arbeitsmappe »Haushalt« öffnen, wird vorher kein Kennwort mehr angefordert.

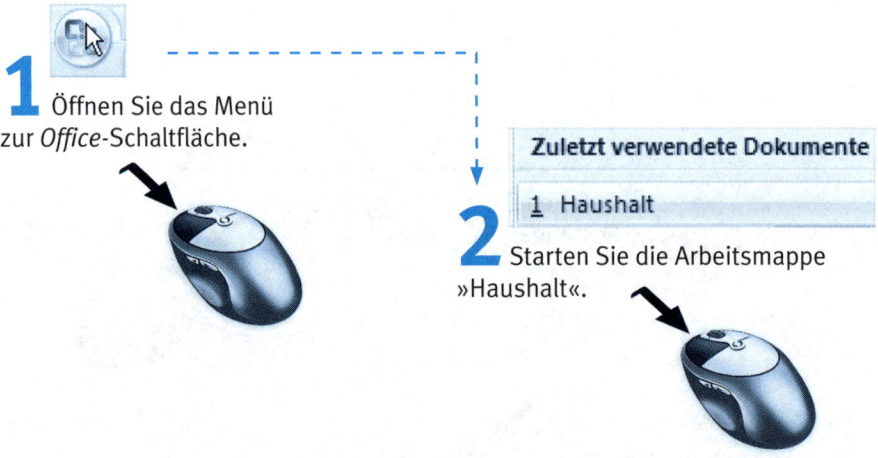

1 Öffnen Sie das Menü zur *Office*-Schaltfläche.

Zuletzt verwendete Dokumente

1   Haushalt

2 Starten Sie die Arbeitsmappe »Haushalt«.

Die Arbeitsmappe »Haushalt« erscheint auf Ihrem Bildschirm. Nun ist wieder alles beim Alten.

Dateien löschen

Sie möchten eine Arbeitsmappe entfernen, da Sie diese nicht mehr benötigen. Also – weg damit!

Beispiel

Die Arbeitsmappe »Haushalt Februar« soll gelöscht werden.

1  Holen Sie die Kalkulation »Haushalt Februar« in den Vordergrund des Bildschirms, indem Sie z. B. auf die Schaltfläche in der Taskleiste am unteren Bildschirmrand klicken.

> **Achtung**
>
> Um eine Arbeitsmappe zu löschen, darf sie nicht auf Ihrem Bildschirm erscheinen bzw. geöffnet sein!

2 Schließen Sie die Arbeitsmappe »Haushalt Februar«, indem Sie die Tastenkombination Strg + W drücken.

Sie haben die Wahl: Entweder können Sie das Dialogfeld *Speichern unter* oder das Dialogfeld *Öffnen* aufrufen. In beiden Fällen können Sie eine bestehende Arbeitsmappe bzw. Datei löschen.

1 Aktivieren Sie die Schaltfläche *Öffnen* in der *Symbolleiste für den Schnellzugriff* oder drücken Sie die Tasten Strg + O.

2 Markieren Sie die Arbeitsmappe »Haushalt Februar«,
indem Sie sie anklicken.

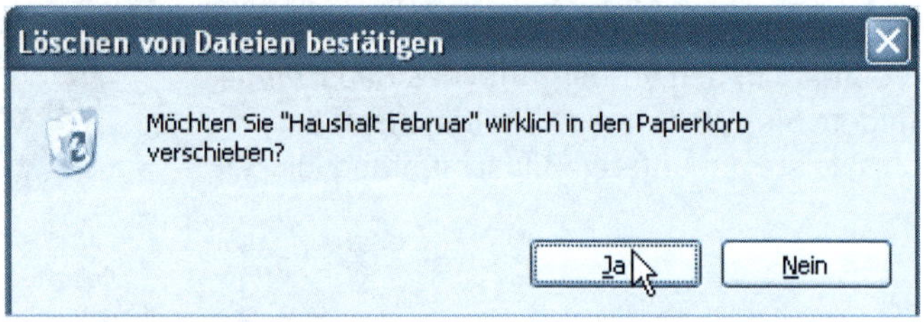

Löschen von Dateien bestätigen

Möchten Sie "Haushalt Februar" wirklich in den Papierkorb
verschieben?

Ja   Nein

3 Drücken Sie die [Entf]-Taste.
Bestätigen Sie die Rückfrage mit *Ja*.

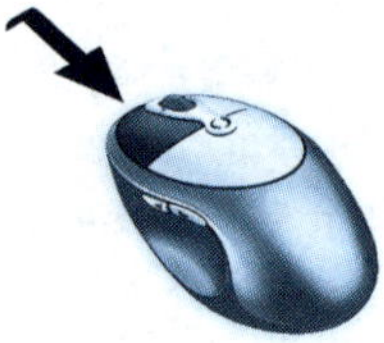

4 Schließen Sie das
Dialogfeld.

Die Arbeitsmappe wurde von Ihrem Computer – der Festplatte – entfernt!

Nicht ganz! Auf dem Windows-Desktop befindet sich ein
Papierkorb. Hier haben Sie die Möglichkeit, die Datei
endgültig zu löschen, aber auch versehentlich gelöschte
Dateien wiederherzustellen.

Dazu müssen Sie zum Windows-Desktop wechseln. Doppelklicken Sie auf den Papierkorb, um ihn zu öffnen.

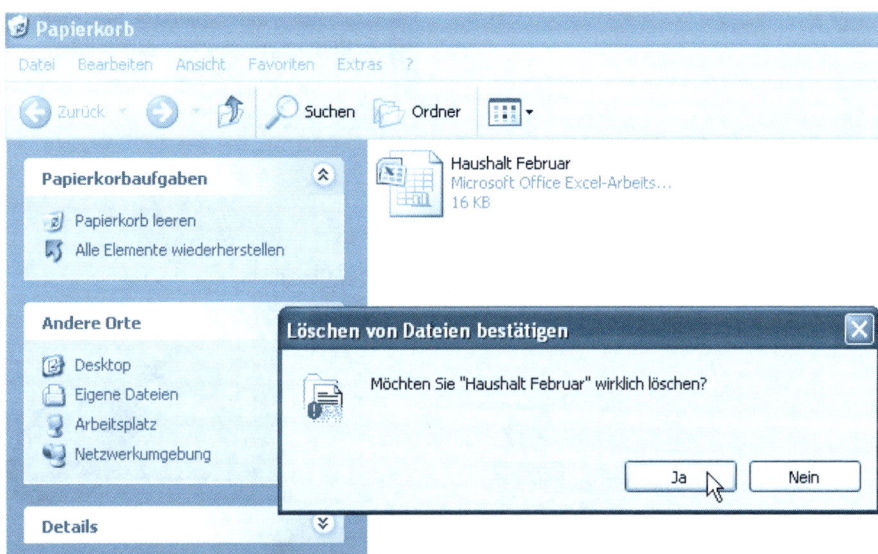

Hier können Sie den gesamten Papierkorb leeren.

Klicken Sie z. B. die gelöschte Datei an, können Sie diese über die Taste

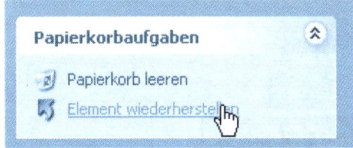  Entf endgültig löschen oder über die Schaltfläche *Element wiederherstellen* wieder zurück an den Ursprungsort verschieben.

> **Achtung**
>
> Achten Sie darauf, dass Sie von Zeit zu Zeit den *Papierkorb leeren*. Dies spart Speicherplatz auf der Festplatte!

Dateien umbenennen

Möchten Sie Ihrer Datei einen anderen Namen zuweisen? Dies geht ganz einfach. Wiederum können Sie sich zwischen den Dialogfeldern *Öffnen* und *Speichern unter* entscheiden.

Beispiel

Die Datei »Haushalt« soll in »Haushaltsbudget« umbenannt werden.

> **Achtung**
>
> Möchten Sie eine Datei umbenennen, muss die Datei auf Ihrem Bildschirm geschlossen sein!

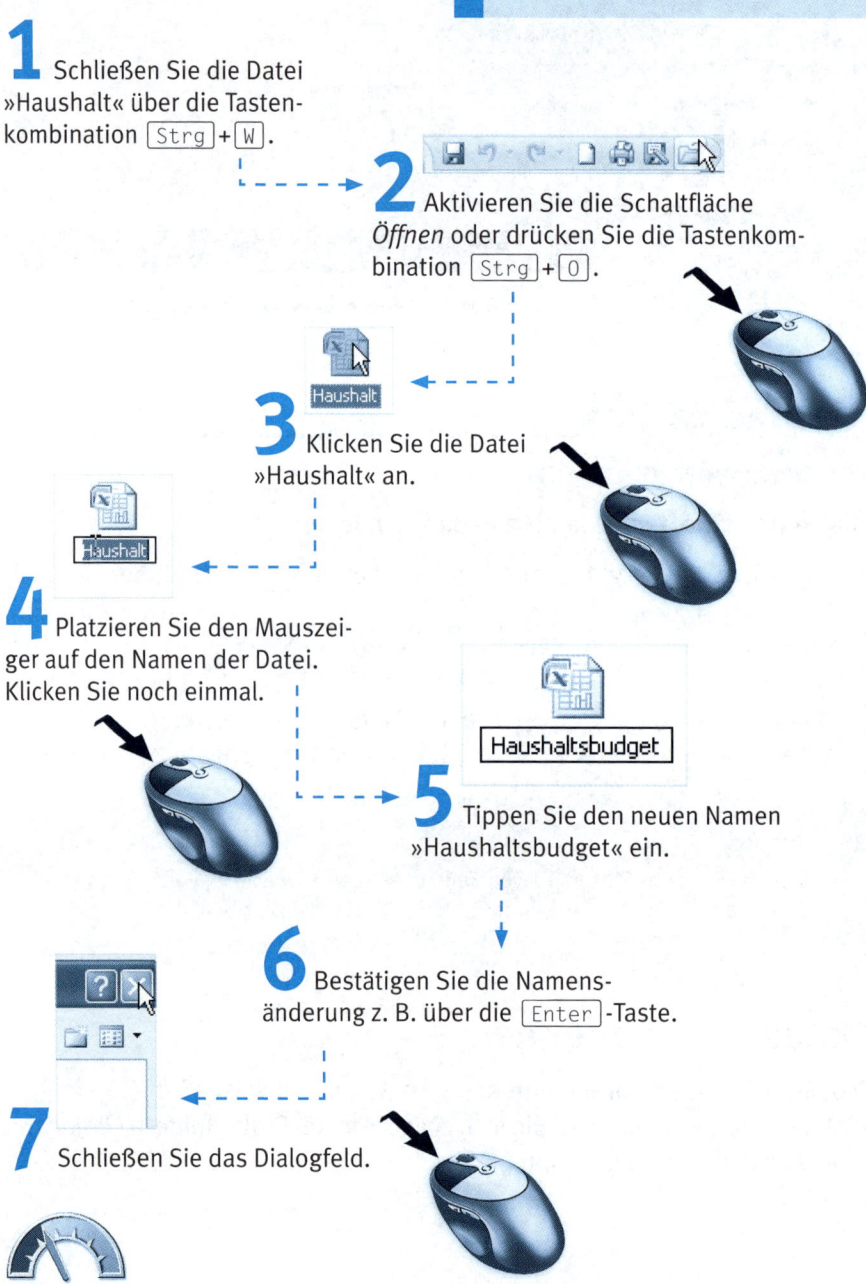

1 Schließen Sie die Datei »Haushalt« über die Tastenkombination `Strg` + `W` .

2 Aktivieren Sie die Schaltfläche *Öffnen* oder drücken Sie die Tastenkombination `Strg` + `O` .

3 Klicken Sie die Datei »Haushalt« an.

4 Platzieren Sie den Mauszeiger auf den Namen der Datei. Klicken Sie noch einmal.

5 Tippen Sie den neuen Namen »Haushaltsbudget« ein.

6 Bestätigen Sie die Namensänderung z. B. über die `Enter` -Taste.

7 Schließen Sie das Dialogfeld.

Die Datei heißt von nun an nicht mehr »Haushalt«, sondern trägt den Namen »Haushaltsbudget«.

Achtung

Beachten Sie, dass im Menü unter der *Office*-Schaltfläche immer noch die Dateien angezeigt werden, die Sie zuletzt starteten, obwohl Sie diese gelöscht bzw. umbenannt haben. Sie können hier natürlich nicht mehr geöffnet werden.

<u>1</u> Haushalt

<u>2</u> Haushalt Februar

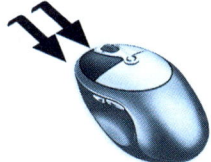

1 Aktivieren Sie die Schaltfläche *Öffnen* in der *Symbolleiste für den Schnellzugriff* oder drücken Sie die Tastenkombination `Strg`+`O`.

2 Klicken Sie doppelt die Arbeitsmappe »Haushaltsbudget« an. Die Arbeitsmappe startet auf dem Bildschirm.

Die Schaltfläche »Schließen« anlegen

Sie haben in diesem Kapitel mehrere Möglichkeiten kennengelernt, um eine Datei zu schließen:

Dokument schließen	Möglichkeiten
Tastenkombination	`Alt`+`F4` oder `Strg`+`W`
Maus	*Office*-Schaltfläche – Befehl *Schließen*

Natürlich existiert auch eine eigene Schaltfläche *Schließen*, die Sie in die *Symbolleiste für den Schnellzugriff* einfügen können.

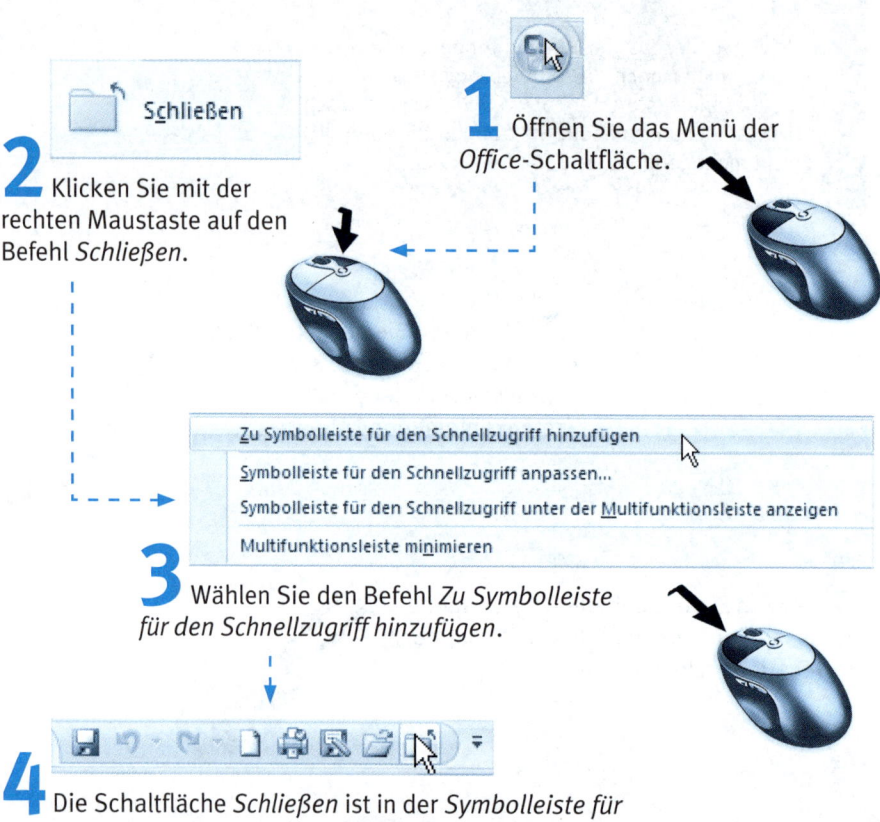

1 Öffnen Sie das Menü der *Office*-Schaltfläche.

2 Klicken Sie mit der rechten Maustaste auf den Befehl *Schließen*.

3 Wählen Sie den Befehl *Zu Symbolleiste für den Schnellzugriff hinzufügen*.

4 Die Schaltfläche *Schließen* ist in der *Symbolleiste für den Schnellzugriff* platziert. Schließen Sie die Arbeitsmappe »Haushaltsbudget« über die Schaltfläche.

Es befindet sich nun eine Arbeitsmappe mehr auf dem Bildschirm. Durch einen Doppelklick auf die *Office*-Schaltfläche beenden Sie Excel 2007.

Tipps zum Kapitel

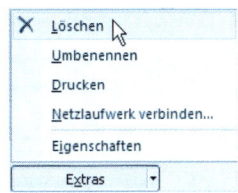

1. Sie können Dateien in den Dialogfeldern *Speichern unter* und *Öffnen* über die Schaltfläche *Extras* umbenennen und löschen. Dazu muss die entsprechende Datei markiert sein.

2. Das Zeitintervall der automatischen Speicherung – eingestellt zurzeit auf 10 Minuten– können Sie über den folgenden Weg ändern: *Office*-Schaltfläche – Schaltfläche *Excel-Optionen* – *Speichern*.

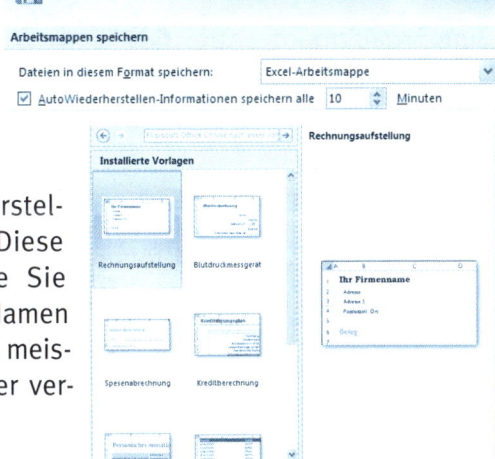

3. Vorlagen sind Muster zur Erstellung von Arbeitsmappen. Diese enthalten Vorschläge, die Sie übernehmen können. Die Namen sind so vergeben, dass man meistens ahnt, was sich dahinter verbirgt.

Die Vorschläge können Sie übernehmen, abändern und mit Ihren persönlichen Angaben versehen. *Installierte Vorlagen* finden Sie, indem Sie wieder die *Office*-Schaltfläche und den Eintrag *Neu* anklicken.

4. Ihre Vorlagensammlung können Sie über das Internet erweitern. Sie geben hier die entsprechende Vorlage an und starten Ihre Internetverbindung.

Kapitel 7

Arbeit sparen: Zellen schnell kopieren und ausfüllen

Identische Zelleninhalte müssen nicht jedes Mal von Ihnen neu eingetippt werden. Dazu bieten sich in Excel 2007 mehrere Möglichkeiten an. Anhand einiger praktischer Beispiele in diesem Kapitel bekommen Sie diese Programmfunktionen schnell und einfach in den Griff.

Mithilfe des Mauszeigers vermeiden Sie nicht nur mühelos Wiederholungen, sondern erleichtern sich auch durch automatische Aufzählungen die Arbeit.

Zellen kopieren

Immer wieder die gleichen Daten einzugeben ist äußerst lästig und überflüssig. Daher können Sie in Excel 2007 Zellenihalte schnell kopieren. Eine Möglichkeit finden Sie auf der Registerkarte *Start*, indem Sie die Schaltfläche

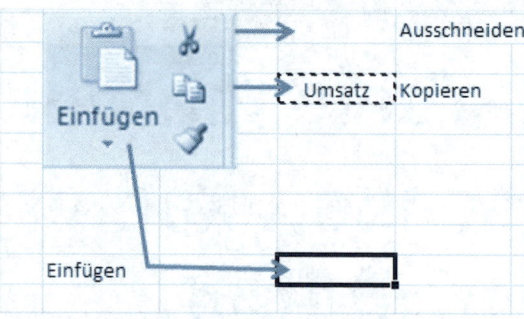

Kopieren und anschließend die Schaltfläche *Einfügen* anklicken.

Beim Ausschneiden verschwindet das Original, beim Kopieren bleibt es bestehen!

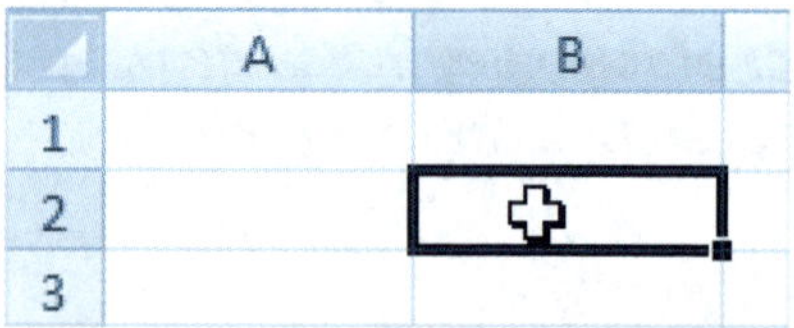

1 Klicken Sie in die Zelle B2.

2 Tippen Sie das Wort »Umsatz« ein und bestätigen Sie über die Bearbeitungsleiste die Eingabe.

3 Aktivieren Sie ggf. die Registerkarte *Start* und klicken Sie auf die Schaltfläche *Kopieren*.

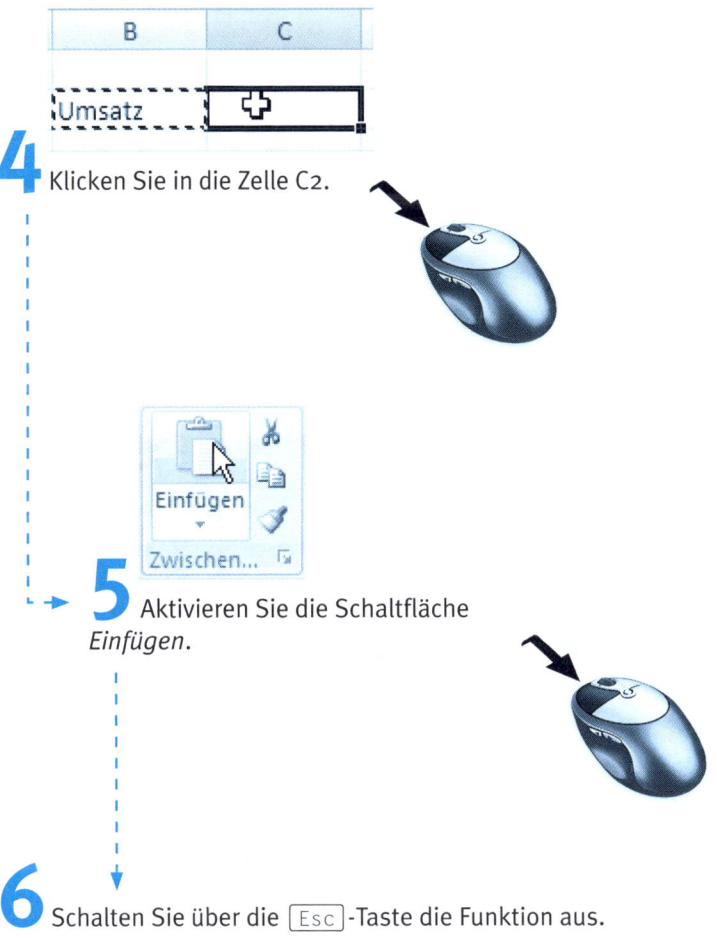

4 Klicken Sie in die Zelle C2.

5 Aktivieren Sie die Schaltfläche *Einfügen*.

6 Schalten Sie über die Esc -Taste die Funktion aus.

Der Inhalt der Zelle B2 wurde in die Zelle C2 kopiert.

B	C
Umsatz	Umsatz

Mit dem Mauszeiger kopieren

Doch es geht noch schneller, wenn Sie den Mauszeiger zur Hilfe nehmen. Dazu müssen Sie ihn genau auf das Ausfüllkästchen, das ist das schwarze Kästchen in der rechten unteren Ecke der Zellenumrandung, bewegen.

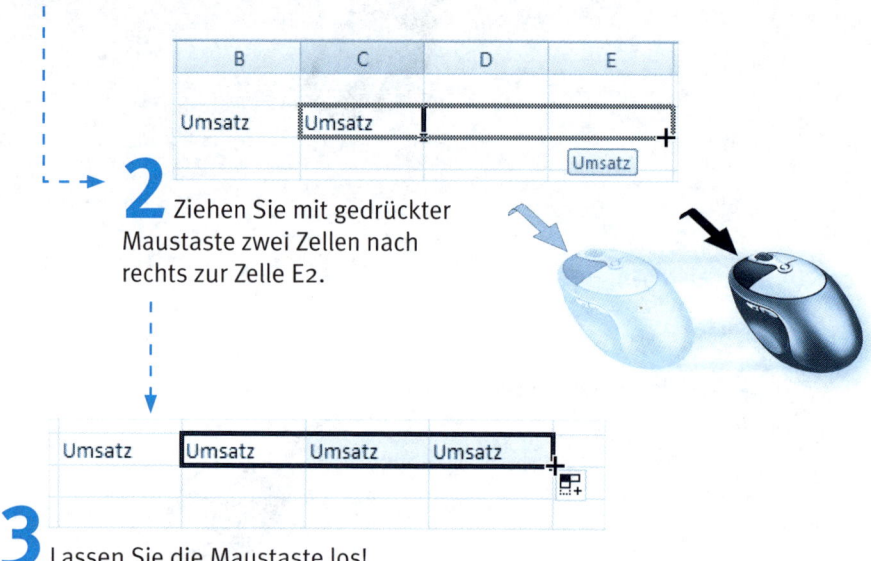

1 Platzieren Sie den Mauszeiger genau auf das Ausfüll-kästchen der markierten Zelle C2. Der Mauszeiger muss sich in ein »+«-Zeichen verwandeln.

2 Ziehen Sie mit gedrückter Maustaste zwei Zellen nach rechts zur Zelle E2.

3 Lassen Sie die Maustaste los!

Die Auto-Ausfülloptionen

Fachwort

Mit der Schaltfläche *Auto-Ausfülloptionen* erhalten Sie einen Überblick über alle möglichen Aktionen. Die Schaltfläche macht Sie aufgabenorientiert auf Funktio-nen in Excel 2007 aufmerksam.

Nach dem Ziehen des Ausfüllkästchens wird die Schaltfläche *Auto-Aus-fülloptionen* angezeigt, sodass Sie auswählen können, wie die Auswahl ausgefüllt wird. Sie können z. B. bestimmen, dass nur Zellformate aus-gefüllt werden sollen, indem Sie auf *Nur Formate ausfüllen* klicken, oder Sie können wählen, dass nur der Inhalt einer Zelle ausgefüllt werden soll, indem Sie die Option *Ohne Formatierung ausfüllen* aktivieren.

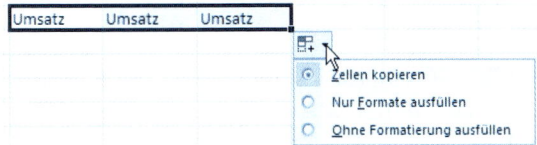

Die einzelnen Einträge sollen Ihnen kurz auf einfachste Weise erklärt werden. Nehmen Sie an, die erste Zelle »Umsatz« wäre kursiv, also in der Form
»*Umsatz*« dargestellt. Diese Zelle kopieren Sie nun wie oben angegeben.

> **Fachwort**
>
> Eine *Formatierung* besteht z. B. aus einer Fettschrift, Kursivschrift oder Unter-
> streichung.

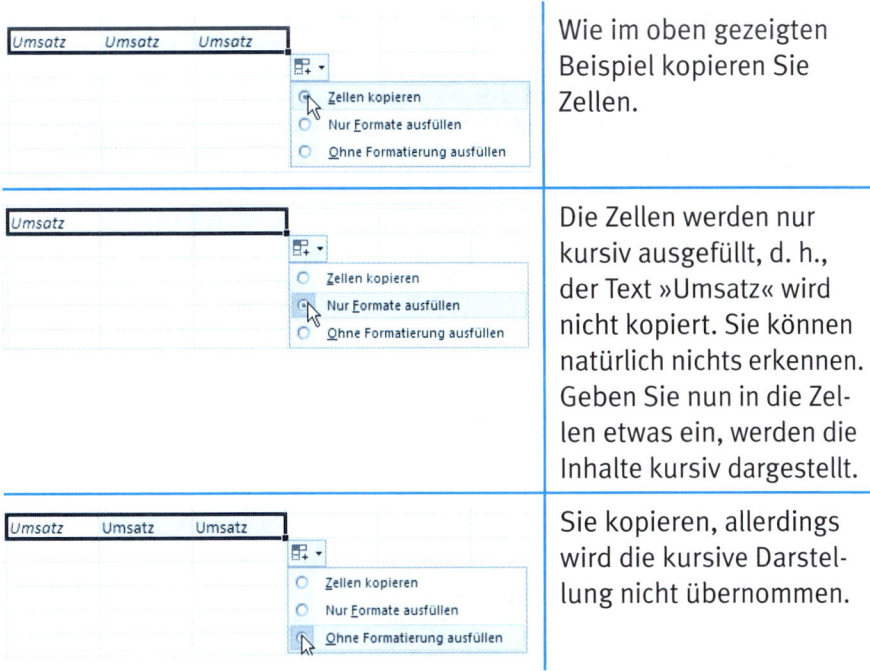

	Wie im oben gezeigten Beispiel kopieren Sie Zellen.
	Die Zellen werden nur kursiv ausgefüllt, d. h., der Text »Umsatz« wird nicht kopiert. Sie können natürlich nichts erkennen. Geben Sie nun in die Zellen etwas ein, werden die Inhalte kursiv dargestellt.
	Sie kopieren, allerdings wird die kursive Darstellung nicht übernommen.

> **Hinweis**
>
> Soll die Schaltfläche *Auto-Ausfülloptionen* nicht jedes Mal angezeigt werden,
> wenn Sie das Ausfüllkästchen ziehen, können Sie diese deaktivieren. Beachten
> Sie dazu die Hinweise am Ende dieses Kapitels unter Tipps zum Kapitel.

Die Drag&Drop-Funktion

Sie kopieren diesmal Zelleninhalte in Zellen, die nicht nebeneinanderliegen. Dazu müssen Sie zusätzlich zur Maustaste die `Strg`-Taste drücken. Es erscheint ein kleines Pluszeichen (+) am Mauszeiger. Die Kopierfunktion ist aktiviert.

> **Achtung**
>
> Würden Sie die `Strg`-Taste nicht drücken, würden Sie nicht kopieren, sondern nur verschieben (ausschneiden), d. h., das Original würde verschwinden und an eine neue Stelle eingefügt werden.

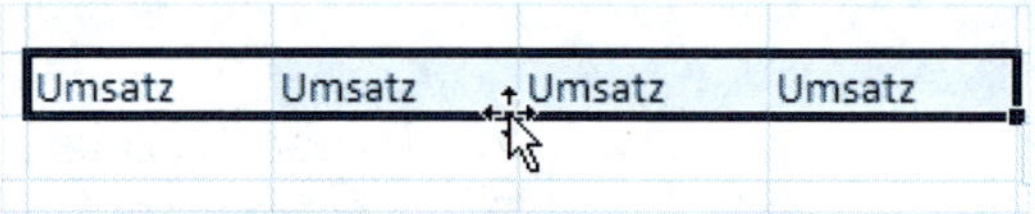

Umsatz	Umsatz	Umsatz	Umsatz

1 Positionieren Sie den Mauszeiger auf den Rand der Markierung. Er ändert sein Aussehen.

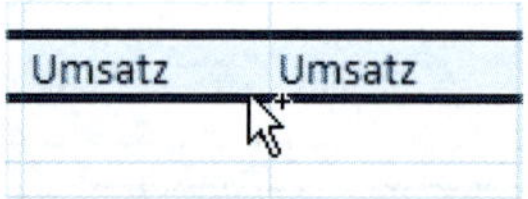

Umsatz	Umsatz

2 Drücken Sie für das Kopieren die `Strg`-Taste ...

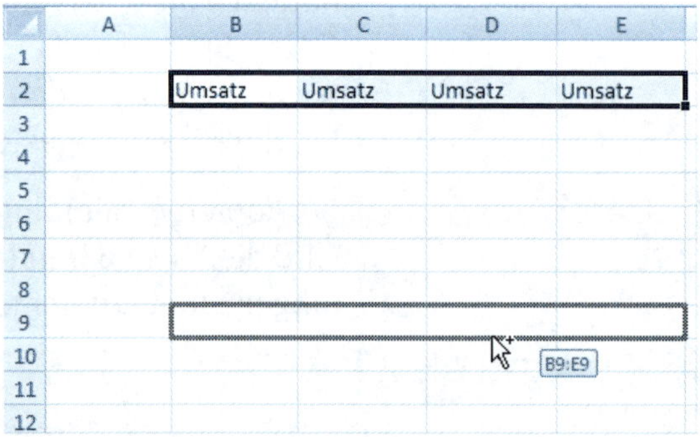

	A	B	C	D	E
1					
2		Umsatz	Umsatz	Umsatz	Umsatz
3					
4					
5					
6					
7					
8					
9					
10				B9:E9	
11					
12					

3 ... und ziehen Sie mit gedrückter Maustaste einige Zeilen nach unten, bis die QuickInfo (der kleine Kasten) den Zellenbereich »B9:E9« anzeigt.

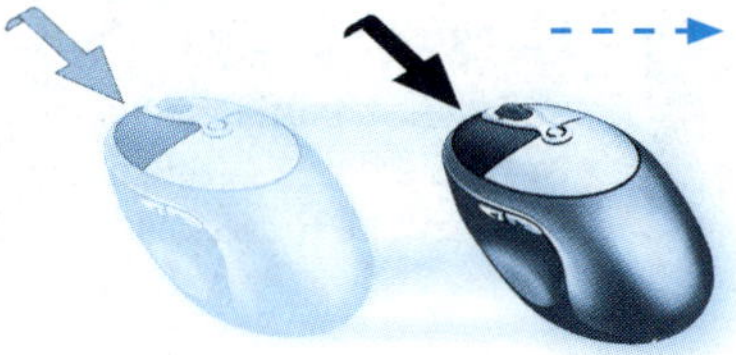

4 Achtung: Lassen Sie als Erstes die Maustaste und dann die ⌈Strg⌉-Taste los.

5 Mit einem beliebigen Mausklick heben Sie die Markierung auf.

Die Zwischenablage

Auf der Registerkarte *Start* finden Sie die Zwischenablage. Dazu klicken Sie hier auf den kleinen Pfeil. Die *Zwischenablage* erscheint auf dem Bildschirm.

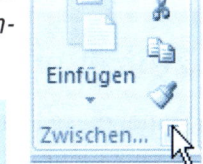

Fachwort

Alles, was Sie kopieren (und ausschneiden), landet im Zwischenspeicher von Windows. Es ist das Kurzzeitgedächtnis des Computers. Sobald Sie den PC ausschalten, sind diese Daten verloren.

Stellen Sie sich die Zwischenablage wie einen Kleiderschrank vor, der für 24 Kleidungsstücke Platz hat. Bei Bedarf holen Sie sich das passende heraus. Kaufen Sie ein neues Kleidungsstück, verschwindet das älteste. Genauso ist es mit dem Zwischenspeicher.

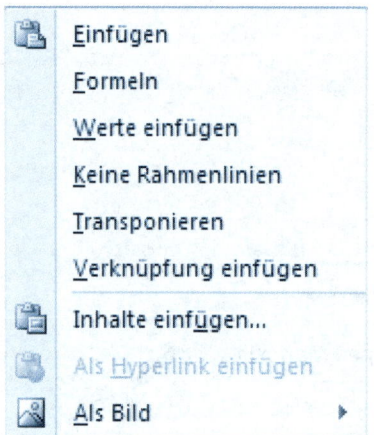

Sie können bis zu 24 Kleidungsstücke – oh, Verzeihung – Elemente wieder einfügen, die Sie selbst einmal beispielsweise kopiert haben. Sie schließen die Zwischenablage wieder, indem Sie auf das kleine Kreuz (*X*) klicken.

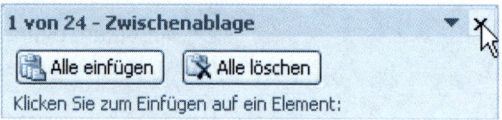

 Klicken Sie auf das Dreieck unter der *Einfügen*-Schaltfläche, öffnet sich eine Liste. Hier bestimmen Sie genau, was Sie einfügen möchten.

Zellen ausfüllen

Immer diese lästigen ständigen Wiederholungen! Excel bietet eine verkürzte Eingabemöglichkeit an.

Möchten Sie die Monate des Jahres angeben, brauchen Sie nicht zeitaufwändig jede Bezeichnung einzeln einzutippen. Excel kennt auch Kürzel wie »Jan, Feb, Mrz« usw.

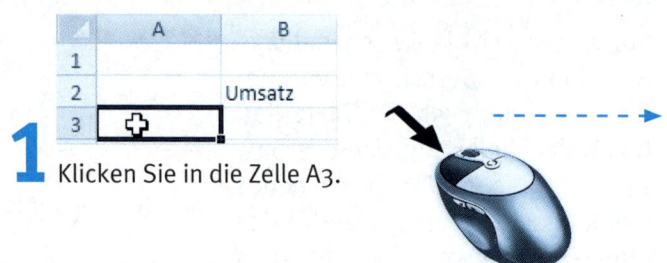

1 Klicken Sie in die Zelle A3.

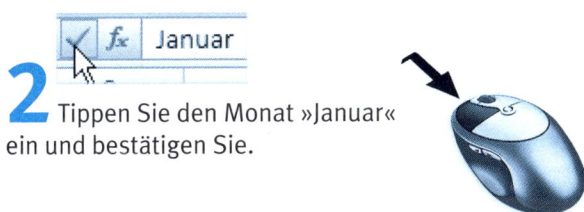

2 Tippen Sie den Monat »Januar« ein und bestätigen Sie.

Sie können »Januar« ausschreiben oder sich für das Kürzel »Jan« entscheiden.

Wenn Sie den Mauszeiger auf dem Ausfüllkästchen positionieren und es mit gedrückter Maustaste in andere Zellen ziehen, füllt Excel diese mit den folgenden Monaten automatisch aus.

		November		
		Dezember		
November	Dezember	Januar	Februar	März
		Februar		
		März		

Fangen Sie beispielsweise mit »Januar« an und ziehen Sie das Ausfüllkästchen nach rechts, geht es mit »Februar, März, …« weiter.

Ziehen Sie dagegen nach links, lautet die Aufzählung: »Dezember, November, …«. Dasselbe funktioniert auch mit oberen und unteren Zellen.

Auch für Tagesangaben können Sie sich die AutoAusfüll-Funktion zunutze machen.

Mo	Di	Mi	Do	Fr
Montag	Dienstag	Mittwoch	Donnerstag	Freitag

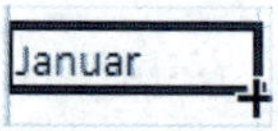

1 Bewegen Sie den Mauszeiger auf das Ausfüllkästchen (das »+«-Zeichen muss erscheinen).

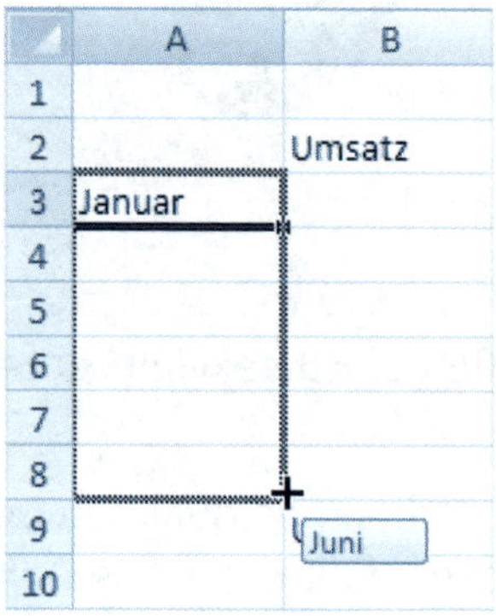

	A	B
1		
2		Umsatz
3	Januar	
4		
5		
6		
7		
8		
9		Juni
10		

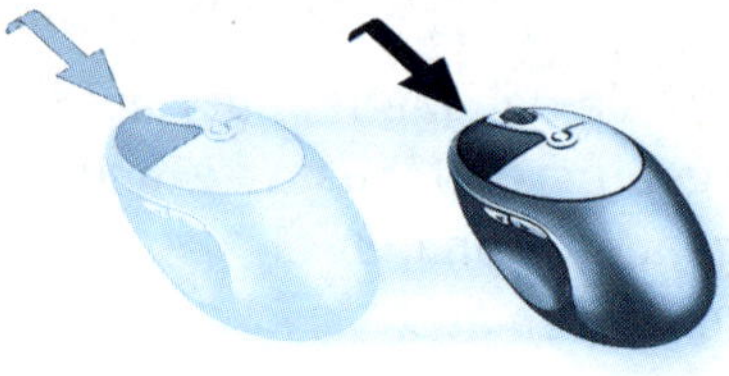

2 Ziehen Sie mit gedrückter Maustaste fünf Zellen nach unten.

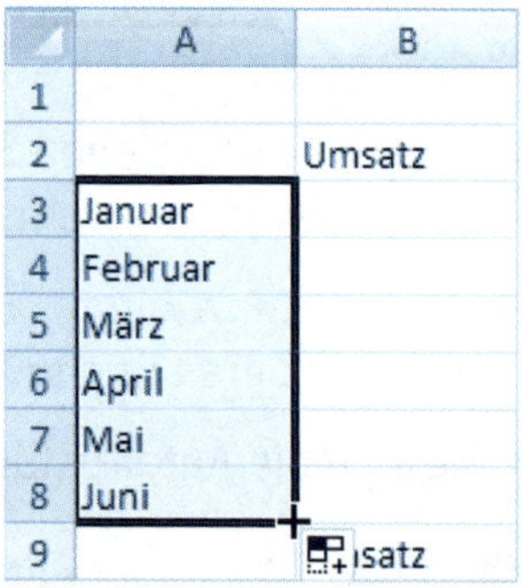

	A	B
1		
2		Umsatz
3	Januar	
4	Februar	
5	März	
6	April	
7	Mai	
8	Juni	
9		Isatz

3 Lassen Sie die Maustaste los.

Aufzählungen erstellen

Die Einträge für Monate und Tage sind von Excel bereits vorgegeben. Sie können aber auch von Ihnen geändert bzw. ergänzt werden. Selbst eine eigene Reihenfolge können Sie hier festlegen.

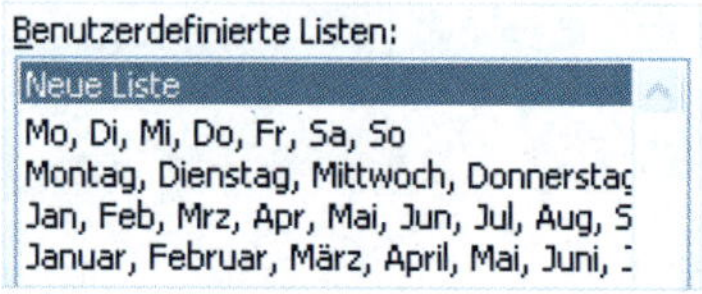

Benutzerdefinierte Listen:

Neue Liste
Mo, Di, Mi, Do, Fr, Sa, So
Montag, Dienstag, Mittwoch, Donnerstag
Jan, Feb, Mrz, Apr, Mai, Jun, Jul, Aug, S
Januar, Februar, März, April, Mai, Juni, J

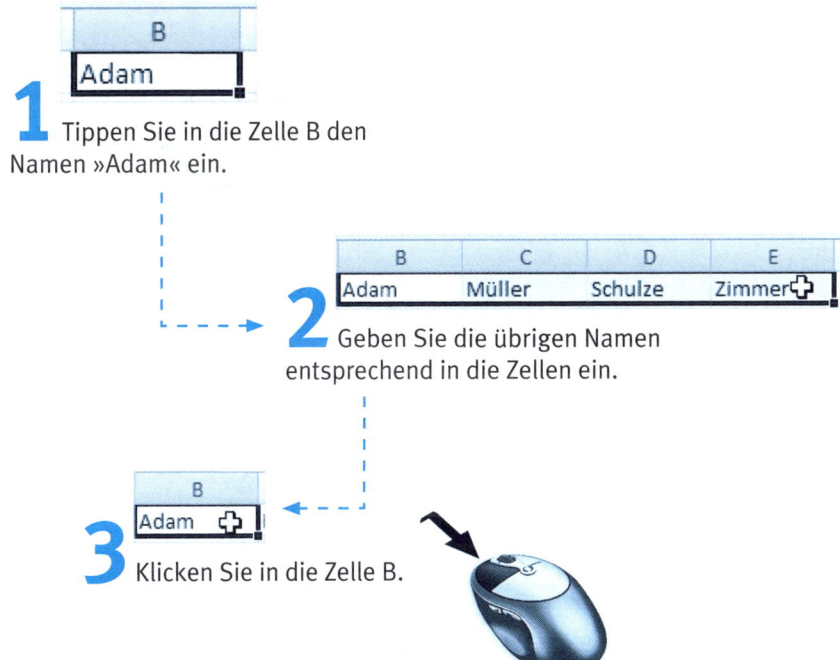

1 Tippen Sie in die Zelle B den Namen »Adam« ein.

2 Geben Sie die übrigen Namen entsprechend in die Zellen ein.

3 Klicken Sie in die Zelle B.

Achtung

Nur wenn der Mauszeiger als »weißes Kreuz« erscheint, ist das Markieren von mehreren Zellen möglich.

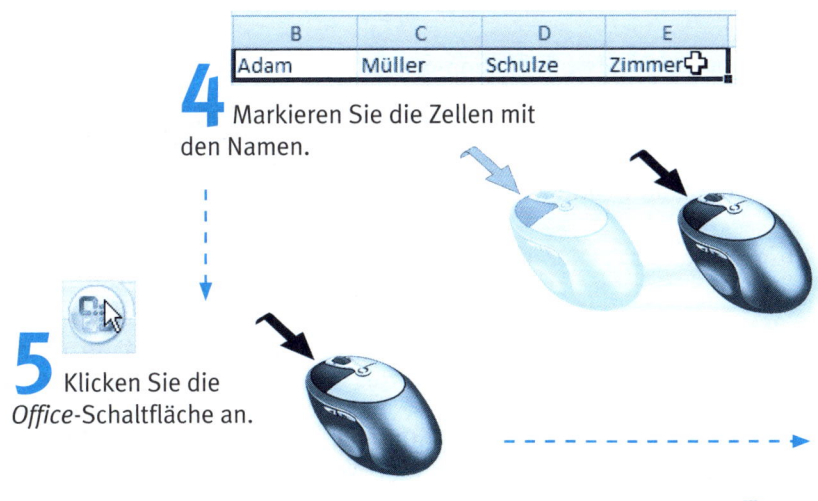

4 Markieren Sie die Zellen mit den Namen.

5 Klicken Sie die *Office*-Schaltfläche an.

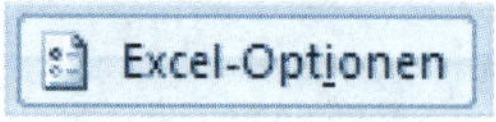

> ▣ Excel-Optionen

6 Wählen Sie die Schaltfläche *Excel-Optionen*.

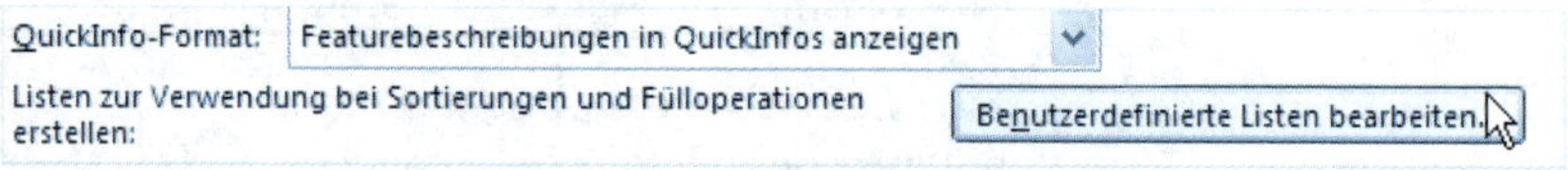

QuickInfo-Format: [Featurebeschreibungen in QuickInfos anzeigen ▼]

Listen zur Verwendung bei Sortierungen und Fülloperationen erstellen: [Be_nutzerdefinierte Listen bearbeiten.]

7 Aktivieren Sie die Schaltfläche *Benutzerdefinierte Listen bearbeiten*.

Drücken Sie die Eingabetaste, um Listeneinträge zu trennen.
Liste aus Zellen importieren: [$B$1:$E$1] [🔢] [Importieren]

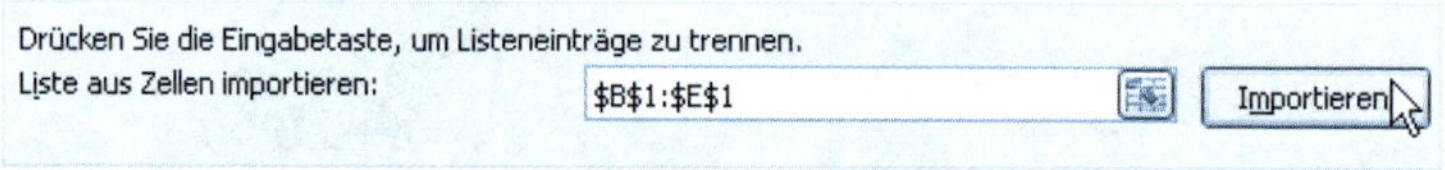

8 Klicken Sie auf die Schaltfläche *Importieren*.

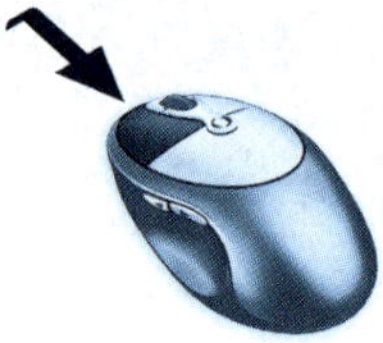

Die neuen Einträge erscheinen in der Liste.

Sie können eine Liste auch direkt anlegen. Dazu klicken Sie auf *Neue Liste* und geben Ihre persönliche Aufzählung unter *Listeneinträge* ein.

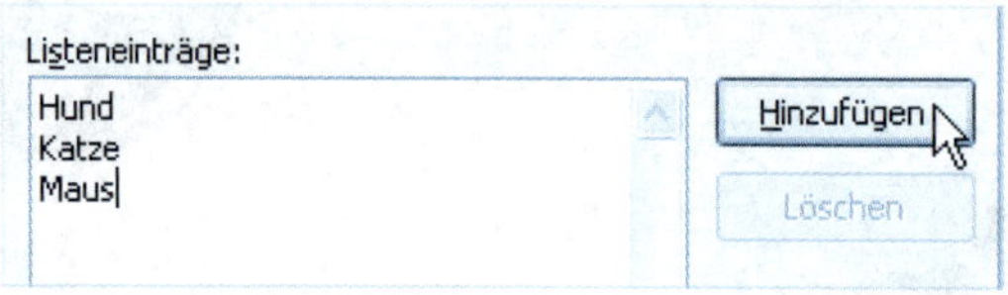

Benutzerdefinierte Listen:
[Neue Liste]

Listeneinträge:

| Hund |
| Katze |
| Maus |

[Hinzufügen]
[Löschen]

Um die Einträge zu trennen, drücken Sie die ⌷Enter⌷-Taste. Die Liste wird per Klick auf die Schaltfläche *Hinzufügen* aufgenommen.

Mit der Schaltfläche *Löschen* können Sie eine Liste wieder entfernen. Dazu muss die zu löschende Liste markiert sein.

Haben Sie alles richtig gemacht? Hat Excel Ihre Liste korrekt aufgenommen? Beim nächsten Schritt werden Sie es erfahren, indem Sie es einfach ausprobieren!

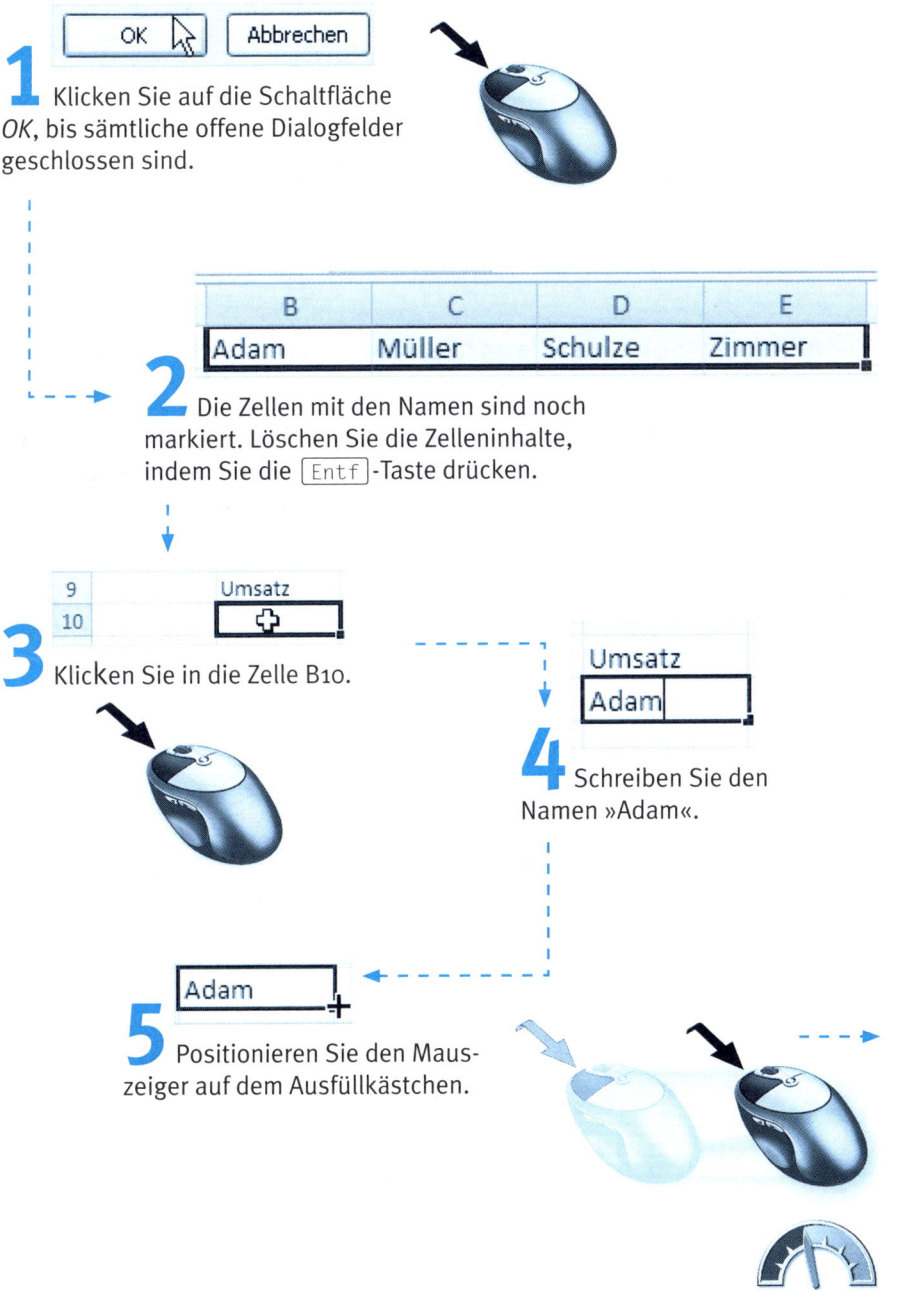

1 Klicken Sie auf die Schaltfläche *OK*, bis sämtliche offene Dialogfelder geschlossen sind.

2 Die Zellen mit den Namen sind noch markiert. Löschen Sie die Zelleninhalte, indem Sie die Entf-Taste drücken.

3 Klicken Sie in die Zelle B10.

4 Schreiben Sie den Namen »Adam«.

5 Positionieren Sie den Mauszeiger auf dem Ausfüllkästchen.

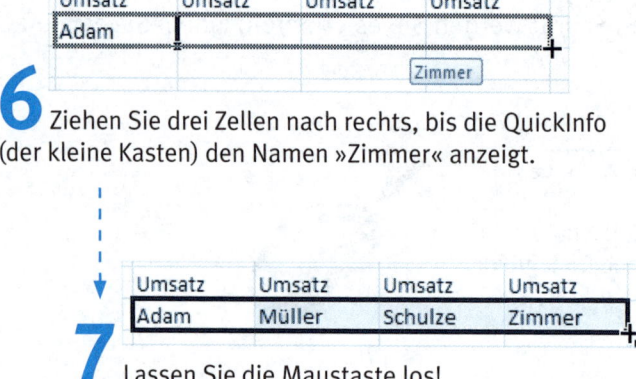

6 Ziehen Sie drei Zellen nach rechts, bis die QuickInfo (der kleine Kasten) den Namen »Zimmer« anzeigt.

7 Lassen Sie die Maustaste los!

Die Arbeitsmappe können Sie im nächsten Kapitel verwenden. Dort lernen Sie das Kopieren von Formeln kennen!

Speichern Sie deshalb die Arbeitsmappe ab! Klicken Sie dazu z. B. auf die Schaltfläche *Speichern unter* in der *Symbolleiste für den Schnellzugriff* oder drücken Sie die Taste F12 . Sie gelangen ins Dialogfeld *Speichern unter*. Vergeben Sie den Dateinamen »Umsatz«.

Für die weiteren Schritte dieses Kapitels sollten Sie eine neue Arbeitsmappe verwenden. Klicken Sie auf die Schaltfläche *Neu* in der *Symbolleiste für den Schnellzugriff* oder drücken die Tastenkombination Strg + N , erscheint eine neue leere Arbeitsmappe.

1, 2, 3 ... wie zählt Excel automatisch?

Zahlen für eine laufende Nummerierung müssen nicht jedes Mal extra eingetippt werden. Sie brauchen auch nicht mit der Zahl »1« anzufangen. Excel muss nur den Wert wissen, mit dem das Programm starten soll.

Achtung

Sie müssen zusätzlich die Strg -Taste drücken, ansonsten wird der Wert nur kopiert.

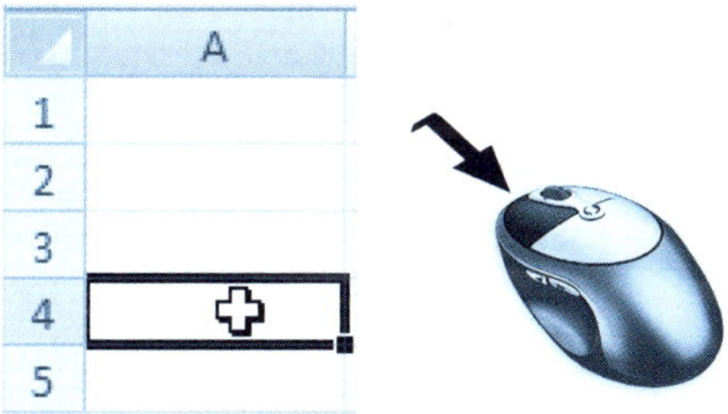

1 Klicken Sie in die Zelle A4.

2 Geben Sie die Zahl »1« ein.

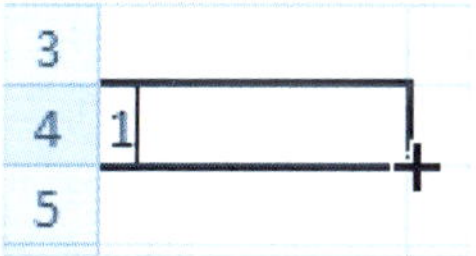

3 Bewegen Sie den Mauszeiger auf das Ausfüllkästchen.

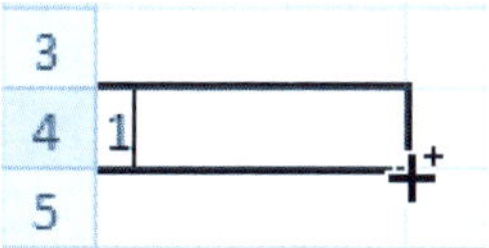

4 Drücken Sie die ⌈Strg⌉-Taste.

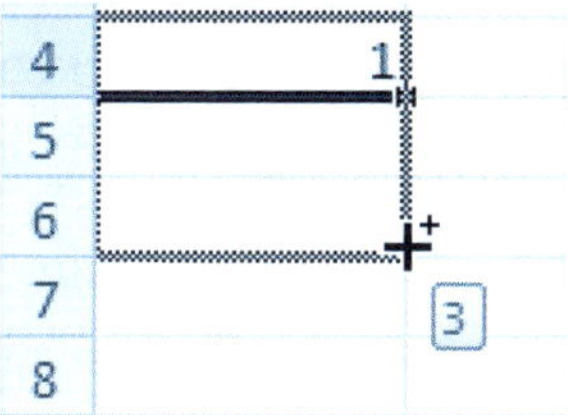

5 Ziehen Sie zwei Zellen nach unten.

Achtung

Nachdem Sie die Maus gezogen haben und das Ergebnis – hier »1,2,3« – angezeigt wird, müssen Sie unbedingt erst die Maustaste und dann die ⌈Strg⌉-Taste loslassen, ansonsten zählt Excel nicht hoch.

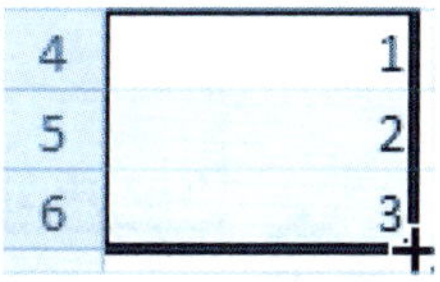

6 Lassen Sie zuerst die Maustaste und dann die ⌈Strg⌉-Taste los.

Klappt es beim ersten Mal nicht sofort, wiederholen Sie einfach den Vorgang oder klicken Sie auf die Schaltfläche *Auto-Ausfülloptionen*.

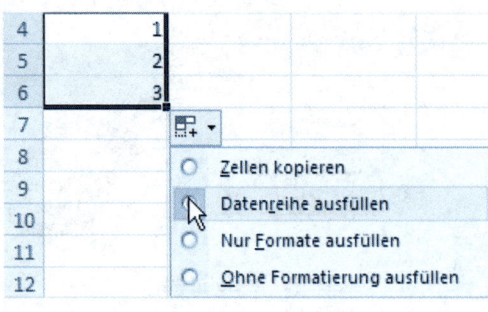

Anstelle der Strg -Taste können Sie nämlich auch die Schaltfläche *Auto-Ausfülloptionen* verwenden.

Sie öffnen die Auswahl und wählen für dieses Beispiel *Datenreihe ausfüllen*.

Aufzählung 1, Aufzählung 2, Aufzählung 3, …

Excel 2007 bietet Ihnen noch weitere Möglichkeiten der Aufzählung. So gilt die Funktion *AutoAufzählen* nicht nur für numerische Werte, sondern auch für Eingaben wie:

■ Fahrzeug 1, Fahrzeug 2, Fahrzeug 3 …

■ Bezirk 1, Bezirk 2, Bezirk 3 …

■ 1. Verkäuferin, 2. Verkäuferin, 3. Verkäuferin …

■ Wahlkreis 1, Wahlkreis 2, Wahlkreis 3 …

■ 1. Jahr, 2. Jahr, 3. Jahr, …

Ein Drücken der Strg -Taste ist nicht nötig!

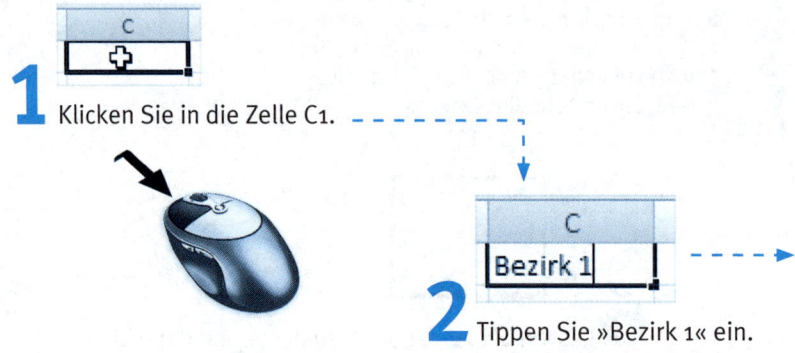

1 Klicken Sie in die Zelle C1.

2 Tippen Sie »Bezirk 1« ein.

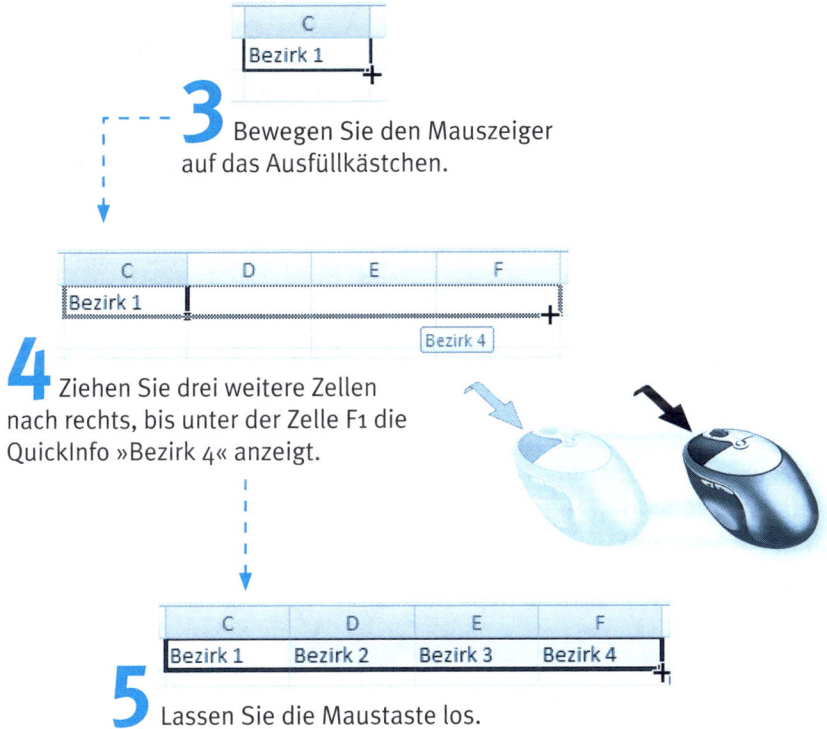

3 Bewegen Sie den Mauszeiger auf das Ausfüllkästchen.

4 Ziehen Sie drei weitere Zellen nach rechts, bis unter der Zelle F1 die QuickInfo »Bezirk 4« anzeigt.

5 Lassen Sie die Maustaste los.

1, 3, 5, ... Zählrhythmen

Sie lernen noch andere Möglichkeiten des Kopierens mithilfe der Ausfüll-Funktion kennen.

Beispiel

Sie möchten sich die Schaltjahre (alle vier Jahre wieder!) seit dem Jahr 1960 bis 2008 anzeigen lassen.

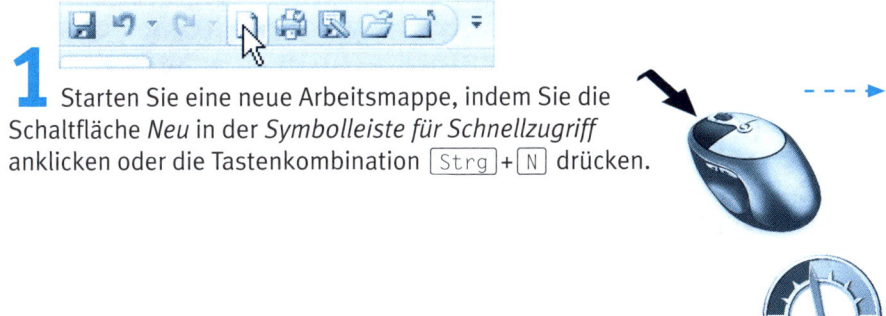

1 Starten Sie eine neue Arbeitsmappe, indem Sie die Schaltfläche *Neu* in der *Symbolleiste für Schnellzugriff* anklicken oder die Tastenkombination Strg+N drücken.

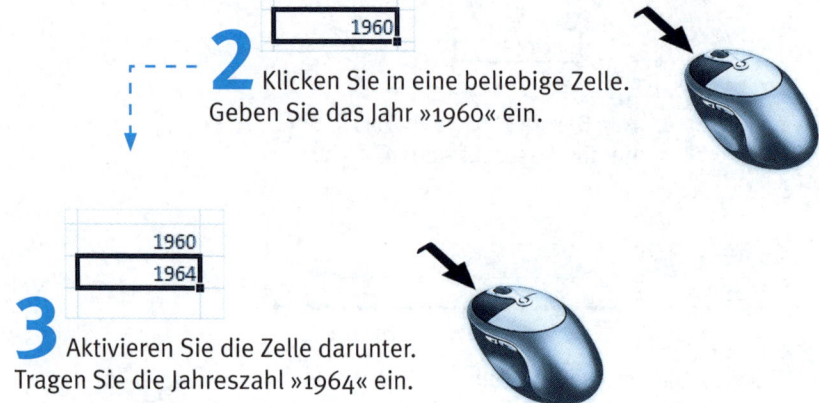

2 Klicken Sie in eine beliebige Zelle.
Geben Sie das Jahr »1960« ein.

3 Aktivieren Sie die Zelle darunter.
Tragen Sie die Jahreszahl »1964« ein.

Um eine eigene Aufzählung zu erhalten, müssen Sie Excel mitteilen, was Sie aufzählen möchten. Hier eine Aufzählung mit einem Abstand von vier Jahren (also Schaltjahren).

Sie müssen zunächst beide Zellen markieren.

> **Achtung**
>
> Möchten Sie Excel einen *Zählrhythmus* wie »1, 3, 5, ...«, »4, 8, 12, ...« oder »1960, 1964, 1968, ...« mitteilen, müssen Sie in mindestens zwei Zellen eine Zahl eintragen und diese markieren, bevor Sie mithilfe der Ausfüll-Funktion zählen.

Ein zusätzliches Drücken der ⌈Strg⌋-Taste ist nicht erforderlich, dann würden Sie die beiden Zellen nämlich nur kopieren.

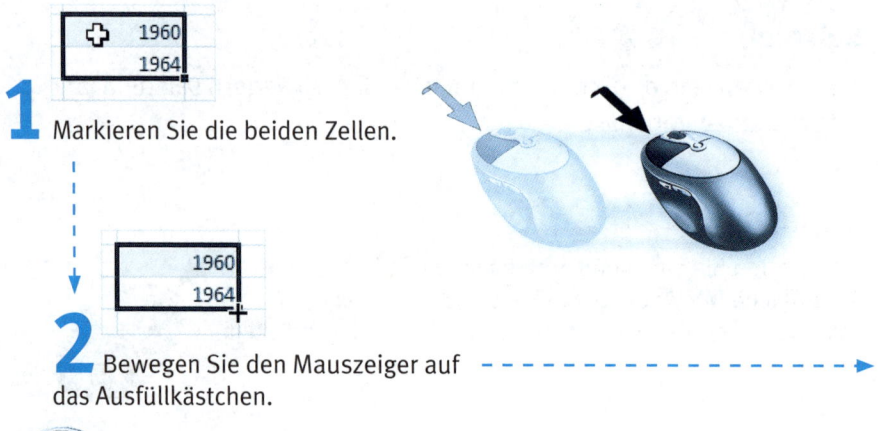

1 Markieren Sie die beiden Zellen.

2 Bewegen Sie den Mauszeiger auf
das Ausfüllkästchen. - - - - - - - - - - - - - - ➤

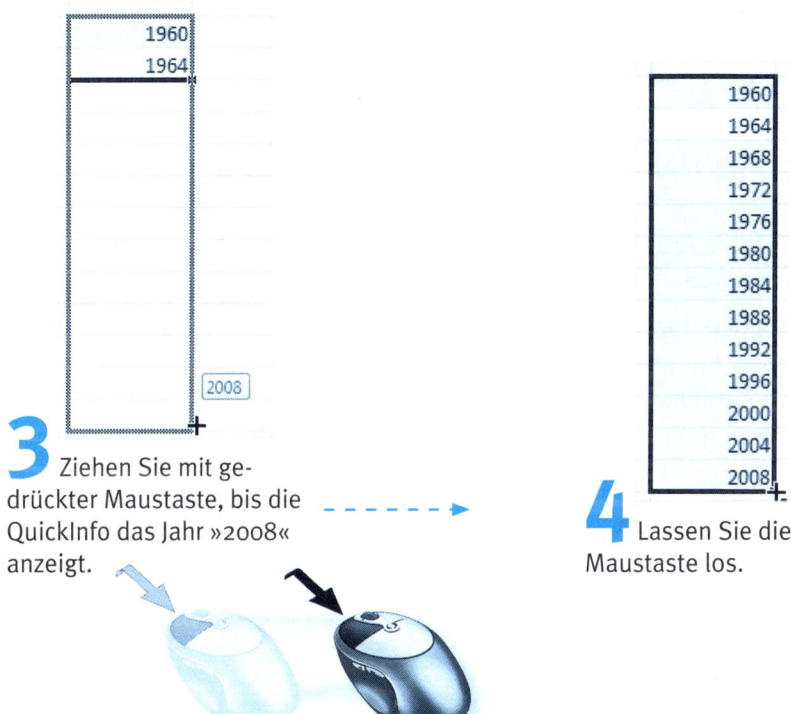

3 Ziehen Sie mit gedrückter Maustaste, bis die QuickInfo das Jahr »2008« anzeigt.

4 Lassen Sie die Maustaste los.

Tipps zum Kapitel

1. Sie können eine Zelle oder einen Zellenbereich schnell kopieren. Aktivieren Sie dazu die Zelle, in der Sie die Kopie erstellen möchten. Drücken Sie die Tastenkombination $\boxed{\text{Strg}}$+$\boxed{\text{R}}$, wird der Inhalt der Zelle, die sich links von der aktiven Zelle befindet, nach rechts kopiert. Drücken Sie die Tastenkombination $\boxed{\text{Strg}}$+$\boxed{\text{U}}$, wird der Inhalt der Zelle, die sich oberhalb der aktiven Zelle befindet, kopiert.

2. Nach dem Ziehen des Ausfüllkästchens wird die Schaltfläche *Auto-Ausfülloptionen* angezeigt, sodass Sie auswählen können, wie die Auswahl ausgefüllt wird.

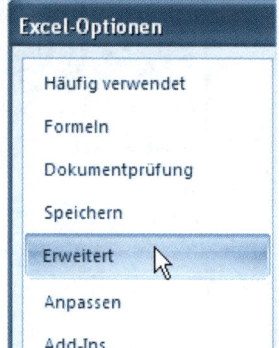

Sie können die Anzeige der Schaltfläche *Auto-Ausfülloptionen* ausschalten (oder auch wieder einschalten).

 Wählen Sie die *Office*-Schaltfläche und klicken Sie auf die Schaltfläche *Excel-Optionen*. Wählen Sie in der linken Spalte des Dialogfelds den Eintrag *Erweitert*.

Bewegen Sie die Bildlaufleiste – falls erforderlich – ein wenig nach unten. Deaktivieren Sie dann unter *Ausschneiden, kopieren und einfügen* das Kontrollkästchen *Optionen-Schaltfläche beim Einfügen kopierter Daten anzeigen*.

3. Klicken Sie mit der rechten Maustaste in eine Zelle, können Sie über das Kontextmenü u. a. Zelleninhalte schnell ausschneiden, kopieren und einfügen.

4. Ausschneiden, kopieren und einfügen können Sie auch über folgende Tastenkombinationen:

Tasten	Funktion
Strg + X	Ausschneiden
Umschalt + Entf	Ausschneiden
Strg + C	Kopieren
Strg + V	Einfügen
Umschalt + Einfg	Einfügen

Das können Sie schon

Das lernen Sie neu

Kapitel 8

Zeit sparen: Formeln schnell kopieren

Dieses Kapitel steht im direkten Zusammenhang mit dem vorherigen Kapitel 7. Es ist sehr klein gehalten, da Sie die Möglichkeiten schnell verstehen werden! Für neue Berechnungen brauchen Sie nicht jedes Mal eine neue Formel in Excel 2007 einzugeben. Sie kopieren dazu einfach eine Formel für mehrere Berechnungen. Wie schnell werden Sie dieses Kapitel wohl durcharbeiten?

Formeln mit dem Mauszeiger kopieren

Verwenden Sie die Arbeitsmappe »Umsatz« aus Kapitel 7.

> **Hinweis**
>
> Sollten Sie das Kapitel übersprungen haben, tragen Sie die entsprechenden Angaben einfach nachträglich ein.

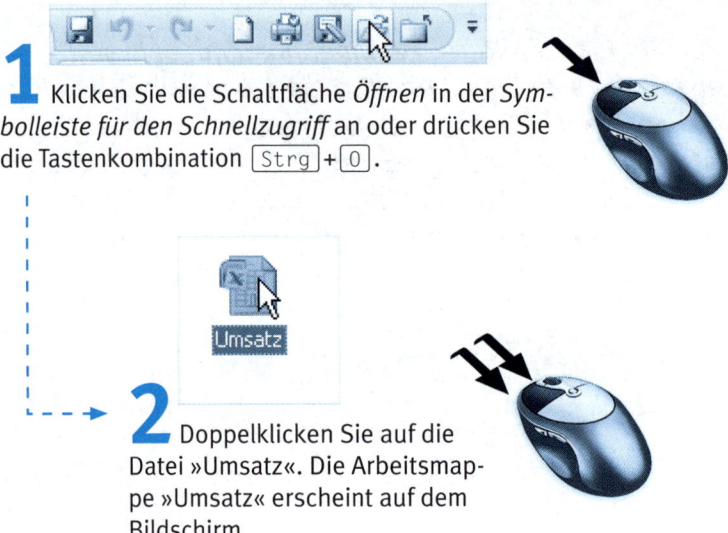

1 Klicken Sie die Schaltfläche *Öffnen* in der *Symbolleiste für den Schnellzugriff* an oder drücken Sie die Tastenkombination `Strg`+`O`.

2 Doppelklicken Sie auf die Datei »Umsatz«. Die Arbeitsmappe »Umsatz« erscheint auf dem Bildschirm.

Zunächst passen Sie die Tabelle ein wenig an. Das ist für Sie eine gute Übung, um zu sehen, ob Sie die Schritte aus dem letzten Kapitel beherrschen.

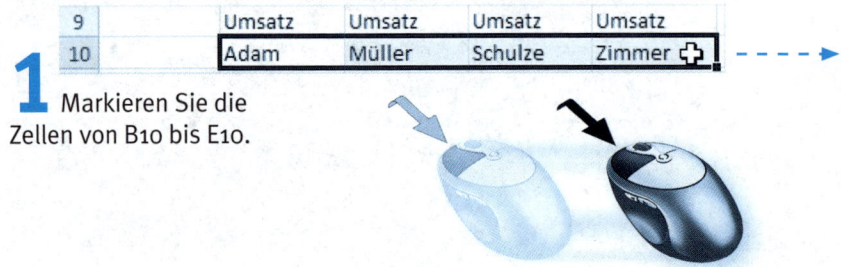

1 Markieren Sie die Zellen von B10 bis E10.

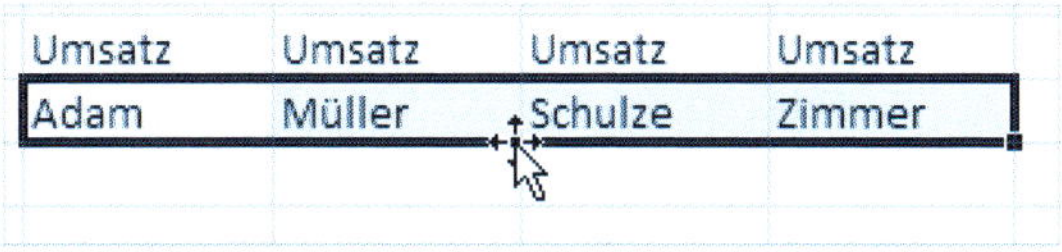

Umsatz	Umsatz	Umsatz	Umsatz
Adam	Müller	Schulze	Zimmer

2 Bewegen Sie den Mauszeiger auf den Rand der Markierung.

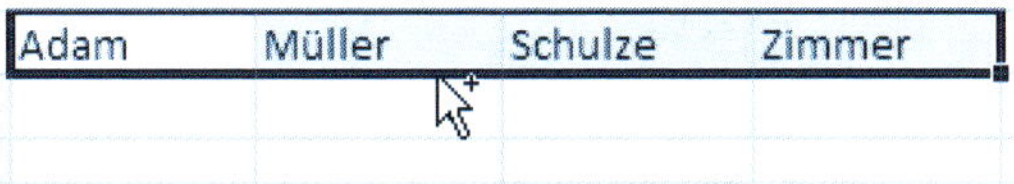

Adam	Müller	Schulze	Zimmer

3 Halten Sie die Strg-Taste gedrückt.

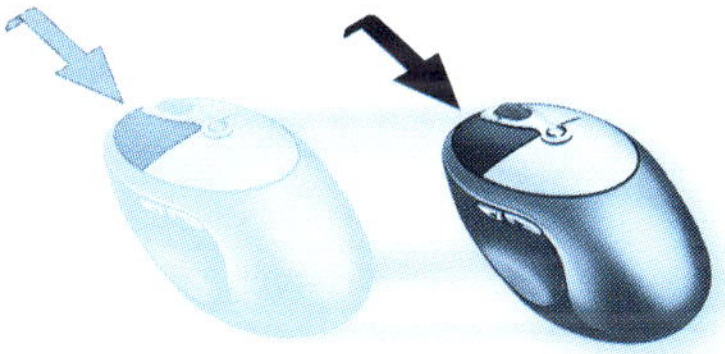

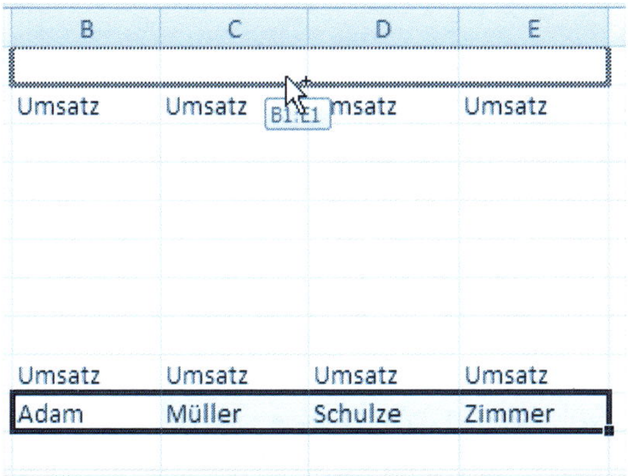

B	C	D	E
		B1:E1	
Umsatz	Umsatz	Umsatz	Umsatz
Umsatz	Umsatz	Umsatz	Umsatz
Adam	Müller	Schulze	Zimmer

4 Kopieren Sie die markierten Zellen in den Zellenbereich »B1:E1«. Lassen Sie erst die Strg-, dann die Maustaste los.

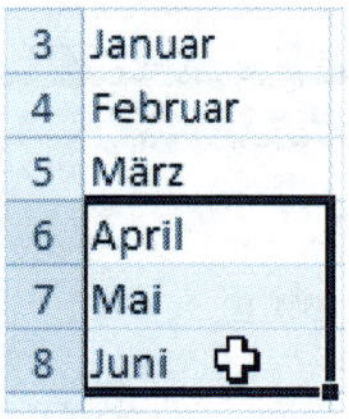

3	Januar
4	Februar
5	März
6	April
7	Mai
8	Juni

5 Markieren Sie den
Zellenbereich »A6:A8«.

6	April
7	Mai
8	Juni
9	
10	

6 Bewegen Sie den Mauszeiger auf
den Rand der markierten Zellen.

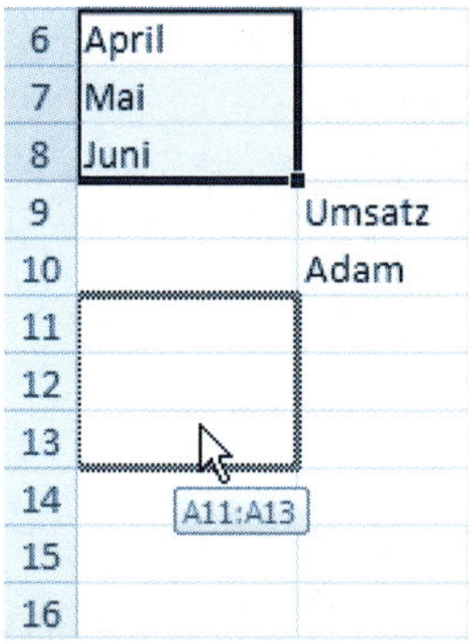

6	April
7	Mai
8	Juni
9	Umsatz
10	Adam
11	
12	
13	
14	A11:A13
15	
16	

7 Verschieben Sie die Zellen in
den Zellenbereich »A11:A13«.

> **Tipp**
>
> Sollten Sie mit diesen Übungen Schwierigkeiten haben, sehen Sie sich bitte noch
> einmal Kapitel 7 an!

Berechnungen in Euro

In die Zellen kommen später die Zahlen. Als Vorbereitung können Sie sie schon mal mit dem Eurozeichen formatieren.

Über die Strg-Taste können Sie Zellenbereiche markieren, die nicht zusammenliegen.

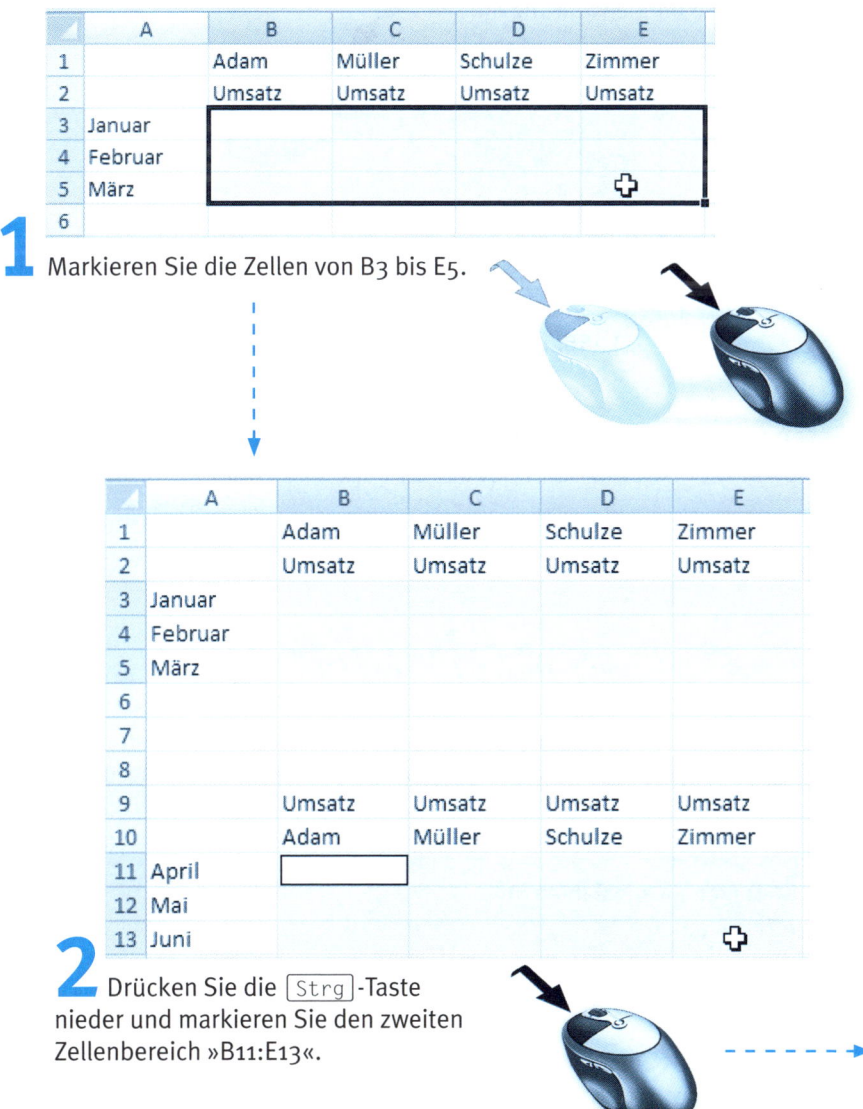

1 Markieren Sie die Zellen von B3 bis E5.

2 Drücken Sie die Strg-Taste nieder und markieren Sie den zweiten Zellenbereich »B11:E13«.

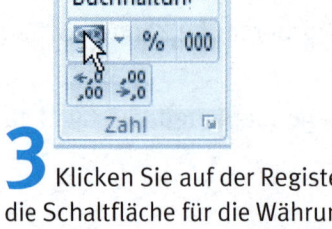

3 Klicken Sie auf der Registerkarte *Start* die Schaltfläche für die Währung an.

4 Der Euro wird mit zwei Nachkommastellen dargestellt. Diese werden hier nicht benötigt. Klicken Sie daher zweimal auf die Schaltfläche *Dezimalstelle löschen*.

Sie sehen es zwar nicht! Aber die Zellen sind mit dem Eurozeichen formatiert. Das erkennen Sie dann bei der Eingabe von Zahlen.

Die nachfolgenden Zahlen müssen nicht exakt von Ihnen übernommen werden. Es geht um die Funktion *Formeln kopieren*.

	A	B	C	D	E
1		Adam	Müller	Schulze	Zimmer
2		Umsatz	Umsatz	Umsatz	Umsatz
3	Januar	20.000 €	30.000 €	17.000 €	16.000 €
4	Februar	15.000 €	40.000 €	14.000 €	17.000 €
5	März	34.000 €	20.000 €	25.000 €	18.000 €

1 Tragen Sie die Zahlen in die Zellen ein.

	A	B
1		Adam
2		Umsatz
3	Januar	20.000 €
4	Februar	15.000 €
5	März	34.000 €
6		

2 Klicken Sie in die Zelle B6.

Als Nächstes ermitteln Sie die Summe der ersten Spalte »Adam«.

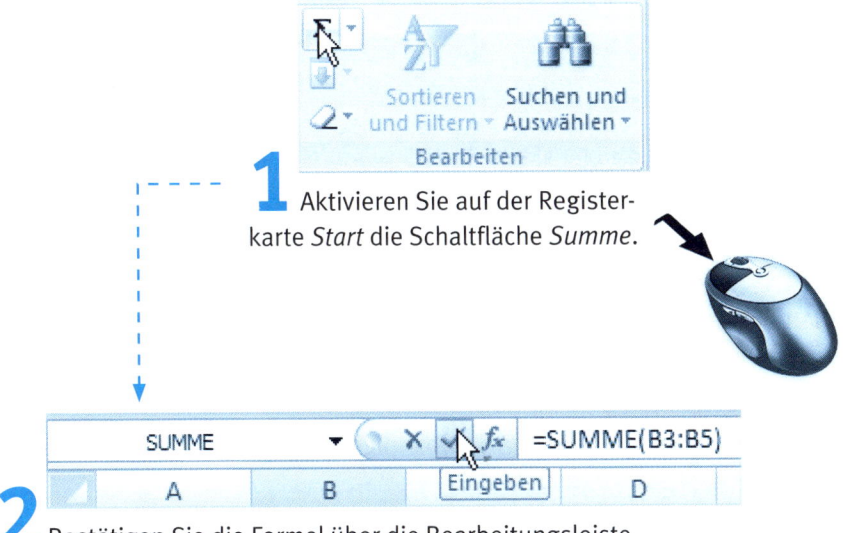

1 Aktivieren Sie auf der Registerkarte *Start* die Schaltfläche *Summe*.

SUMME	▼	X	fx	=SUMME(B3:B5)
A	B	Eingeben	D	

2 Bestätigen Sie die Formel über die Bearbeitungsleiste.

Die erste Berechnung ist erfolgt. Doch Excel kann noch mehr: Formeln kopieren.

Sie bewegen den Mauszeiger auf das Ausfüllkästchen.

Mit gedrückter linker Maustaste kopieren Sie die Formeln in die anderen Zellen.

Das Programm weiß, dass die obigen Zellen bis zum Text berechnet werden sollen.

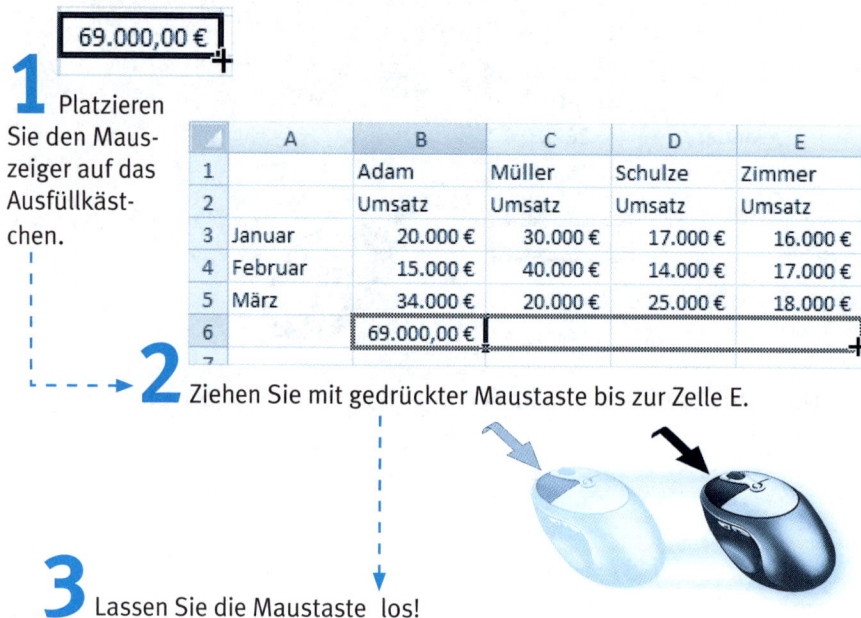

1 Platzieren Sie den Mauszeiger auf das Ausfüllkästchen.

◢	A	B	C	D	E
1		Adam	Müller	Schulze	Zimmer
2		Umsatz	Umsatz	Umsatz	Umsatz
3	Januar	20.000 €	30.000 €	17.000 €	16.000 €
4	Februar	15.000 €	40.000 €	14.000 €	17.000 €
5	März	34.000 €	20.000 €	25.000 €	18.000 €
6		69.000,00 €			
7					

2 Ziehen Sie mit gedrückter Maustaste bis zur Zelle E.

3 Lassen Sie die Maustaste los!

Platz für Zahlen schaffen!

Haben Sie das Erscheinungsbild wie hier beim nächsten Schritt 1, passen die Zahlen in den Zellen »C6:E6« nicht in die Zellen. Sie erkennen lediglich die Zeichen #####. Passen Sie daher die Spalten an.

Werden bei Ihnen die Zeichen ##### nicht angezeigt, überspringen Sie einfach die nächsten zwei Schritte.

C	D	E
Müller	Schulze	Zimmer
Umsatz	Umsatz	Umsatz
30.000 €	17.000 €	16.000 €
40.000 €	14.000 €	17.000 €
20.000 €	25.000 €	18.000 €
#########	#########	#########

1 Platzieren Sie den Mauszeiger auf die Spaltentrennlinie der Spaltenköpfe C und D. Klicken Sie doppelt mit der Maus. Die Zelleninhalte der Spalte C werden angepasst.

B	C	D	E
Adam	Müller	Schulze	Zimmer
Umsatz	Umsatz	Umsatz	Umsatz
20.000 €	30.000 €	17.000 €	16.000 €
15.000 €	40.000 €	14.000 €	17.000 €
34.000 €	20.000 €	25.000 €	18.000 €
69.000,00 €	90.000,00 €	56.000,00 €	51.000,00 €

2 Wiederholen Sie den Vorgang für die Spalten D und E.

Die Vorgehensweise des Kopierens von Formeln gilt nicht nur für waagerechte, sondern auch für senkrechte Berechnungen.

In diesem Beispiel errechnen Sie die Umsätze für die Monate Januar, Februar und März. Dazu ermitteln Sie zunächst die Summe für den Monat Januar.

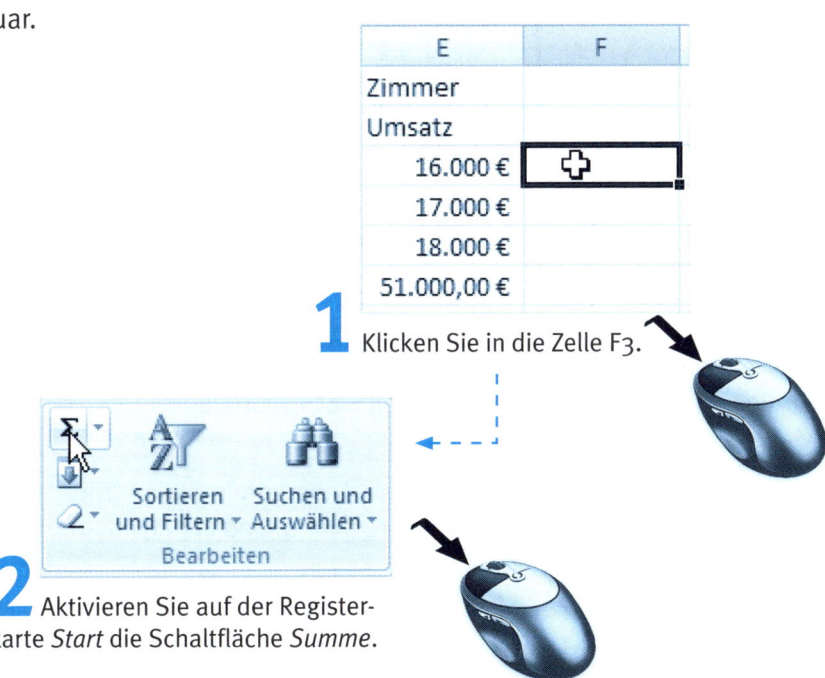

E	F
Zimmer	
Umsatz	
16.000 €	
17.000 €	
18.000 €	
51.000,00 €	

1 Klicken Sie in die Zelle F3.

2 Aktivieren Sie auf der Registerkarte *Start* die Schaltfläche *Summe*.

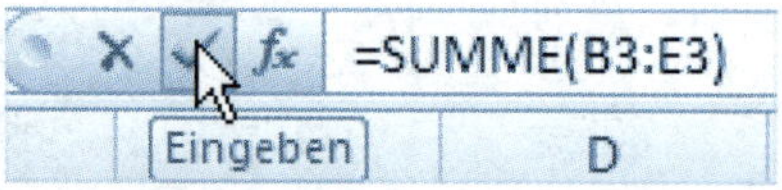

	X		f_x	=SUMME(B3:E3)
		Eingeben		D

3 Bestätigen Sie die Berechnung!

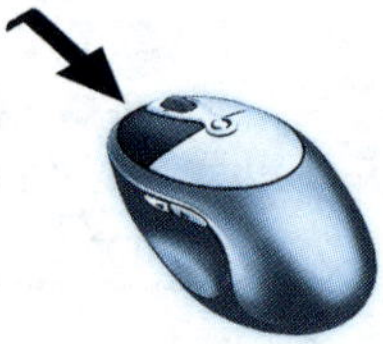

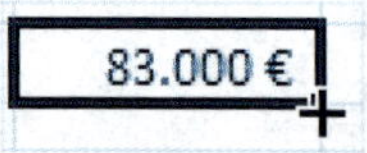

83.000 €

4 Platzieren Sie den Mauszeiger auf das Ausfüllkästchen.

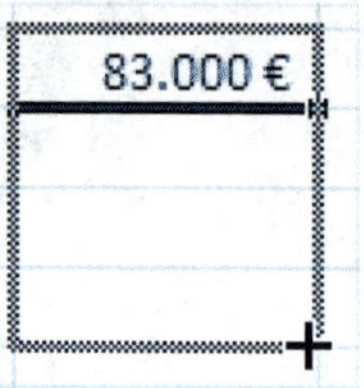

83.000 €

5 Ziehen Sie mit gedrückter Maustaste bis zur Zelle F6.

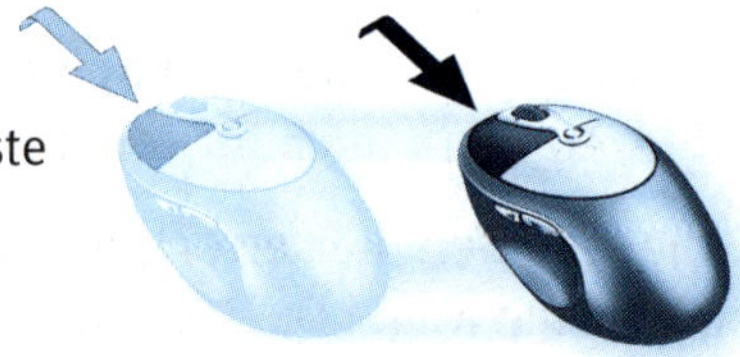

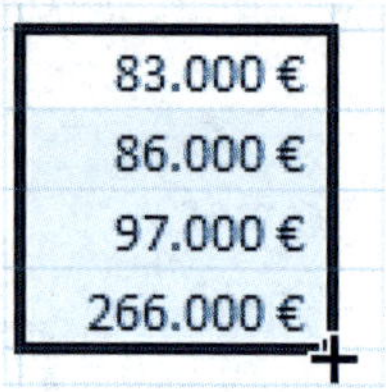

| 83.000 € |
| 86.000 € |
| 97.000 € |
| 266.000 € |

6 Lassen Sie die Maustaste los!

Formeln in andere Zellenbereiche kopieren

Sie können auch Formeln in Zellen kopieren, die nicht nebeneinanderliegen. Dazu verwenden Sie beispielsweise die Schaltflächen *Kopieren* und anschließend *Einfügen*. (Mit der [Esc]-Taste schalten Sie die Funktion wieder aus.)

Aber auch mit der Maus geht's, indem Sie die Zellen mit den Formeln markieren und in den entsprechenden Bereich ziehen.

9		Umsatz	Umsatz	Umsatz	Umsatz
10		Adam	Müller	Schulze	Zimmer
11	April	25.000 €	20.000 €	17.000 €	40.000 €
12	Mai	12.000 €	23.000 €	19.000 €	15.000 €
13	Juni	34.000 €	12.000 €	30.000 €	24.000 €

1 Tippen Sie zunächst die Beispielzahlen in den Zellenbereich »B11:E13«.

	A	B	C	D	E	F
1		Adam	Müller	Schulze	Zimmer	
2		Umsatz	Umsatz	Umsatz	Umsatz	
3	Januar	20.000 €	30.000 €	17.000 €	16.000 €	83.000 €
4	Februar	15.000 €	40.000 €	14.000 €	17.000 €	86.000 €
5	März	34.000 €	20.000 €	25.000 €	18.000 €	97.000 €
6		69.000,00 €	90.000,00 €	56.000,00 €	51.000,0 1	266.000 €
7						
8						
9		Umsatz	Umsatz	Umsatz	Umsatz	
10		Adam	Müller	Schulze	Zimmer	
11	April	25.000 €	20.000 €	17.000 €	40.000 €	
12	Mai	12.000 €	23.000 €	19.000 €	15.000 €	
13	Juni	34.000 €	12.000 €	30.000 €	24.000 €	

2 Markieren Sie den Zellenbereich »B6:E6«. Hier stehen die Formeln für die Summen.

Sie bewegen den Mauszeiger auf den Rand der Markierung, bis er sich in einen Pfeil ändert, und ziehen mit gedrückter Maustaste in die neuen Zellen.

Zusätzlich müssen Sie die ⌊Strg⌋-Taste drücken.

69.000,00 €	90.000,00 €	56.000,00 €	51.000,00 €

1 Platzieren Sie den Mauszeiger auf den Rand der Markierung und halten Sie die ⌊Strg⌋-Taste gedrückt.

▲	A	B	C	D	E	F
1		Adam	Müller	Schulze	Zimmer	
2		Umsatz	Umsatz	Umsatz	Umsatz	
3	Januar	20.000 €	30.000 €	17.000 €	16.000 €	83.000 €
4	Februar	15.000 €	40.000 €	14.000 €	17.000 €	86.000 €
5	März	34.000 €	20.000 €	25.000 €	18.000 €	97.000 €
6		69.000,00 €	90.000,00 €	56.000,00 €	51.000,00 €	266.000 €
7						
8						
9		Umsatz	Umsatz	Umsatz	Umsatz	
10		Adam	Müller	Schulze	Zimmer	
11	April	25.000 €	20.000 €	17.000 €	40.000 €	
12	Mai	12.000 €	23.000 €	19.000 €	15.000 €	
13	Juni	34.000 €	12.000 €	30.000 €	24.000 €	
14						
15				B14:E14		
16						

2 Ziehen Sie mit gedrückter linker Maustaste in den Zellenbereich B14 bis E14.

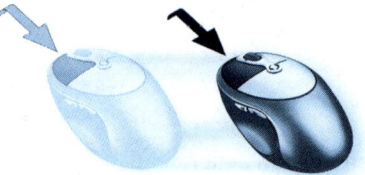

Achtung

Nachdem Sie mit der Maus gezogen haben, müssen Sie *erst* die Maustaste und *dann* die `Strg`-Taste loslassen, ansonsten kopiert Excel nicht die Formel, sondern verschiebt diese lediglich.

	A	B	C	D	E
9		Umsatz	Umsatz	Umsatz	Umsatz
10		Adam	Müller	Schulze	Zimmer
11	April	25.000 €	20.000 €	17.000 €	40.000 €
12	Mai	12.000 €	23.000 €	19.000 €	15.000 €
13	Juni	34.000 €	12.000 €	30.000 €	24.000 €
14		71.000,00 €	55.000,00 €	66.000,00 €	79.000,00 €
15					

3 Lassen Sie zuerst die Maustaste und dann die `Strg`-Taste los!

Die Formeln gelten ebenfalls für die Zellen!

Tipps zum Kapitel

1. Sie möchten bei einer Tabelle die Spalten in Zeilen (und umgekehrt) umwandeln?

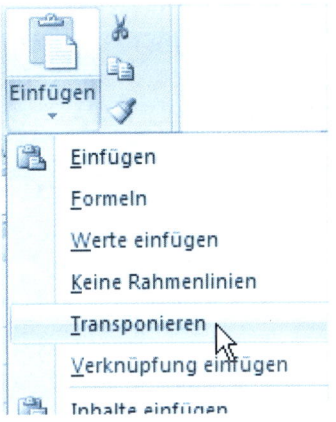

Markieren Sie die Tabelle und klicken Sie auf die Schaltfläche *Kopieren* auf der Registerkarte *Start*. Aktivieren Sie das kleine Dreieck bei der Schaltfläche *Einfügen*.

Um Spalten in Zeilen (und umgekehrt) umzuwandeln, wählen Sie im Menü den Befehl *Transponieren*. Zeilen und Spalten werden entsprechend umgewandelt.

2. Über denselben Weg wie bei »Tipp 1« kopieren Sie Formeln (Schaltfläche *Kopieren*) und fügen sie ein (kleines Dreieck bei der Schaltfläche *Einfügen*; Befehl *Formeln*).

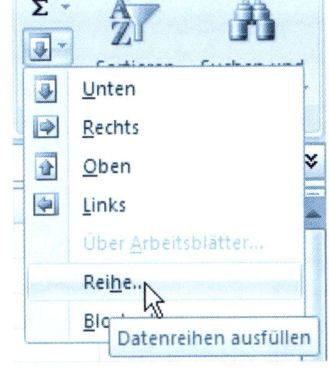

3. Sie können Datenreihen selbst ausfüllen, indem Sie die Schaltfläche *Füllbereich* auf der Registerkarte *Start* anklicken. Sie können hier Zellen in jede Richtung ausfüllen, wenn die angrenzenden Zellen über Inhalte verfügen. Es handelt sich hier eigentlich um eine Kopierfunktion, die nicht so häufig Anwendung finden sollte! Interessanter ist da

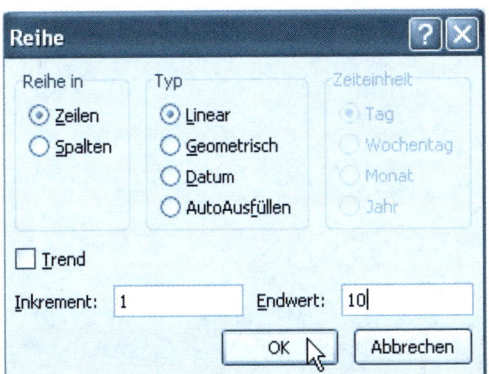

schon der Eintrag *Reihe*. Damit öffnen Sie das Dialogfeld *Reihe*. Geben Sie darin an, wie Sie Zellen füllen möchten, z. B. *Linear* oder *Geometrisch*. So können Sie bequem z. B. in der Finanzbuchhaltung eine Maschine auf 10 Jahre linear abschreiben.

Kapitel 9

Ein Währungsrechner für den Urlaub

Möchten Sie verreisen? Sie reisen z. B. in ein Land, das den Euro nicht als Währung hat – in diesem Beispiel in die USA. Dann wäre es doch interessant zu wissen: Wie viel Euro gibt es für den Dollar? In diesem Kapitel lernen Sie größtenteils Währungs- und Datumsformate kennen. Die Zellen, die Sie so formatierten, behalten ihr Format selbst bei, wenn Sie die Zahlen in den Zellen löschen. Dieses Kapitel macht Ihnen das verständlich.

Währungsformate eingeben

Die nächste Kalkulation ermittelt, wie viel US-Dollar Sie für Ihren Euro erhalten. Sie wissen sicherlich noch, dass Sie mit Texten nicht rechnen können.

Würden Sie »1 $« für einen Dollar über die Tastatur eingeben, dann würde sich der Inhalt der Zelle standardmäßig nach links ausrichten. Das bedeutet: Die Eingabe ist für Excel keine Zahl zum Rechnen, sondern »lediglich« ein Text.

> **Achtung**
> Zellen mit Devisen müssen als *Währungen* formatiert werden.

Die Zelle muss auf Dollar quasi umgestellt – formatiert – werden. Klicken Sie die Schaltfläche *Währung* an, erhalten Sie das Zeichen für den Euro. Doch was ist mit den anderen Währungen?

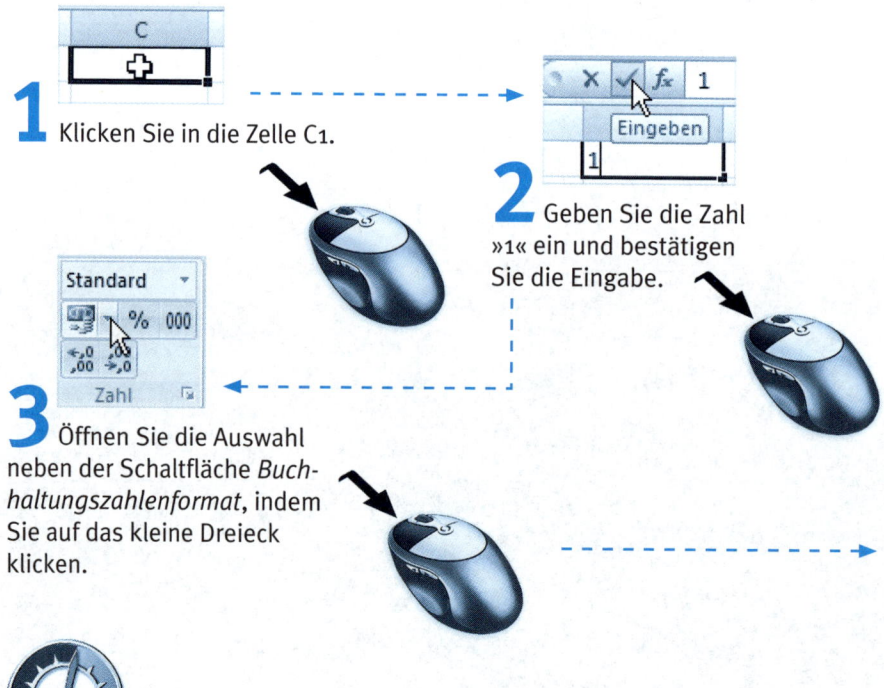

1 Klicken Sie in die Zelle C1.

2 Geben Sie die Zahl »1« ein und bestätigen Sie die Eingabe.

3 Öffnen Sie die Auswahl neben der Schaltfläche *Buchhaltungszahlenformat*, indem Sie auf das kleine Dreieck klicken.

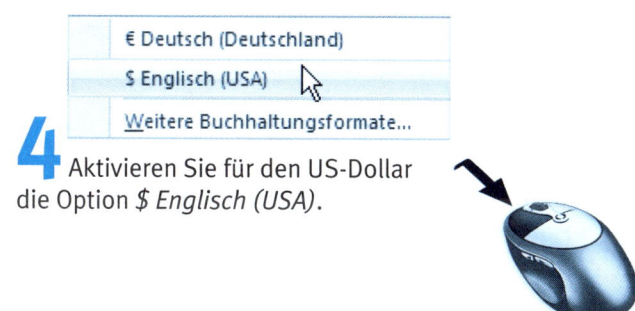

4 Aktivieren Sie für den US-Dollar die Option *$ Englisch (USA)*.

Über den Befehl *Weitere Buchhaltungsformate* gelangen Sie in das Dialogfeld *Zellen formatieren*. Unter der Kategorie *Buchhaltung* können Sie noch weitere Devisen angeben. Hier können Sie auch die *Dezimalstellen* festlegen. Das ausgewählte Format sehen Sie in der Vorschau unter *Beispiel*.

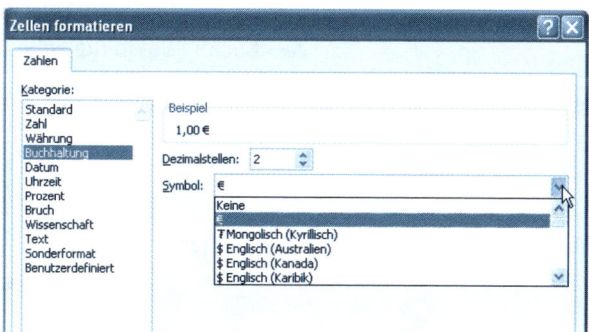

Dezimalstellen angeben

Über die Schaltflächen *Dezimalstelle hinzufügen* oder *Dezimalstelle löschen* legen Sie die Nachkommastellen fest. Pro Mausklick auf die Schaltfläche ändern Sie die Dezimalstellen um eine Ziffer.

←,0 ,00	Dezimalstelle hinzufügen
,00 →,0	Dezimalstelle löschen

Eine Währung wird immer mit zwei Nachkommastellen definiert. Da Sie für die Berechnung des Dollars hier keine verwenden, ändern Sie diese zunächst auf »o« um.

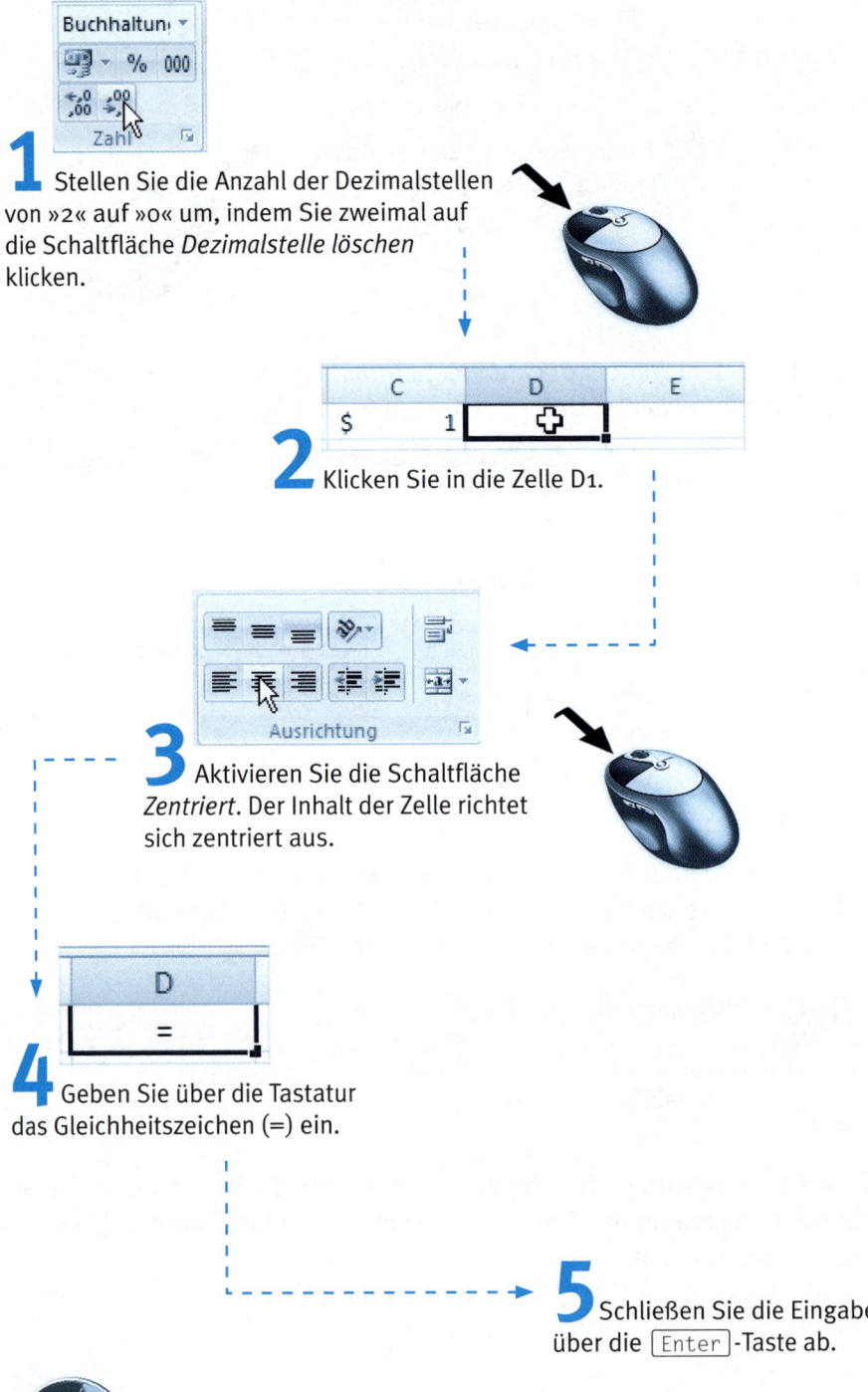

1 Stellen Sie die Anzahl der Dezimalstellen von »2« auf »0« um, indem Sie zweimal auf die Schaltfläche *Dezimalstelle löschen* klicken.

2 Klicken Sie in die Zelle D1.

3 Aktivieren Sie die Schaltfläche *Zentriert*. Der Inhalt der Zelle richtet sich zentriert aus.

4 Geben Sie über die Tastatur das Gleichheitszeichen (=) ein.

5 Schließen Sie die Eingabe über die Enter-Taste ab.

Hinweis

Über die Schaltflächen *Linksbündig*, *Zentriert*, *Rechtsbündig* richten Sie den Inhalt von Zellen links, zentriert oder rechts aus.

Eine eingegebene Zahl in einer Währung verfügt automatisch über zwei Nachkommastellen (z. B. 1,25).

Sie wissen aber aus den Nachrichten, dass der Dollar mit vier Dezimalstellen nach dem Komma im Devisenhandel (= 0,7655) fixiert wird.

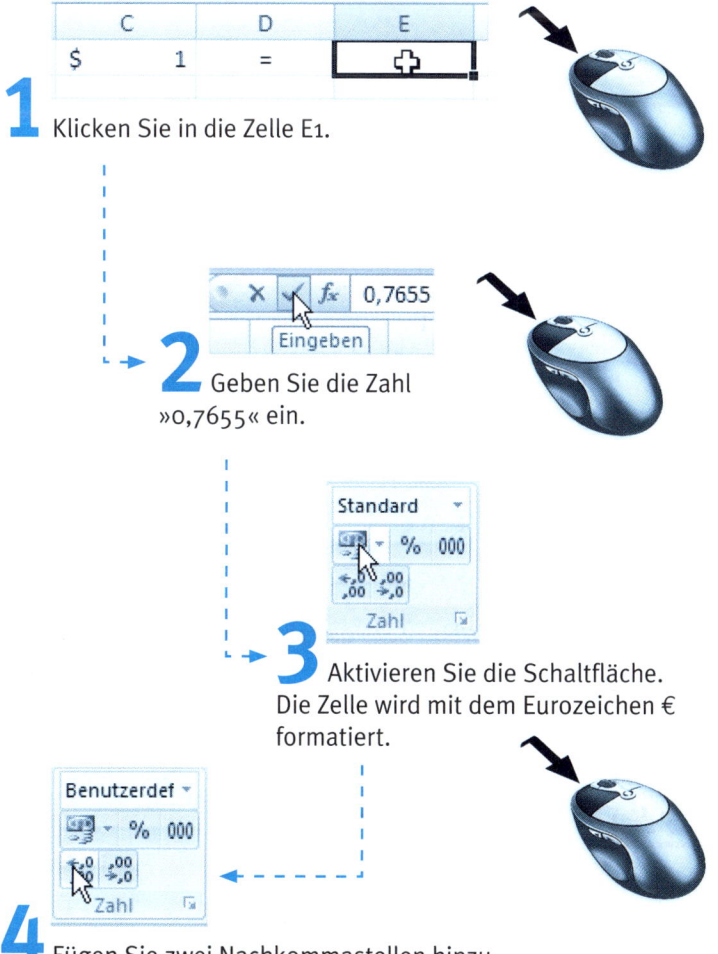

1 Klicken Sie in die Zelle E1.

2 Geben Sie die Zahl »0,7655« ein.

3 Aktivieren Sie die Schaltfläche. Die Zelle wird mit dem Eurozeichen € formatiert.

4 Fügen Sie zwei Nachkommastellen hinzu.

Formate übertragen

Zuerst tragen Sie die Dollarwerte ein. Um das Format Dollar bei den Zahlen anzugeben, wählen Sie nicht den längeren Menüweg, sondern verwenden die Schaltfläche *Format übertragen*. Damit können Sie das Währungsformat übertragen und sparen Zeit. Das Symbol »$« ist bereits in einer Zelle vorhanden. Diese muss aktiviert sein. Klicken Sie auf die Schaltfläche *Format übertragen* und »überstreichen« Sie die Zellen, die ebenfalls den Dollar ausweisen sollen.

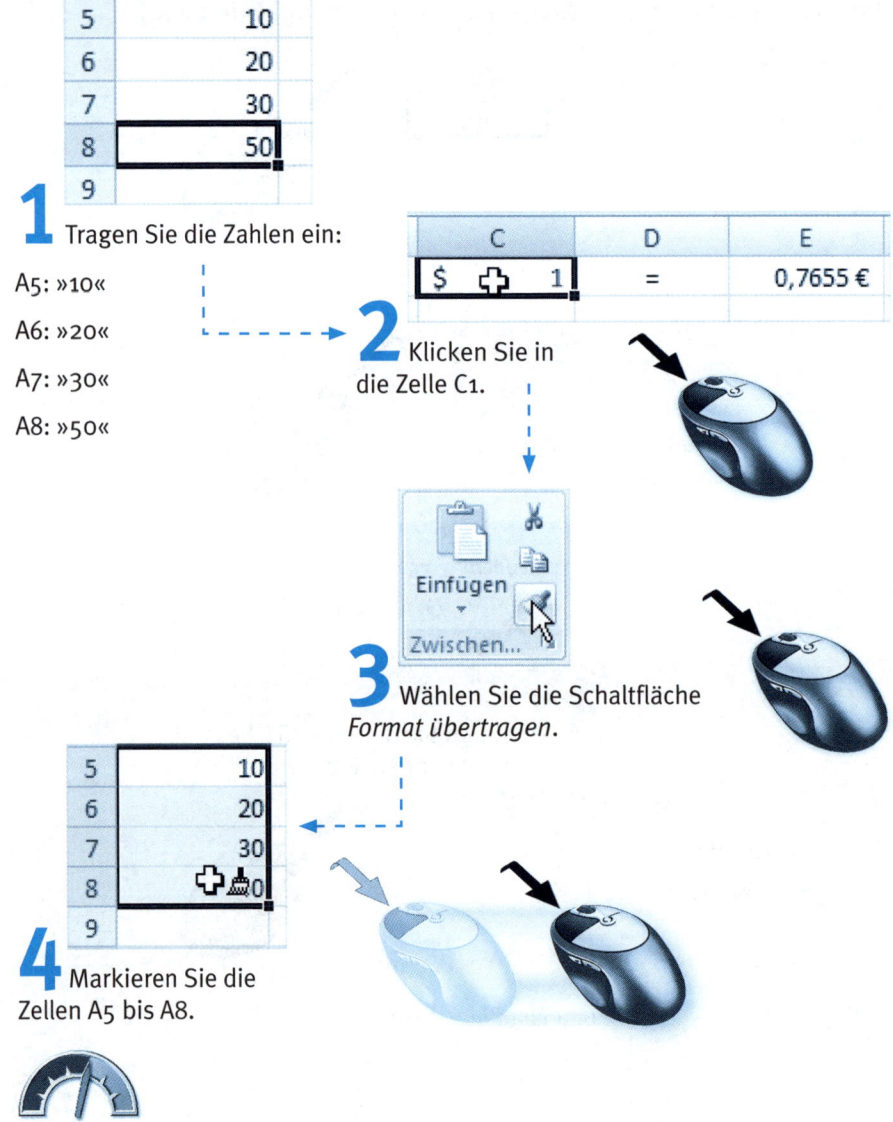

1 Tragen Sie die Zahlen ein:

A5: »10«

A6: »20«

A7: »30«

A8: »50«

2 Klicken Sie in die Zelle C1.

3 Wählen Sie die Schaltfläche *Format übertragen*.

4 Markieren Sie die Zellen A5 bis A8.

Die Funktion schaltet sich automatisch aus. Doppelklicken Sie dagegen auf die Schaltfläche *Format übertragen*, können Sie die Funktion beliebig oft verwenden, bis Sie z. B. die ⌨Esc-Taste betätigen.

5	$	10	=
6	$	20	=
7	$	30	=
8	$	50	=

Das Gleichheitszeichen (=) benötigen Sie in diesem Beispiel insgesamt viermal. Sie können es nacheinander eintragen. Doch warum sich so viel Mühe machen, wenn's doch so einfach geht! Sie kopieren von der Zelle, in der bereits das zentrierte Gleichheitszeichen steht, in eine andere. Danach verwenden Sie das Ausfüllkästchen und sämtliche Zellen beinhalten das (zentrierte) Gleichheitszeichen.

> **Fachwort**
>
> Das *Kopieren* ist ähnlich dem *Ausschneiden*. Dabei verschwindet das Original, beim Kopieren dagegen bleibt es erhalten.

Die Drag&Drop-Methode ist sicherlich der schnellste Kopiervorgang. Das Kopieren von Zelleninhalten erfolgt bei Drag&Drop fast wie die Funktion *Ausschneiden*. Zusätzlich muss die ⌨Strg-Taste gedrückt werden.

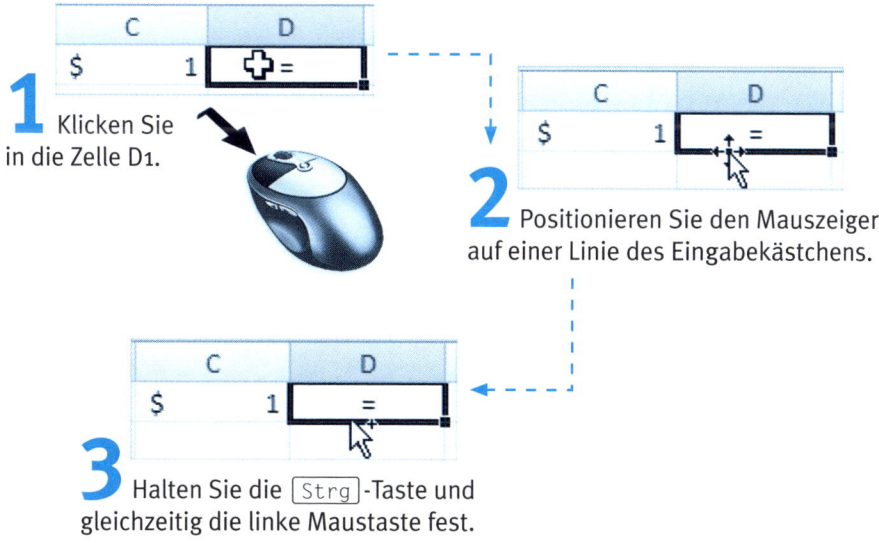

1 Klicken Sie in die Zelle D1.

2 Positionieren Sie den Mauszeiger auf einer Linie des Eingabekästchens.

3 Halten Sie die ⌨Strg-Taste und gleichzeitig die linke Maustaste fest.

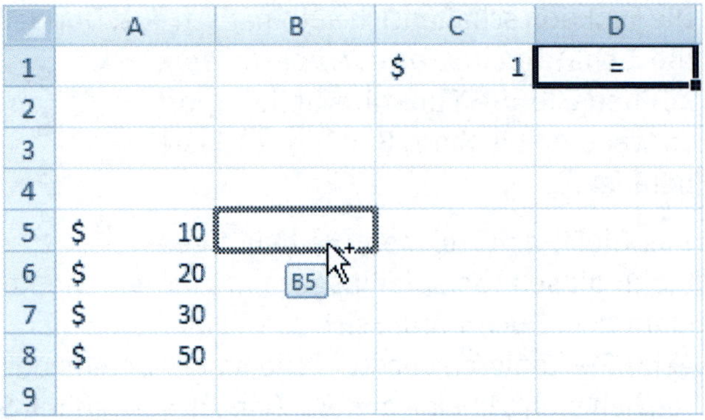

◢	A	B	C	D
1			$ 1	=
2				
3				
4				
5	$ 10			
6	$ 20	B5		
7	$ 30			
8	$ 50			
9				

4 Ziehen Sie bis zur Zelle B5. Lassen Sie erst die Maus-, dann die [Strg]-Taste los.

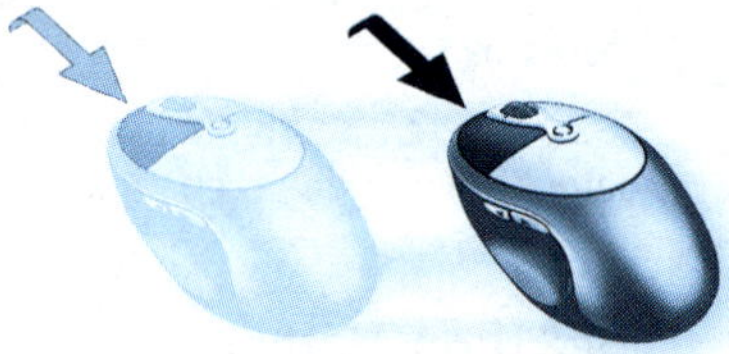

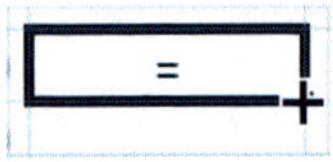

5 Platzieren Sie den Mauszeiger auf das Ausfüllkästchen.

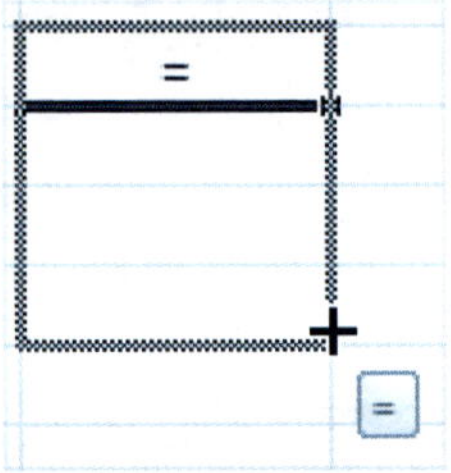

6 Ziehen Sie bis zur Zelle B8. Lassen Sie die Maustaste los.

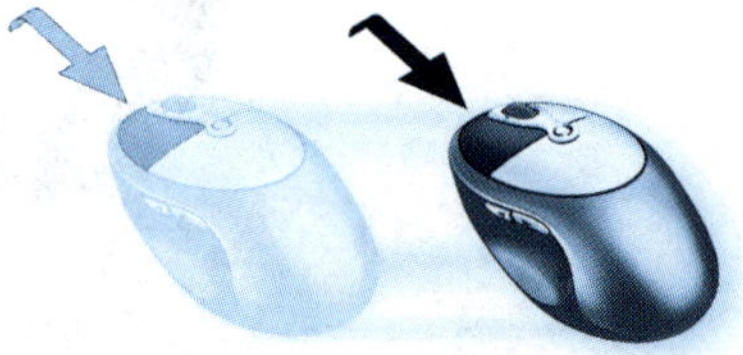

Was sind absolute Bezüge?

Fehlt noch die Formel für die Berechnung. Wenn ein Dollar 1,2557 Euro wert ist, dann ergeben 10 $, 20 $, 30 $ oder 50 $ dementsprechend das 10-, 20-, 30- oder 50-Fache davon.

Da Sie in Excel nicht nur mit Zahlen rechnen, sondern auch mit Zellen, lauten die Formeln:

$C5 = E1 * A5$

$C6 = E1 * A6$

$C7 = E1 * A7$

$C8 = E1 * A8$

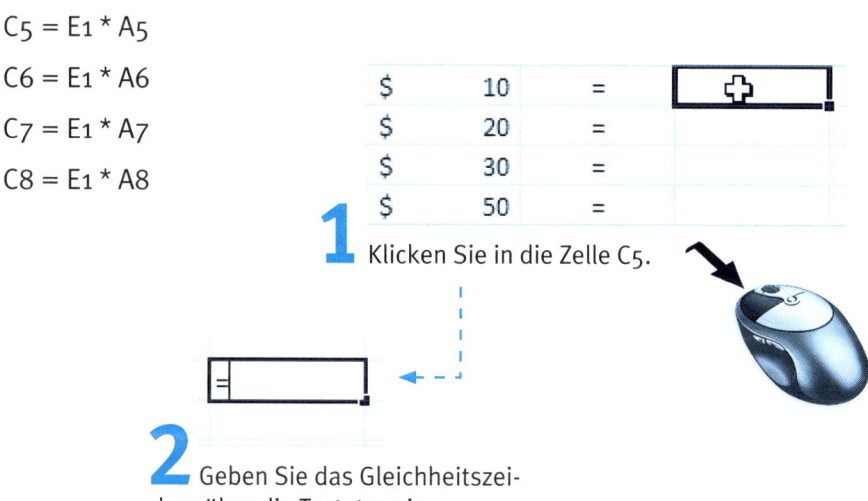

1 Klicken Sie in die Zelle C5.

2 Geben Sie das Gleichheitszeichen über die Tastatur ein.

Formeln kopieren

... und weiter geht's mit der Kalkulation. Sie geben die oben erwähnte Formel ein. Sie lautet für die erste Zeile:

$= E1 * A5$

Da die Formel für alle Zellen identisch ist (= relative Bezüge) kopieren Sie mithilfe des Ausfüllkästchens in die unteren Zellen.

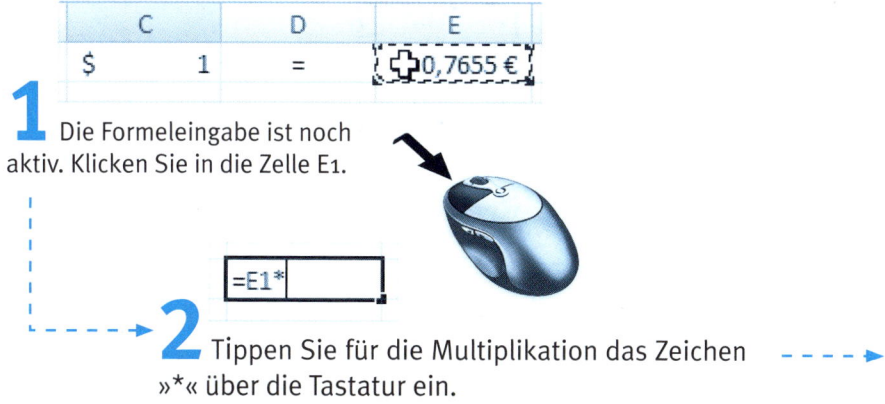

1 Die Formeleingabe ist noch aktiv. Klicken Sie in die Zelle E1.

2 Tippen Sie für die Multiplikation das Zeichen »*« über die Tastatur ein.

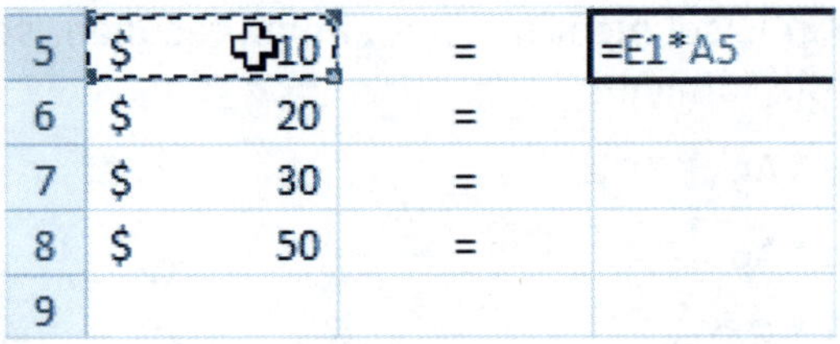

5	$	⊕10	=	=E1*A5
6	$	20	=	
7	$	30	=	
8	$	50	=	
9				

3 Klicken Sie in die Zelle A5.

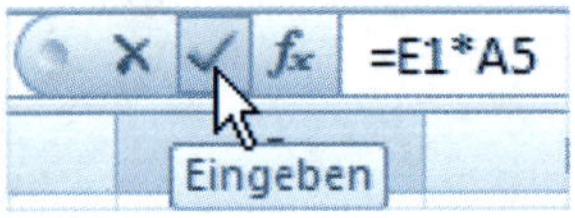

	✕	✓	_fx_	=E1*A5

Eingeben

4 Beenden Sie die Formeleingabe.

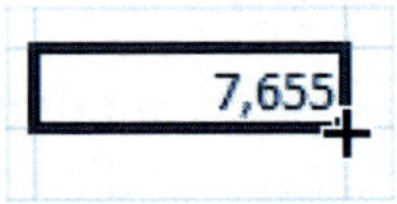

7,655

5 Positionieren Sie den Mauszeiger auf das Ausfüllkästchen.

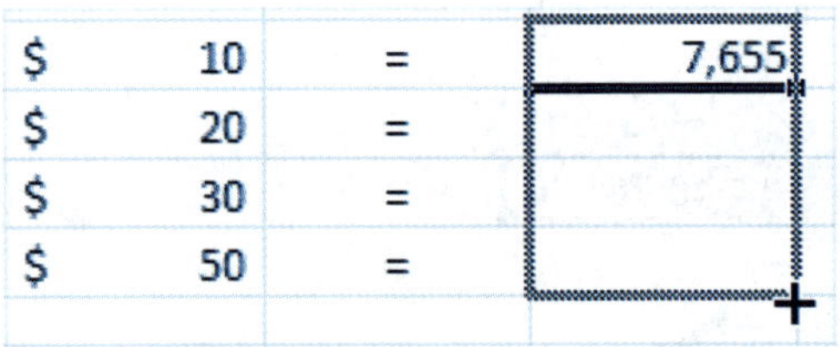

$	10	=	7,655
$	20	=	
$	30	=	
$	50	=	

6 Ziehen Sie bis zur Zelle C8.

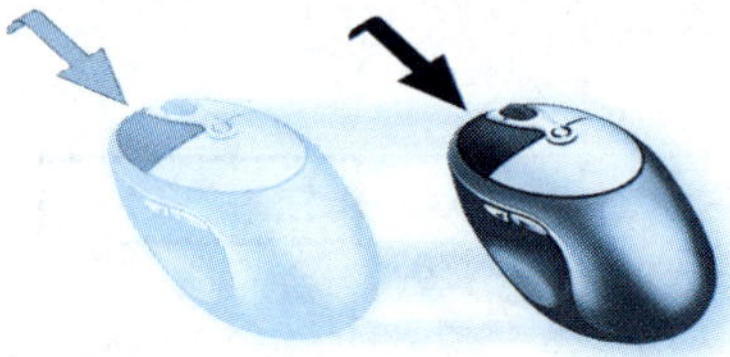

Keine oder falsche Werte?

Doch was geschieht? Für drei Zellen erscheint kein Wert beziehungsweise eine »0«. Das kann nicht richtig sein! Nur der Wert in der ersten Zelle ist korrekt. Woran liegt's?

5	$	10	=	7,655
6	$	20	=	0
7	$	30	=	0
8	$	50	=	0
9				

Beim Kopieren von Formeln zählt Excel immer »eins drauf«.

	A	B	C	D	E
1			$ 1	=	0,7655 €
2					
3					
4					
5	$ 10	=	7,655		
6	$ 20	=	0		
7	$ 30	=	0		
8	$ 50	=	0		
9					

So beziehen sich die nachfolgenden Zellen auf falsche Angaben.

Zellenbezüge

Der Wert für einen Dollar steht immer nur in ein und derselben Zelle (hier E1). Jede kopierte Formel bezieht sich hierauf. Ein »Draufzählen« wäre hier also falsch. Dem Programm muss mitgeteilt werden, dass es sich immer nur den Wert aus einer bestimmten Zelle holen soll.

Das geschieht mithilfe des *Dollarzeichens*, das in diesem Zusammenhang jedoch nichts mit der Währung zu tun hat.

»$E$1« bedeutet, dass der gesuchte Wert immer in Zelle E1 steht. Beim Kopieren von Formeln wird dadurch nicht mehr »eins« draufgezählt.

Beispiel:

Zellenangabe	Absoluter Bezug auf
=$A$1	Zelle A1
=$A1	Spalte A
=A$1	Zeile 1

Die Dollarzeichen können Sie vor oder nach der Eingabe angeben. Haben Sie bereits den Zellennamen eingetragen, brauchen Sie nur die F4 -Taste zu drücken.

5	$	10	=	✚ 7,655
6	$	20	=	0
7	$	30	=	0
8	$	50	=	0

1 Aktivieren Sie die Zelle C5.

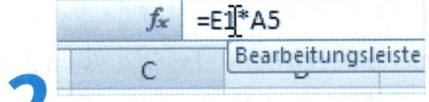

f_x	=E1*A5
C	Bearbeitungsleiste

2 Klicken Sie in der Bearbeitungsleiste genau hinter den Ausdruck »E1«.

3 Drücken Sie die
`F4`-Taste.

`=$E$1*A5`

C D

4 Bestätigen Sie die Formel.

7,655
0
0
0

5 Positionieren Sie den Mauszeiger
auf dem Ausfüllkästchen.

7,655
0
0
0

6 Kopieren Sie die neue Formel
bis zur Zelle C8.

7,655
15,31
22,965
38,275

7 Lassen Sie die Maustaste los.

Standard
% 000
Zahl

8 Klicken Sie die Schaltfläche
für die Währung an.

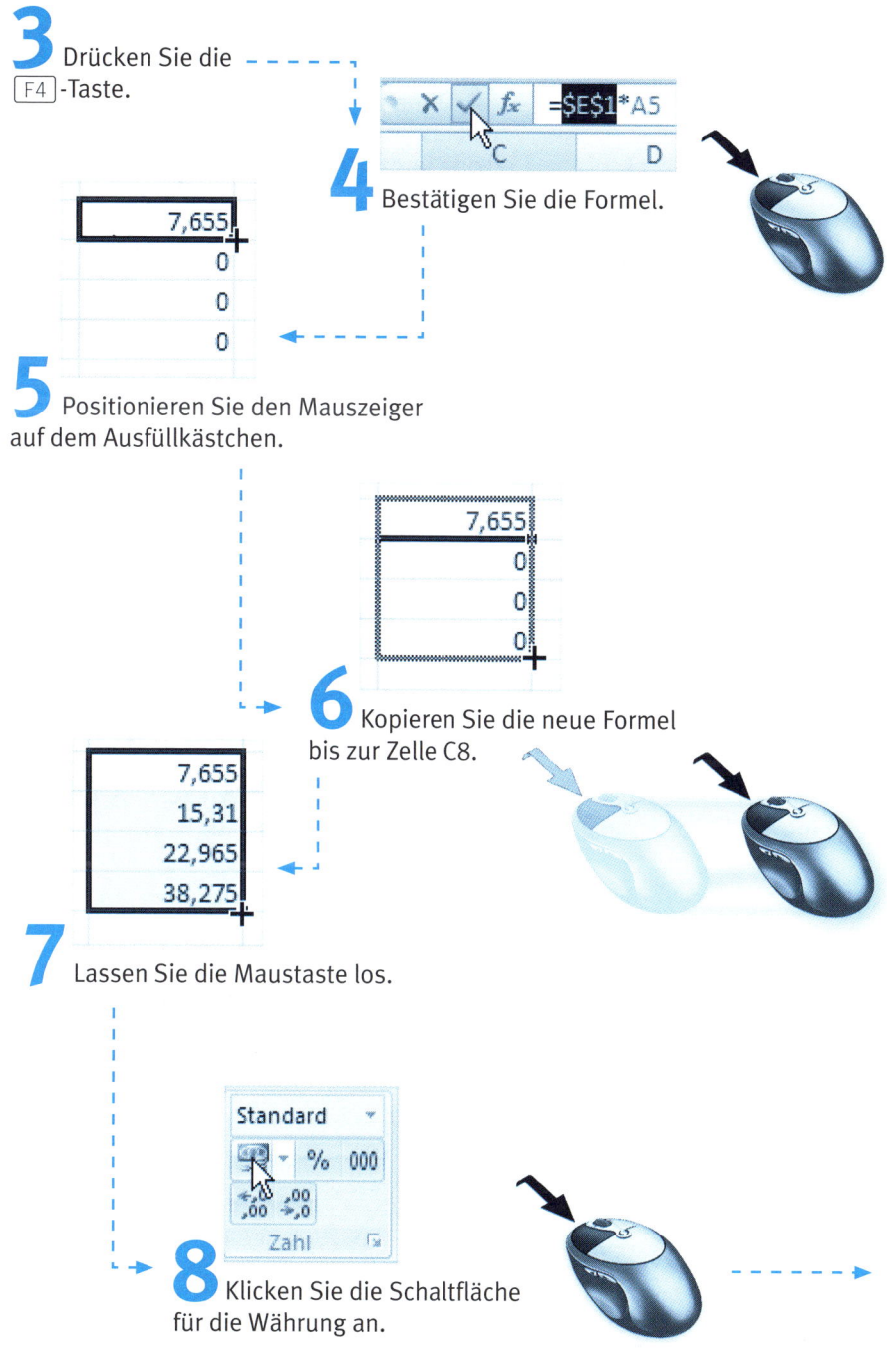

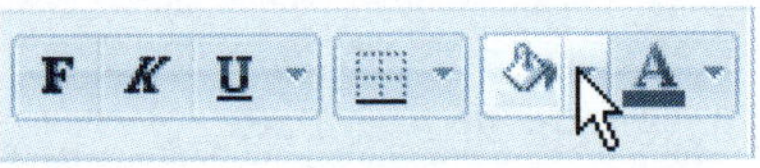

9 Öffnen Sie die Auswahl bei der Schaltfläche *Füllfarbe*, indem Sie das kleine Dreieck anklicken.

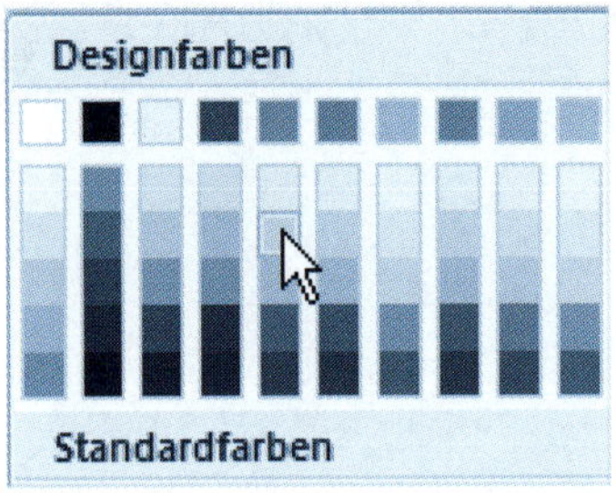

Designfarben

Standardfarben

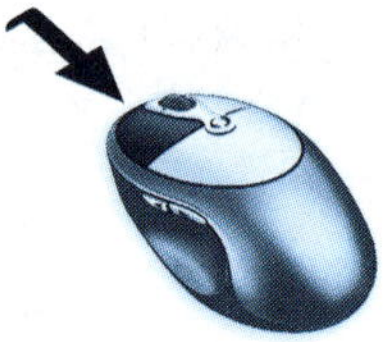

10 Wählen Sie hier eine Farbe aus, um die markierten Zellen hervorzuheben.

$	10	=	7,66 €
$	20	=	15,31 €
$	30	=	22,97 €
$	50	=	38,28 €

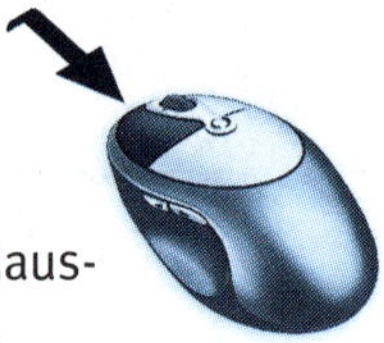

11 Lassen Sie die Maustaste los. Mit einem beliebigen Maus- klick ins Tabellenblatt heben Sie die Markierung der Zellen auf.

	E1	▼	f_x	0,7655	
⊿	A	B	C	D	E
1			$ 1	=	0,7655 €
2					
3					
4					
5	$	10	=	7,66 €	
6	$	20	=	15,31 €	
7	$	30	=	22,97 €	
8	$	50	=	38,28 €	
9					

Sollte sich der Kurs ändern, geben Sie einfach die neue Zahl in die Zelle E1 ein.

Hinweis

Für Zahlen über Tausend können Sie die Schaltfläche *1.000er-Trennzeichen* benutzen.

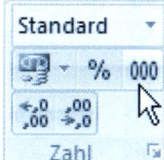

Zahlenformate löschen

Zahlenformate können nicht, wie es bei Zellen-inhalten der Fall ist, mit der [Entf]-Taste gelöscht werden. Sie haben dazu drei Möglichkeiten.

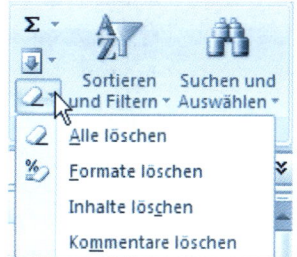

Möglichkeit Nr. 1

Sie löschen die Formate über die Schaltfläche *Löschen* auf der Registerkarte *Start*.

Möglichkeit Nr. 2

Sie öffnen auf der Registerkarte *Start* die Auswahl bei *Zahlenformat*. Dann wählen Sie einfach den Eintrag

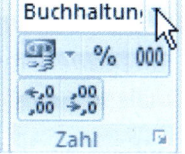

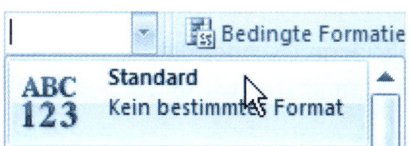

Standard aus. Das ausgewählte For-mat wird auf die Standarddarstellung zurückgesetzt.

Hinweis

Sie werden feststellen, dass Möglichkeit Nr. 1 und Nr. 2 die schnellsten Wege sind, um ein Zahlenformat zu löschen.

Möglichkeit Nr. 3

Sie setzen das Format auf ein Standard- oder Zahlenfor-mat zurück. Dazu wählen Sie auf der Registerkarte *Start* im Bereich *Zahl* den kleinen Pfeil. Sie gelangen ins Dia-logfeld *Zellen formatieren*.

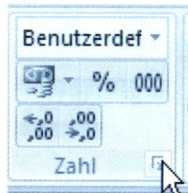

> **Hinweis**
>
> Sie gelangen über die Tastenkombination Strg + 1 ebenfalls ins Dialogfeld *Zellen formatieren*.

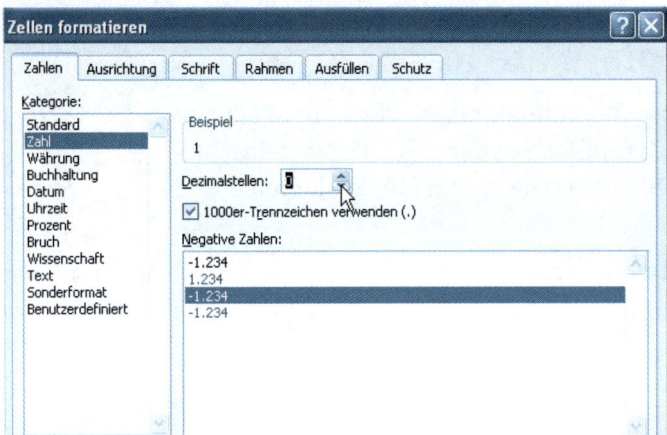

Wählen Sie im geöffneten Dialogfeld auf der Registerkarte *Zahlen* unter *Kategorie* entweder *Standard* oder *Zahl*. Dadurch aktivieren Sie ein »normales« Zahlenformat. Hier legen Sie auch die Dezimalstellen fest.

Sobald Sie Ihre Angaben über die Schaltfläche *OK* oder die Enter-Taste bestätigen, erhalten die Zellen das neue Format zugewiesen.

Beispiele für Zahlenformate im Überblick

Format	Begriff	Zahl
0	Ganze Zahl	7
0,00	Zwei feste Nachkommastellen	7,77
#.##0	Ganze Zahl mit Tausenderpunkt	7.777
– #.##0	Negative ganze Zahl mit Tausenderpunkt	–7.777
#.##0,00	Ganze Zahl mit Tausenderpunkt und zwei Nachkommastellen	

Datumsformate

Sie können in Excel das aktuelle Datum einfügen. Die Formel ist relativ EASY, sodass Sie
diese selbst in Handarbeit erstellen können.
Sie geben das Gleichheitszeichen an, damit Excel weiß, dass eine Formel folgt.

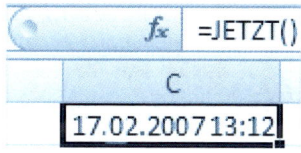

Möchten Sie das aktuelle Datum und die aktuelle Uhrzeit erhalten, tragen
Sie »=jetzt()« ein.

Achtung

Beachten Sie, dass sich das Datum bzw. auch die Uhrzeit bei jedem Öffnen stets
aktualisiert. Möchten Sie ein Datum festhalten, z. B. um zu wissen, wann Sie eine
Kalkulation erstellt haben, sollten Sie auf die erwähnten Funktionen »=jetzt()«
und »=heute()« verzichten.

Mit der Eingabe »=heute()« erhalten Sie das aktuelle Tagesdatum.

Achtung

Wichtig sind die Klammern »()«. Sie gehören dazu wie die Schale zur Banane.
Ohne »()« erkennt Excel die Formel nicht an.

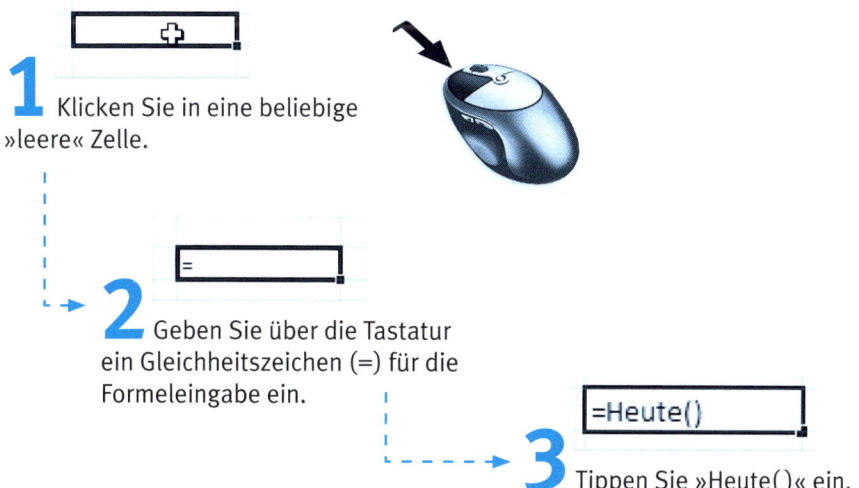

1 Klicken Sie in eine beliebige
»leere« Zelle.

2 Geben Sie über die Tastatur
ein Gleichheitszeichen (=) für die
Formeleingabe ein.

3 Tippen Sie »Heute()« ein.

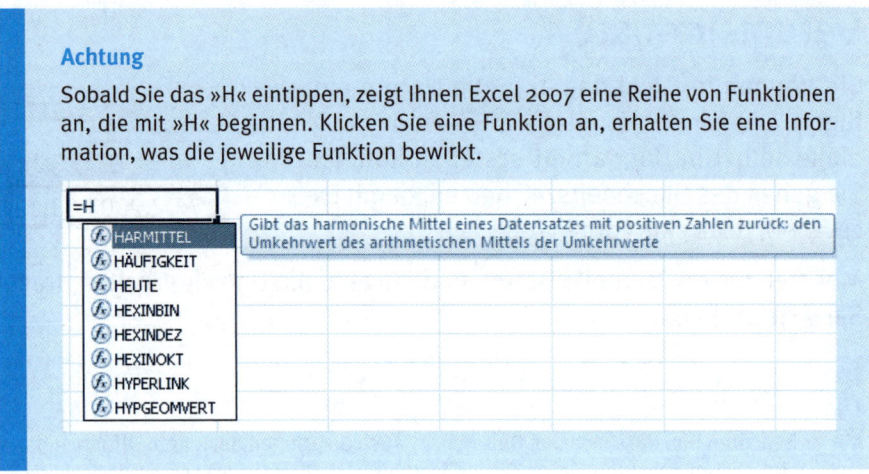

4 Beenden Sie die Eingabe über die ⌈Enter⌉-Taste.

Doch Excel bietet noch mehr an. Möchten Sie beispielsweise in einer Rechnung angeben, dass diese in 30 Tagen gezahlt werden soll, geben Sie »=heute()+30« ein.

Formel	Ergebnis
=jetzt()	Tagesdatum und aktuelle Uhrzeit
=heute()+7	Nächste Woche
=heute()+30	Tagesdatum plus 30 Tage
=heute()−7	Vorige Woche
=heute()−30	Tagesdatum minus 30 Tage

Wie ändern sich die Zeiten?

Ihr Computer sollte stets auf dem neuesten Stand des Datums oder der Uhrzeit sein. Als Benutzer von Windows sind Sie immer darüber informiert, was die Zeit schlägt. Sie erkennen es unten in der *Taskleiste*.

Ist Ihr Computer nicht gerade an eine Funkuhr angeschlossen, gibt es natürlich keine Garantie, ob die angezeigte Uhrzeit oder das Datum auch stimmen. Setzen Sie den Mauszeiger auf die *Uhrenanzeige* und klicken Sie doppelt. Auf der Registerkarte *Datum und Uhrzeit* stellen Sie das korrekte Datum und die Uhrzeit ein.

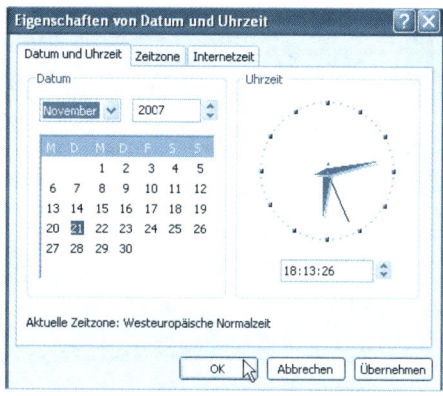

Ein Datum mit Format

Auch andere Datumsanzeigen sind möglich. Sie brauchen nur das Format zu ändern.

1 Aktivieren Sie die Zelle, in der das Datum steht.

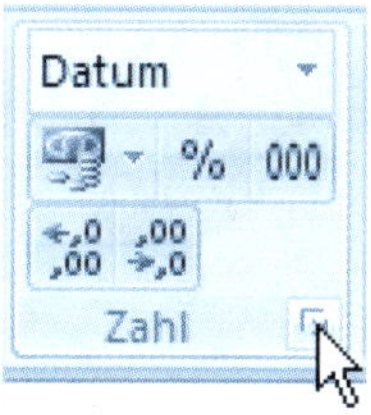

2 Wählen Sie auf der Registerkarte *Start* bei *Zahl* den kleinen Pfeil (oder Tastenkombination ⌨Strg+⌨1).

3 Holen Sie im Dialogfeld ggf. die Registerkarte *Zahlen* in den Vordergrund. Die Kategorie *Datum* ist bereits aktiviert.

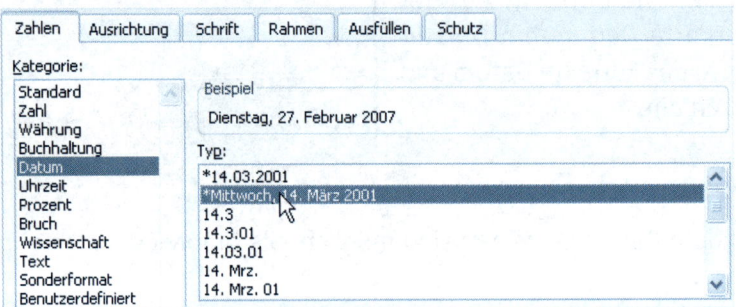

1 Klicken Sie auf das gewünschte Datumsformat.

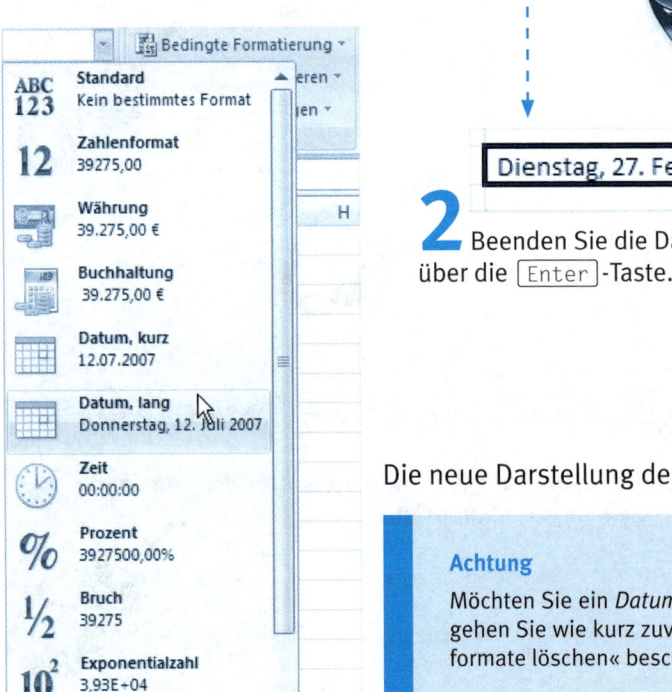

2 Beenden Sie die Datumsangabe über die ⌷Enter⌷-Taste.

Die neue Darstellung des Datums.

> **Tipp**
>
> Ein Datumsformat können Sie ebenfalls angeben, indem Sie auf der Register-
> karte *Start* die Auswahl bei *Zahlenformat* öffnen. Dann klicken Sie einfach den
> Eintrag *Datum, kurz* oder *Datum, lang* an. Allerdings sind hier die Datumsformate
> auf zwei Darstellungen beschränkt.

Benutzerdefinierte Zahlenformate

Eigene Zahlenformate legen Sie im Dialogfeld *Zellen formatieren* auf der
Registerkarte *Zahlen* in der Kategorie *Benutzerdefiniert* fest.

Beispielformat:

```
[Blau]#.##0,00 €;[Rot]-#.##0,00 €;"Null"
```

In diesem Beispiel werden positive Zahlen blau, negative Zahlen rot dargestellt. Die Zahl »0« erhält den Text »Null«.

Weist eine Zahl mehr Ziffern nach dem Komma auf, wird sie auf die entsprechende Stellenzahl gerundet.

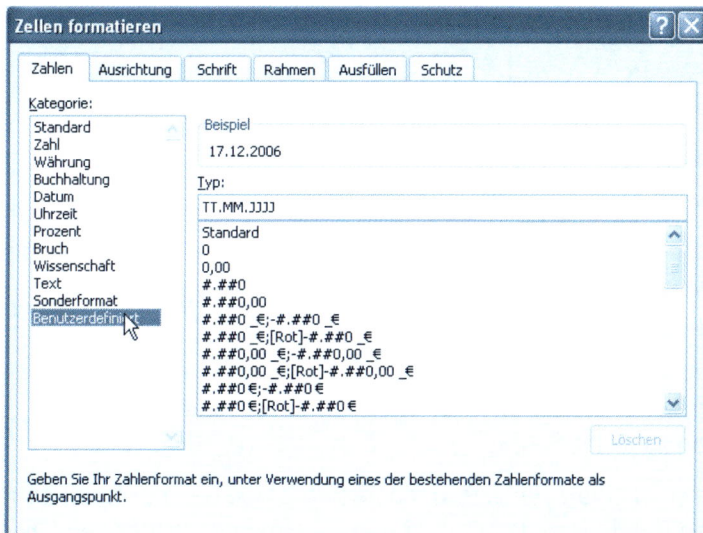

\# = Zeigt nur wichtige Ziffern an, unwichtige Nullen werden ignoriert.

0 = Zeigt Nullen an, wenn eine Zahl weniger Stellen aufweist, als Nullen im
Format vorhanden sind.

? = Fügt an beide Seiten der Dezimalstelle Leerzeichen für unwichtige Nullen ein.

Zahlenformat	Code
1234,59 als 1234,6	####,#
8,9 als 8,900	#,000
,631 als 0,6	0,#
12 als 12,0 und 1234,568 als 1234,57	#,0#
44,398, 102,65 und 2,8 mit ausgerichteten Dezimalstellen	???,???
5,25 als 5 1/4 und 5,3 als 5 3/10 mit ausgerichteten Divisionszeichen	#???/???

Zur Anzeige des 1.000er-Trennzeichens fügen Sie einen Punkt in das Zahlenformat ein.

Zahlenformat	Code
12000 als 12.000	#.###
12000 als 12	#.

Tipps zum Kapitel

1. Sie können anstatt die Taste F4 zu drücken, um einen absoluten Bezug anzugeben, besser die Zelle mit einem Namen versehen. Dazu verwenden Sie das *Namenfeld* (siehe Kapitel 10 und Kapitel 12).

2. Über die Auswahl *Zahlenformat* auf der Registerkarte *Start* erhalten Sie diverse Möglichkeiten, Zahlen in Zellen zu formatieren.

Geben Sie in eine Zelle z. B. den Wert »0,25« ein, stellt Excel 2007 diesen über den Befehl *Bruch* entsprechend als Bruch dar. Über den Eintrag *Mehr* können Sie noch weitere Darstellungen von Brüchen auswählen.

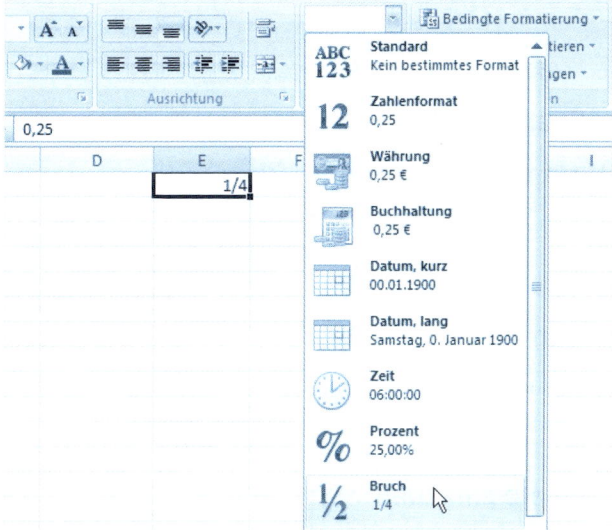

3. Drücken Sie die Tastenkombination ⌈Strg⌉+⌈.⌉, fügen Sie das aktuelle Datum Ihres PCs ein.

4. Möchten Sie eine Bruchzahl wie ³/₄ in eine Dezimalzahl umwandeln, tippen Sie eine Null (»0«), drücken einmal ⌈Leer⌉-Taste und geben dann den Bruch »3/4« ein. Sobald Sie z. B. die ⌈Enter⌉-Taste drücken, führt Excel den dezimalen Wert in der Bearbeitungsleiste auf.

5. Durch die Tastenkombination ⌈Strg⌉+⌈Umschalt⌉+⌈.⌉ geben Sie die Uhrzeit an.

6. Mit dem Befehl »=SUMME(Spalte:Spalte)«, hier im Beispiel »=SUMME (D:D)«, summieren Sie sämtliche Zahlenwerte einer Spalte. Das Gleiche können Sie natürlich auch bei Zeilen angeben. Hier geben Sie z. B. »=SUMME(7:7)« an. Excel summiert sämtliche Zellen der Zeile 7.

	f_x	=SUMME(D:D)		
	C	D	E	F
	Ausgaben:	25		
		30		
		70		
		80		
		Summe Ausgaben		205

Das können Sie schon

Das lernen Sie neu

Kapitel 10

Prozente leicht ermitteln

Ob bei Geschäftszahlen, Wahlen, auf Verpackungen für Lebensmittel oder bei Alkohol, Prozente gehören zum täglichen Leben wie die Promille zur Polizeikontrolle. Bei einer Verteilung erkennen Sie die jeweiligen Anteile besser. Was ist mehr? 1.800 Euro Taschengeld von insgesamt 4.500 Euro oder 3.120 Euro von insgesamt 7.800 Euro? Klar, mit 3.120 Euro können Sie bei Tante Emma mehr einkaufen, doch prozentual sind die Beträge jeweils gleich (40 %)! Doch wie auf die Prozente kommen? Excel bietet eine schnelle Möglichkeit. Aber hundertprozentig!

Zellen benennen

Auf der Registerkarte *Start* finden Sie die Schaltflächen *Buchhaltungs-zahlenformat*, *Prozentfor-mat* und *1.oooer-Trennzei-chen*. Würden Sie die Zahl »1000« eintippen, ergäbe

Währung	Prozentformat	1.000er-Trennzeichen	
💰	%	000	
1.000,00 €	100000%	1.000,00	

ein Mausklick auf die jeweilige Schaltfläche die nebenstehenden Darstellungen.

Sie werden in diesem Kapitel mit den Schaltflächen *Buchhaltungszahlenformat* und *Prozentformat* arbeiten. Dazu führen Sie eine einfache Rechnung durch. Sie listen Zahlen auf, ermitteln die Summe und geben die einzelnen Werte in Prozent an. Die Summe ist immer 100 %. Das ist EASY, doch wie viel Prozent ergeben die anderen Beträge? Zunächst benötigen Sie Zahlen, mit denen gerechnet werden kann.

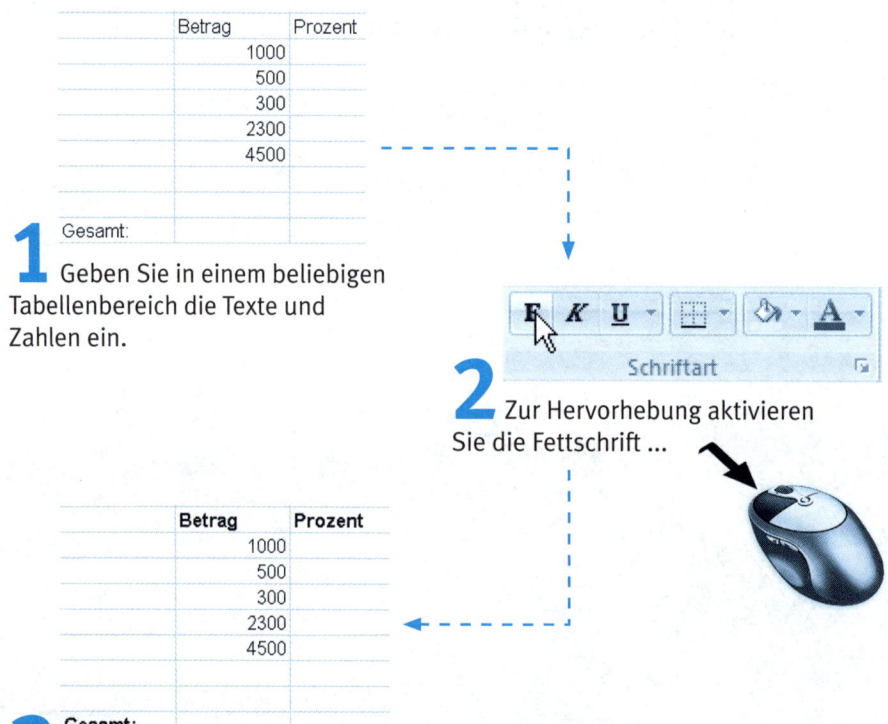

1 Geben Sie in einem beliebigen Tabellenbereich die Texte und Zahlen ein.

2 Zur Hervorhebung aktivieren Sie die Fettschrift ...

3 ... und formatieren Sie die Zellen mit dem Text *fett*.

Die Übersicht kann eine Umsatzpräsentation, Kostenanalyse usw. sein. Hier geben Sie als Währung den Euro an.

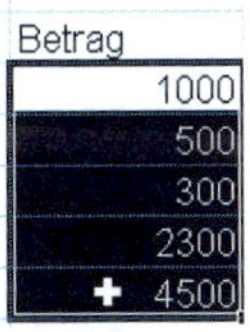

1 Markieren Sie die Zellen mit den Zahlen.

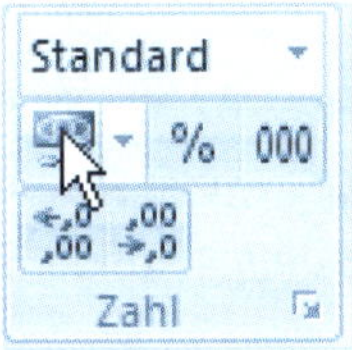

Betrag
1000
500
300
2300
+ 4500

2 Klicken Sie auf die Schaltfläche *Buchhaltungszahlenformat*.

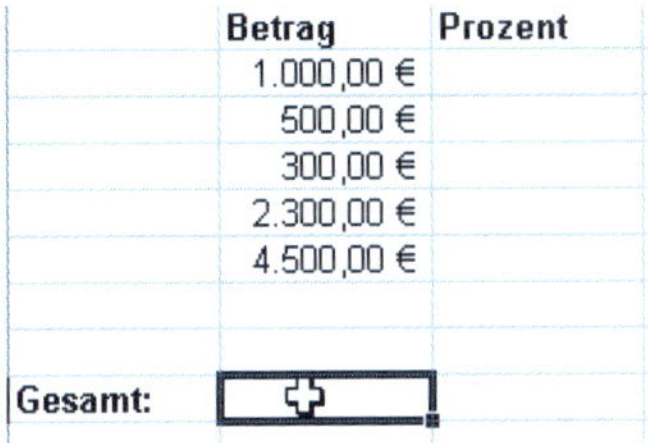

Standard ▾

% 000

Zahl

Betrag	Prozent
1.000,00 €	
500,00 €	
300,00 €	
2.300,00 €	
4.500,00 €	
Gesamt:	

3 Mit einem beliebigen Mausklick in das Arbeitsblatt heben Sie die Markierung auf.

Um Prozente zu ermitteln, benötigen Sie den Gesamtwert, also die Summe der Zahlen.

Sie aktivieren die Zelle, in der das Resultat stehen soll. Ein Mausklick auf die Schaltfläche *Summe* auf der Registerkarte *Start*, und Excel markiert mit einer gestrichelten Linie die Zellen oberhalb. Einmal z. B. die ⸤Enter⸥-Taste gedrückt – und das Ergebnis ist eingefügt.

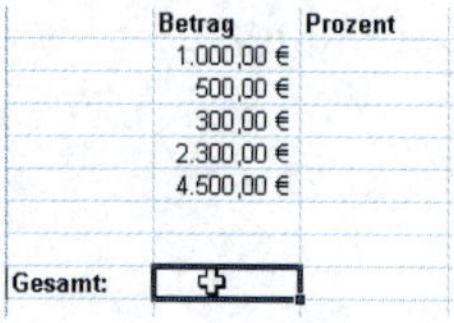

Betrag	Prozent
1.000,00 €	
500,00 €	
300,00 €	
2.300,00 €	
4.500,00 €	
Gesamt:	

1 Klicken Sie in die Zelle, in der das Ergebnis erscheinen soll.

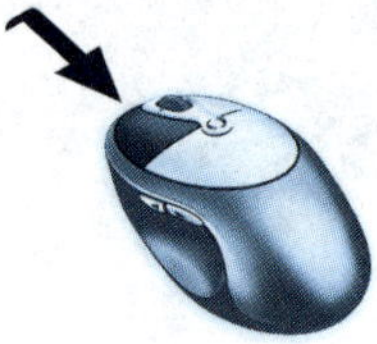

Sortieren und Filtern · Suchen und Auswählen ·

Bearbeiten

2 Aktivieren Sie die Schaltfläche *Summe* auf der Registerkarte *Start*.

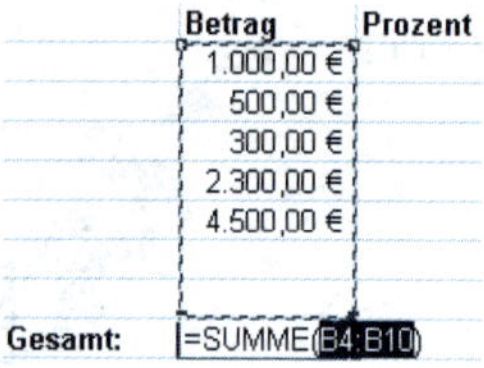

Betrag	Prozent
1.000,00 €	
500,00 €	
300,00 €	
2.300,00 €	
4.500,00 €	
Gesamt:	=SUMME(B4:B10)

3 Excel markiert die Zellen anhand der gestrichelten Linie.

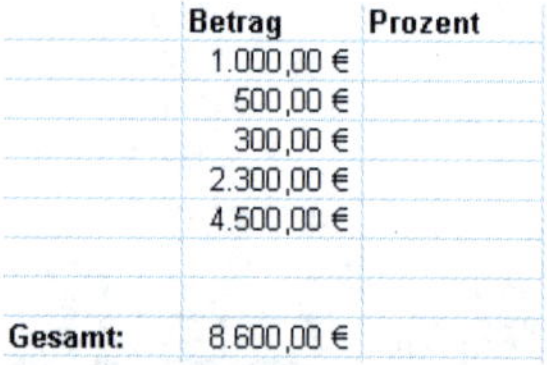

Betrag	Prozent
1.000,00 €	
500,00 €	
300,00 €	
2.300,00 €	
4.500,00 €	
Gesamt:	8.600,00 €

4 Bestätigen Sie über die Enter -Taste.

Um die einzelnen Prozente zu ermitteln, benötigen Sie die Summe der Beträge (= 100 %).

Die Zelle zu benennen vereinfacht die ganze Angelegenheit erheblich. Um eine Zelle mit einem Namen zu versehen, muss sie angeklickt sein.

Danach setzen Sie den Cursor oben in das *Namenfeld*. Hier schreiben Sie
Ihre Bezeichnung. Das hat später den Vorteil, dass Sie sich beim Rechnen
immer auf die Zelle
»Gesamtbetrag« be-
ziehen können.

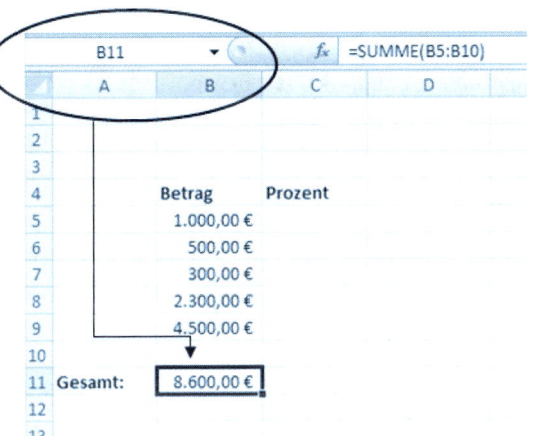

1 Klicken Sie in die Zelle,
in der das Gesamtergebnis
steht.

2 Klicken Sie direkt in das Namenfeld und tippen
Sie das Wort »Gesamtbetrag« ein. Bestätigen Sie
über die Enter -Taste.

> **Tipp**
>
> Sie können nicht nur einzelne Zellen, sondern auch ganze
> Zellenbereiche mit einem Namen versehen. Beachten Sie
> dazu z. B. in Kapitel 12 »Funktionen – eine eigene Statistik
> erstellen« die Anweisungen unter »Zellen als fester Bezug«.

Zahlen in Prozent

Jetzt müssen Sie nur noch die richtige Formel eingeben, um die Prozente
der einzelnen Zahlen zu ermitteln. Dazu erinnern Sie sich an
Ihre Schulzeit (oder gehen Sie noch in die Schule?). $1\% = \dfrac{8.600}{100}$

Sie benötigen den *Dreisatz* aus dem Matheunterricht. Verfahren Sie wie
bei der Aussage aus dem Spielfilm »Die Feuerzangenbowle«: »Wat is'n
Dampfmaschin'? Da stellen wir uns mal ganz dumm!«, und ändern sie um
in »Wat is'n Dreisatz?«.

Ein Prozent sind ???

Sie nehmen das Ergebnis, im Beispiel die Summe aller Zahlen, hier
»8.600«.

Um 1 % von »8.600« zu ermitteln, müssen
»8.600« durch »100 %« dividiert werden.

$$8.600 - 100\,\%$$
$$1.000 - x\,\%$$
$$X = \frac{100 \times 1000}{8.600}$$

1.000 Euro sind wie viel Prozent ???

Möchten Sie wissen, wie viel Prozent »1.000 Euro« von »8.600 Euro« sind,
lautet die Formel wie abgebildet.

$? \% = \dfrac{100 \times \text{Betrag}}{\text{Gesamtbetrag}}$

Für die »1.000« steht der »Betrag« in Euro.

Die »8.600« unter dem Bruchstrich stehen stellvertretend für den »Gesamtbetrag«. Die Zelle dazu haben Sie bereits dementsprechend benannt.

Auf der Registerkarte *Start* finden Sie die Schaltfläche *Prozentformat*. Sie
geben an, dass in einer oder mehreren Zellen Prozente erscheinen sollen.

Achtung

Klicken Sie auf die Schaltfläche *Prozentformat*, multipliziert Excel den Wert einer Zelle automatisch mit »100«.

Das bedeutet: Sie müssen nicht mit »100« multiplizieren.

Das Ergebnis

Sie brauchen in diesem Beispiel also lediglich den Betrag in Euro durch den Gesamtbetrag zu teilen und die Schaltfläche mit dem Prozentsymbol anzuklicken.

Achtung

Um Anteile in Prozent zu ermitteln, brauchen Sie nur die Schaltfläche *Prozentformat* anzuklicken und den Einzel- durch den Gesamtwert zu teilen.

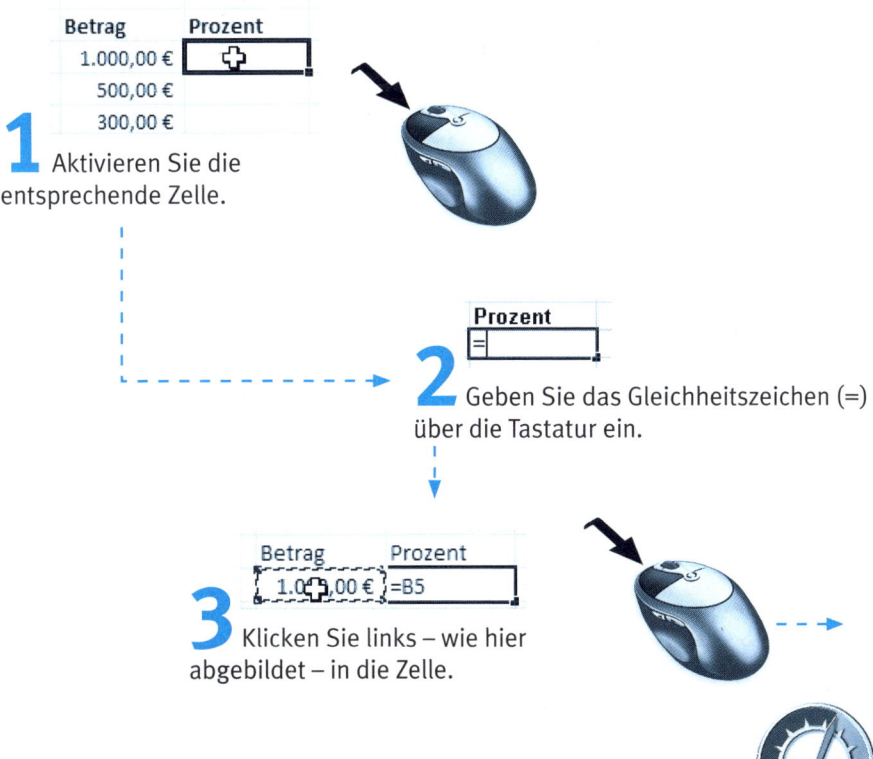

1 Aktivieren Sie die entsprechende Zelle.

2 Geben Sie das Gleichheitszeichen (=) über die Tastatur ein.

3 Klicken Sie links – wie hier abgebildet – in die Zelle.

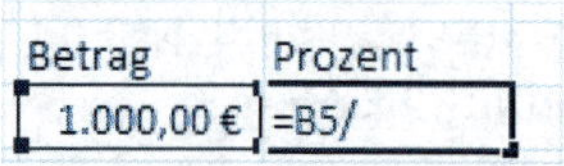

Betrag	Prozent
1.000,00 €	=B5/

4 Tippen Sie über die Tastatur den Schrägstrich (/) für die Division ein.

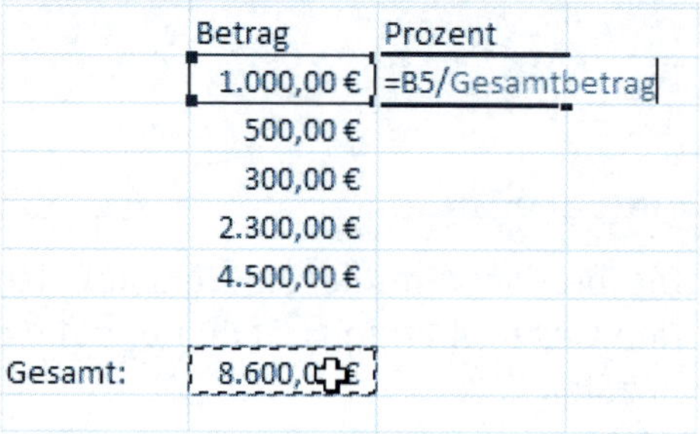

Betrag	Prozent
1.000,00 €	=B5/Gesamtbetrag
500,00 €	
300,00 €	
2.300,00 €	
4.500,00 €	

Gesamt:	8.600,0 €

5 Aktivieren Sie die Zelle »Gesamtbetrag«.

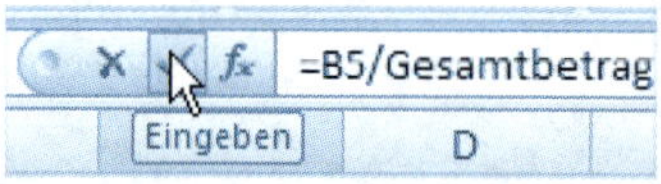

✕ ✗ *fx* =B5/Gesamtbetrag

Eingeben | D

6 Bestätigen Sie die Formel.

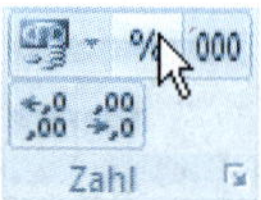

⊞ ▾ % 000
,0 ,00
,00 ,0
Zahl

7 Aktivieren Sie das *Prozentformat* über die Schaltfläche.

Achtung

Excel rundet die Prozentzahlen (hier: 11,63 % = 12 %) automatisch. Daher kann es gelegentlich in Berechnungen – durch das Auf- und Abrunden – vorkommen, dass Sie beim Gesamtergebnis nicht immer auf die 100 % kommen.

Formeln kopieren

Für eine Zelle haben Sie die Prozente ermittelt. Alle Berechnungen beziehen sich bisher auf den »Betrag« und auf »Gesamt«.

Die Formel der einen Zelle muss für die anderen Zellen lediglich kopiert werden.

Sie bewegen den Mauszeiger auf das Ausfüllkästchen, bis der Mauszeiger sich zu einem Plus (+) ändert, und ziehen mit gedrückter Maustaste hinunter.

Betrag	Prozent
1.000,00 €	12%
500,00 €	6%
300,00 €	3%
2.300,00 €	27%
4.500,00 €	52%
Gesamt: 8.600,00 €	100%

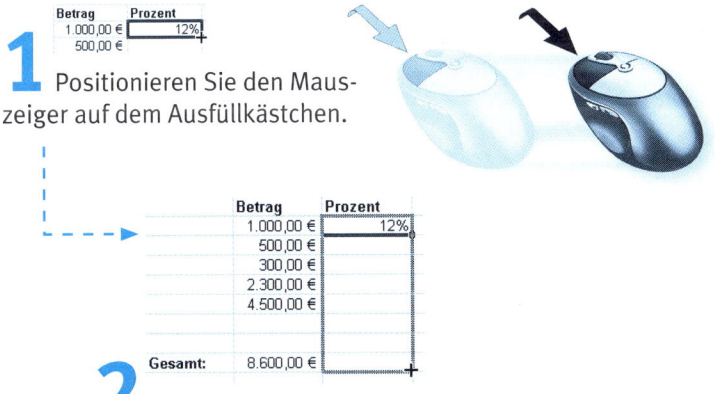

1 Positionieren Sie den Mauszeiger auf dem Ausfüllkästchen.

2 Kopieren Sie die Formel, indem Sie mit gedrückter Maustaste nach unten ziehen. Anschließend lassen Sie die Taste los.

Die Nullwerte ausblenden

Die Prozente sind ermittelt. Neben der Zelle »Gesamtbetrag« erscheinen »100 %«. Es ist also alles korrekt.

Beim Anblick der Rechenaufgabe stört lediglich eines: Sie sehen neben den Leerzeilen »0%«. Weg mit den Nullen! Nullen gehören zum täglichen Leben, doch sie müssen nicht immer sein!

Betrag	Prozent
1.000,00 €	12%
500,00 €	6%
300,00 €	3%
2.300,00 €	27%
4.500,00 €	52%
	0%
	0%
Gesamt: 8.600,00 €	100%

In Excel besteht die Möglichkeit, Nullen auszublenden. Das gilt nicht nur für Prozente, sondern auch für sämtliche Zahlenangaben. Die Nullen bleiben so lange ausgeblendet, bis Sie wieder den gleichen Menüweg wählen und die Nullwerte aktivieren.

1 Öffnen Sie das Menü über die *Office*-Schaltfläche.

Excel-Optionen

2 Wählen Sie die Schaltfläche *Excel-Optionen*.

Häufig verwendet

Formeln

Dokumentprüfung

Speichern

Erweitert

Anpassen

Add-Ins

Vertrauensstellungscenter

Ressourcen

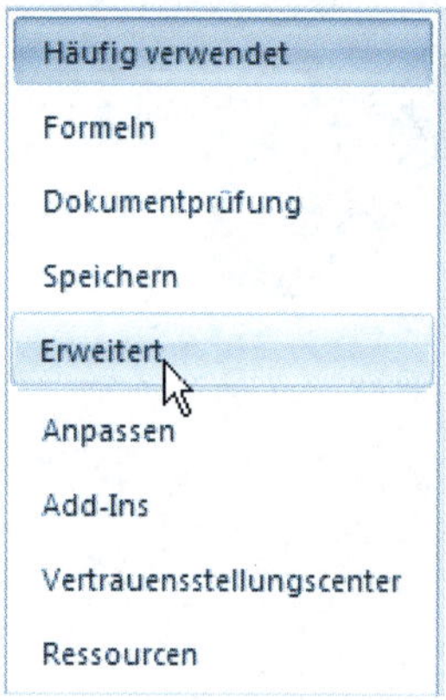

3 Aktivieren Sie auf der linken Seite den Eintrag *Erweitert*.

4 Bewegen Sie die Bildlauflaufleiste, bis Sie *Optionen für dieses Arbeitsblatt anzeigen:* sehen.

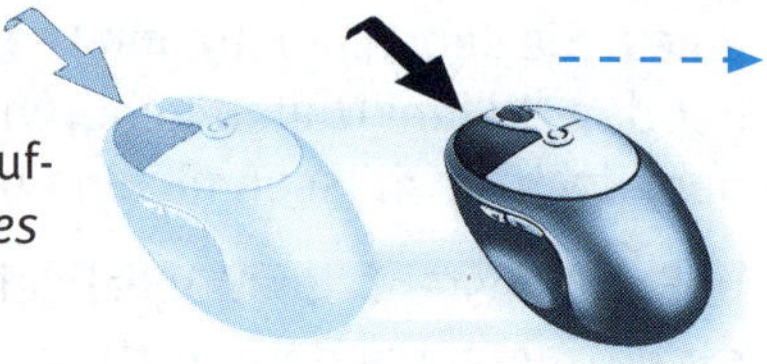

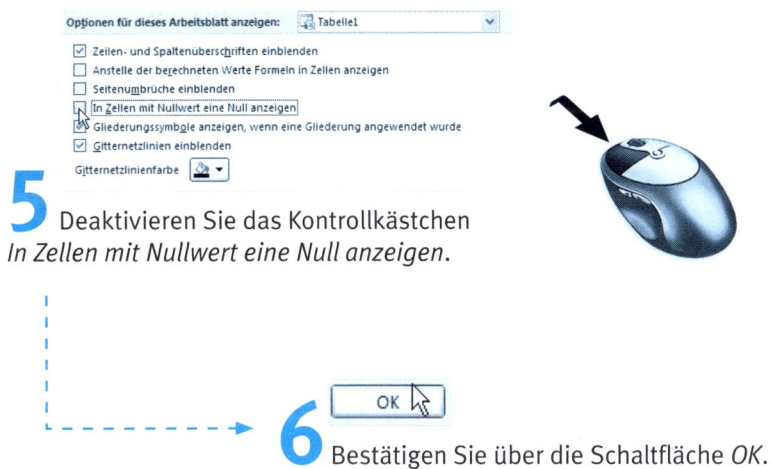

5 Deaktivieren Sie das Kontrollkästchen *In Zellen mit Nullwert eine Null anzeigen*.

6 Bestätigen Sie über die Schaltfläche *OK*.

Mehr Platz für »große« Zahlen!

Fertig ist die kleine prozentuale Kalkulation, die Sie auch als Basis für größere Berechnungen verwenden können.

Betrag	Prozent
1.000,00 €	12%
500,00 €	6%
300,00 €	3%
2.300,00 €	27%
4.500,00 €	52%
Gesamt: 8.600,00 €	100%

Tragen Sie neue Beträge ein, passt Excel die Rechnung mit den Prozentzahlen automatisch an.

Betrag	Prozent
1.000,00 €	12%
500,00 €	6%
300,00 €	3%
2.300,00 €	27%
4.500,00 €	52%
2800	
Gesamt: 8.600,00 €	100%

1 Geben Sie einen neuen Wert ein, hier z. B. »2800«, und bestätigen Sie über die Enter-Taste.

Sie erhalten dieses Erscheinungsbild.

Geben Sie weitere oder größere Zahlenwerte wie in diesem Beispiel ein, kann es passieren, dass Sie in der Zelle »Gesamtbetrag« nur Rauten (#) und keine Zahlen erkennen.

Die Zeichen bedeuten nicht, dass etwas falsch ist. Da Sie eine weitere Zahl eingegeben haben, reicht einfach der Platz in der Zelle »Gesamtwert« nicht aus.

	Betrag	Prozent
	1.000,00 €	9%
	500,00 €	4%
	300,00 €	3%
	2.300,00 €	20%
	4.500,00 €	39%
	2.800,00 €	25%
Gesamt:	#########	100%

Achtung

Rauten (#) zeigen an, dass die Spalte zu schmal ist, um den Zelleninhalt darzustellen.

Sie müssen die Breite der Zelle bzw. der gesamten Spalte lediglich vergrößern. Dazu setzen Sie den Mauszeiger nach oben auf die Trennlinie zwischen den Spaltennamen.

Sie können die Spaltenbreite vergrößern, indem Sie mit gedrückter Maustaste ziehen. Noch schneller geht's per Doppelklick. So passt Excel die Spalte entsprechend der Breite des größten Werts automatisch an.

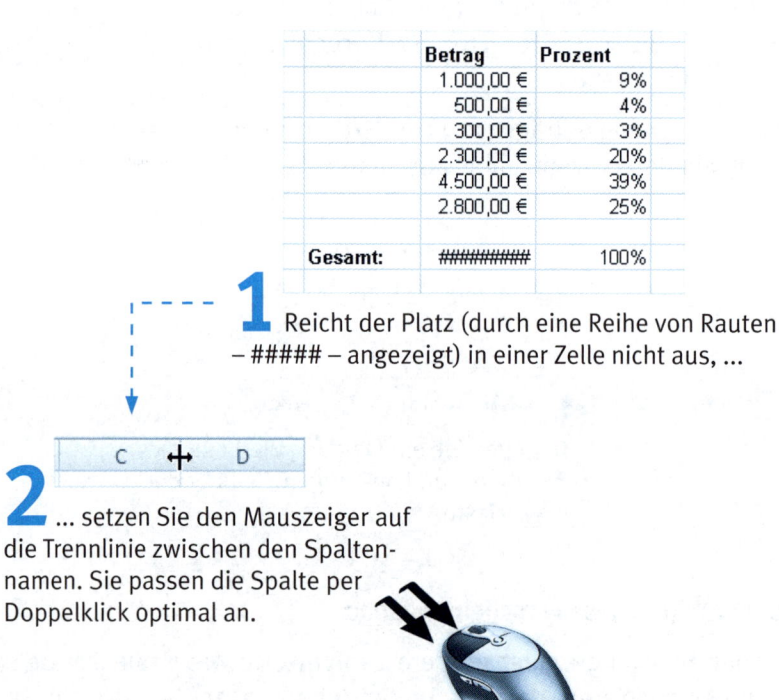

1 Reicht der Platz (durch eine Reihe von Rauten – ##### – angezeigt) in einer Zelle nicht aus, ...

2 ... setzen Sie den Mauszeiger auf die Trennlinie zwischen den Spaltennamen. Sie passen die Spalte per Doppelklick optimal an.

Tipps zum Kapitel

1. Markieren Sie eine Tabelle, können Sie den 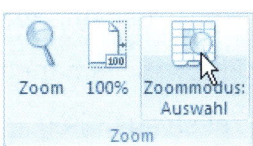 Zoom auf Tabellengröße einstellen. Dazu wählen Sie auf der Registerkarte *Start* die Schaltfläche *Zoommodus: Auswahl*. Die markierte Tabelle füllt den Bildschirm aus. So können Sie sich auf die Eingaben in der Tabelle konzentrieren.

2. Sie tippen das Prozentzeichen (%) über die Tastatur ein. Lassen Sie die Zelle aktiviert, können Sie das %-Format über die Schaltfläche *Format übertragen* in andere Zellen angeben. Allerdings multipliziert Excel hier automatisch mit »100«!

3. Tippen Sie in eine Zelle das %-Zeichen ein,  erscheint die Formatierung *Prozent* bei der 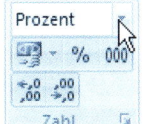 Schaltfläche *Zahlenformat*. Öffnen Sie die Auswahl, können Sie ebenfalls die Prozente angeben, allerdings mit zwei Nachkommastellen. Sie erkennen das in der Vorschau.

4. Sie können Wörter bzw. 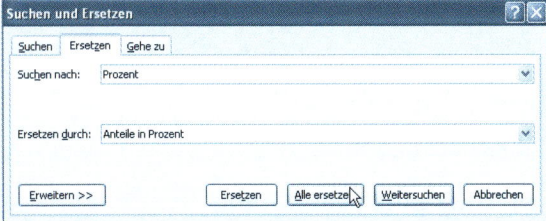 Texte schnell in Excel finden oder austauschen. Auf der Registerkarte *Start* können Sie über die Schaltfläche *Suchen* Texte suchen und über die Schaltfläche *Ersetzen* Texte ersetzen. Klicken Sie z. B. die Schaltfläche *Ersetzen* an. Geben Sie das zu suchende Wort und das zu ersetzende Wort ein. Mit der Schaltfläche *Alle ersetzen* tauschen Sie sämtliche Begriffe gleichzeitig aus.

Das können Sie schon

Das lernen Sie neu

Kapitel 11

Präsentieren mit Diagrammen und Bildern

Fakten prägen sich besser ein, wenn sie ein wenig »aufgepäppelt« sind. Wo »nackte« Zahlen nichts aussagen, kommen bei Excel die Diagramme ins Spiel. Darüber hinaus lassen sie sich leicht ändern und aktualisieren. Diagramme dienen als Blickfang für den Leser und unterstützen die Auswertungen. So werden nüchterne Zahlen repräsentativ dargestellt und benötigen kaum noch weitere Erklärungen. Ein Bild sagt mehr als tausend Worte. Wenn es passt, fügen Sie noch ein Bild, eine ClipArt, hinzu.

Einen Text drehen

Zunächst drehen Sie einen Text in einer Zelle. Sie können natürlich nicht nur Texte drehen, sondern sämtliche Zelleninhalte. Dazu bieten sich einige Möglichkeiten an.

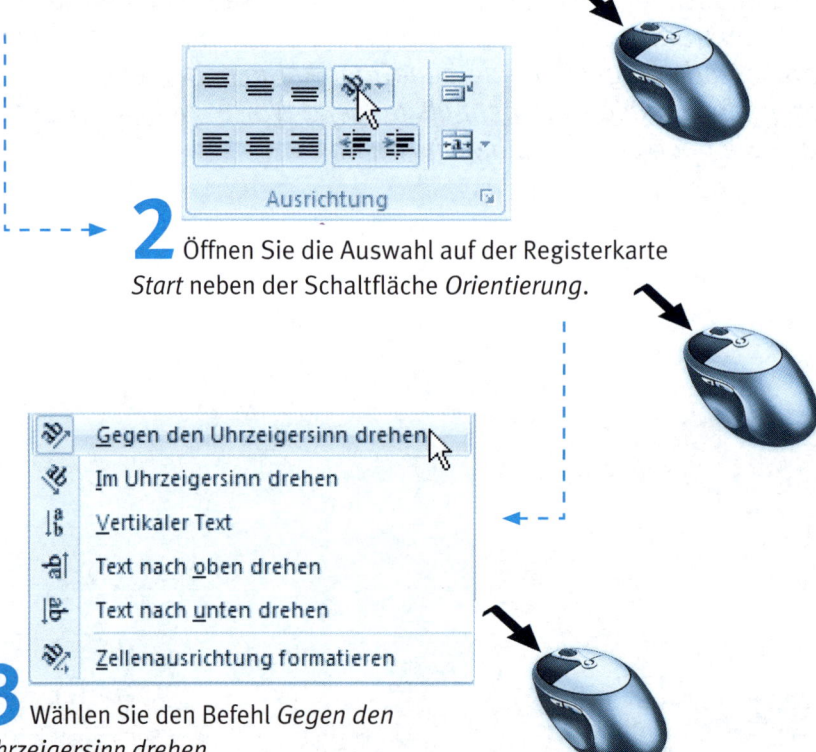

	A	B	C	D
1				
2	Umsätze	Januar	Februar	März
3	Adam	1000	5000	2500
4	Kohl	3400	4000	3500
5	Zimmermann	2000	3000	4500
6				

1 Erstellen Sie diese Minitabelle. Klicken Sie eine beliebige Zelle innerhalb der Tabelle an. Aktivieren Sie zum Schluss die Zelle A2.

2 Öffnen Sie die Auswahl auf der Registerkarte *Start* neben der Schaltfläche *Orientierung*.

Gegen den Uhrzeigersinn drehen

Im Uhrzeigersinn drehen

Vertikaler Text

Text nach oben drehen

Text nach unten drehen

Zellenausrichtung formatieren

3 Wählen Sie den Befehl *Gegen den Uhrzeigersinn drehen*.

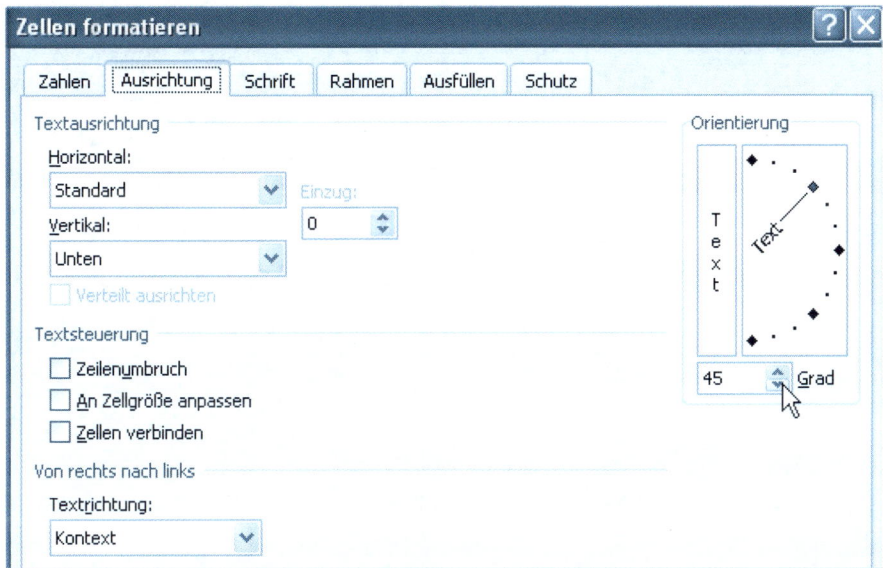

Wählen Sie hier den Befehl *Zellenausrichtung formatieren*, gelangen Sie in das Dialogfeld *Zellen formatieren*. Die Registerkarte *Ausrichtung* befindet sich im Vordergrund. Dort können Sie bei *Orientierung* die genaue Gradzahl der Drehung auswählen. Geben Sie z. B. den Wert »0« an, richtet sich der Zelleninhalt wieder »normal« aus.

Ein Diagramm auswählen

Sie verwenden für die kleine Umsatzpräsentation ein Diagramm. Die Diagramme finden Sie auf der Registerkarte *Einfügen*. In diesem Beispiel wählen Sie ein Säulendiagramm aus.

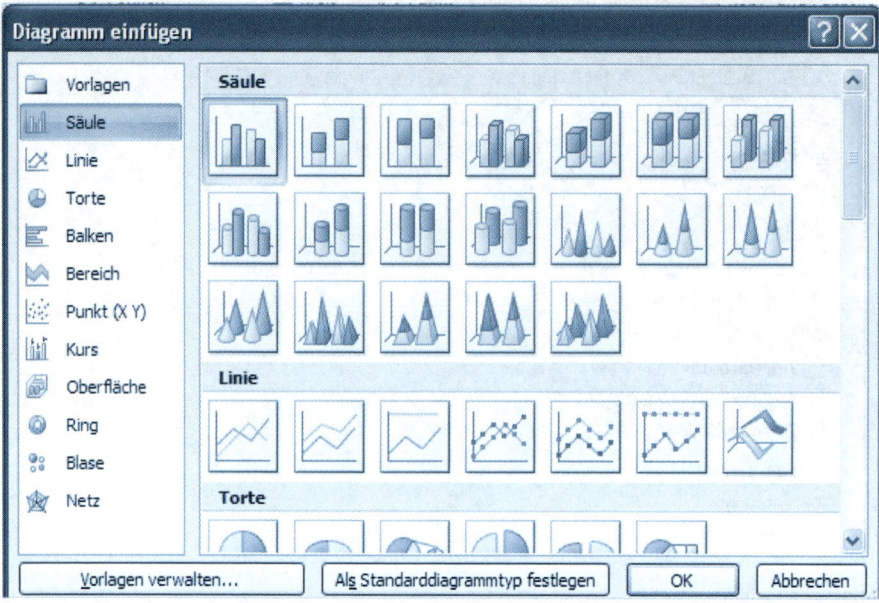

Vielfältig sind die Möglichkeiten für die Diagramme, deren Beschreibungen mehr als ein Kapitel umfassen würden. Hier gibt es Säulen, Linien, Kreise, Punkte usw.

Für diese sind wiederum *Diagrammuntertypen* vorhanden. Klicken Sie auf den kleinen Pfeil bei *Diagramme*, gelangen Sie in das Dialogfeld *Diagramm einfügen*. Hier erhalten Sie einen Überblick über die Diagramme, die Ihnen Excel 2007 anbietet.

Einige Diagrammtypen in der Übersicht

Diagrammtyp	Anwendung
Säule	Vergleicht die einzelnen Werte durch die unterschiedlichen Größenanordnungen.
Balken	Wie beim Säulendiagramm, nur die Reihen werden vertikal dargestellt.
Linie	Führen Trends und Entwicklungen über einen bestimmten Zeitraum auf und eignen sich hauptsächlich für die Darstellung zeitlicher Abläufe.
Kreis	Zeigt die Verteilung der einzelnen Daten auf eine Gesamtheit an.
Punkt (XY)	Verwenden Sie, wenn die Zahlen in einer Abhängigkeit zueinander stehen (Geschwindigkeit : Benzinverbrauch; Umsätze : Kosten).
Fläche	Ähnlich dem Liniendiagramm dient es zur Darstellung zeitlicher Entwicklungen. Hier wird das Volumen der Änderungen deutlicher hervorgehoben.
Kurs	Bietet sich für »Börsenfreunde« an und führt die Kursentwicklungen eines Wertpapiers auf.

Achtung

Damit Excel weiß, wofür ein Diagramm erstellt werden soll, muss eine Zelle innerhalb der Tabelle angeklickt bzw. aktiviert sein.

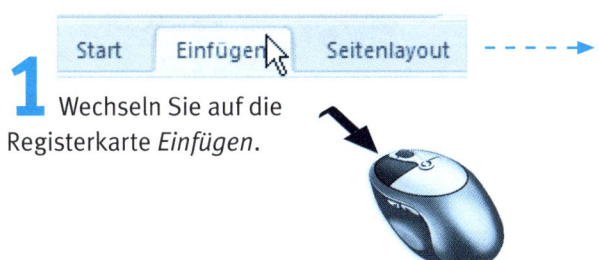

1 Wechseln Sie auf die Registerkarte *Einfügen*.

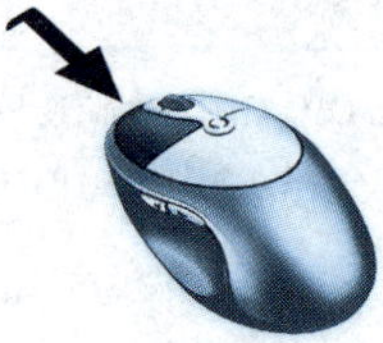

2 Klicken Sie auf die
Schaltfläche *Säule*.

3 Wählen Sie die erste 2D-Säulen-Art aus.

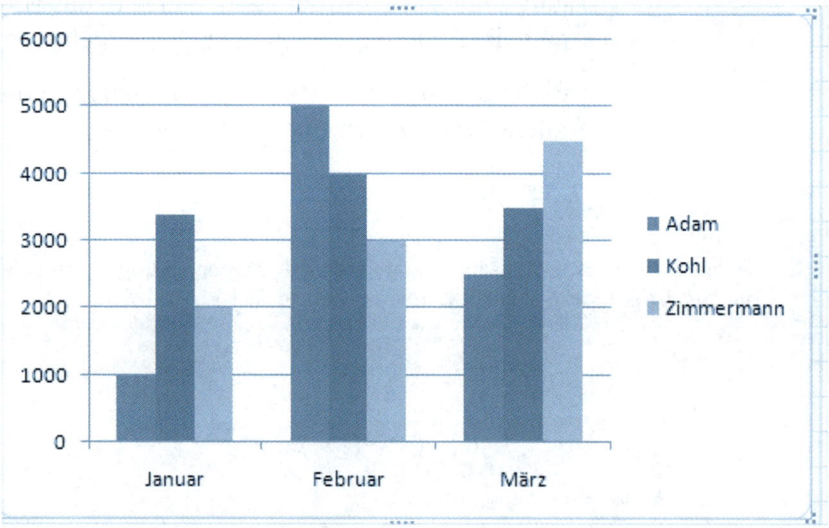

4 Das Diagramm wird eingefügt.

Ein Diagramm bearbeiten

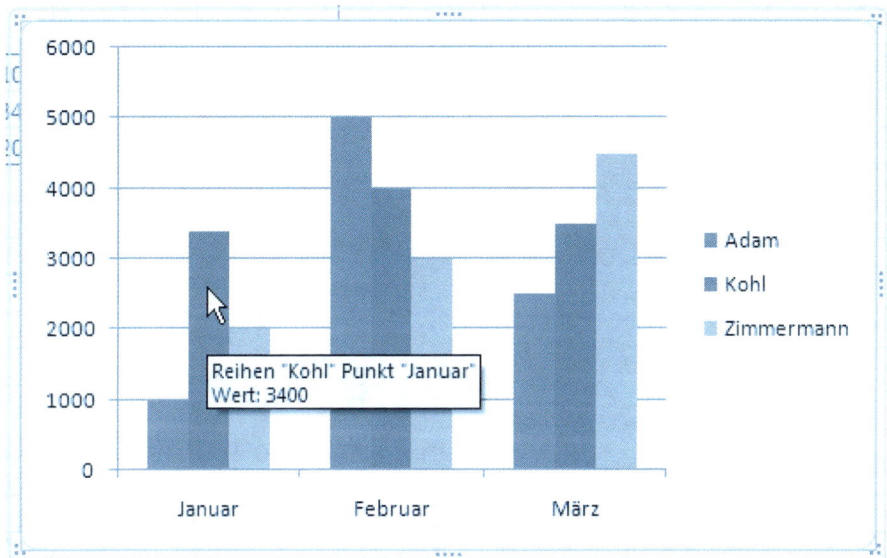

Excel fügt das ausgewählte Diagramm in das Blatt ein. Um es zu erkennen, kann es durchaus sein, dass Sie die Bildlaufleisten betätigen müssen. Klicken Sie in die Grafik hinein, erscheint ein Rahmen. Sie erkennen daran die Größe Ihres Diagramms. Nur wenn Sie den Rahmen sehen, können Sie das Diagramm bearbeiten.

> **Achtung**
>
> Um ein Diagramm zu ändern, müssen Sie es anklicken bzw. aktivieren.

Bewegen Sie den Mauszeiger auf eine Säule, erscheint dazu eine Information über die dazugehörigen Daten. Lassen Sie so einmal den Mauszeiger im Diagramm »umherwandern« und sich die unterschiedlichen Informationen anzeigen.

Die Größe des Diagramms ändern

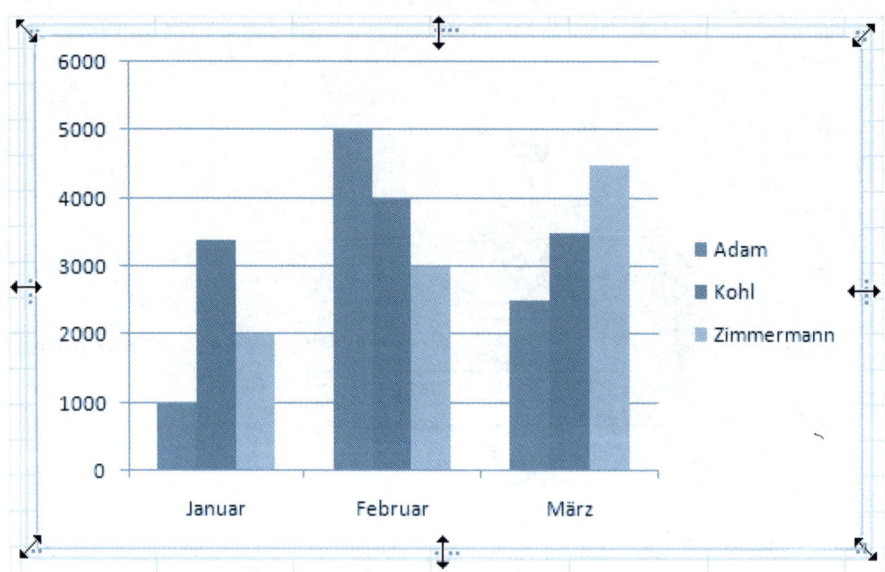

Bewegen Sie den Mauszeiger auf die gepunkteten Stellen am Rand der Grafik, können Sie das Diagramm entsprechend der Pfeilrichtung vergrößern oder verkleinern. Diese Stellen werden daher als Ziehpunkte bezeichnet.

Tipp

Anhand der *Ziehpunkte* innerhalb der Grafik können Sie die Größe des Diagramms analog zur Pfeilrichtung mit gedrückter Maustaste ändern.

In diesem Beispiel wählen Sie den unteren linken Ziehpunkt. Um ihn zu erreichen, nehmen Sie – falls nötig – die Bildlaufleiste zur Hilfe. Mit gedrückter linker Maustaste ändern Sie die Größe des Diagramms.

Achtung

Nur wenn Sie den Mauszeiger genau auf einen Ziehpunkt setzen, können Sie ein Diagramm vergrößern oder verkleinern.

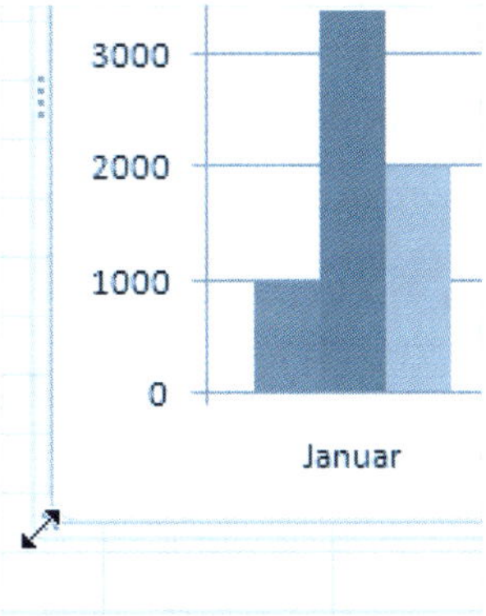

1 Platzieren Sie den Mauszeiger auf den Ziehpunkt.

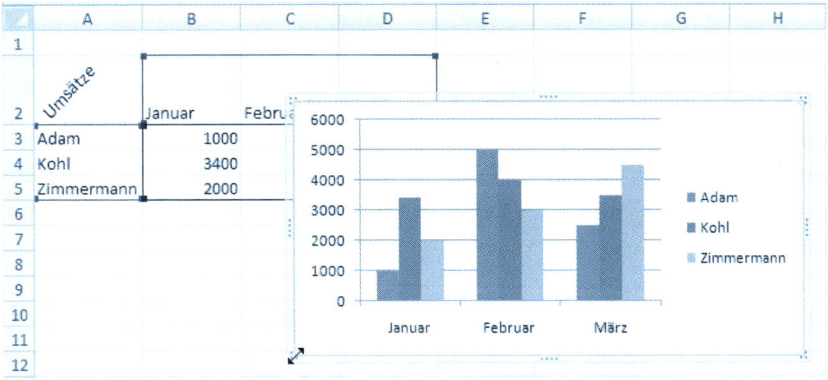

2 Verkleinern bzw. vergrößern Sie das Diagramm nach eigenem Ermessen.

Ein Diagramm verschieben

Das Diagramm können Sie innerhalb des Arbeitsblatts von einer Stelle zu einer anderen bewegen.

Sie platzieren den Mauszeiger auf den Rand der Grafik. Der Mauszeiger wandelt sich in eine Art »Fadenkreuz«.

Mit gedrückter Maustaste positionieren Sie das Diagramm an der gewünschten Stelle auf dem Blatt.

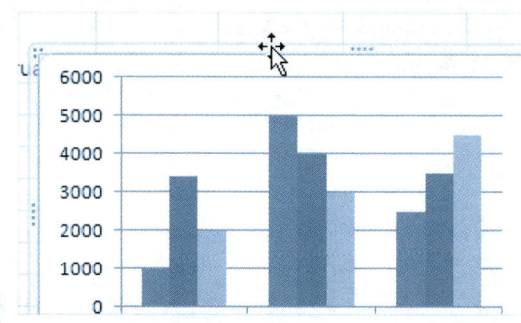

1 Bewegen Sie den Mauszeiger auf den Rand oder innerhalb des Diagramms.

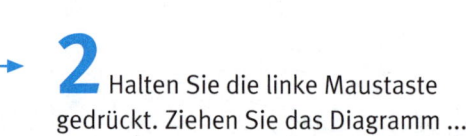

2 Halten Sie die linke Maustaste gedrückt. Ziehen Sie das Diagramm ...

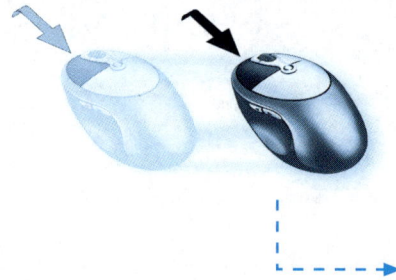

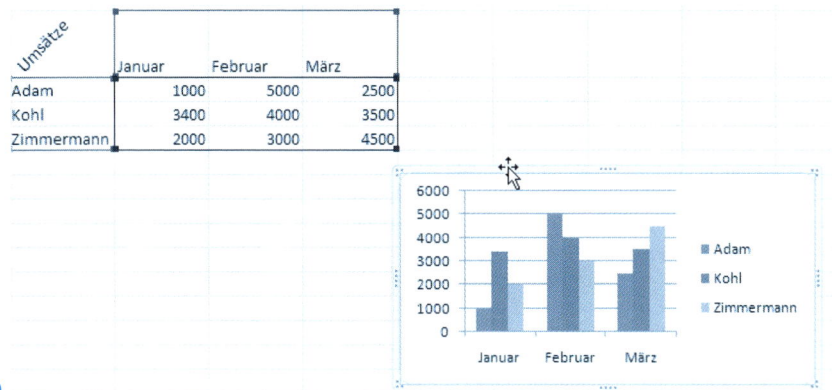

3 ... an eine Stelle, an der Sie beides –
Tabelle und Diagramm – besser überblicken
können.

Excel 2007: Schnell die Registerkarte wechseln

Sobald Sie ein Diagramm eingefügt
haben, stehen Ihnen drei weitere
Registerkarten zur Verfügung:

Diagrammtools		
Entwurf	Layout	Format

■ *Diagrammtools/Entwurf*

■ *Diagrammtools/Layout*

■ *Diagrammtools/Format*

Hier finden Sie sämtliche Werkzeuge zum Bearbeiten von Diagrammen.

Sie arbeiten in Excel 2007 immer mit den Registerkarten, die Sie gerade
brauchen. Das Prinzip von Excel 2007 können Sie im nächsten Schritt sehr
schön erkennen.

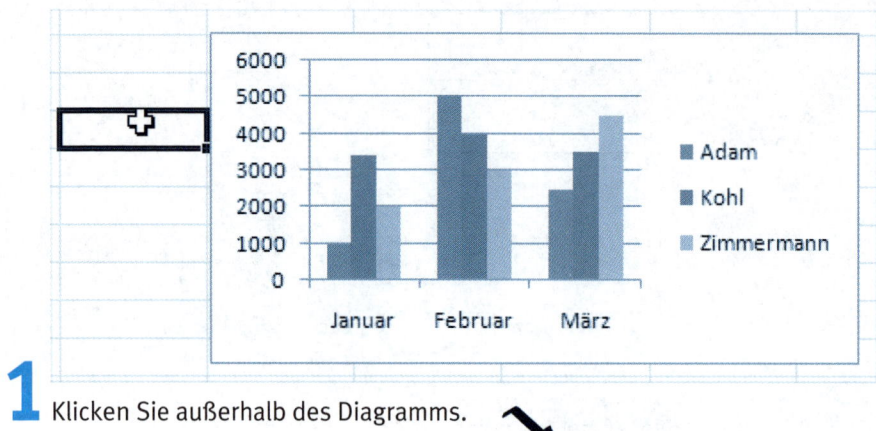

1 Klicken Sie außerhalb des Diagramms.

Excel wechselt zur Registerkarte *Start*.

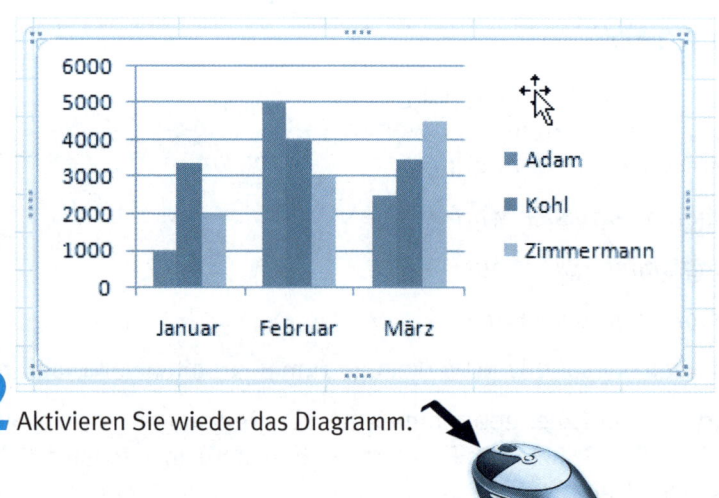

2 Aktivieren Sie wieder das Diagramm.

Excel 2007 stellt Ihnen die Registerkarten unter *Diagrammtools* zur Verfügung.

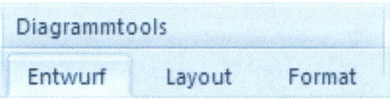

> **Achtung**
>
> Sollte hier der Wechsel zu den Registerkarten *Diagrammtools* nicht reibungslos
> funktionieren, klicken Sie eventuell mit der linken Maustaste doppelt auf das
> Diagramm.

Die Zahlen für ein Diagramm ändern

Um Zahlen in ein Diagramm nachträglich einzutragen, müssen Sie nicht extra eine neue Grafik erstellen. Sie ändern einfach die entsprechende Zahl in
der Tabelle. Excel passt automatisch das Diagramm – hier die Säule – an.

Beispiel

Herr Adam meldet sich aufgeregt zu Wort. Bei seinen Umsatzzahlen im
Januar sei ein Fehler gemacht worden. Er habe nicht 1.000, sondern 4.000
Euro umgesetzt.

Umsätze	Januar	Februar	März
Adam	1000	5000	2500
Kohl	3400	4000	3500
Zimmermann	2000	3000	4500

1 Klicken Sie in die Zelle, in der der »alte« Umsatz des
Herrn Adam für Januar steht.

Umsätze	Januar	Februar	März
Adam	4000	5000	2500
Kohl	3400	4000	3500
Zimmermann	2000	3000	4500

2 Ändern Sie den Wert auf »4000« um. Bestätigen Sie über die [Enter]-Taste.

Excel korrigiert das Diagramm.

Wie Sie sehen, nimmt Excel den neuen Umsatz sofort zur Kenntnis.

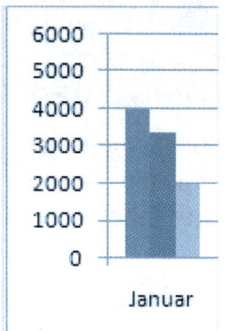

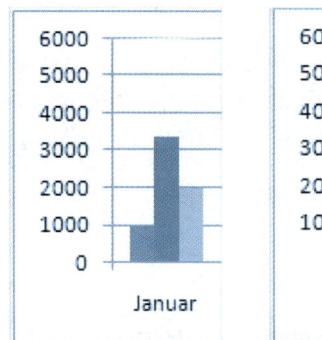
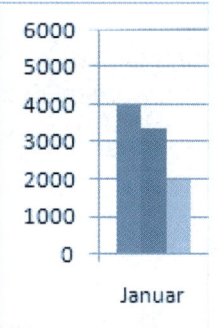

Links sehen Sie das Diagramm vor, rechts nach der Änderung.

Die Säule des Herrn Adam vergrößerte sich von 1.000 auf 4.000 Euro.

Der umgekehrte Weg ist aber auch möglich. Sie können die Zahlen innerhalb eines Diagramms ändern. Dazu müssen Sie nur die entsprechende Säule anklicken. Mit gedrückter Maustaste ziehen Sie den Umsatz größer. Der Wert in der Tabelle wird automatisch von Excel angepasst.

Neue Daten in ein altes Diagramm einfügen

Sicherlich werden Umsätze über die drei vorgegebenen Monate hinaus gemacht. Die neuen Zahlen für den Monat April liegen vor.

Verwenden Sie die *AutoAusfüll-Funktion*. Sie klicken auf den Monat »März« und ziehen das Ausfüllkästchen in die nächste Zelle.

1 Klicken Sie in die Zelle »März«.

2 Bewegen Sie den Mauszeiger auf dem Ausfüllkästchen.

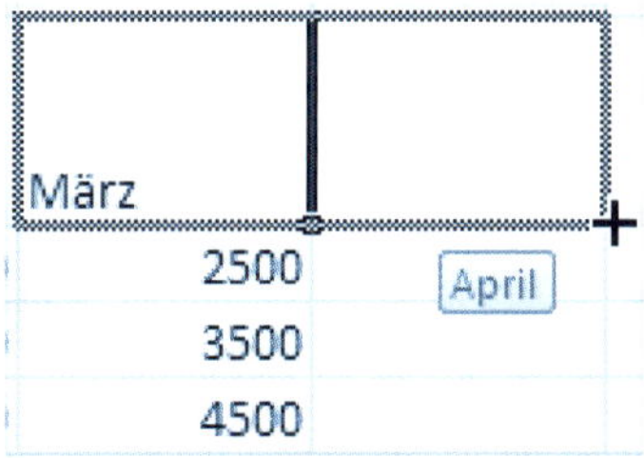

März
2500   April
3500
4500

3 Ziehen Sie eine Zelle weiter nach rechts. Lassen Sie die Maustaste los!

April
3500
4200
3400

4 Geben Sie die Umsätze für den neuen Monat April ein.

Umsätze	Januar	Februar	März
Adam	4000	5000	2500
Kohl	3400	4000	3500
Zimmermann	2000	3000	4500

Neue Umsatzzahlen liegen vor. Muss ein neues Diagramm angelegt werden? Nein! Aktivieren Sie das Diagramm, zeigt Ihnen Excel die Zahlenwerte bzw. Zellen der Tabelle an, die im Diagramm berücksichtigt werden. Diesen Bereich müssen Sie lediglich erweitern.

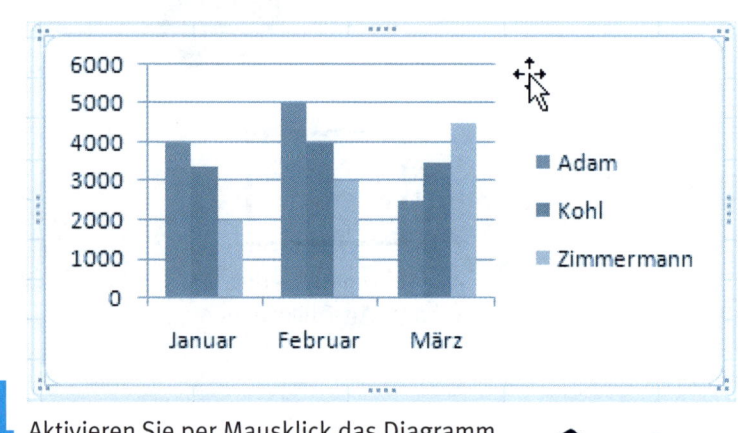

1 Aktivieren Sie per Mausklick das Diagramm.

Januar	Februar	März	April
4000	5000	2500	3500
3400	4000	3500	4200
2000	3000	4500	3400

2 Bewegen Sie den Mauszeiger auf den Ziehpunkt des markierten Bereichs innerhalb der Tabelle.

März	April
2500	3500
3500	4200
4500	3400

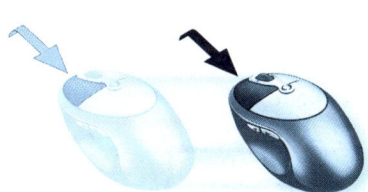

3 Erweitern Sie den Bereich mit gedrückter linker Maustaste bis »April«.

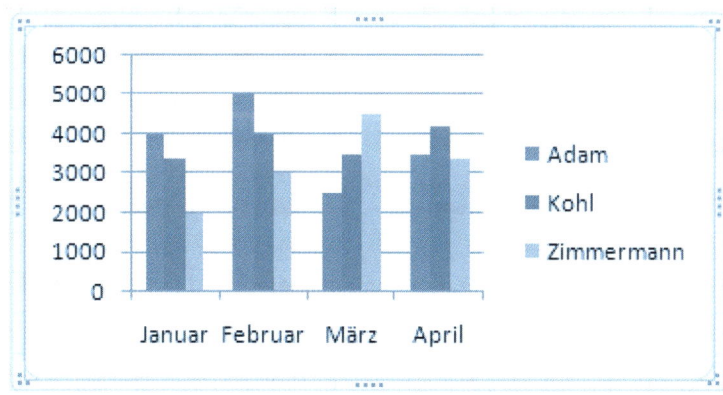

Der neue Monat »April« wird im Diagramm angezeigt.

Ein neuer Mann

Analog zu »Ein neuer Monat« fügen Sie einen neuen Vertreter hinzu. Sie geben zunächst die Daten an und erweitern den Bereich der Tabelle.

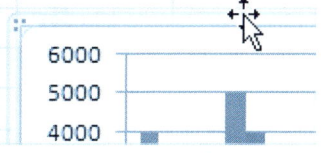

> **Achtung**
>
> Um die neue Zeile innerhalb der Tabelle einzufügen, verschieben Sie ggf. das Diagramm ein wenig nach unten.

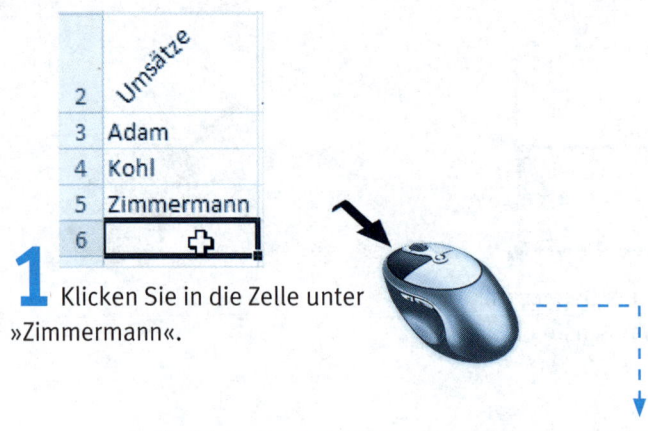

1 Klicken Sie in die Zelle unter »Zimmermann«.

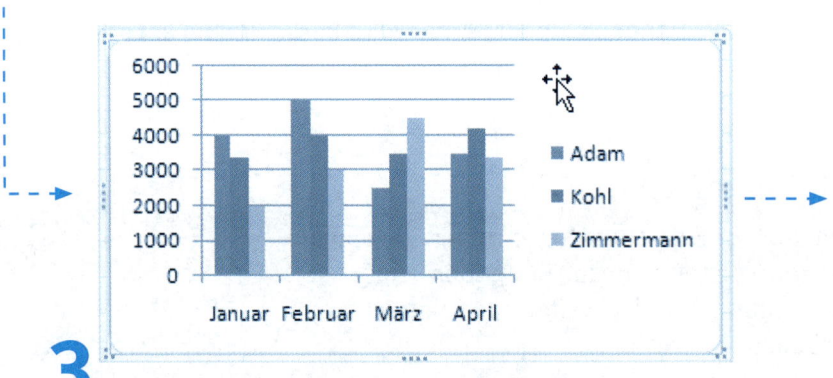

2 Umsätze	Januar	Februar	März	April
3 Adam	4000	5000	2500	3500
4 Kohl	3400	4000	3500	4200
5 Zimmermann	2000	3000	4500	3400
6 Meier				2300

2 Tippen Sie den Namen »Meier« und unter »April« den Umsatz in Höhe von »2300« ein.

3 Aktivieren Sie das Diagramm.

April
3500
4200
3400
2300

4 Bewegen Sie den Mauszeiger auf den rechten unteren Ziehpunkt des Bereichs innerhalb der Tabelle.

Adam	4000	5000	2500	3500
Kohl	3400	4000	3500	4200
Zimmermann	2000	3000	4500	3400
Meier				2300

5 Ziehen Sie mit linker gedrückter Maustaste eine Zeile nach unten.

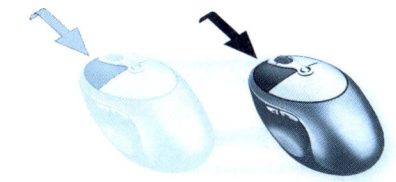

Das Diagramm zeigt den Namen von Herrn Meier mit seinem Umsatz im April an.

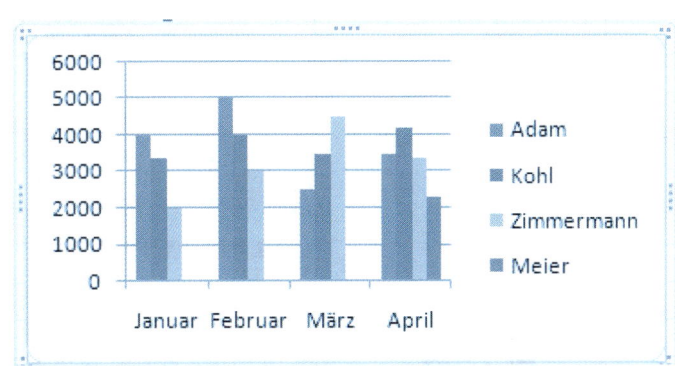

Auf gleiche Art und Weise ergänzen Sie Ihre Tabelle und damit das Diagramm immer wieder.

Zellen von A bis Z sortieren

Ein kleines Tohuwabohu kann entstehen, wenn Sie neue Vertreter eingeben. Die Liste ist nicht mehr von A bis Z aufgeführt. Sortieren können Sie nach unterschiedlichen Kriterien wie Höhe der Umsätze oder Namen der Vertreter.

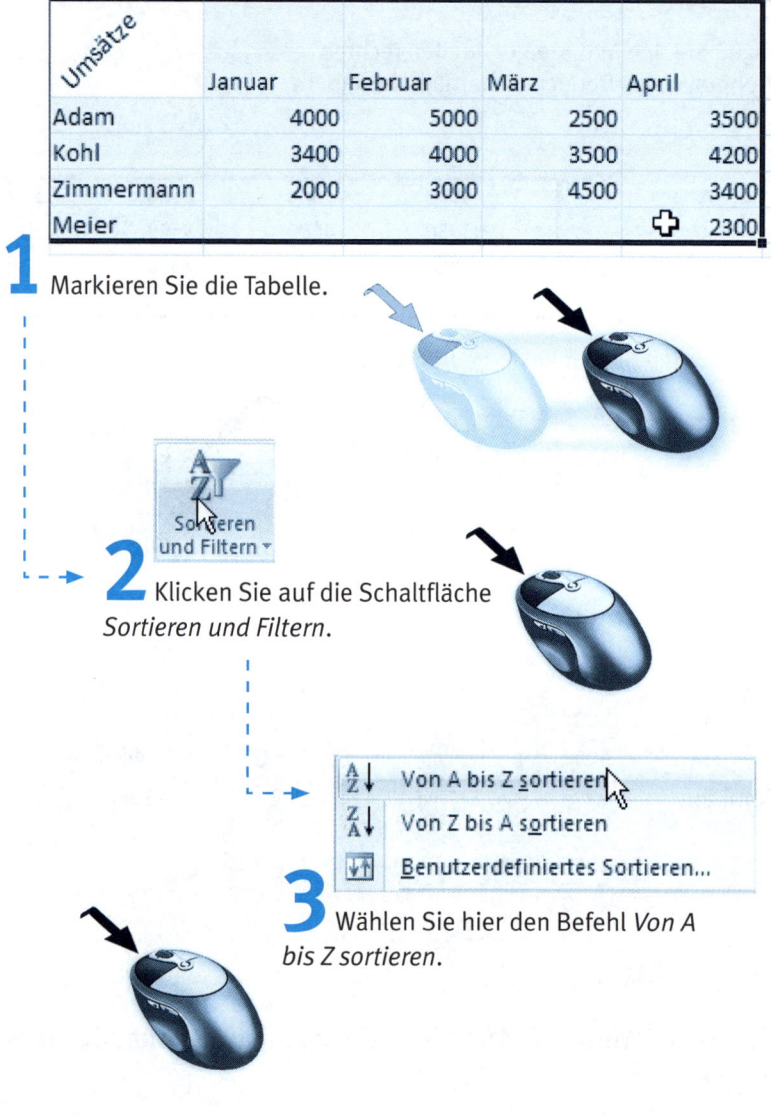

Umsätze	Januar	Februar	März	April
Adam	4000	5000	2500	3500
Kohl	3400	4000	3500	4200
Zimmermann	2000	3000	4500	3400
Meier				2300

1 Markieren Sie die Tabelle.

2 Klicken Sie auf die Schaltfläche *Sortieren und Filtern*.

A↓Z	Von A bis Z sortieren
Z↓A	Von Z bis A sortieren
↓↑	Benutzerdefiniertes Sortieren...

3 Wählen Sie hier den Befehl *Von A bis Z sortieren*.

Die Tabelle
wurde ent-
sprechend
sortiert.

Umsätze	Januar	Februar	März	April
Adam	4000	5000	2500	3500
Kohl	3400	4000	3500	4200
Meier				2300
Zimmermann	2000	3000	4500	3400

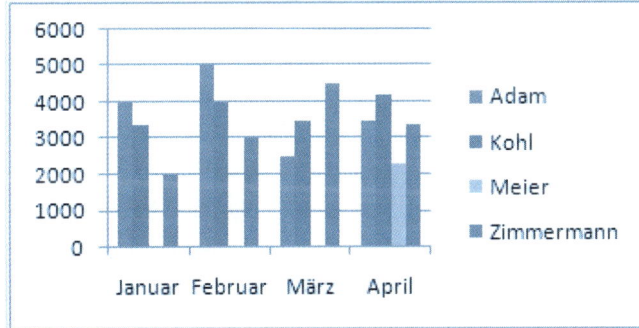

Das Diagramm
wurde angepasst.

Auch die dazugehörigen Umsätze zu den Personen wurden berücksichtigt!

Die Registerkarten zu den Diagrammtools

Durch das Einfügen des Diagramms stehen Ihnen drei neue Registerkarten zur Verfügung. Sie haben Sie zuvor in diesem Kapitel kurz kennengelernt. In den nächsten Schritten lernen Sie die interessantesten Funktionen kennen.

Registerkarte »Diagrammtools/Entwurf«

Damit Sie die Registerkarten unter *Diagrammtools* einsetzen können, muss das Diagramm aktiviert sein.

Den Diagrammtyp ändern

Sie können in Excel 2007 jederzeit den Diagrammtyp ändern.

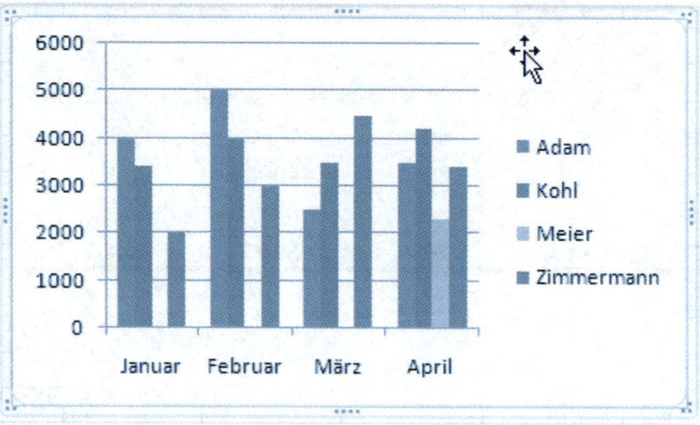

1 Aktivieren Sie das Diagramm per Mausklick.

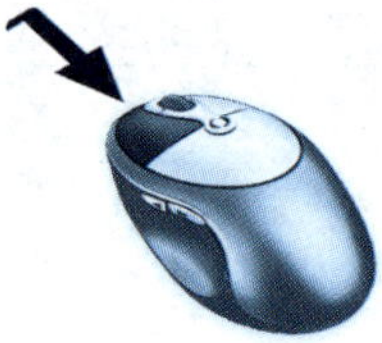

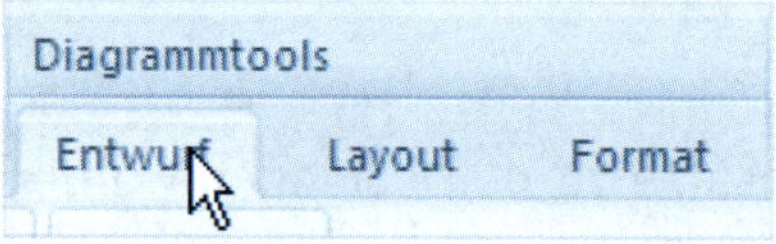

Diagrammtools

Entwurf   Layout   Format

2 Wählen Sie die Registerkarte *Diagrammtools/Entwurf* aus.

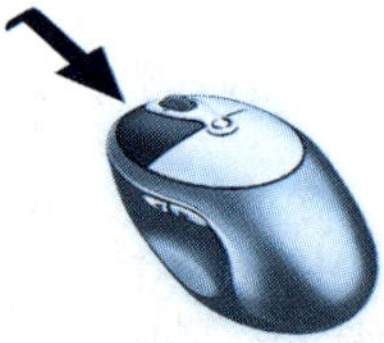

Diagrammtyp ändern   Als Vorlage speichern

Typ

3 Klicken Sie auf die Schaltfläche *Diagrammtyp ändern*.

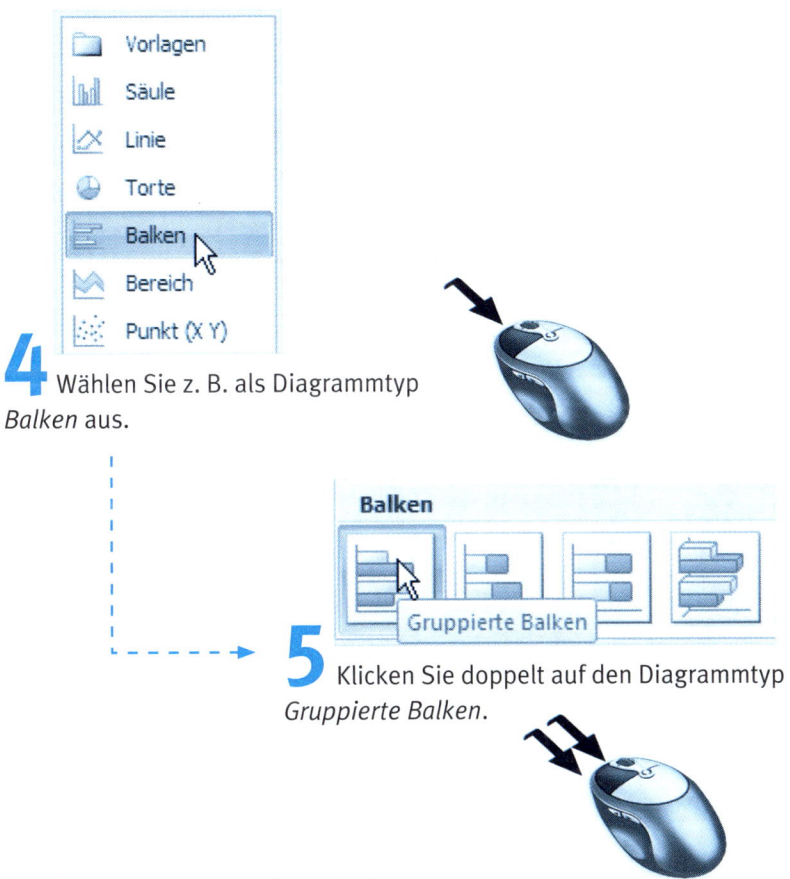

4 Wählen Sie z. B. als Diagrammtyp *Balken* aus.

5 Klicken Sie doppelt auf den Diagrammtyp *Gruppierte Balken*.

Der Diagrammtyp wurde geändert.

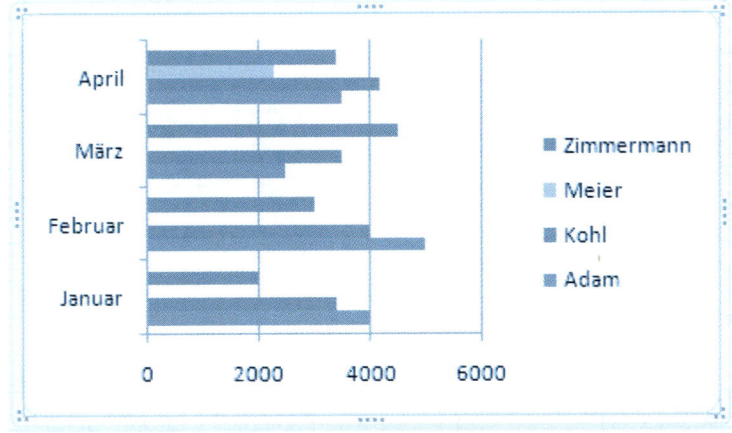

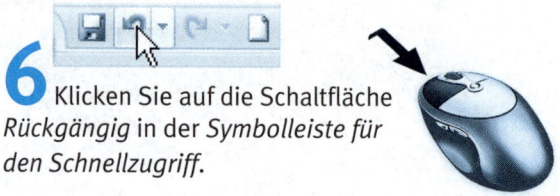

6 Klicken Sie auf die Schaltfläche *Rückgängig* in der *Symbolleiste für den Schnellzugriff*.

Der ursprüngliche Diagrammtyp wird wieder dargestellt.

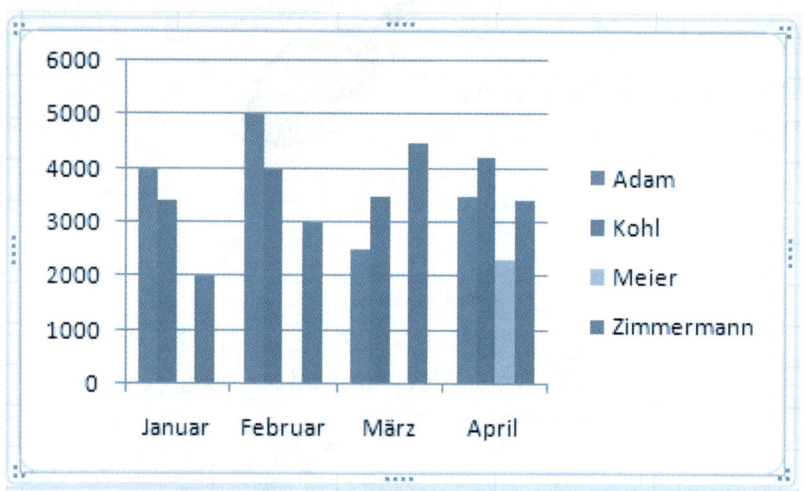

> **Hinweis**
>
> Fast alle Diagrammtypen sind in dreidimensionalen Varianten verfügbar.

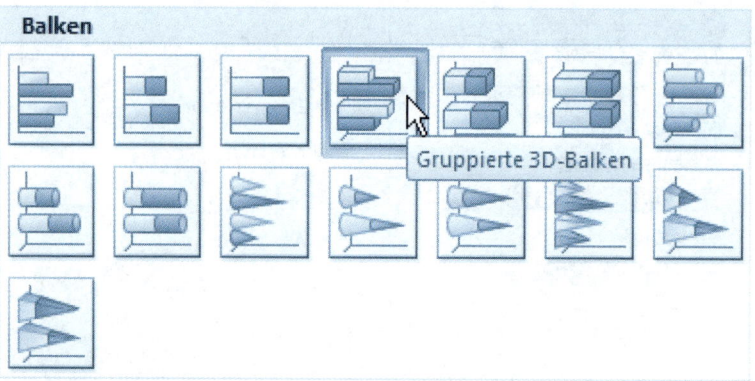

Spalten und Zeilen wechseln

Als Nächstes wandeln Sie innerhalb des Diagramms die Spalten in Zeilen um bzw. die Zeilen in Spalten.

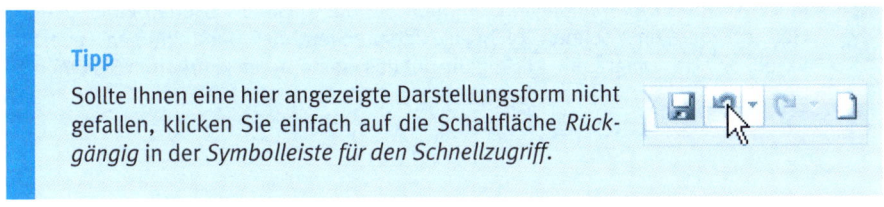

Tipp

Sollte Ihnen eine hier angezeigte Darstellungsform nicht gefallen, klicken Sie einfach auf die Schaltfläche *Rückgängig* in der *Symbolleiste für den Schnellzugriff*.

1 Aktivieren Sie die Schaltfläche *Zeile/Spalte wechseln*.

Das Diagramm in der neuen Darstellungsform.

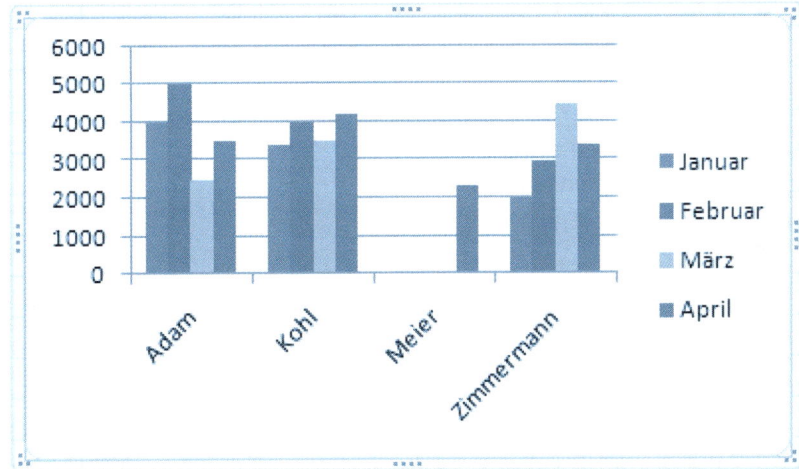

Das Layout des Diagramms schnell ändern

Hinweis

In der Gruppe *Diagrammlayouts* können Sie das Gesamtaussehen eines aktivierten Diagramms schnell wechseln. Entsprechend der Darstellungen ändert Excel 2007 das Diagramm. Klicken Sie auf das kleine Dreieck, erhalten Sie einen Überblick über die weiteren Layouts.

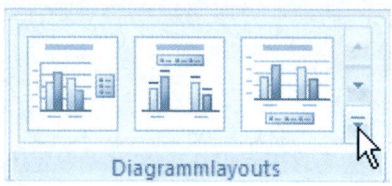

Aktivieren Sie die Diagrammformatvorlagen, geben Sie ein anderes Grafikformat für das Diagramm an.

Achtung

Sie können hier nicht jede Schnellformatvorlage auswählen, da sich einige auf 3D-Diagramme beziehen. Diese lernen Sie später im Kapitel kennen.

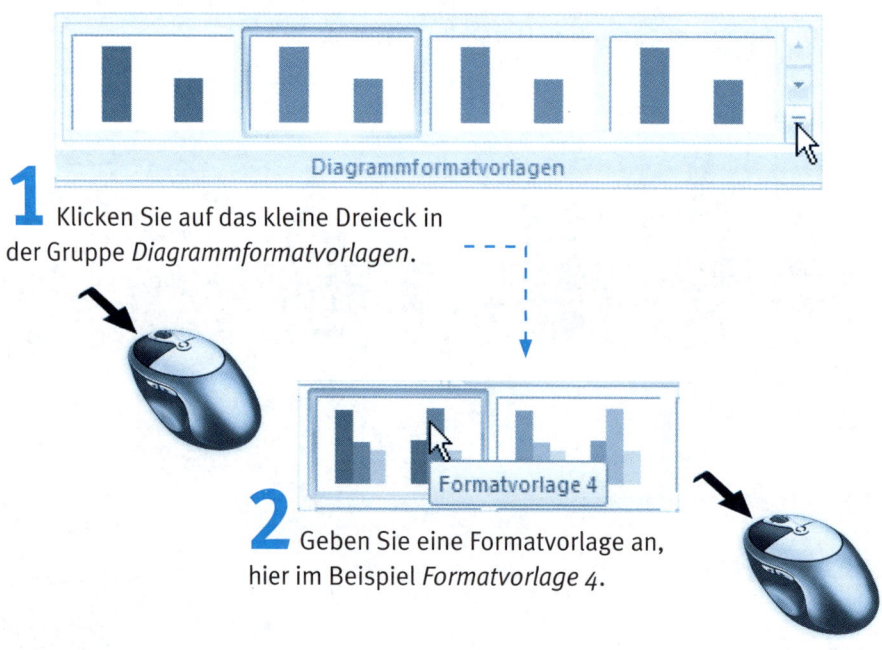

1 Klicken Sie auf das kleine Dreieck in der Gruppe *Diagrammformatvorlagen*.

2 Geben Sie eine Formatvorlage an, hier im Beispiel *Formatvorlage 4*.

Das Grafikformat des Diagramms wird entsprechend geändert, was hier im Buch leider schlecht darzustellen ist.

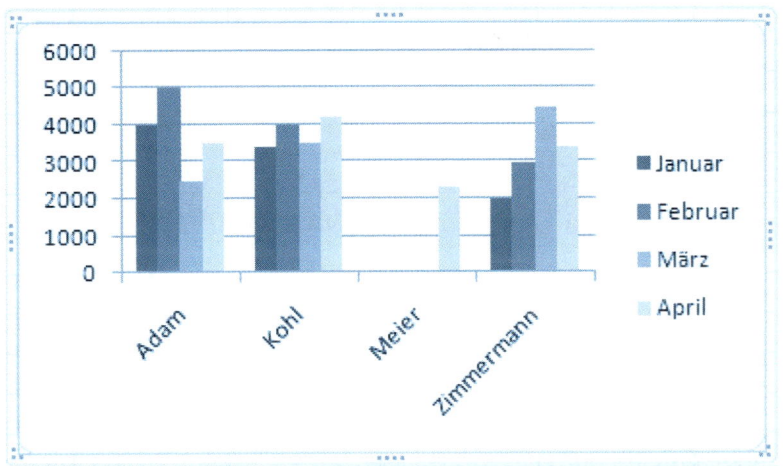

3 Wechseln Sie über die Schaltfläche *Rück-gängig* in der *Symbolleiste für den Schnellzu-griff* wieder zum ursprünglichen Diagramm.

Den Ort des Diagramms wechseln

Über die Schaltfläche *Diagramm verschieben* auf der Registerkarte *Diagrammtools/Entwurf* platzieren Sie das Diagramm an einen anderen Ort.

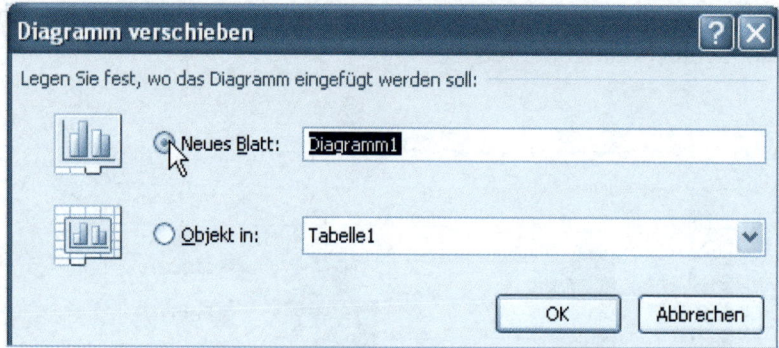

Aktivieren Sie hier die Option *Neues Blatt*, legt Excel das Diagramm auf ein neues Tabellenblatt an. Das Diagramm kann hier wesentlich größer dargestellt werden. Die Verbindung zur Tabelle bleibt bestehen, d. h., ändern Sie die Zellen der Tabelle, ändert sich auch das Diagramm. Excel legt ein zusätzliches Tabellenblatt mit dem Namen *Diagramm1* an. Klicken Sie auf das Tabellenblatt *Tabelle1*, gelangen Sie wieder zurück zu Ihrer Kalkulation.

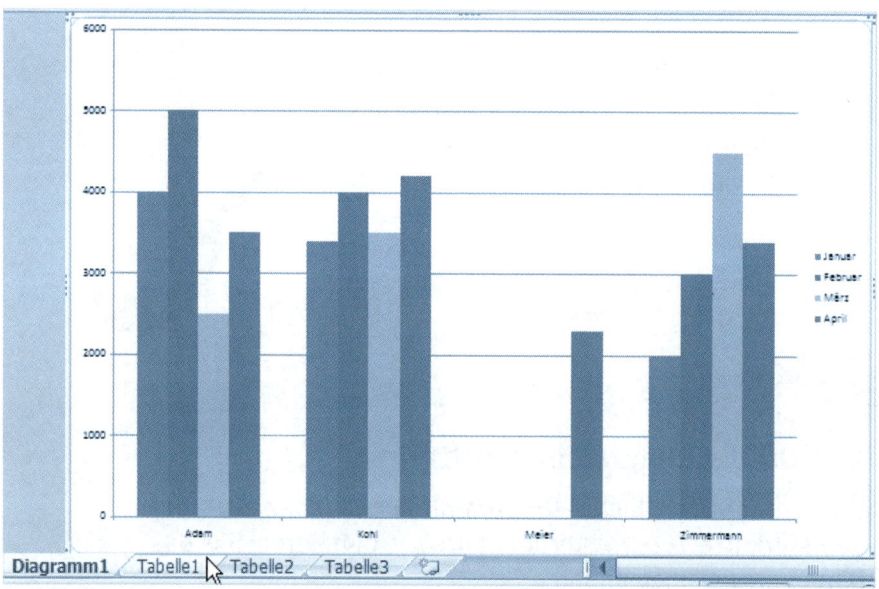

Registerkarte »Diagrammtools/Layout«

Auch die Registerkarte *Diagrammtools/Layout* bietet Ihnen einige gestalterische Möglichkeiten. In den nächsten Schritten lernen Sie einige Beispiele dazu kennen.

Der Diagrammtitel

Sie geben dem Diagramm einen aussagekräftigen Namen, damit sofort klar ist, worum es überhaupt geht. In diesem Beispiel sind es Umsätze.

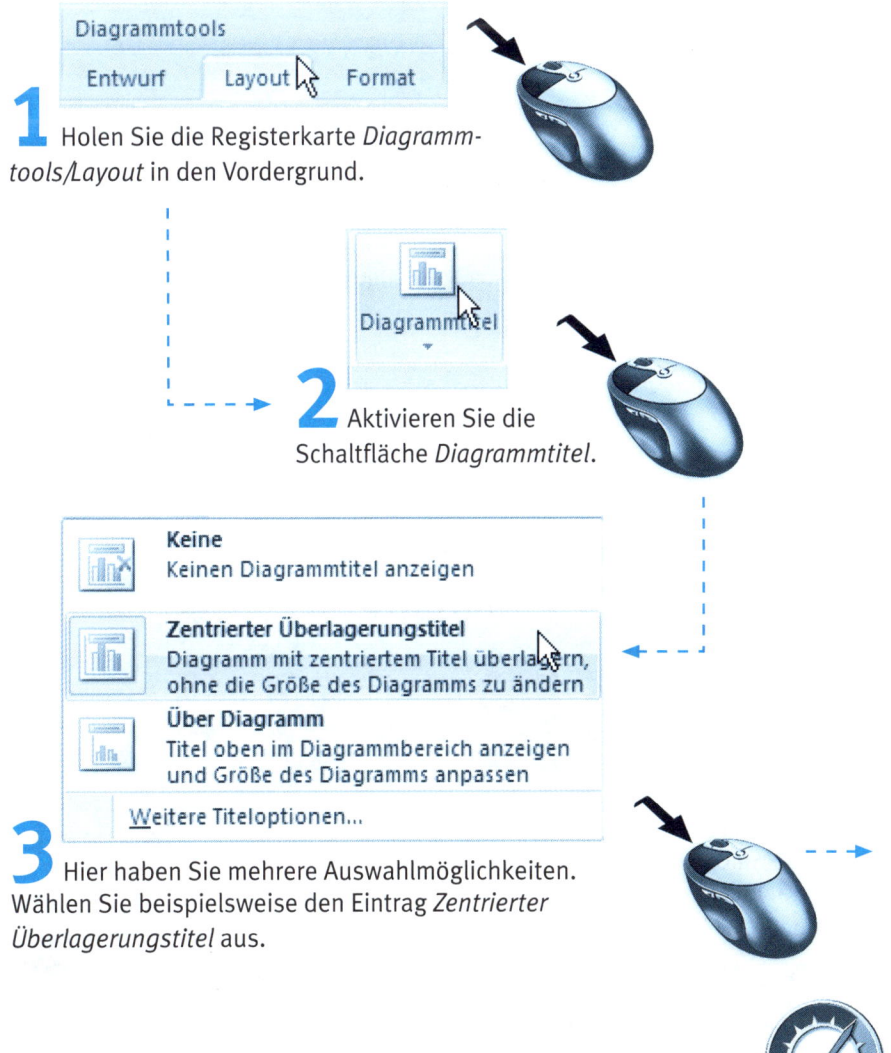

1 Holen Sie die Registerkarte *Diagramm-tools/Layout* in den Vordergrund.

2 Aktivieren Sie die Schaltfläche *Diagrammtitel*.

3 Hier haben Sie mehrere Auswahlmöglichkeiten. Wählen Sie beispielsweise den Eintrag *Zentrierter Überlagerungstitel* aus.

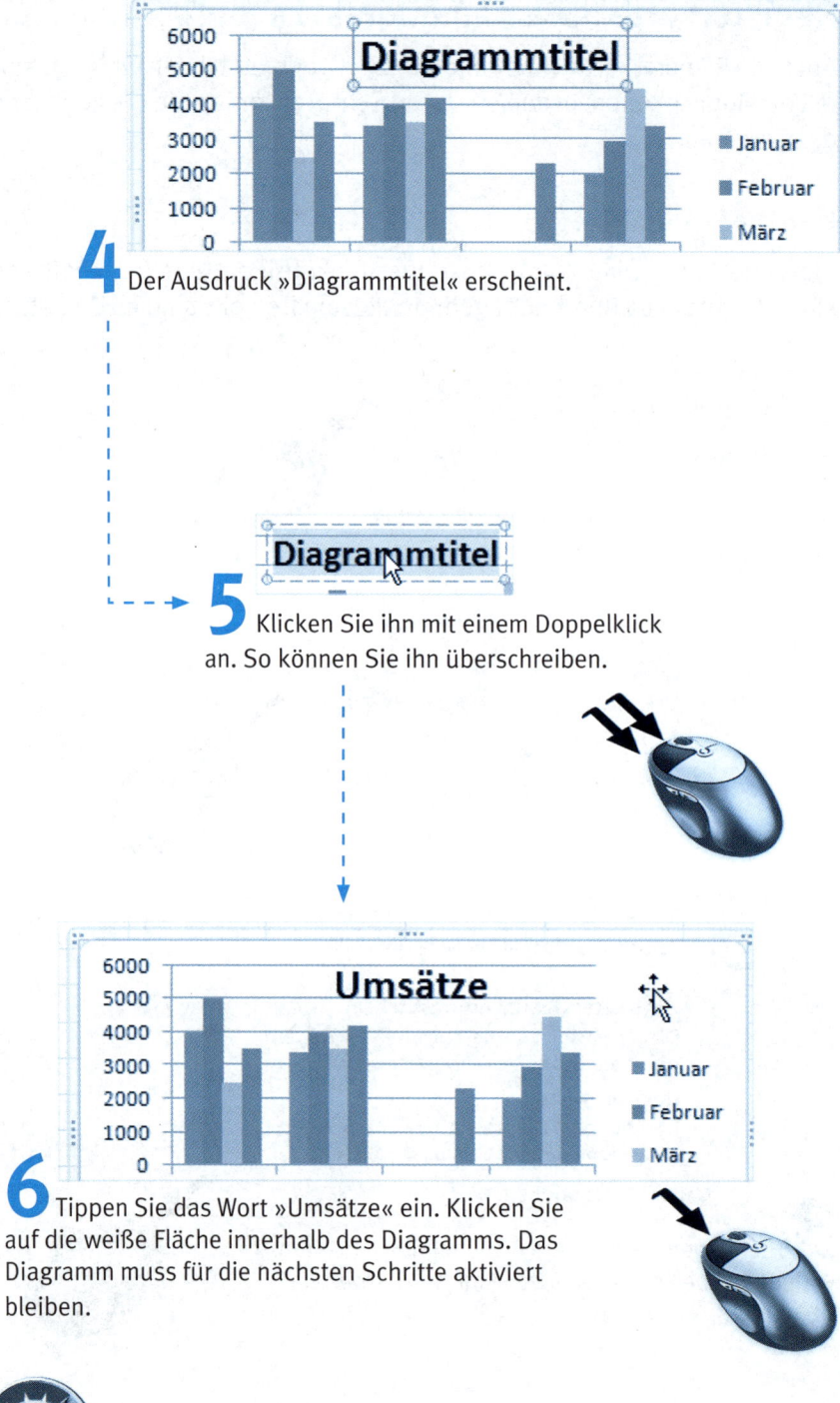

4 Der Ausdruck »Diagrammtitel« erscheint.

5 Klicken Sie ihn mit einem Doppelklick an. So können Sie ihn überschreiben.

6 Tippen Sie das Wort »Umsätze« ein. Klicken Sie auf die weiße Fläche innerhalb des Diagramms. Das Diagramm muss für die nächsten Schritte aktiviert bleiben.

Hinweis

Über die Schaltfläche *Achsentitel* können Sie die Namen für die einzelnen Achsen vergeben. Hier im Beispiel wären das die Umsätze (Zahlen) und die Namen der Vertreter.

Die Legende – Informationen zum Diagramm

Sie geben an, wo eine Legende beim Diagramm erscheinen soll.

■ Januar

■ Februar

■ März

■ April

Fachwort

Eine *Legende* enthält die Erklärungen zu den Flächen innerhalb eines Diagramms.

1 Klicken Sie auf die Schaltfläche *Legende*.

Keine
Legende deaktivieren

Legende rechts anzeigen
Legende anzeigen und rechts ausrichten

Legende oben anzeigen
Legende anzeigen und oben ausrichten

Legende links anzeigen
Legende anzeigen und links ausrichten

Legende unten anzeigen
Legende anzeigen und unten ausrichten

Legende rechts überlagern
Legende rechts vom Diagramm anzeigen,
ohne die Größe des Diagramms zu ändern

Legende links überlagern
Legende links vom Diagramm anzeigen,
ohne die Größe des Diagramms zu ändern

Weitere Legendenoptionen...

2 Wählen Sie beispielsweise den Eintrag *Legende unten anzeigen* aus.

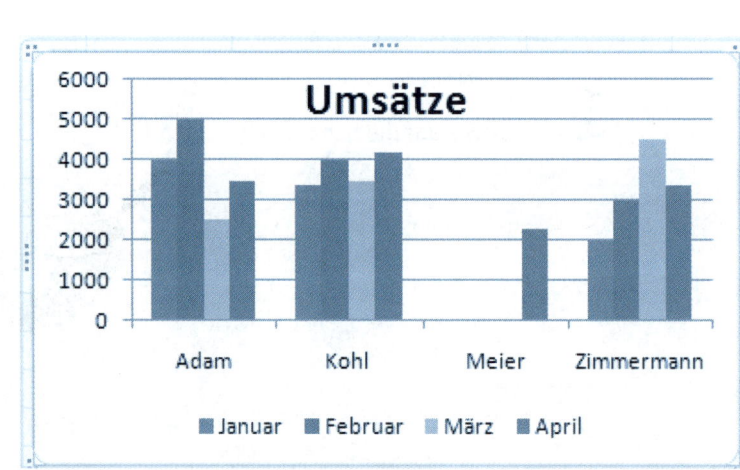

Die Legende wird unterhalb des Diagramms platziert.

Die Datentabelle anzeigen

Über die Schaltfläche *Da-tentabelle* auf der Regis-terkarte *Diagrammtools/ Layout* binden Sie die Ta-belle mit den Werten in das Diagramm ein.

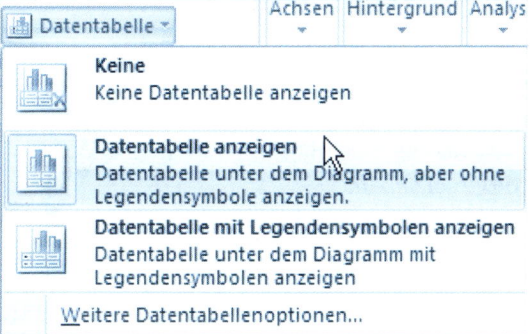

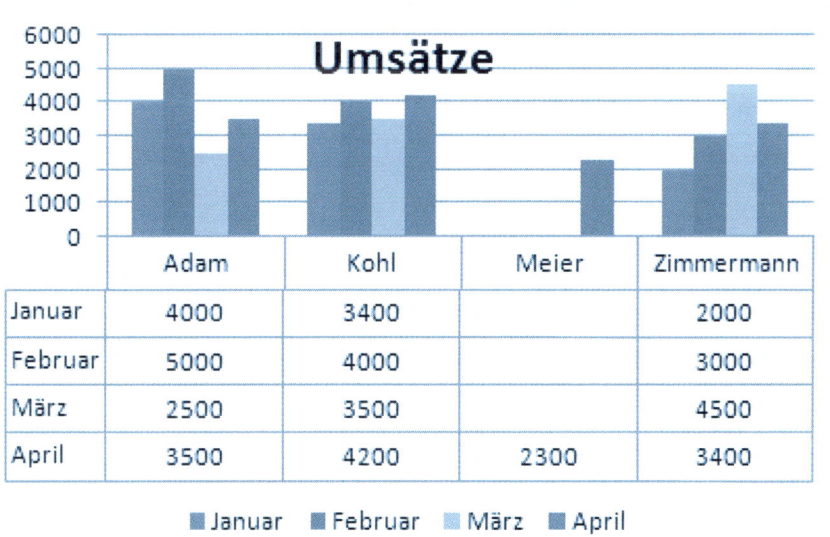

Gitternetzlinien anzeigen

Zur besseren Abgrenzung der Daten innerhalb eines Diagramms können Sie Gitternetzlinien festlegen.

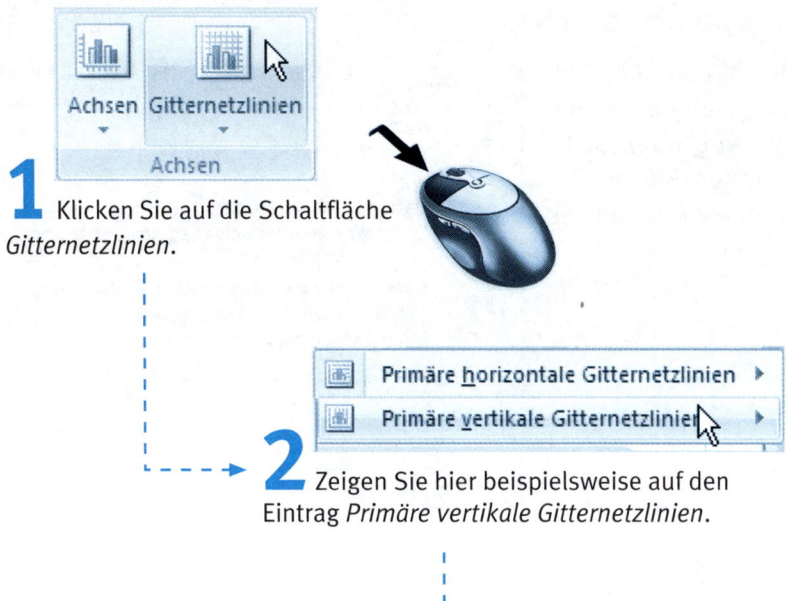

1 Klicken Sie auf die Schaltfläche *Gitternetzlinien*.

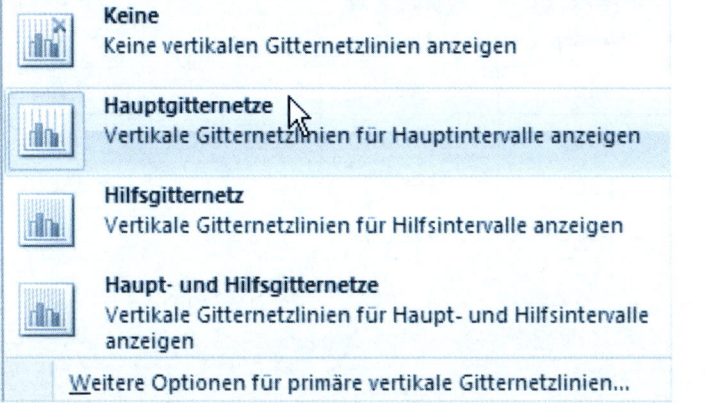

2 Zeigen Sie hier beispielsweise auf den Eintrag *Primäre vertikale Gitternetzlinien*.

Keine
Keine vertikalen Gitternetzlinien anzeigen

Hauptgitternetze
Vertikale Gitternetzlinien für Hauptintervalle anzeigen

Hilfsgitternetz
Vertikale Gitternetzlinien für Hilfsintervalle anzeigen

Haupt- und Hilfsgitternetze
Vertikale Gitternetzlinien für Haupt- und Hilfsintervalle anzeigen

Weitere Optionen für primäre vertikale Gitternetzlinien...

3 Wählen Sie hier den Eintrag *Hauptgitternetze* aus.

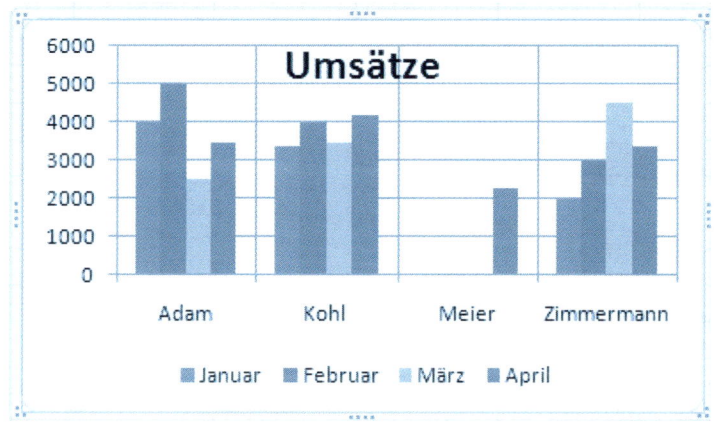

Die aktivierten Gitternetzlinien werden im Diagramm angezeigt.

Registerkarte »Diagrammtools/Format«

Auf der dritten Registerkarte der *Diagrammtools* haben Sie mehrere Formatierungsmöglichkeiten. Ein Diagramm verfügt über mehrere Diagrammelemente. Abhängig davon, welches Sie anklicken, können Sie es formatieren.

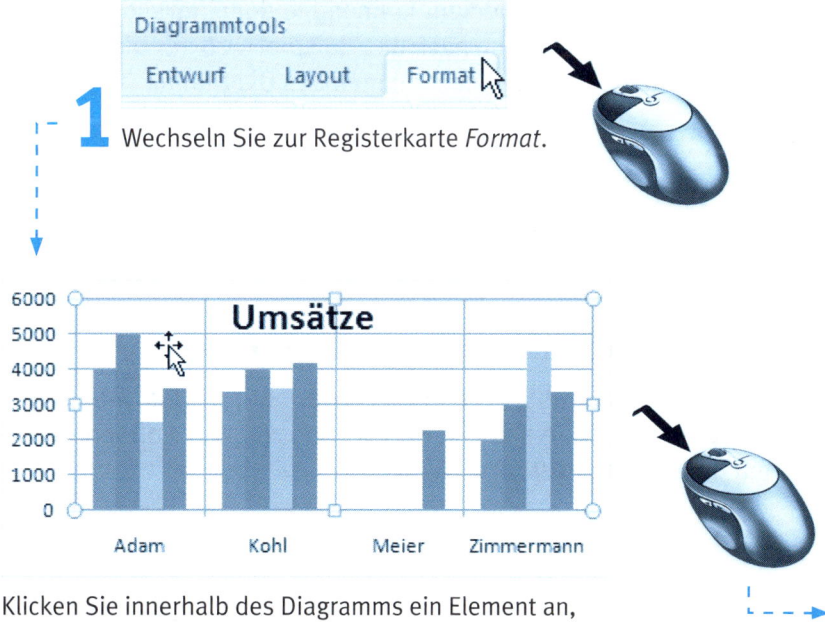

1 Wechseln Sie zur Registerkarte *Format*.

2 Klicken Sie innerhalb des Diagramms ein Element an, hier die *Zeichnungsfläche*.

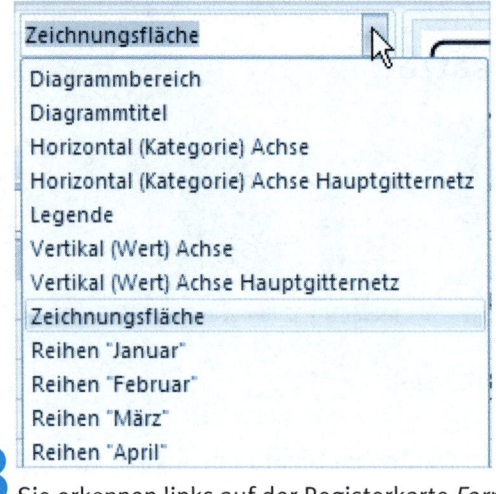

3 Sie erkennen links auf der Registerkarte *Format* bei *Diagrammelemente*, welches Element innerhalb eines Diagramms aktiviert ist.

Das aktivierte Diagrammelement können Sie dann jeweils mit den nächsten Schritten formatieren. Im nächsten Beispiel wird der Diagrammbereich formatiert. Dazu klicken Sie den Rahmen des Diagramms an.

> **Tipp**
> Um routinierter in der Handhabung zu werden, sollten Sie die einzelnen Diagrammelemente einmal anklicken.

Die Formenarten für ein Diagramm festlegen

Für das Diagramm wählen Sie ein Grafikformat aus. Beachten Sie immer die Vorschau. Das Diagramm im Hintergrund zeigt die Formenart an, wenn Sie mit dem Mauszeiger darauf zeigen.

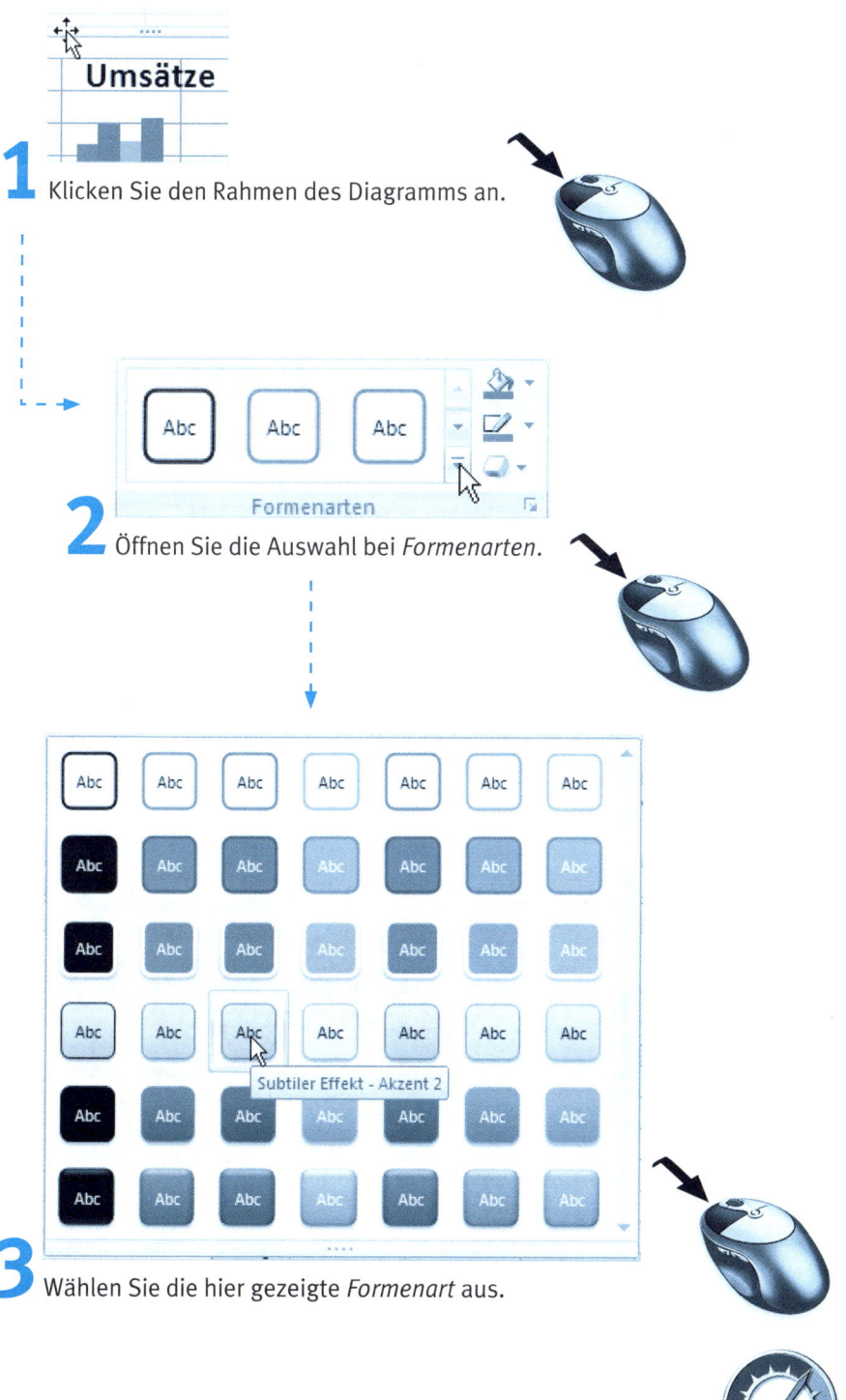

1 Klicken Sie den Rahmen des Diagramms an.

2 Öffnen Sie die Auswahl bei *Formenarten*.

3 Wählen Sie die hier gezeigte *Formenart* aus.

Die *Zeichnungsfläche* innerhalb des Diagramms wurde mit der ausgewählten Formenart formatiert.

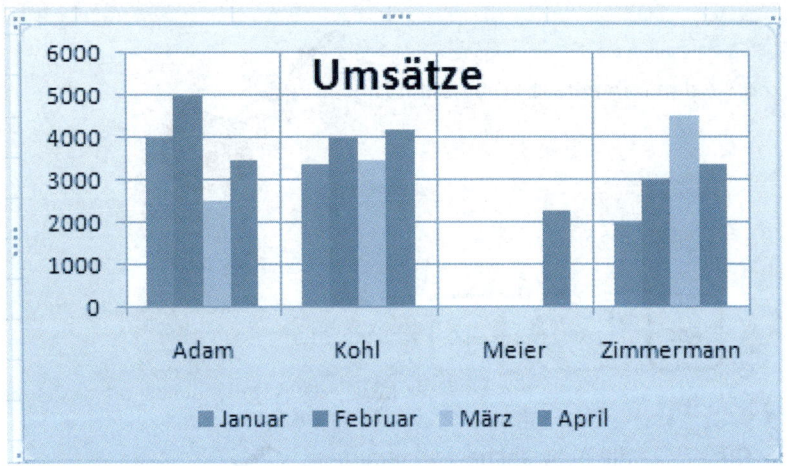

Fülleffekte für ein Diagramm wählen

Die unterschiedlichen Diagrammelemente können Sie auch mit Fülleffek-
ten ausfüllen. Das kann eine Farbe, ein persönliches Bild (siehe auch unter
»Tipps zum Kapitel«) oder ein Farbverlauf sein. Was ein Farbverlauf ist,
lernen Sie in den nächsten Schritten kennen.

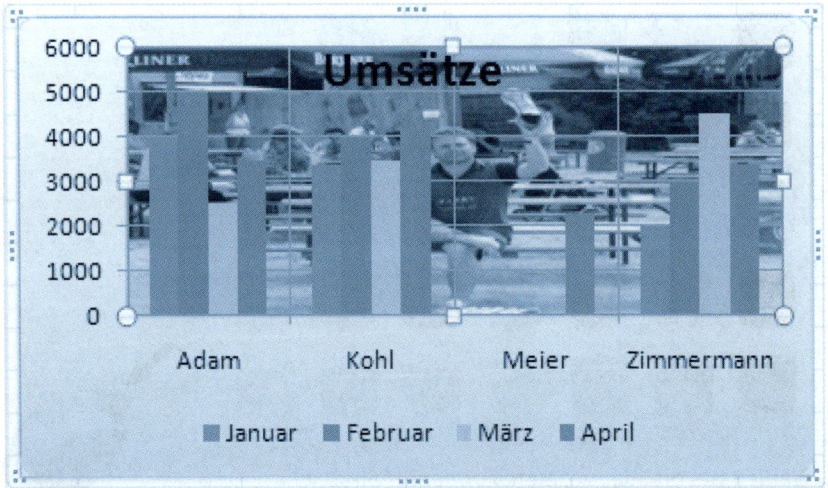

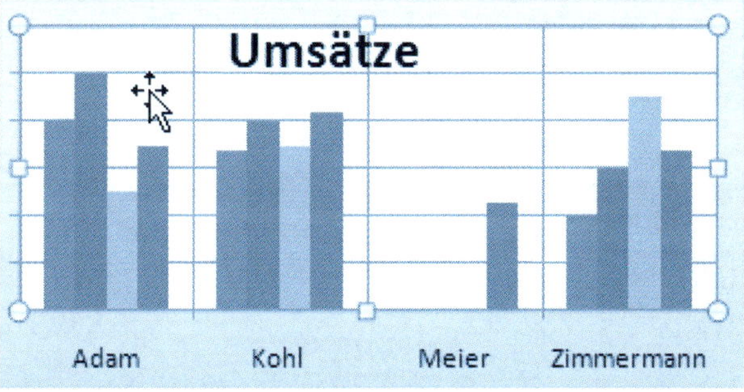

Umsätze

Adam   Kohl   Meier   Zimmermann

1 Aktivieren Sie die Zeichnungsfläche innerhalb des Diagramms.

2 Öffnen Sie die Auswahl bei *Fülleffekt*.

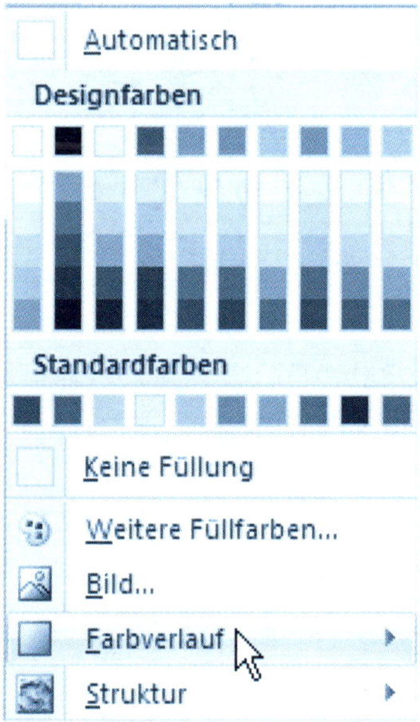

Automatisch

Designfarben

Standardfarben

Keine Füllung

Weitere Füllfarben...

Bild...

Farbverlauf ▶

Struktur ▶

3 Zeigen Sie auf den Eintrag *Farbverlauf*. - - - - ▶

4 Wählen Sie einen *Farbverlauf* aus.

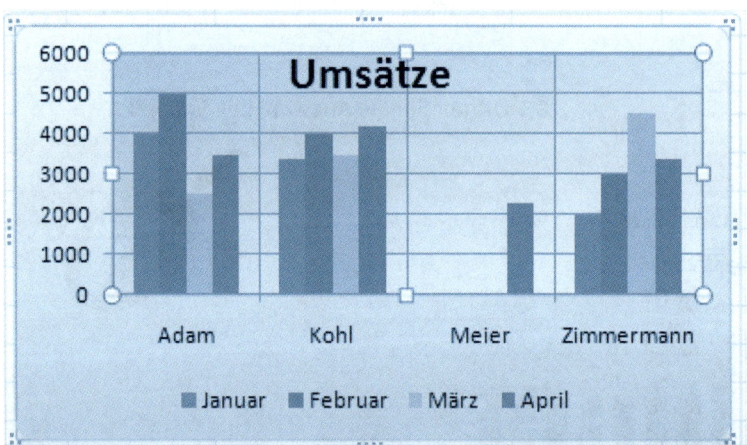

Der Farbverlauf wurde in das aktivierte Diagrammelement – hier die Zeichnungsfläche – übertragen.

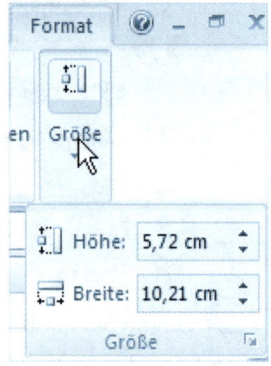

Tipp

Auf der Registerkarte *Diagrammtools/Format* können Sie über die Schaltfläche *Größe* die *Höhe* und
Breite eines Diagramms präzise festlegen.

ClipArts in Excel einfügen

Excel 2007 bietet Ihnen über die Registerkarte *Einfügen* zahlreiche Grafiken an. Diese heißen *ClipArts*. Mit den ClipArts stehen Ihnen vielfältige Gestaltungsmöglichkeiten zur Verfügung.

In diesem Beispiel nehmen Sie eine ClipArt-Grafik aus der Kategorie »Berufe«.

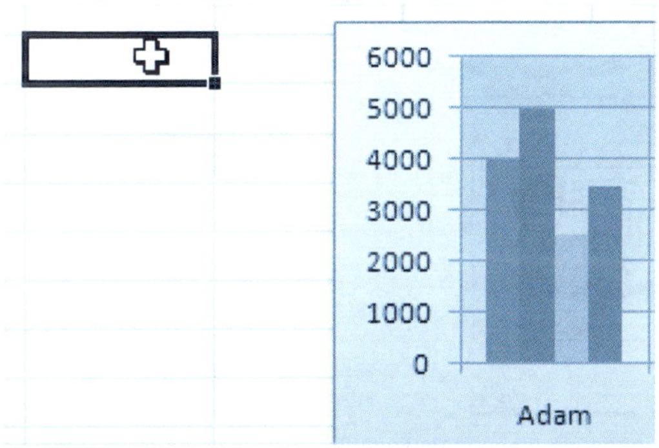

1 Klicken Sie ggf. eine Zelle außerhalb des Diagramms an.

2 Wählen Sie die Registerkarte *Einfügen*.

3 Aktivieren Sie die Schaltfläche *ClipArt*.

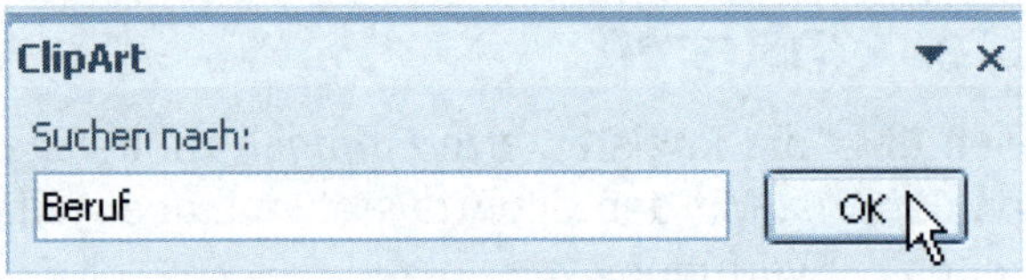

ClipArt ▼ ×

Suchen nach:

Beruf [OK]

4 Tippen Sie in den Aufgabenbereich *ClipArt* das Schlüsselwort »Beruf« ein und starten Sie die Suche mit einem Klick auf die Schaltfläche *OK*. Microsoft bietet Ihnen bereits vorgefertigte Bilder an.

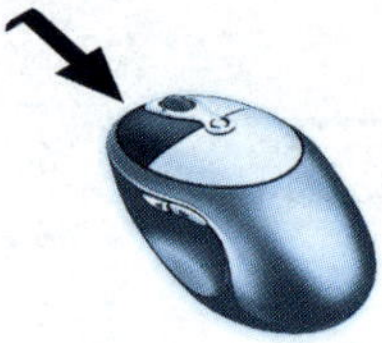

5 Klicken Sie doppelt in die ClipArt, um sie einzufügen.

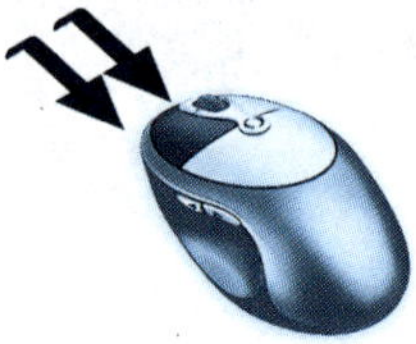

ClipArt ▼ ×

Suchen nach: Schließen

Beruf [OK]

6 Schließen Sie den Aufgabenbereich *ClipArt*.

Eine Grafik platzieren

Bewegen Sie den Mauszeiger in die Grafik hinein, erscheint am Mauszeiger eine Art »Fadenkreuz«. Wird diese Darstellung angezeigt, können Sie das Bild mit gedrückter linker Maustaste beliebig verschieben.

1 Platzieren Sie den Mauszeiger auf die ClipArt-Grafik.

2 Verschieben Sie mit gedrückter linker Maustaste die ClipArt-Grafik an den gewünschten Platz im Arbeitsblatt.

Eine Grafik vergrößern oder verkleinern

Möchten Sie eine ClipArt-Grafik bearbeiten, muss diese aktiviert sein. Dazu klicken Sie in die Grafik. Kleine Kreise – *Ziehpunkte* genannt – erscheinen.

Anhand des angezeigten Rahmens erkennen Sie die Größe der ClipArt-Grafik.

Die Begrenzungen verschwinden, wenn Sie außerhalb der Grafik an eine beliebige Stelle klicken. Positionieren Sie den Mauszeiger auf einem der Ziehpunkte, verändern Sie die Größe des Bildes entsprechend der Pfeilrichtung. Mit gedrückter linker Maustaste vergrößern oder verkleinern Sie.

1 Klicken Sie ggf. in die Grafik.

2 Platzieren Sie den Mauszeiger auf den rechten oberen Ziehpunkt.

	A	B	C
4	Kohl	3400	4000
5	Meier		
6	Zimmermann	2000	3000
7			
8			
9			
10			
11			
12			
13			
14			

3 Verkleinern Sie die Größe der ClipArt-Grafik.

Eine Grafik drehen

In Excel 2007 können Sie die Welt auf den Kopf stellen. Sie haben die Möglichkeit, Grafiken um bis zu 360 Grad zu drehen.

Positionieren Sie den Mauszeiger auf den »grünen Punkt«, ändert sich dieser in einen *Drehpunkt*. Sie können nun die Grafik drehen. Wenn Sie wollen, um die ganze Achse.

er
mermann 2000

1 Platzieren Sie den Mauszeiger auf den Drehpunkt. - - - ▶

2 Drehen Sie mit gedrückter Maustaste
ein wenig nach rechts. Haben Sie das
gewünschte Aussehen erreicht, lassen Sie
die Maustaste los.

Einzelne Werte anzeigen

Eine weitere Übung für Sie! Hier bekommt jeder sein »Fett weg«! Es geht
um die prozentualen Anteile eines Lebensmittels. (Hinweis: Es ist kein
Bier!) Der Diagrammtyp ist ein Kreis. Die Anteile werden prozentual angezeigt.

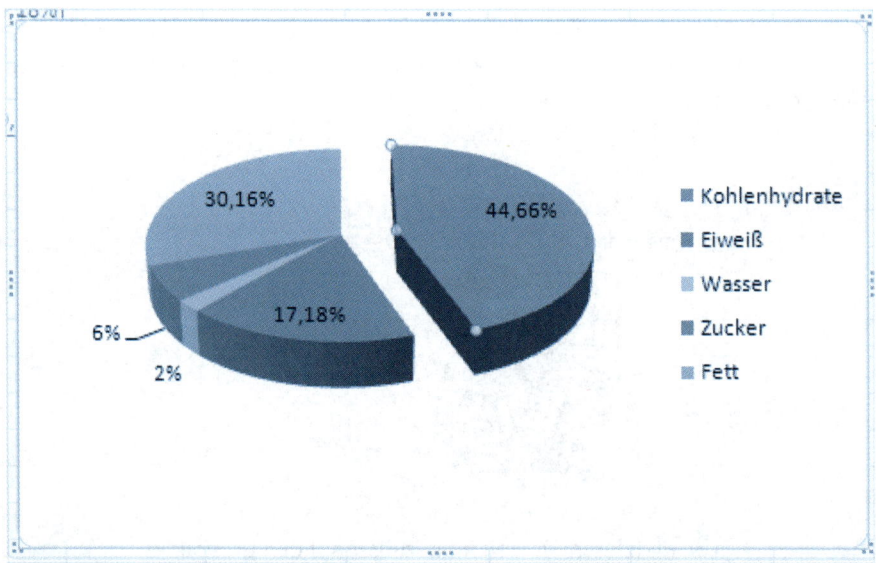

	A	B
1	Kohlenhydrate	44,66%
2	Eiweiß	17,18%
3	Wasser	2%
4	Zucker	6%
5	Fett	30,16%
6		

1 Legen Sie eine neue Arbeitsmappe und dort die hier gezeigte Tabelle an. Tippen Sie das Prozentzeichen jeweils über die Tastatur ein.

	A	B
1	Kohlenhydrate	44,66%
2	Eiweiß	17,18%
3	Wasser	2%
4	Zucker	6%
5	Fett	30,16%
6		

2 Klicken Sie ggf. in eine Zelle innerhalb der Tabelle.

Einfügen

3 Wechseln Sie ggf. zur Registerkarte *Einfügen*.

4 Wählen Sie über die Schaltfläche *Kreis* den hier gezeigten *3D-Kreis*.

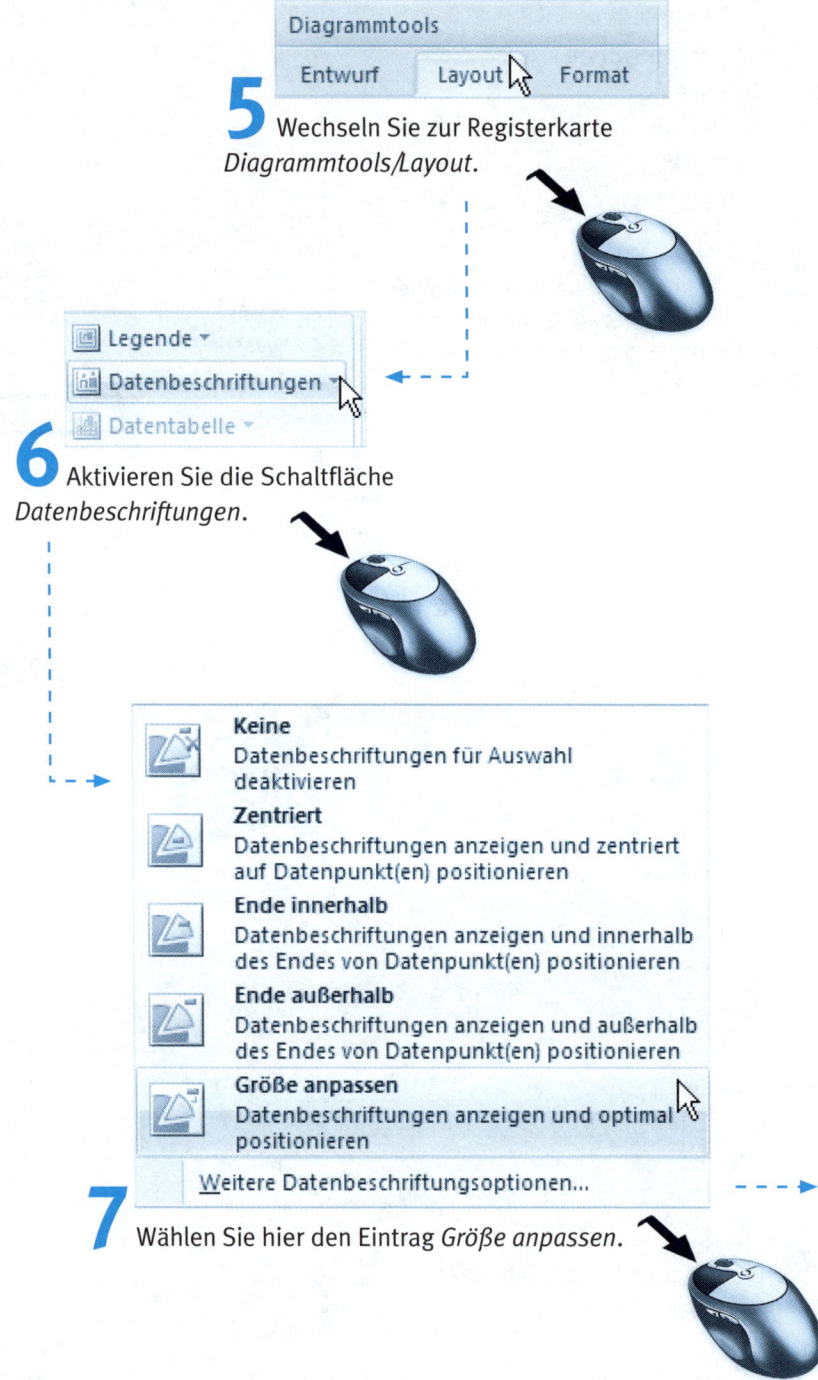

Diagrammtools

Entwurf   Layout   Format

5 Wechseln Sie zur Registerkarte *Diagrammtools/Layout*.

Legende ▾

Datenbeschriftungen ▾

Datentabelle ▾

6 Aktivieren Sie die Schaltfläche *Datenbeschriftungen*.

Keine
Datenbeschriftungen für Auswahl deaktivieren

Zentriert
Datenbeschriftungen anzeigen und zentriert auf Datenpunkt(en) positionieren

Ende innerhalb
Datenbeschriftungen anzeigen und innerhalb des Endes von Datenpunkt(en) positionieren

Ende außerhalb
Datenbeschriftungen anzeigen und außerhalb des Endes von Datenpunkt(en) positionieren

Größe anpassen
Datenbeschriftungen anzeigen und optimal positionieren

Weitere Datenbeschriftungsoptionen...

7 Wählen Sie hier den Eintrag *Größe anpassen*.

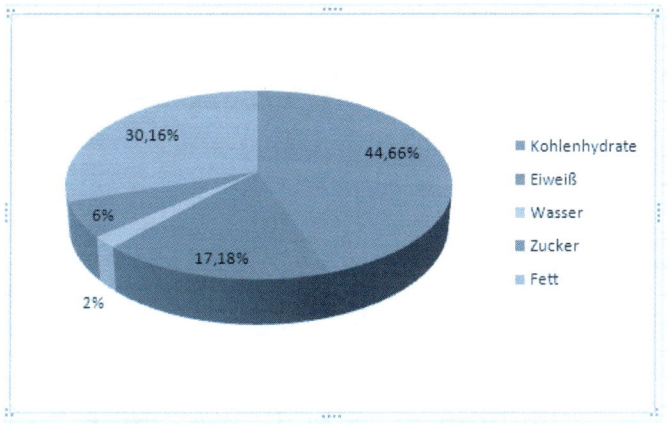

8 Die Zahlenwerte werden in das Diagramm übertragen.

Mit gedrückter Maustaste können Sie in einem Kreisdiagramm die Daten-reihen »herausziehen«.

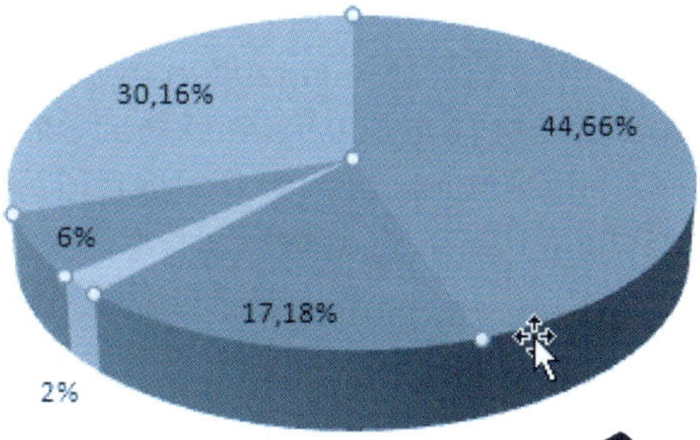

1 Klicken Sie eine einzelne Datenreihe an.

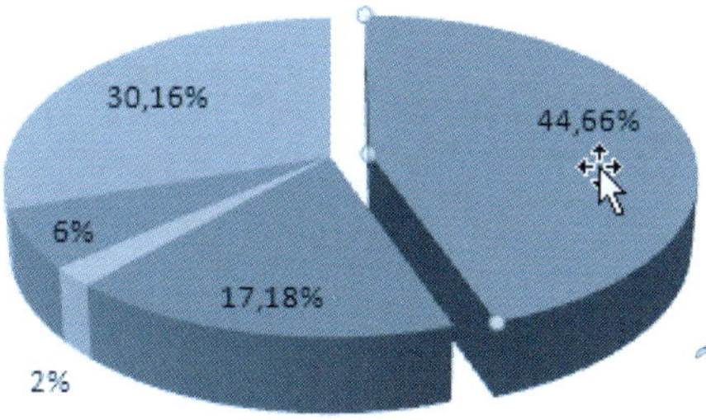

2 Ziehen Sie mit gedrückter linker Maustaste die Datenreihe nach rechts.

Tipps zum Kapitel

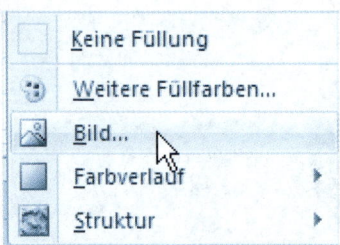

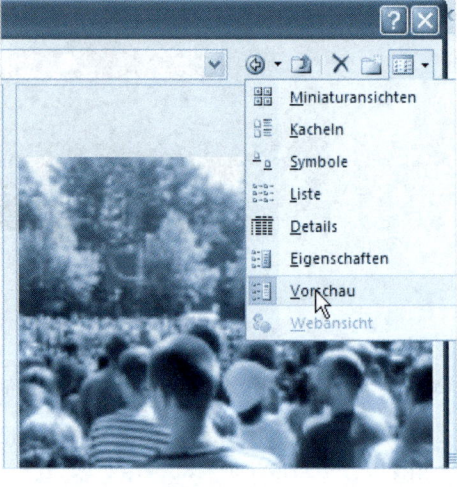

1. Sie können eigene Bilder in
   Ihr Diagramm einfügen. Aktivieren Sie das entsprechende
   Diagrammelement. Auf der
   Registerkarte *Diagramm-
   tools/Format* müssen Sie bei
   der Schaltfläche *Fülleffekt* die

Auswahl öffnen, indem Sie auf das kleine Dreieck klicken. Wählen Sie
den Eintrag *Bild*. Sie gelangen in das Dialogfeld *Grafik einfügen*.
Geben Sie bei *Suchen in* den Pfad (Ordner) an, wo Ihr Bild gespeichert ist. Wählen Sie im Dialogfeld *Grafik einfügen* die Option
Vorschau. Das erleichtert die Suche.

2. Auf der Registerkarte *Einfügen*
   finden Sie die Schaltfläche
   SmartArt. Eine SmartArt-Grafik
   dient zur Veranschaulichung
   von Informationen. Sie brauchen nur die Schaltfläche *Smart-
   Art* anzuklicken und eine Auswahl zu treffen. Dann tippen Sie
   die Informationen in Textfelder.

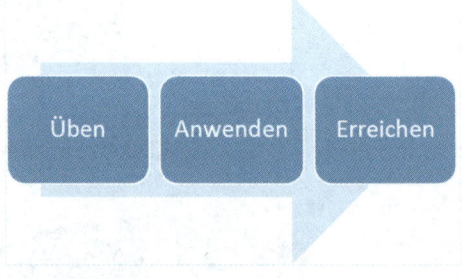

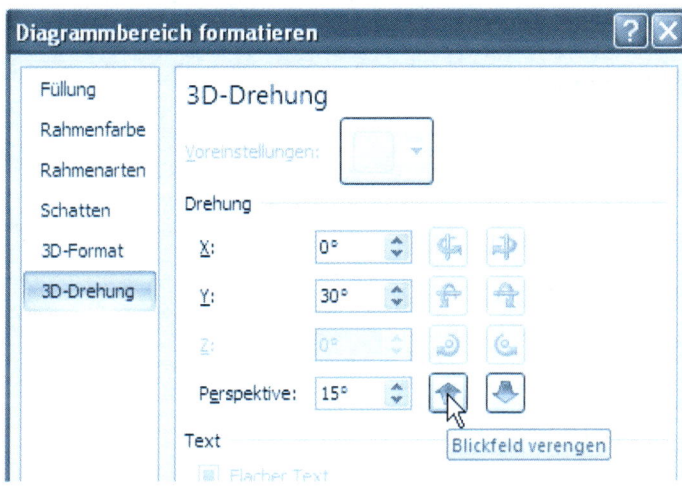

3. 3D-Diagramme können gedreht werden. Klicken Sie dazu mit der rechten Maustaste in das Diagramm. Wählen Sie den Eintrag *3D-Drehung*.

4. Sie brauchen nur eine Zelle innerhalb einer Tabelle zu aktivieren und die Taste F11 zu drücken. Schon fertigt Excel 2007 ein Diagramm an. Dieses befindet sich auf einem separaten Tabellenblatt. Am unteren Bildschirmrand erkennen Sie die Blattregister. Per Mausklick wechseln Sie das Tabellenblatt. Mehr zu Blattregistern erfahren Sie in Kapitel 13.

5. Aktivieren Sie ein Diagramm per Mausklick und klicken Sie die Schaltfläche *Schnelldruck* an, wird das Diagramm separat und auf Seitengröße ausgedruckt.

Das können Sie schon

Das lernen Sie neu

Kapitel 12

Funktionen – eine eigene Statistik erstellen

Eine Funktion ist eine vorgefertigte Formel. Diese führt Berechnungen für bestimmte Fälle in den entsprechenden Zellen durch. Die Auswahl der Funktionen in Excel ist sehr umfangreich und vielfältig. Sie müssen aber nur wissen, wie es funktioniert! Als Beispiel führen Sie in diesem Kapitel statistische Berechnungen durch – damit Sie mit einem »Minimum« an Aufwand das »Maximum« an Wissen erwerben!

Funktionen einfügen

Wer hat den höchsten, wer den geringsten Umsatz? In Excel führen Sie unter anderen statistische Auswertungen durch.

In diesem Kapitel verwenden Sie beispielhaft Fußballvereine und die Torerfolge. Natürlich lässt sich die Technik auch auf andere Bereiche übertragen: Produktion, Verkaufszahlen, Kostenanalysen usw.

Zunächst geben Sie die Vereine ein.

Sollte Ihr Lieblingsverein nicht dabei sein, tragen Sie ihn ruhig ein. Der Ablauf wird dadurch nicht beeinflusst.

Achtung

Reicht der Platz in einer Spalte nicht aus, passen Sie die Breite optimal an.

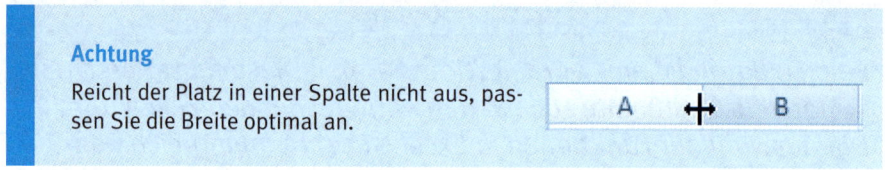

Sie bewegen den Mauszeiger auf die Trennlinie der Spaltennamen und führen einen Doppelklick aus. Excel passt die Spalten automatisch dem längsten Eintrag an.

	A	B
1		
2		
3		
4	**Sportverein**	**Anzahl Tore**
5	Nürnberg	
6	Schalke 04	
7	Bayern München	
8	Borussia Dortmund	
9	Werder Bremen	
10	Bayer Leverkusen	
11	Hamburger SV	
12	Eintracht Frankfurt	
13	Arminia Bielefeld	
14	Hertha BSC Berlin	
15	Hannover 96	

2 Passen Sie die Spalte durch einen Doppelklick auf den Spaltentrenner optimal an.

1 Tippen Sie die Vereine ein. Diese Liste dient nur zur Übung. Sie können auch gerne andere Vereine nehmen!

Sportverein	Anzahl Tore		Statistik
Nürnberg			Höchste Anzahl Tore:
Schalke 04			Geringste Anzahl Tore:
Bayern München			Durchschnittl. Anzahl Tore:
Borussia Dortmund			
Werder Bremen			Gesamtzahl der Vereine:
Bayer Leverkusen			Mehr als 20 erzielte Tore:
Hamburger SV			
Eintracht Frankfurt			
Arminia Bielefeld			
Hertha BSC Berlin			
Hannover 96			

3 Es lebe die Statistik! Geben Sie den weiteren Text ein.

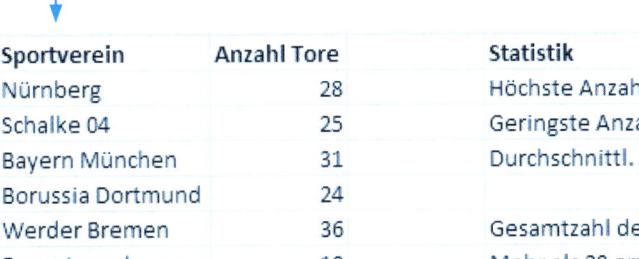

Sportverein	Anzahl Tore		Statistik
Nürnberg	28		Höchste Anzahl Tore:
Schalke 04	25		Geringste Anzahl Tore:
Bayern München	31		Durchschnittl. Anzahl Tore:
Borussia Dortmund	24		
Werder Bremen	36		Gesamtzahl der Vereine:
Bayer Leverkusen	19		Mehr als 20 erzielte Tore:
Hamburger SV	22		
Eintracht Frankfurt	17		
Arminia Bielefeld	16		
Hertha BSC Berlin	24		
Hannover 96	19		

4 Tor, Tor, Tor! Was wäre eine Torstatistik ohne Tore?

Zellen als fester Bezug

Fürs weitere Arbeiten mit Excel in diesem Beispiel ist es sinnvoll, den Bereich, der ausgewertet werden soll, zu benennen. Das wäre der Torbereich, den Sie »Tore« nennen. Es vereinfacht die Sache später! So braucht man bei den statistischen Auswertungen nur »Tore« anzugeben und keine Zellen.

Sie markieren dazu den Zellenbereich, klicken in das *Namenfeld* und tragen den Namen ein.

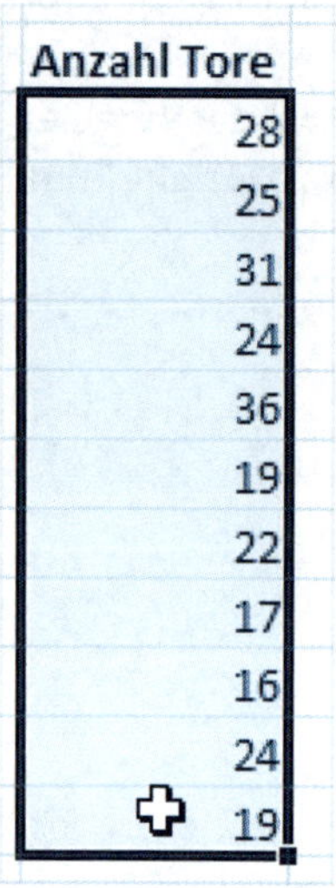

Anzahl Tore

28
25
31
24
36
19
22
17
16
24
19

1 Markieren Sie den Torbereich.

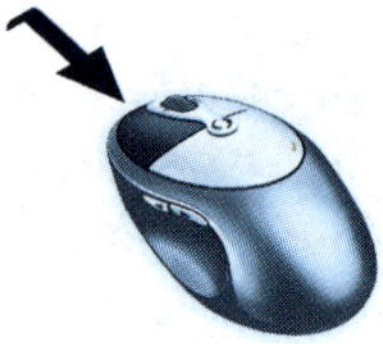

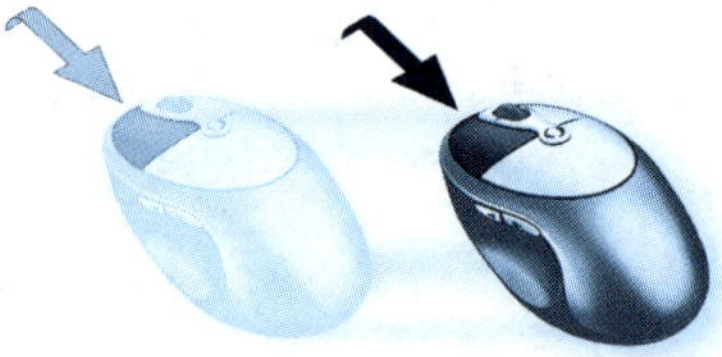

B5

Namenfeld

B

2 Setzen Sie den Cursor links oben ...

B5

3 ... in das *Namenfeld*.

Tore

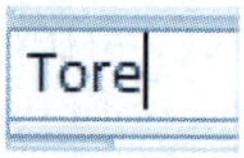

4 Tippen Sie »Tore« ein.

Tore ▾		_fx_	28
A	B	C	D
1			
2			
3			
4 Sportverein	**Anzahl Tore**		**Statistik**
5 Nürnberg	28		Höchste Anzahl Tore:
6 Schalke 04	25		Geringste Anzahl Tore:
7 Bayern München	31		Durchschnittl. Anzahl Tore:
8 Borussia Dortmund	24		
9 Werder Bremen	36		Gesamtzahl der Vereine:
10 Bayer Leverkusen	19		Mehr als 20 erzielte Tore:
11 Hamburger SV	22		
12 Eintracht Frankfurt	17		
13 Arminia Bielefeld	16		
14 Hertha BSC Berlin	24		
15 Hannover 96	19		
16			

5 Beenden Sie die Eingabe über die `Enter`-Taste.

In Excel stehen Ihnen unterschiedliche Funktionen zur Verfügung.

Zunächst soll die höchste Anzahl der geschossenen Tore ermittelt werden. Statt »höchste Anzahl« kann man »Maximum« sagen. So heißt die Funktion, die Sie in Excel benötigen – *MAX*.

Klicken Sie auf das kleine Dreieck auf der Registerkarte *Start* neben der Schaltfläche *Summe*, erhalten Sie eine Auswahl angezeigt.

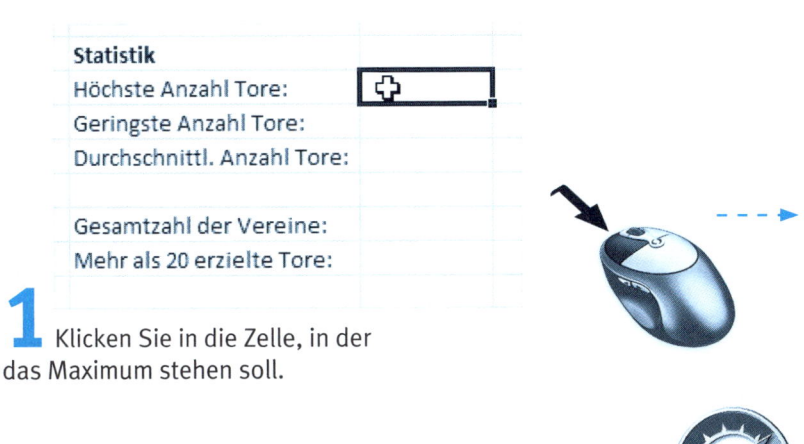

1 Klicken Sie in die Zelle, in der das Maximum stehen soll.

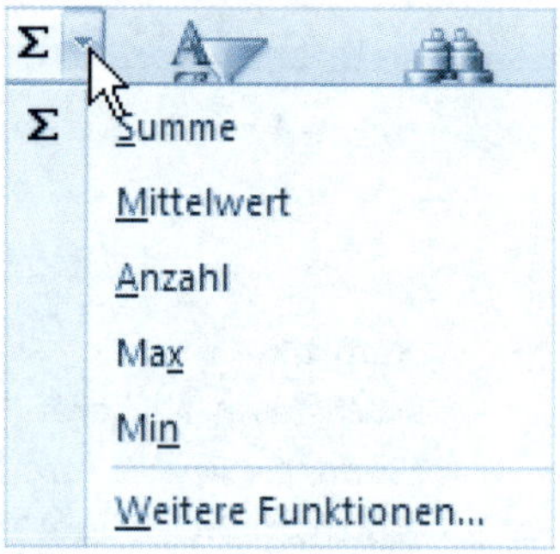

Σ | A | ﹀ | 🍰

Σ Summe

Mittelwert

Anzahl

Max

Min

Weitere Funktionen...

2 Öffnen Sie die Liste neben der Schaltfläche *AutoSumme*.

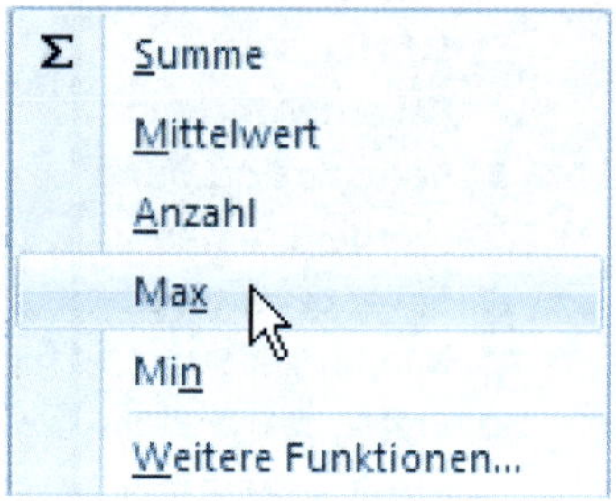

Σ Summe

Mittelwert

Anzahl

Max

Min

Weitere Funktionen...

3 Klicken Sie auf den Eintrag *Max*.

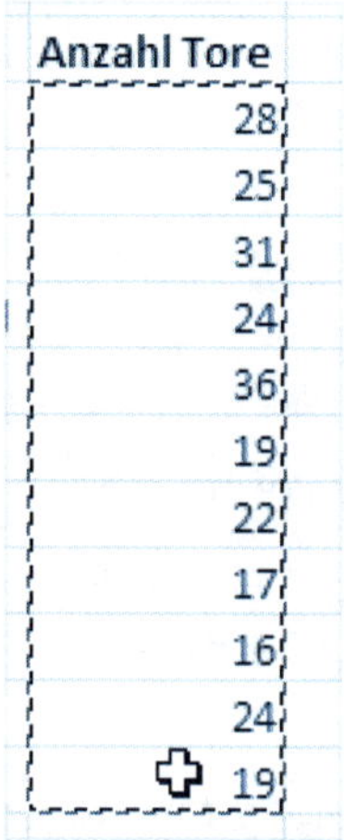

Anzahl Tore

28
25
31
24
36
19
22
17
16
24
19

4 Markieren Sie den Zellenbereich, in dem die Tore angegeben sind.

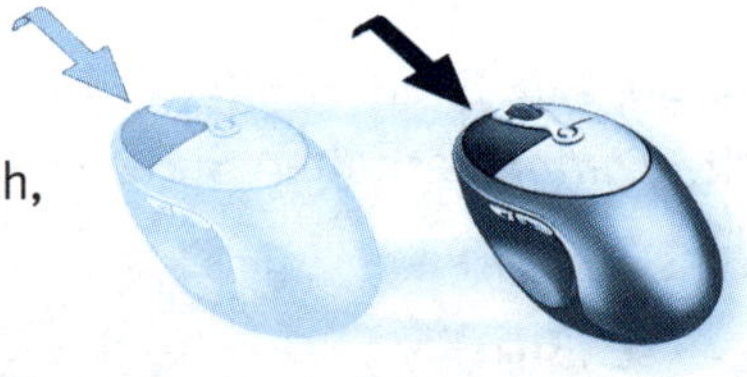

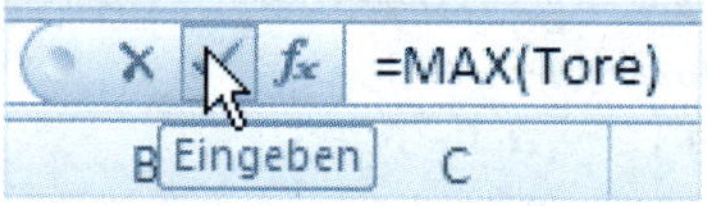

X | ✓ | *fx* | =MAX(Tore)

B Eingeben | C

5 Bestätigen Sie die Formel über die Bearbeitungsleiste.

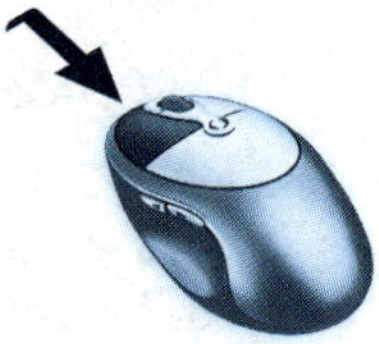

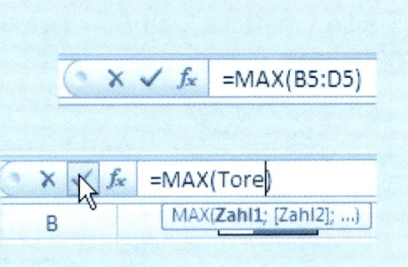

Klicken Sie in die Zelle, in der das Maximum bzw. die höchste Anzahl der Tore steht, erkennen Sie in der Bearbeitungsleiste die Formel: »=Max(Tore)«. Übersetzt heißt das, hier steht das Maximum aus dem Zellenbereich »Tore«.

Wenn es ein Maximum gibt, existiert bestimmt auch ein Minimum. Sie möchten die geringste Anzahl der Tore ermitteln.

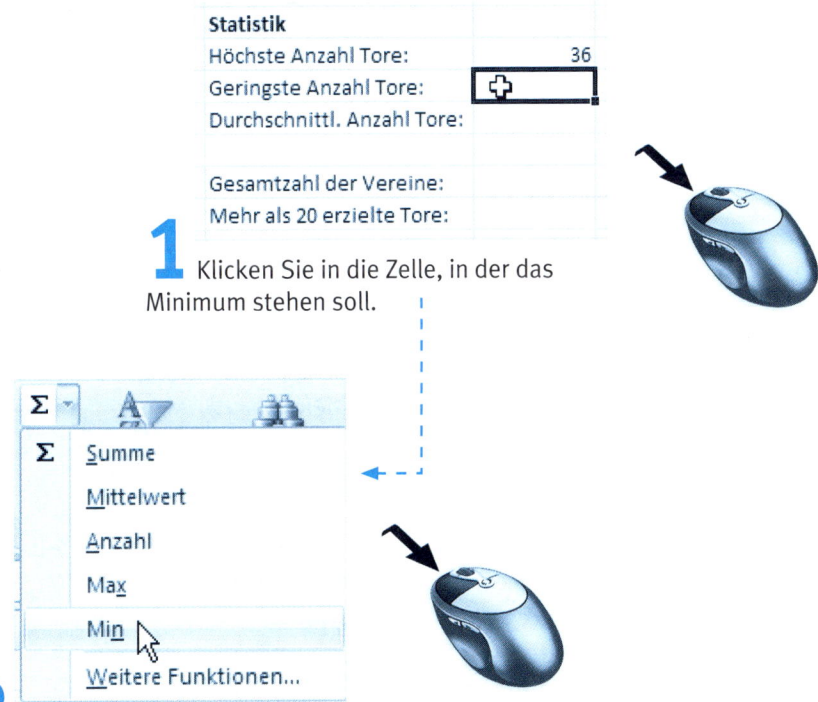

1 Klicken Sie in die Zelle, in der das Minimum stehen soll.

2 Gehen Sie nun genauso vor wie bei der Funktion *Max*. Nur geben Sie hier die Funktion *Min* an.

Auch den Wert für die Zelle »Durchschnittliche Anzahl der Tore« können Sie so ermitteln. Den Durchschnitt in Excel 2007 ermittelt die Funktion *Mittelwert*.

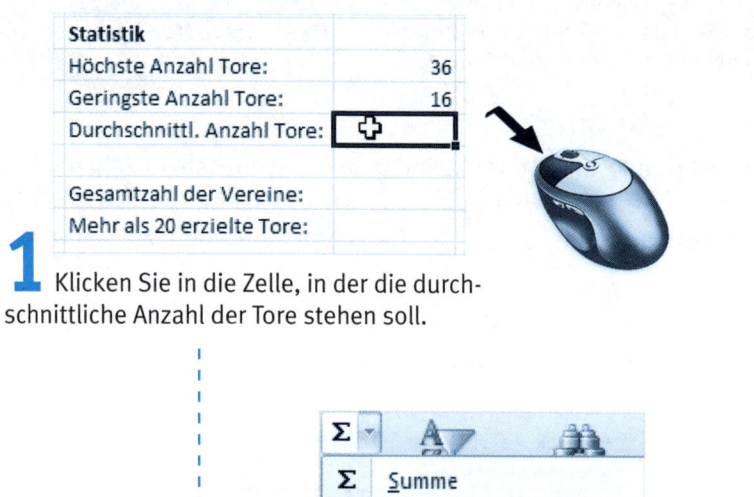

1 Klicken Sie in die Zelle, in der die durchschnittliche Anzahl der Tore stehen soll.

2 Gehen Sie nun genauso vor wie in den Schritten zuvor beschrieben. Nur wählen Sie hier die Funktion *Mittelwert* aus.

Beim Errechnen des Durchschnitts kann es sein, dass der ermittelte Wert über Nachkommastellen bzw. Dezimalstellen verfügt. Diese können Sie mit der Schaltfläche *Dezimalstelle löschen* schrittweise entfernen. Pro Mausklick verschwindet eine Dezimalstelle und Excel rundet dementsprechend auf oder ab.

Statistik	
Höchste Anzahl Tore:	36
Geringste Anzahl Tore:	16
Durchschnittl. Anzahl Tore:	23,7272727

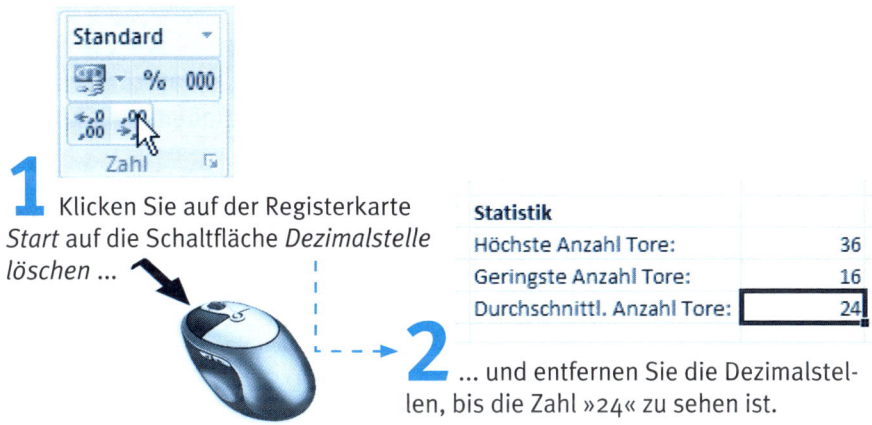

1 Klicken Sie auf der Registerkarte *Start* auf die Schaltfläche *Dezimalstelle löschen* ...

Statistik

Höchste Anzahl Tore:	36
Geringste Anzahl Tore:	16
Durchschnittl. Anzahl Tore:	24

2 ... und entfernen Sie die Dezimalstellen, bis die Zahl »24« zu sehen ist.

Ermitteln Sie nun die »Gesamtzahl der Vereine«. Die Vorgehensweise ist genauso, wie Sie es bereits in diesem Kapitel kennengelernt haben. Sie nutzen die Funktion *Anzahl*.

Achtung

Mit der Funktion *Anzahl* werden nur Zellen gezählt, deren Inhalt Zahlen sind. Sie müssen also den Zellenbereich »Tore« angeben.

Statistik

Höchste Anzahl Tore:	36
Geringste Anzahl Tore:	16
Durchschnittl. Anzahl Tore:	24
Gesamtzahl der Vereine:	
Mehr als 20 erzielte Tore:	

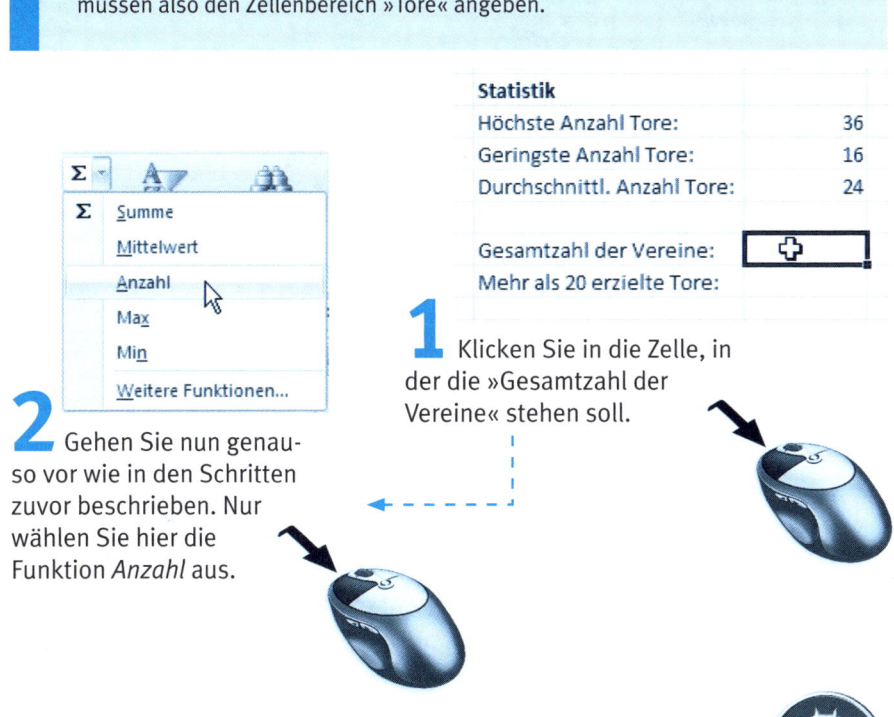

Σ Summe
Mittelwert
Anzahl
Max
Min
Weitere Funktionen...

1 Klicken Sie in die Zelle, in der die »Gesamtzahl der Vereine« stehen soll.

2 Gehen Sie nun genauso vor wie in den Schritten zuvor beschrieben. Nur wählen Sie hier die Funktion *Anzahl* aus.

Der Funktions-Assistent

Sämtliche Funktionen befinden sich im Funktions-Assistenten. Der *Funktions-Assistent* führt und hilft beim Erstellen von Funktionen.

Statistik	
Höchste Anzahl Tore:	36
Geringste Anzahl Tore:	16
Durchschnittl. Anzahl Tore:	24
Gesamtzahl der Vereine:	11
Mehr als 20 erzielte Tore:	

1 Aktivieren Sie die Zelle, in der die Zahl »Mehr als 20 erzielte Tore« ermittelt werden soll.

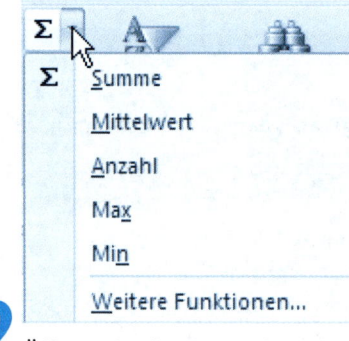

2 Öffnen Sie die Liste neben der Schaltfläche *Summe*.

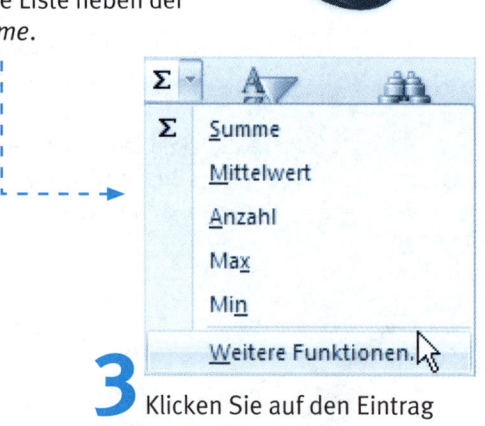

3 Klicken Sie auf den Eintrag *Weitere Funktionen*.

Sie erkennen bei *Katego-rie auswählen* als Erstes *Zuletzt verwendet*. Hier finden Sie die Funktionen wieder, mit denen Sie zu-letzt gearbeitet haben. Unter dem Punkt *Alle* sind sämtliche Funktionen vor-handen. Diesen Bereich können Sie also immer verwenden.

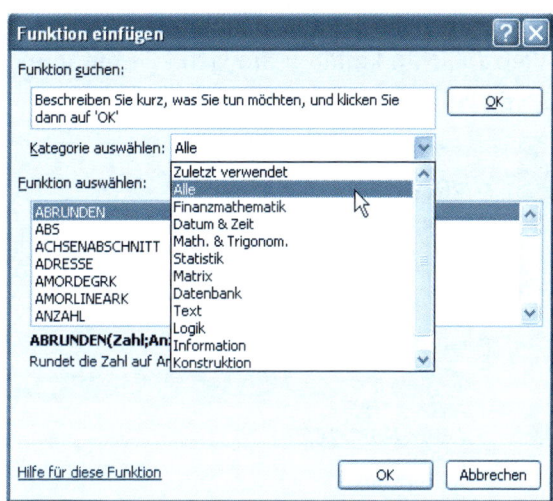

Es folgen Einträge wie *Finanzmathematik*, *Datum & Zeit*, *Math. & Trigonom*.

Die ZÄHLENWENN-Funktion

Wenn das Wörtchen »Wenn« nicht wäre! In diesem Beispiel wird die Anga-be ein wenig spezifischer.

Sie suchen die Anzahl der Tore, die über »20« betragen. Excel soll also dann *zählen, wenn* dieses Kriterium erfüllt ist.

Der Bereich ist derselbe geblieben (»Tore«). Nun geben Sie bei *Suchkrite-rien* »>20« ein. Excel zählt alle Zellen, deren Inhalt größer als »20« (also 21, 22, 23, ...) ist.

Hier die Zeichen der Abfragemöglichkeiten anhand der Zahl »20« in der Übersicht:

Suchkriterium	Zeichen	Ergebnis
Größer »20«	>20	21, 22, 23, ...
Größer gleich »20«	>=20	20, 21, 22, ...
Kleiner »20«	<20	19, 18, 17, ...
Kleiner gleich »20«	<=20	20, 19, 18, ...

Je nach Auswirkung einer Funktion finden Sie diese auch in den einzelnen Fachkategorien des Funktions-Assistenten vor. Leider weiß man nicht

immer, welche Funktion zu welcher Kategorie gehört. Hier gibt es eine Vielzahl. Nun könnten Sie sich alle mithilfe der Laufleiste ansehen. Doch es geht einfacher!

Tipp

Um Funktionen schneller zu finden, brauchen Sie lediglich den Anfangsbuchstaben einzugeben. Groß- und Kleinschreibung spielt dabei keine Rolle.

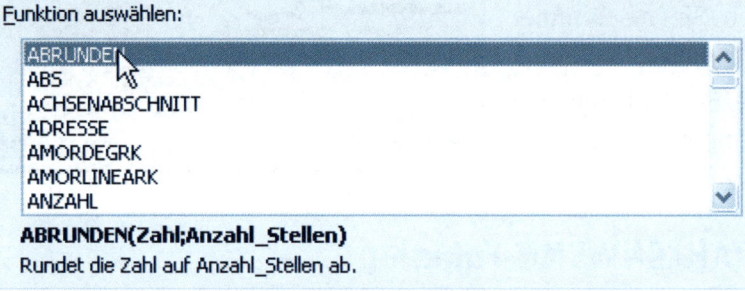

1 Klicken Sie die erste Funktion an.

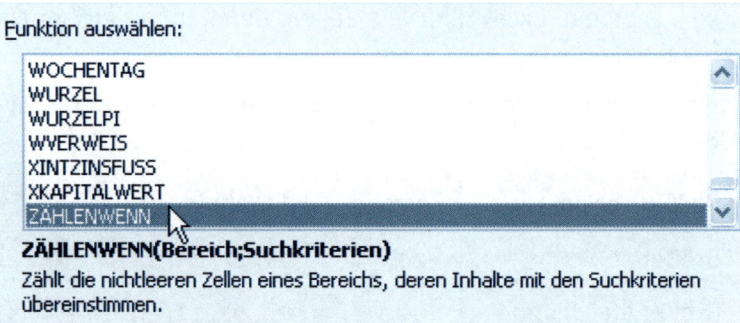

2 Tippen Sie den Anfangsbuchstaben »Z« der Funktion *ZÄHLENWENN* ein. Die Funktion wird angezeigt. Klicken Sie doppelt auf die Funktion.

Tipp

Zusätzlich finden Sie im Dialogfeld die Information, was die jeweilige Funktion ausführt, wenn Sie diese anklicken.

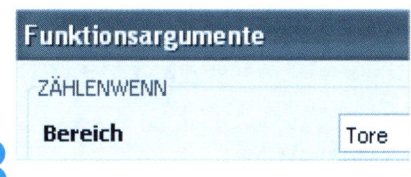

3 Klicken Sie in das Eingabefeld für den *Bereich*. Der auszuwertende Bereich lautet »Tore«. Tippen Sie »Tore« ein.

Hinweis

Über die hier angezeigte Schaltfläche können Sie auch den entsprechenden Zellenbereich markieren.

4 Klicken Sie in das Eingabefeld für *Suchkriterien* und geben Sie »>20« ein.

5 Bestätigen Sie die Funktion über die Schaltfläche *OK*.

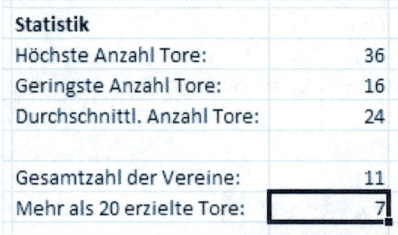

Statistik	
Höchste Anzahl Tore:	36
Geringste Anzahl Tore:	16
Durchschnittl. Anzahl Tore:	24
Gesamtzahl der Vereine:	11
Mehr als 20 erzielte Tore:	7

Die Zahl entsprechend der angegebenen Suchkriterien wurde ermittelt.

Fertig sind die kleinen statistischen Auswertungen.

Kommt ein neuer Spieltag, ändern Sie einfach die Zahlen. Sie sehen, wie sich die Statistik automatisch anpasst.

Eine Funktion suchen

Die Anzahl der Funktionen ist groß und sie alle zu erklären würde den Rahmen dieses Buches sprengen.

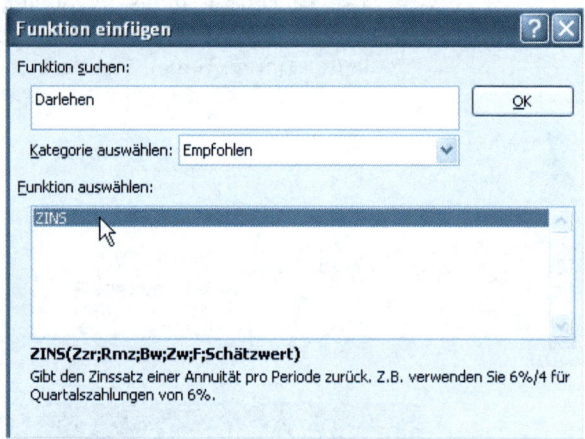

Klicken Sie eine Funktion an, erhalten Sie – wie bereits oben erwähnt – eine Beschreibung dazu. Geben Sie im Dialogfeld *Funktion einfügen* unter *Funktion suchen* ein Stichwort (z. B. »Darlehen«) ein, schlägt Excel Ihnen dazu Funktionen vor.

> **Hinweis**
>
> Im nächsten Kapitel 13 lernen Sie eine andere Funktion, die *WENN*-Funktion, kennen.

Eine Funktion schnell ändern

Als Beispiel nehmen Sie die Funktion *ZÄHLENWENN*.

Bisher galt »*ZÄHLENWENN*(Tore;">20")«. Das ändern Sie auf »>25« um.

Tipp

Klicken Sie in eine Zelle mit einer Funktion und anschließend auf die Schaltfläche *Funktion einfügen* in der Bearbeitungsleiste, gelangen Sie sofort in das entsprechende Dialogfeld.

Statistik	
Höchste Anzahl Tore:	36
Geringste Anzahl Tore:	16
Durchschnittl. Anzahl Tore:	24
Gesamtzahl der Vereine:	11
Mehr als 20 erzielte Tore:	7

1 Klicken Sie in die Zelle. Ändern Sie den Text »Mehr als 20 erzielte Tore« in »Mehr als 25 erzielte Tore« um.

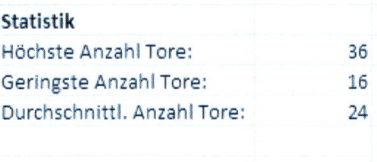

Statistik	
Höchste Anzahl Tore:	36
Geringste Anzahl Tore:	16
Durchschnittl. Anzahl Tore:	24
Gesamtzahl der Vereine:	11
Mehr als 25 erzielte Tore:	7

2 Klicken Sie in die Zelle, in der das Ergebnis steht.

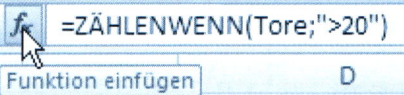

=ZÄHLENWENN(Tore;">20")

Funktion einfügen   D

3 Aktivieren Sie die Schaltfläche *Funktion einfügen* in der Bearbeitungsleiste.

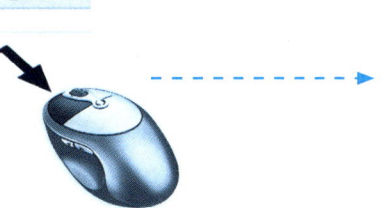

Funktionsargumente

ZÄHLENWENN

| **Bereich** | Tore | |
| **Suchkriterien** | ">25" | |

4 Klicken Sie in das Eingabefeld *Suchkriterien* genau zwischen »2« und »0«. Löschen Sie die »0« durch Drücken der `Entf`-Taste. Geben Sie die Zahl »5« über die Tastatur ein.

OK

5 Beenden Sie die Eingabe.

Das neue Ergebnis.

Statistik	
Höchste Anzahl Tore:	36
Geringste Anzahl Tore:	16
Durchschnittl. Anzahl Tore:	24
Gesamtzahl der Vereine:	11
Mehr als 25 erzielte Tore:	3

Tipp

Sie können eine Funktion auch über die Bearbei-

f_x =ZÄHLENWENN(Tore;">25")

tungsleiste ändern. Hier im Beispiel ändern Sie »20« in »25«.

Die Registerkarte »Formeln«

Bisher haben Sie die Funktionen über die Schaltfläche *Summe* auf der Registerkarte *Start* eingefügt. Auch auf der Registerkarte *Formeln* stehen Ihnen einige Möglichkeiten dazu zur Verfügung.

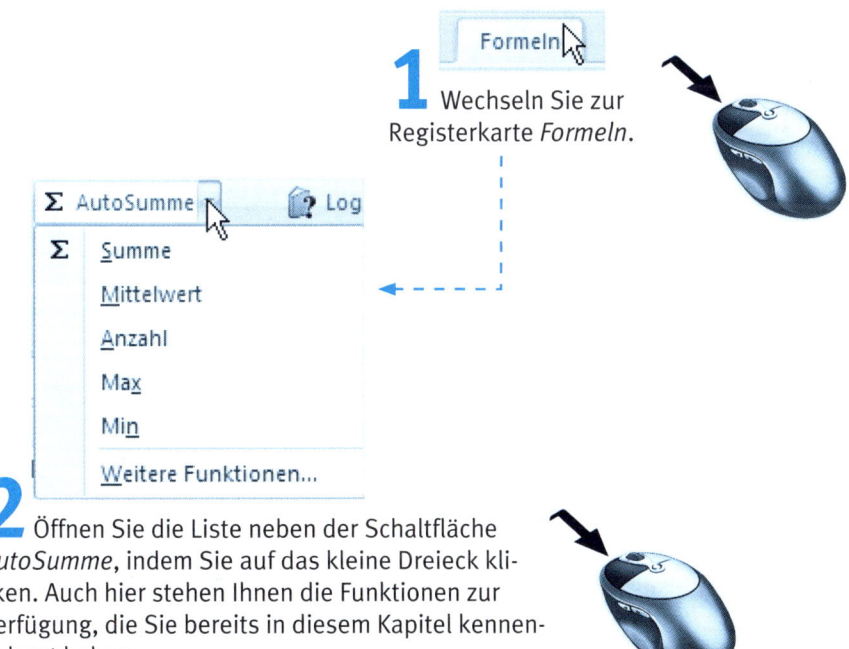

1 Wechseln Sie zur Registerkarte *Formeln*.

2 Öffnen Sie die Liste neben der Schaltfläche *AutoSumme*, indem Sie auf das kleine Dreieck klicken. Auch hier stehen Ihnen die Funktionen zur Verfügung, die Sie bereits in diesem Kapitel kennengelernt haben.

Wie beim bereits bekannten *Funktions-Assistenten* bieten die hier gezeigten Schaltflächen die Kategorien von Funktionen an. Klicken Sie eine Schaltfläche an, stehen Ihnen die entsprechenden Funktionen zur Verfügung.

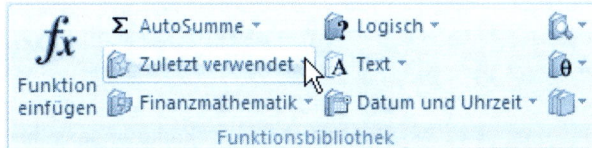

Hinweis

Über die Schaltfläche *Funktion einfügen* starten Sie den *Funktions-Assistenten*.

Funktionen in der Statusleiste

In der *Statusleiste* (dort, wo auch der Zoom eingeblendet ist) können Sie sich Funktionen wie *MAX*, *MIN* oder den *MITTELWERT* anzeigen lassen. Sie lesen hier das Ergebnis von markierten Zellenbereichen. Sie können von hier aus die Funktion also nicht ausführen.

Anzahl Tore
28
25
31
24
36
19
22
17
16
24
19

1 Markieren Sie den Zellenbereich, hier im Beispiel »Tore«.

Summe: 261 | 100 %

2 Platzieren Sie den Mauszeiger unten auf die *Statusleiste*. Sie erkennen, dass hier bereits die Summe der markierten Zellen angezeigt wird. Klicken Sie mit der rechten Maustaste.

	Mittelwert	23,72727273
✓	Anzahl	11
	Numerische Zahl	
	Minimum	
	Maximum	36
✓	Summe	261

3 Ein Menü öffnet sich. Die Einträge mit dem Häkchen sind bereits in der Statusleiste aktiviert. Klicken Sie hier z. B. *Maximum* an.

	Mittelwert
✓	Anzahl
	Numerische Zahl
	Minimum
✓	Maximum
✓	Summe

4 Klicken Sie eine beliebige Stelle innerhalb des Tabellenblatts an. Das Menü blendet sich aus.

Das Maximum der markierten Zellen wird in der Statusleiste angezeigt. Auf die gleiche Art und Weise blenden Sie Angaben in der Statusleiste auch wieder aus.

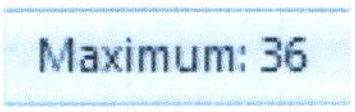

Maximum: 36

Bedingte Formatierungen

Auf der Registerkarte *Start* können Sie *bedingte Formatierungen* für Zellen angeben. Sie heben hier besondere Zellen bzw. unübliche Werte farblich hervor. Sie müssen die Zellen dazu angeben.

Achtung
Sie müssen die Zellen markieren, um *bedingte Formatierungen* durchzuführen.

Die Datenbalken

Die Werte in Zellen werden zusätzlich anhand von Balken dargestellt.

	A	B
4	**Sportverein**	**Anzahl Tore**
5	Nürnberg	28
6	Schalke 04	25
7	Bayern München	31
8	Borussia Dortmund	24
9	Werder Bremen	36
10	Bayer Leverkusen	19
11	Hamburger SV	22
12	Eintracht Frankfurt	17
13	Arminia Bielefeld	16
14	Hertha BSC Berlin	24
15	Hannover 96	19
16		

Bedingte Formatierung ▾
Als Tabelle formatieren ▾
Zellenformatvorlagen ▾
Formatvorlagen

1 Markieren Sie den Zellenbereich, hier im Beispiel »Tore«.

2 Klicken Sie auf der Registerkarte *Start* die Schaltfläche *Bedingte Formatierung* an.

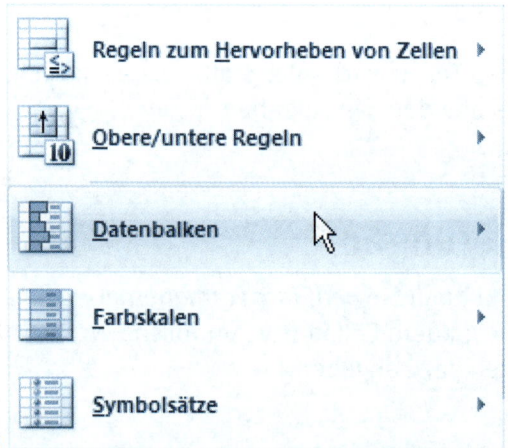

Regeln zum <u>H</u>ervorheben von Zellen ▸

<u>O</u>bere/untere Regeln ▸

<u>D</u>atenbalken ▸

<u>F</u>arbskalen ▸

<u>S</u>ymbolsätze ▸

3 Zeigen Sie mit dem Mauszeiger auf den Eintrag *Datenbalken*.

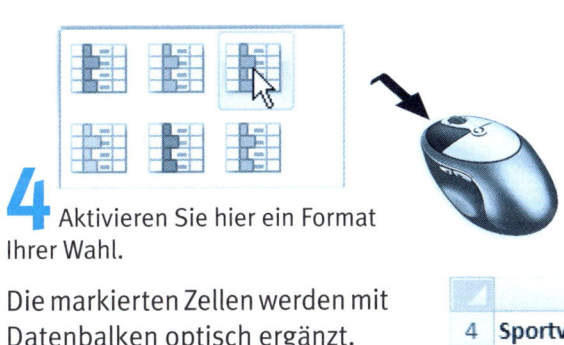

4 Aktivieren Sie hier ein Format Ihrer Wahl.

Die markierten Zellen werden mit Datenbalken optisch ergänzt.

	A	B
4	**Sportverein**	**Anzahl Tore**
5	Nürnberg	28
6	Schalke 04	25
7	Bayern München	31
8	Borussia Dortmund	24
9	Werder Bremen	36
10	Bayer Leverkusen	19
11	Hamburger SV	22
12	Eintracht Frankfurt	17
13	Arminia Bielefeld	16
14	Hertha BSC Berlin	24
15	Hannover 96	19
16		

5 Klicken Sie auf die Schaltfläche *Rückgängig*, da Sie noch andere bedingte Formatierungen kennenlernen werden.

Bestimmte Werte anzeigen

Sie geben an, dass nur bestimmte Zellen eine Formatierung erhalten sollen, wenn sie ein Kriterium erfüllen. In diesem Beispiel werden Zellen hervorgehoben, deren Werte über dem Durchschnitt liegen.

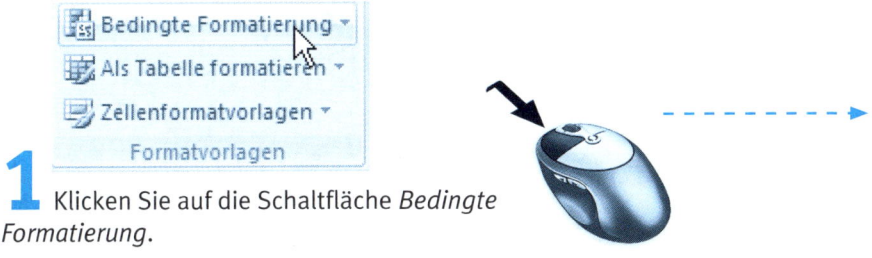

1 Klicken Sie auf die Schaltfläche *Bedingte Formatierung*.

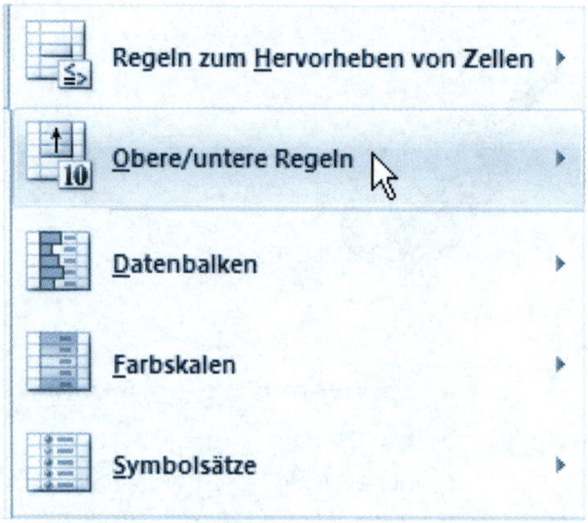

Regeln zum <u>H</u>ervorheben von Zellen ▸

<u>O</u>bere/untere Regeln ▸

<u>D</u>atenbalken ▸

<u>F</u>arbskalen ▸

<u>S</u>ymbolsätze ▸

2 Zeigen Sie mit dem Mauszeiger auf den Eintrag *Obere/untere Regeln*.

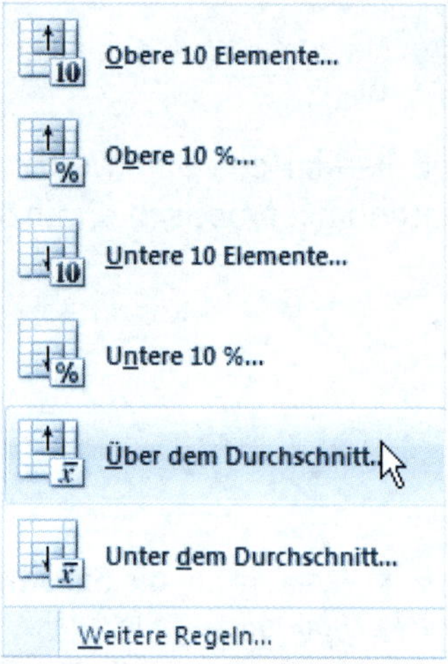

O<u>b</u>ere 10 Elemente...

O<u>b</u>ere 10 %...

<u>U</u>ntere 10 Elemente...

Un<u>t</u>ere 10 %...

Über dem Durchschnitt...

Unter <u>d</u>em Durchschnitt...

<u>W</u>eitere Regeln...

3 Hier haben Sie die Auswahl, welche Regel zutreffen soll. Aktivieren Sie in diesem Beispiel *Über dem Durchschnitt*.

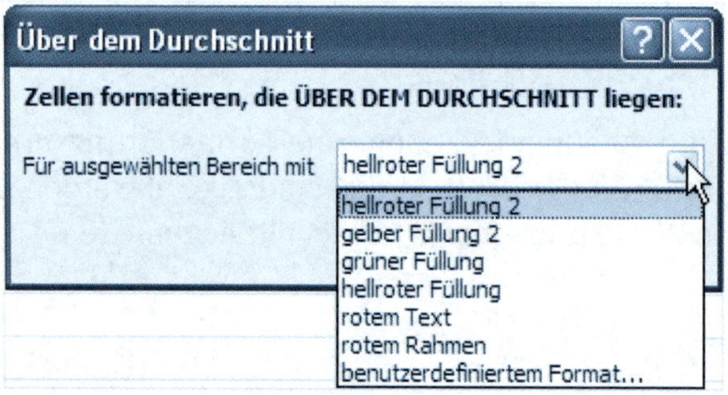

Über dem Durchschnitt ? ✕

Zellen formatieren, die ÜBER DEM DURCHSCHNITT liegen:

Für ausgewählten Bereich mit | hellroter Füllung 2 ▾

hellroter Füllung 2
gelber Füllung 2
grüner Füllung
hellroter Füllung
rotem Text
rotem Rahmen
benutzerdefiniertem Format...

4 Geben Sie an, wie die zutreffenden Zellen hervorgehoben werden sollen.

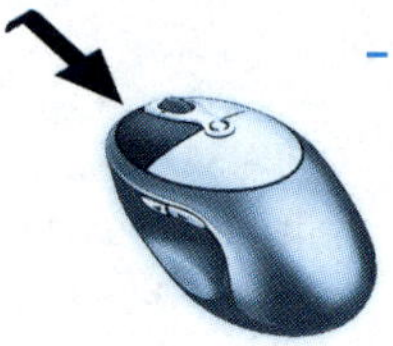

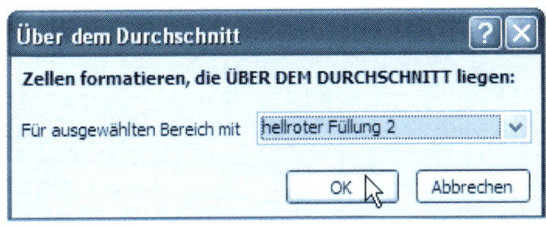

5 Bestätigen Sie über die Schaltfläche *OK*.

Anzahl Tore

28
25
31
24
36
19
22
17
16
24
19

Die Zellenwerte, die hier im Beispiel über dem Durchschnitt liegen, werden hervorgehoben.

6 Klicken Sie auf die Schaltfläche *Rückgängig*, da Sie noch eine andere bedingte Formatierung kennenlernen werden.

Die Symbolsätze

Sie können Symbole anlegen, wenn bestimmte Bedingungen für Zellen zutreffen. In diesem Beispiel legen Sie selbst ein Kriterium an.

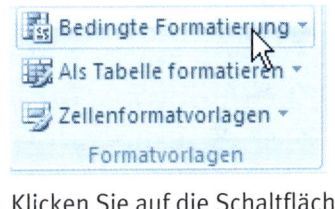

1 Klicken Sie auf die Schaltfläche *Bedingte Formatierung*.

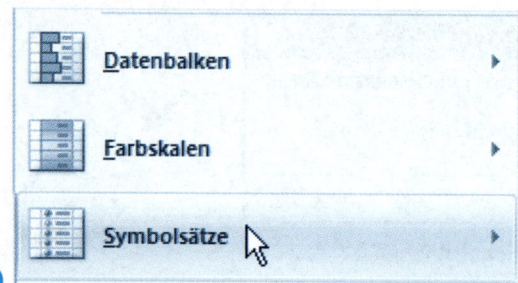

2 Zeigen Sie mit dem Mauszeiger auf den Eintrag *Symbolsätze*.

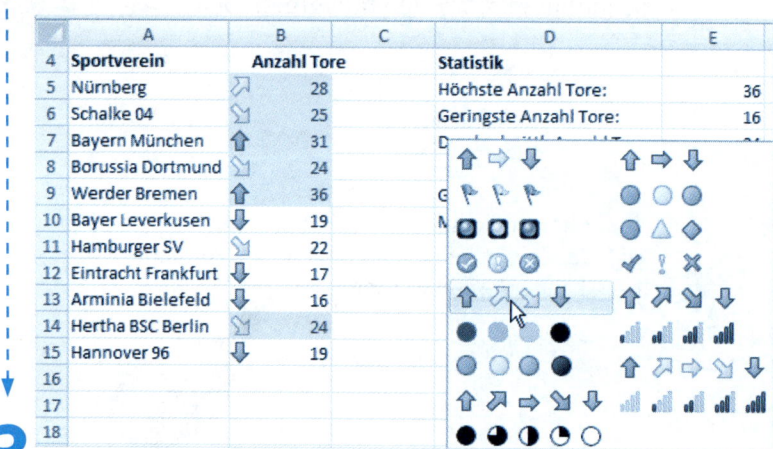

3 Bewegen Sie den Mauszeiger auf die einzelnen Darstellungen und sehen Sie sich die Vorschau in den markierten Zellen an.

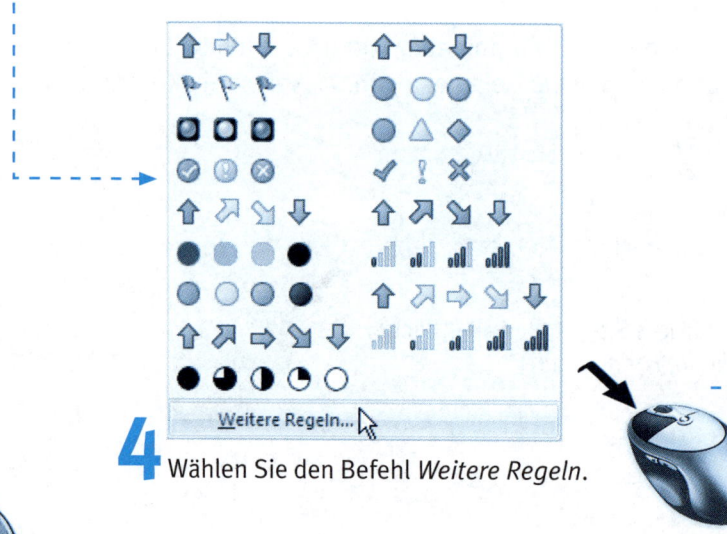

4 Wählen Sie den Befehl *Weitere Regeln*.

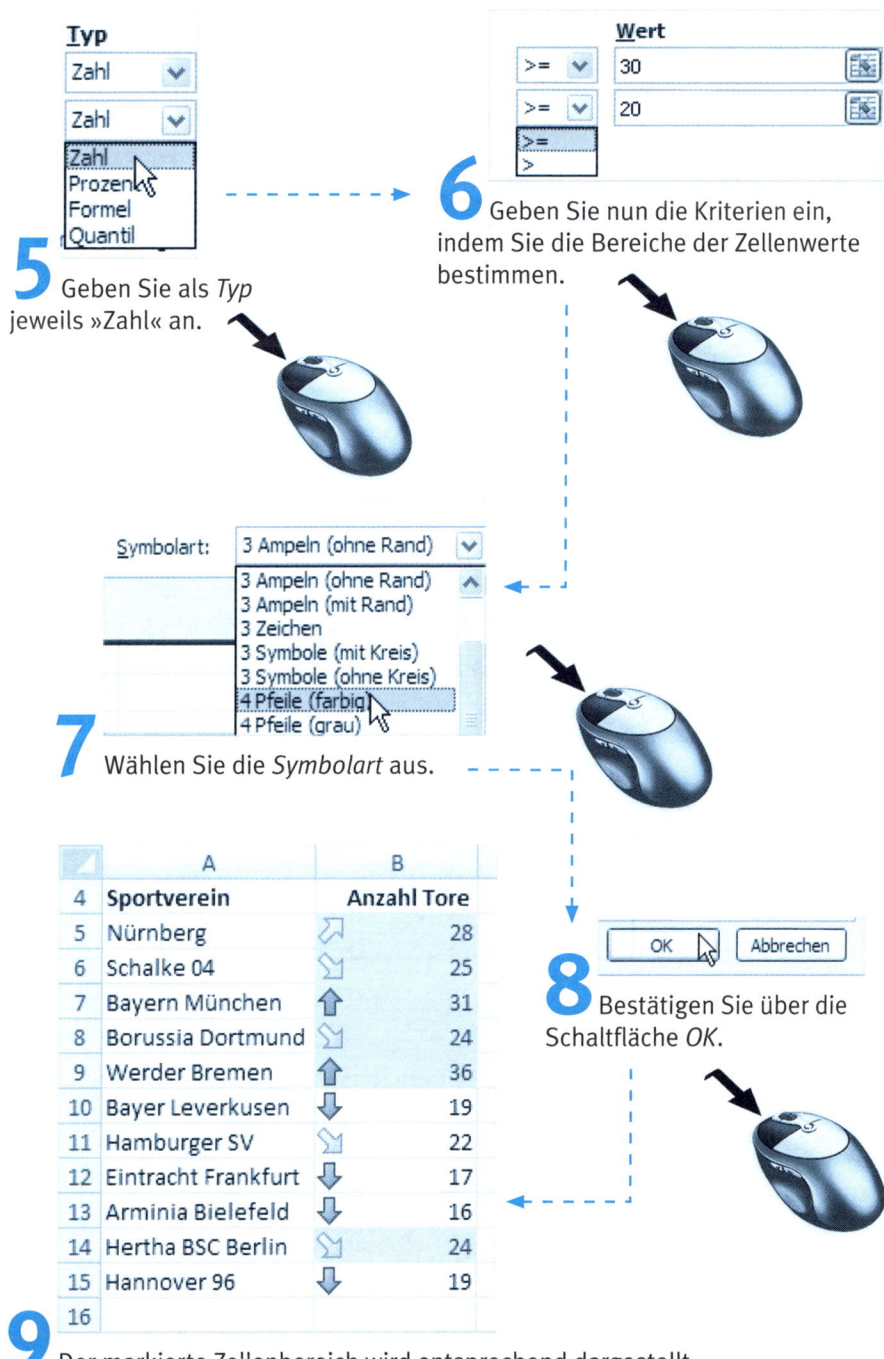

5 Geben Sie als *Typ* jeweils »Zahl« an.

6 Geben Sie nun die Kriterien ein, indem Sie die Bereiche der Zellenwerte bestimmen.

7 Wählen Sie die *Symbolart* aus.

8 Bestätigen Sie über die Schaltfläche *OK*.

9 Der markierte Zellenbereich wird entsprechend dargestellt.

Tipps zum Kapitel

1. Klicken Sie mit der linken Maustaste eine Zelle an, in der eine Formel bzw. Funktion steht, zeigt Ihnen Excel an, aus welchem Bereich die Auswertungen stammen. Auch hier können Sie schnell Funktionen ändern.

	A	B	C	D	E	F	G
	ZÄHLENWENN ▼ ⊙ X ✓ fx	=ZÄHLENWENN(Tore;">25")					
4	**Sportverein**	**Anzahl Tore**		**Statistik**			
5	Nürnberg	28		Höchste Anzahl Tore:	36		
6	Schalke 04	25		Geringste Anzahl Tore:	16		
7	Bayern München	31		Durchschnittl. Anzahl Tore:	24		
8	Borussia Dortmund	24					
9	Werder Bremen	36		Gesamtzahl der Vereine:	11		
10	Bayer Leverkusen	19		Mehr als 25 erzielte Tore:	=ZÄHLENWENN(Tore;">25")		
11	Hamburger SV	22			ZÄHLENWENN(Bereich; Suchkriterien)		
12	Eintracht Frankfurt	17					
13	Arminia Bielefeld	16					
14	Hertha BSC Berlin	24					
15	Hannover 96	19					
16							

2. Excel ermittelt in Tabellen schnell die Funktionsergebnisse.

   Sie brauchen nur die Tabelle einschließlich Ergebniszellen zu markieren und die Funktion zu aktivieren.

	A	B	C	D	E	F
2				**Umsätze**		
3	**Monat/Vertreter**	**Adam**	**Müller**	**Schulze**	**Zimmer**	**Mittelwert**
4	**Januar**	20.000,00 €	30.000,00 €	17.000,00 €	16.000,00 €	20.750 €
5	**Februar**	15.000,00 €	40.000,00 €	14.000,00 €	17.000,00 €	21.500 €
6	**März**	34.000,00 €	20.000,00 €	25.000,00 €	18.000,00 €	24.250 €
7	**Mittelwert**	23.000,00 €	30.000,00 €	18.666,67 €	17.000,00 €	22.167 €

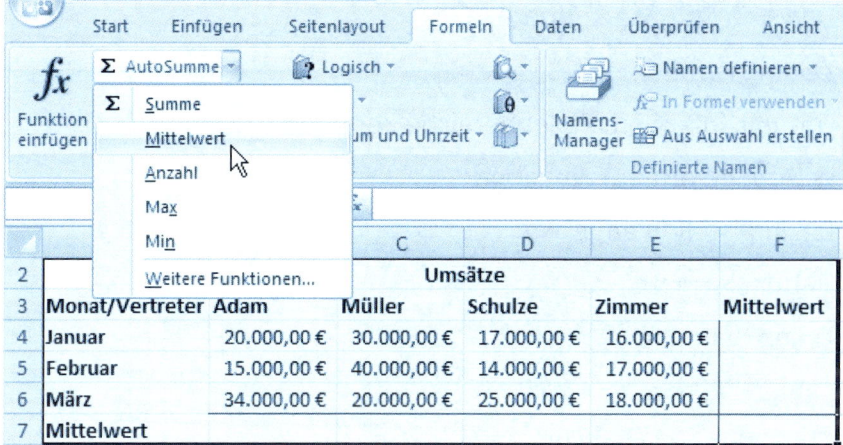

		C	D	E	F
2			Umsätze		
3	Monat/Vertreter	Adam	Müller	Schulze	Zimmer	Mittelwert
4	Januar	20.000,00 €	30.000,00 €	17.000,00 €	16.000,00 €	
5	Februar	15.000,00 €	40.000,00 €	14.000,00 €	17.000,00 €	
6	März	34.000,00 €	20.000,00 €	25.000,00 €	18.000,00 €	
7	Mittelwert					

3. Sie können sich sämtliche Formeln und Funktionen in den Zellen des Tabellenblatts anzeigen lassen. Dazu geben Sie auf der Registerkarte Formeln die Schaltfläche Formeln anzeigen an. Pro Mausklick schalten Sie die Anzeige der Formeln ein und aus.

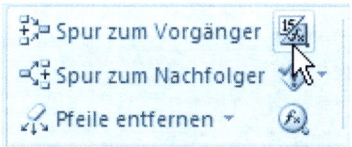

Kapitel 13

Gut organisiert: ein Kassenbuch führen

Gleichgültig, ob als Geschäftsmann oder für den privaten Haushalt: Ein Kassenbuch zu führen kann immer eine sinnvolle Sache sein. Etwas ausgeben ist easy! Doch »Kasse machen« ist da schon schwerer. Anhand eines übersichtlichen Kassenbuchs halten Sie immer fest, wofür Sie Ihr Geld ausgegeben haben. Sie stellen die Einnahmen den Ausgaben gegenüber und ermitteln so stets den aktuellen Kassenbestand. Excel addiert bzw. subtrahiert den Betrag von selbst, und das nicht nur einmal, sondern auch von Tag zu Tag, von Monat zu Monat und von Jahr zu Jahr. Dazu arbeiten Sie mit »Wenn ... dann ... sonst ...«. Wenn also in die Kasse etwas reinkommt, dann wird das Geld halt mehr, sonst wird es weniger!

Ein Tabellenblatt markieren

Aus Gründen der Einheitlichkeit weisen Sie dem gesamten Tabellenblatt zunächst denselben Schriftgrad »12« zu.

Sie lernen im nächsten Schritt einfach kennen, ein Tabellenblatt zu markieren, um hier für alle Zellen eine einheitliche Formatierung zu vergeben.

Um ein Tabellenblatt zu markieren, wählen Sie die Schaltfläche, bei der sich Spalten- und Zeilenbezeichnung treffen.

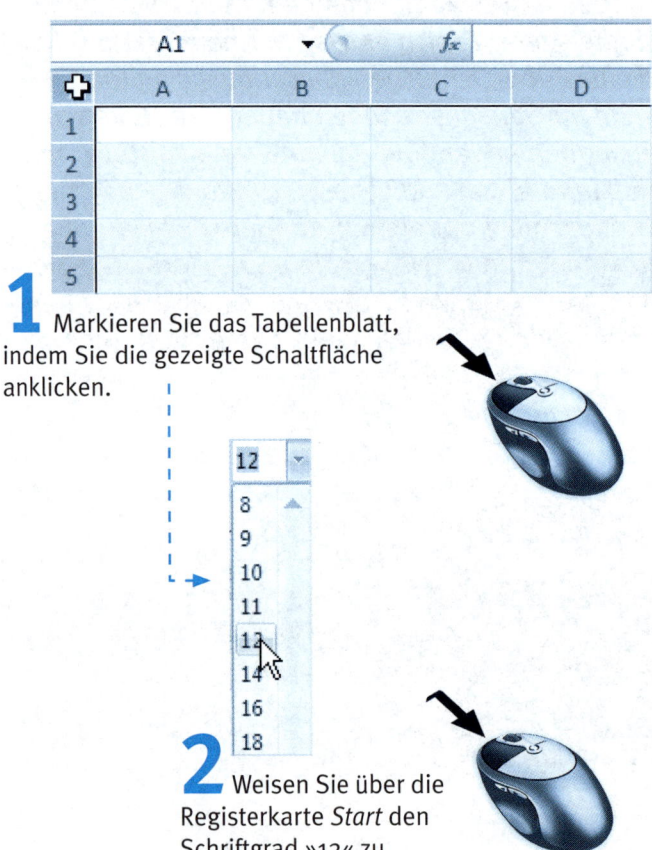

1 Markieren Sie das Tabellenblatt, indem Sie die gezeigte Schaltfläche anklicken.

2 Weisen Sie über die Registerkarte *Start* den Schriftgrad »12« zu.

Sämtliche Zellen des Tabellenblatts sind einheitlich mit dem Schriftgrad »12« formatiert. Mit einem beliebigen Mausklick in das Tabellenblatt heben Sie die Markierung auf.

Der Aufbau des Kassenbuchs

Als Erstes legen Sie fest, worum es geht. Sie entwerfen ein »Kassenbuch« und dieser Begriff sollte im Tabellenblatt erscheinen.

> **Achtung**
>
> Werden Betriebseinnahmen nur handschriftlich täglich festgehalten, kann das Finanzamt anhand von Richtsätzen Schätzungen vornehmen. Um das zu vermeiden, sollten Sie ein Kassenbuch wie hier vorgestellt führen.

Sie heben den Ausdruck »Kassenbuch« hervor, indem Sie eine andere Schriftgröße wählen.

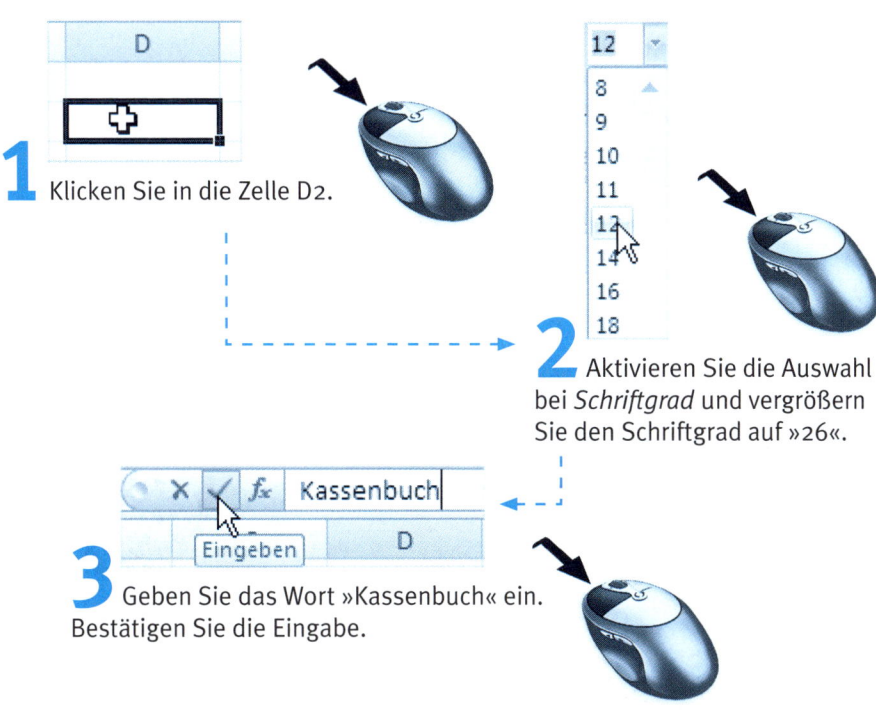

1 Klicken Sie in die Zelle D2.

2 Aktivieren Sie die Auswahl bei *Schriftgrad* und vergrößern Sie den Schriftgrad auf »26«.

3 Geben Sie das Wort »Kassenbuch« ein. Bestätigen Sie die Eingabe.

Was soll das Kassenbuch alles aufzeigen? Sie könnten sich die einzelnen Mehrwertsteuerbeträge von Excel errechnen lassen. Ferner kann das Belegdatum angegeben werden.

Aus Gründen der Übersicht wurden in diesem Kapitel nur die Einnahmen den Ausgaben gegenübergestellt, sonst würden Sie als Einsteiger den »Wald vor lauter Bäumen« nicht sehen. Wie Sie Ihre Kasse anlegen, bleibt natürlich Ihnen überlassen! In diesem Kapitel stellen Sie das Gerüst dazu auf. Das »Kassenhäuschen« können Sie anschließend an Ihre persönlichen Anforderungen anpassen.

In diesem Beispiel ermitteln Sie ebenfalls den aktuellen Kassenbestand. Die Werte in den entsprechenden Zellen folgen später, wenn Sie die tatsächlichen Einnahmen und Ausgaben in die entsprechenden Felder eintragen.

> **Hinweis**
>
> Für den Aufbau des Kassenbuchs sollten Sie die gleichen Zellen wählen, wie sie in diesem Kapitel vorgegeben sind!

Was fehlt noch bei einem »richtigen« Kassenbuch? Der Name der Firma! Sie geben ihn in Zelle B4 ein.

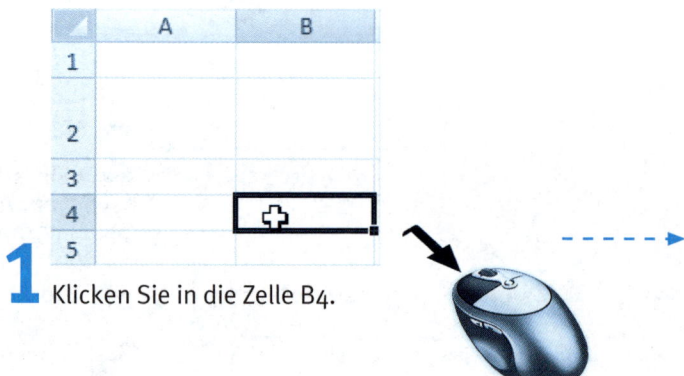

1 Klicken Sie in die Zelle B4.

2 Tragen Sie den Text ein.
Bestätigen Sie anschließend.

	A	B	C	D	E	F	G
1							
2				Kassenbuch			
3							
4			Firma ABC, Königstr. 4711, 44455 Musterhausen				
5							
6			Anfangsbestand:			Einnahmen:	
7			Monatsendbestand:			Ausgaben:	
8							

3 Schreiben Sie die weiteren Angaben in die entsprechenden Zellen.

B6: »Anfangsbestand:«

B7: »Monatsendbestand:«

F6: »Einnahmen:«

F7: »Ausgaben:«

Die Rahmen

Wie bereits erwähnt, ermitteln Sie die Zahlen später. Die Beträge erscheinen dann neben den betreffenden Texten.

Kassenbuch

Firma ABC, Königstr. 4711, 44455 Musterhausen

Anfangsbestand: Einnahmen:

Monatsendbestand: Ausgaben:

Um die Zellen noch stärker hervorzuheben, rahmen Sie diese ein.

Im Kassenbuch-Beispiel heben Sie die Zellen für Anfangsbestand und Monatsendbestand ebenso hervor.

Hinweis

Möchten Sie für zwei oder mehrere Zellen Rahmenlinien setzen, müssen die Zellen markiert sein.

Rahmenlinien können Sie nicht mit der ⌨Entf⌨-Taste löschen. Dazu müssen Sie die Rahmenauswahl noch einmal aktivieren und »Kein Rahmen« auswählen.

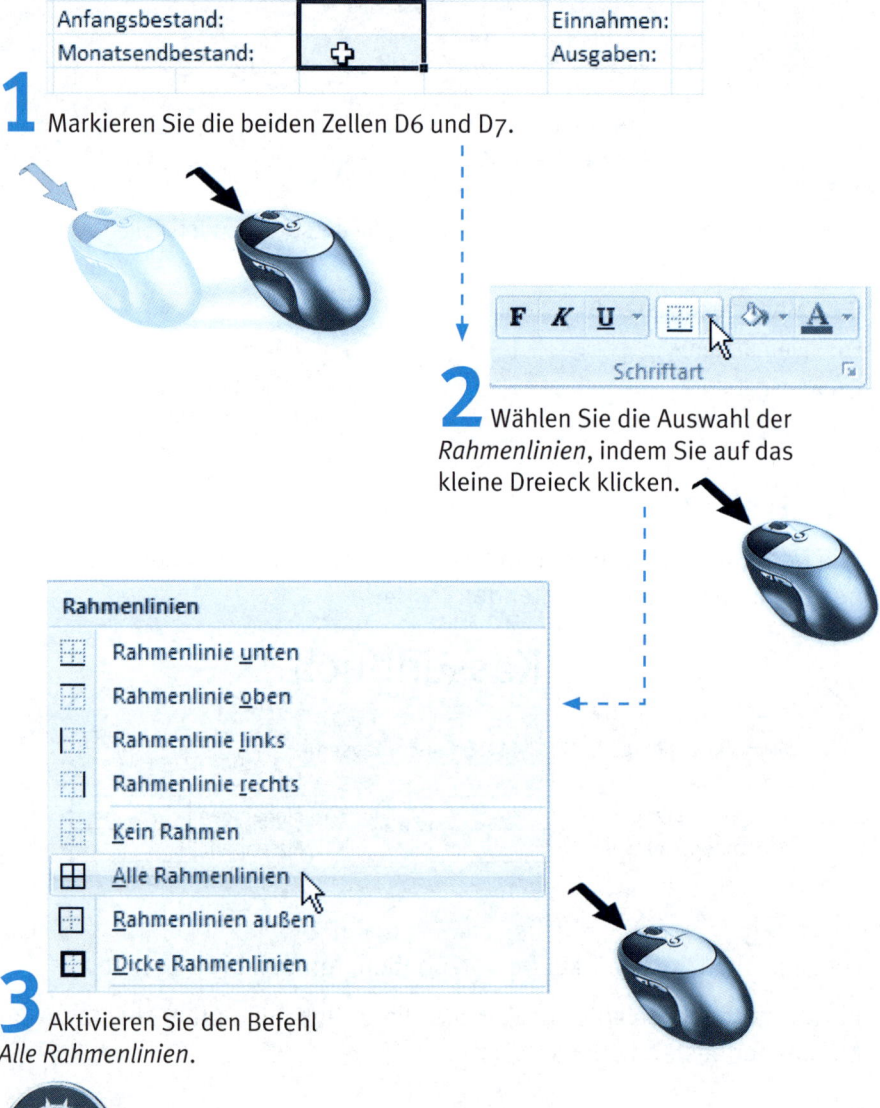

| Anfangsbestand: | | Einnahmen: |
| Monatsendbestand: | ✛ | Ausgaben: |

1 Markieren Sie die beiden Zellen D6 und D7.

F *K* U̲ ▾ ▦ ▾ ◇ ▾ A̲ ▾

Schriftart

2 Wählen Sie die Auswahl der *Rahmenlinien*, indem Sie auf das kleine Dreieck klicken.

Rahmenlinien

  Rahmenlinie u̲nten
  Rahmenlinie o̲ben
  Rahmenlinie l̲inks
  Rahmenlinie r̲echts
  K̲ein Rahmen
⊞ Alle Rahmenlinien
  Rahmenlinien a̲ußen
  Dicke Rahmenlinien

3 Aktivieren Sie den Befehl *Alle Rahmenlinien*.

Tipp

In Excel werden immer die zuletzt verwendeten Rahmenlinien aufgeführt. Möchten Sie diese wieder anwenden, brauchen Sie nicht
die gesamte Auswahl zu aktivieren, sondern nur die Schaltfläche
anzuklicken. Dieser Rahmen wird so lange angezeigt, bis Sie einen
anderen wählen.

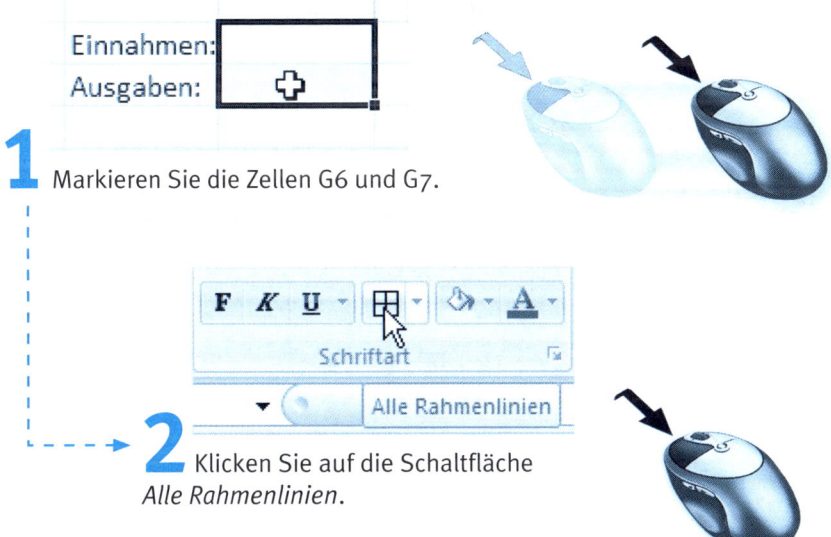

1 Markieren Sie die Zellen G6 und G7.

2 Klicken Sie auf die Schaltfläche
Alle Rahmenlinien.

Eine ganze Zeile »einrahmen«

Um die einzelnen Bereiche voneinander zu trennen, verwenden Sie wiederum eine Rahmenform, wobei der Ausdruck »Rahmen« vielleicht ein wenig
verwirrend erscheint, denn Sie wählen eine Darstellung, bei der nur die
untere Linie von Zellen doppelt unterstrichen wird.

Tipp

Um eine ganze Zeile zu markieren, klicken Sie links am Bildschirm die entsprechende Zeilennummer an. Sie können auf diese Art und Weise natürlich auch
mehrere Zeilen gleichzeitig markieren. Sie brauchen nur den Mauszeiger mit
gedrückter linker Maustaste nach oben oder nach unten zu bewegen.

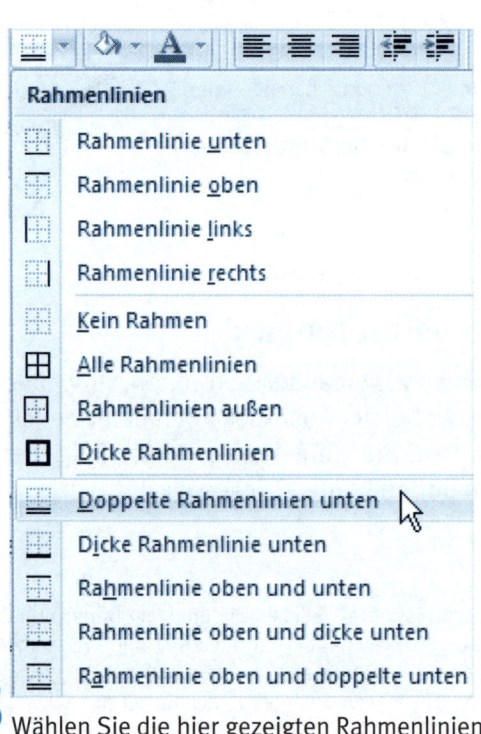

1 Bewegen Sie den Mauszeiger auf die neunte Zeile.

	Kassenbuch		
2			
3			
4	Firma ABC, Königstr. 4711, 44455 Musterhausen		
5			
6	Anfangsbestand:		Einnahmen:
7	Monatsendbestand:		Ausgaben:
8			

2 Klicken Sie einmal: Die gesamte Zeile ist markiert.

Rahmenlinien

- Rahmenlinie unten
- Rahmenlinie oben
- Rahmenlinie links
- Rahmenlinie rechts
- Kein Rahmen
- Alle Rahmenlinien
- Rahmenlinien außen
- Dicke Rahmenlinien
- Doppelte Rahmenlinien unten
- Dicke Rahmenlinie unten
- Rahmenlinie oben und unten
- Rahmenlinie oben und dicke unten
- Rahmenlinie oben und doppelte unten

3 Wählen Sie die hier gezeigten Rahmenlinien.

Die Spaltenbreite ändern

In den nächsten Schritten bereiten Sie die Zellen für das Kassenformular vor. So brauchen Sie später nur die Vorgänge mit den Einnahmen bzw. Ausgaben einzutragen.

Zum unteren Teil des Kassenbuchs! Sie wählen die Texte:

»lfd. Nr., Text, Einnahmen, Ausgaben, Kasse«

Um später mit den Zellen komfortabler arbeiten zu können, verändern Sie vorab die einzelnen Spaltenbreiten. Bei »lfd. Nr.« wird lediglich eine Zahl eingegeben. So groß braucht die Spalte nicht zu sein. Also verkleinern Sie diese. Die Spalte »Text« dagegen benötigt später bestimmt mehr Platz. Diese vergrößern Sie.

Sie bewegen den Mauszeiger zwischen zwei Spalten, bzw. präziser ausgedrückt: oben, zwischen die Spaltennamen. Der Mauszeiger verändert sein Aussehen. Sobald er dieses »Outfit« hat, können Sie mit gedrückter Maustaste die jeweilige Spaltenbreite ändern.

	A	B	C	D	E	F	G
1							
2				Kassenbuch			
3							
4		Firma ABC, Königstr. 4711, 44455 Musterhausen					
5							
6		Anfangsbestand:				Einnahmen:	
7		Monatsendbestand:				Ausgaben:	
8							
9							
10							
11		lfd. Nr.	Text	Einnahmen	Ausgaben	Kasse	
12							
13							
14							

1 Schreiben Sie den Text in die Zellen:

B11: »lfd. Nr.«

C11: »Text«

D11: »Einnahmen«

E11: »Ausgaben«

F11: »Kasse«

B	✛	C

2 Positionieren Sie den Mauszeiger zwischen der Trennlinie der Spaltennamen B und C.

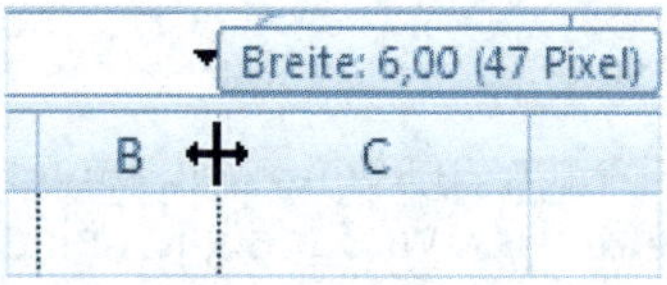

▾ Breite: 6,00 (47 Pixel)

B	✛	C	

3 Verkleinern Sie die Spalte B analog zur Abbildung auf »Breite: 6,00«.

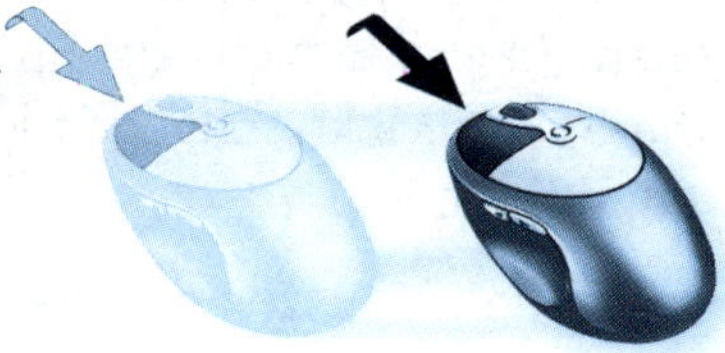

C	✛	D

4 Setzen Sie den Mauszeiger zwischen Spalte C und D.

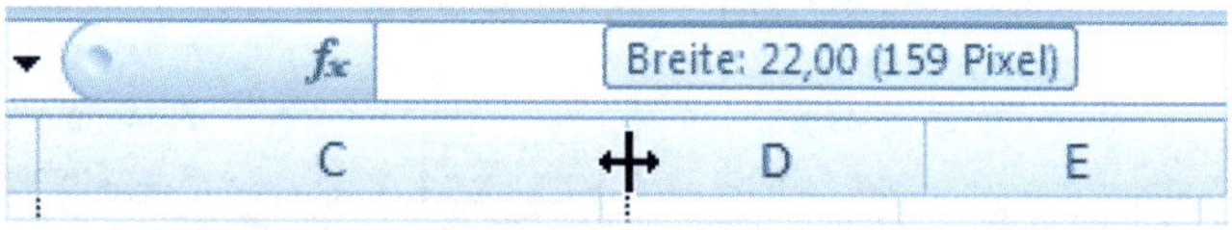

▾ ( ) *fx* Breite: 22,00 (159 Pixel)

C	✛	D	E

5 Vergrößern Sie die Spalte C entsprechend auf »Breite: 22,00«.

Sie markieren wiederum die Zellen und klicken auf die entsprechenden Rahmenlinien.

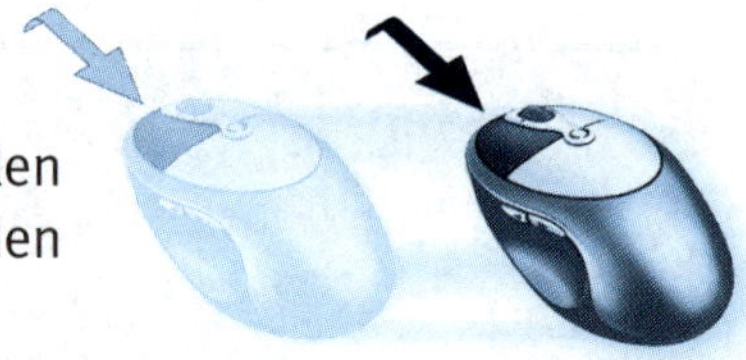

Hinweis

Eine ganze Zeile können Sie diesmal nicht markieren, da nur bestimmte Zellen eingerahmt werden sollen!

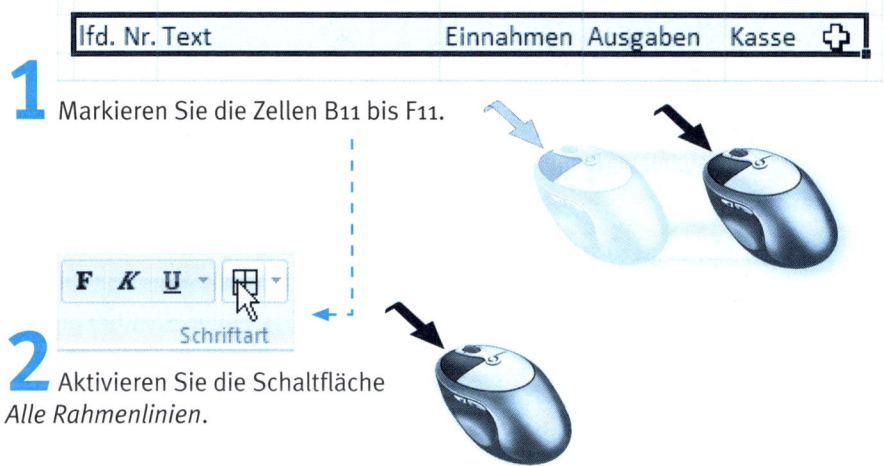

1 Markieren Sie die Zellen B11 bis F11.

2 Aktivieren Sie die Schaltfläche *Alle Rahmenlinien*.

Eine Rahmenlinie zeichnen

Auch die unteren Bereiche sollen durch zwei Rahmenlinien voneinander getrennt werden: durch einen linken Strich und einen rechten Strich.

Dazu verwenden Sie die Funktion *Rahmenlinien zeichnen*. Hier legen Sie mithilfe eines Stifts als Mauszeiger die Rahmenlinien einzeln fest.

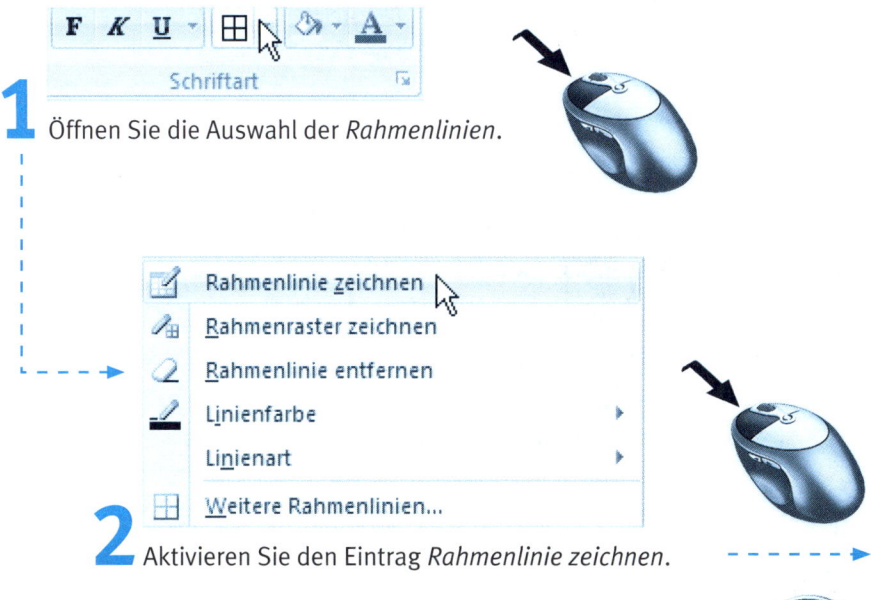

1 Öffnen Sie die Auswahl der *Rahmenlinien*.

2 Aktivieren Sie den Eintrag *Rahmenlinie zeichnen*.

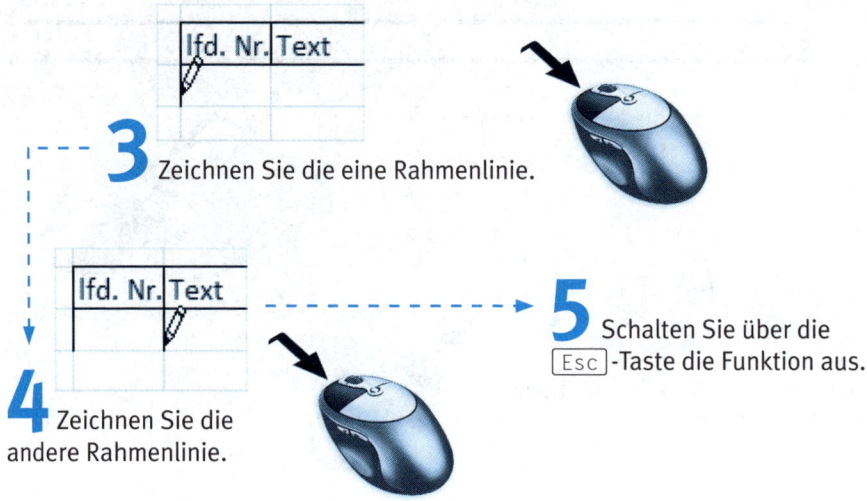

3 Zeichnen Sie die eine Rahmenlinie.

4 Zeichnen Sie die andere Rahmenlinie.

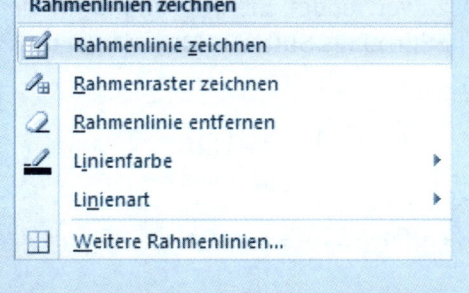

5 Schalten Sie über die Esc -Taste die Funktion aus.

Hinweis

Obwohl die Einträge es schon bezeichnen, sei hier noch einmal darauf hingewiesen.

Sie können über die Auswahl bei der Schaltfläche *Rahmen* über die Befehle *Rahmenlinie entfernen*, *Linienfarbe* und *Linienart* Rahmenlinien löschen, die Farben ändern und eine andere Linienart auswählen. Über den Befehl *Weitere Rahmenlinien* gelangen Sie in das Dialogfeld *Zellen formatieren* und dort auf die Registerkarte *Rahmen*. Hier legen Sie auch die Linienart und -farbe fest. Sie bestimmen auch, wo die Linien erscheinen sollen.

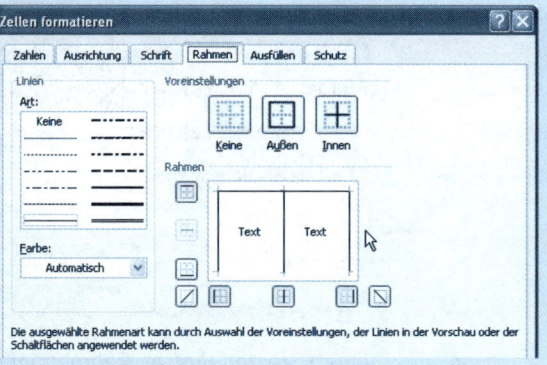

Rahmen kopieren

Bewegen Sie den Mauszeiger auf das Ausfüllkästchen und ziehen Sie mit gedrückter Maustaste in die übrigen Zellen. So werden die vorhandenen Rahmenlinien kopiert.

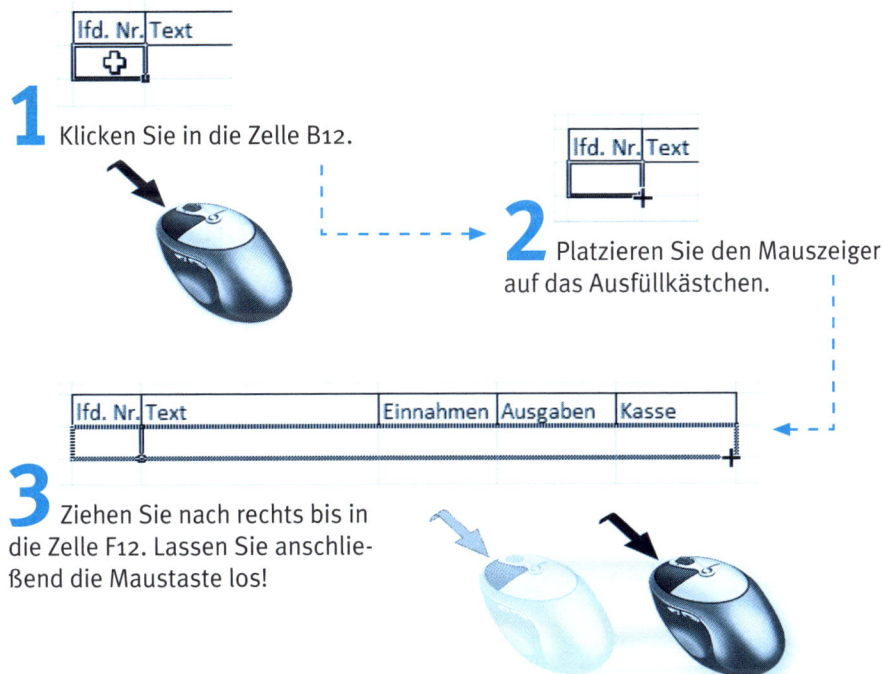

1 Klicken Sie in die Zelle B12.

2 Platzieren Sie den Mauszeiger auf das Ausfüllkästchen.

3 Ziehen Sie nach rechts bis in die Zelle F12. Lassen Sie anschließend die Maustaste los!

Haben Sie ein wenig Geduld! Tragen Sie noch keine weiteren Texte und Zahlen ein. Warum, das erfahren Sie später!

Ein Format für mehrere Zellen

Bei einem deutschen Kassenbuch geben Sie den Euro an.

> **Hinweis**
>
> Um eine Zelle zu formatieren, müssen Sie diese zuvor angeklickt haben. Wollen Sie zwei oder mehrere Zellen formatieren, markieren Sie den entsprechenden Zellenbereich.

Mehrere Zellen sollen mit dem Eurosymbol formatiert werden. Dazu verwenden Sie die ⌈Strg⌉-Taste, die Sie gedrückt halten müssen.

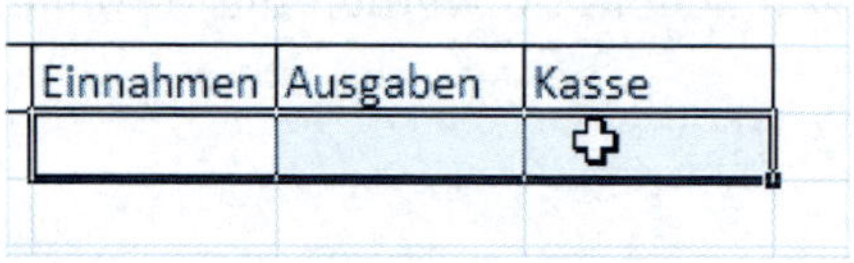

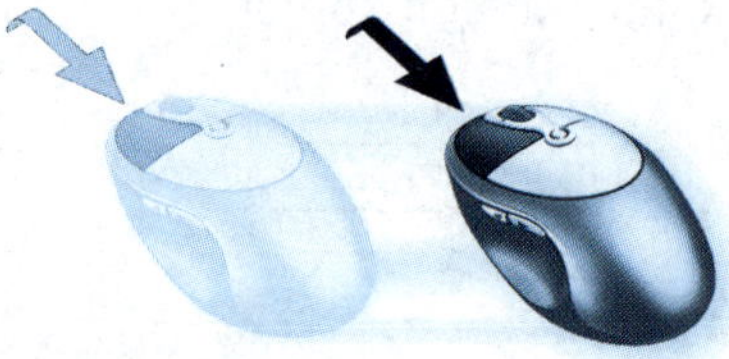

Einnahmen	Ausgaben	Kasse
		✚

1 Markieren Sie den Zellenbereich von D12 bis F12.

Kassenbuch

55 Musterhausen

		Einnahmen:	
		Ausgaben:	✚

2 Drücken Sie die ⌈Strg⌉-Taste nieder.

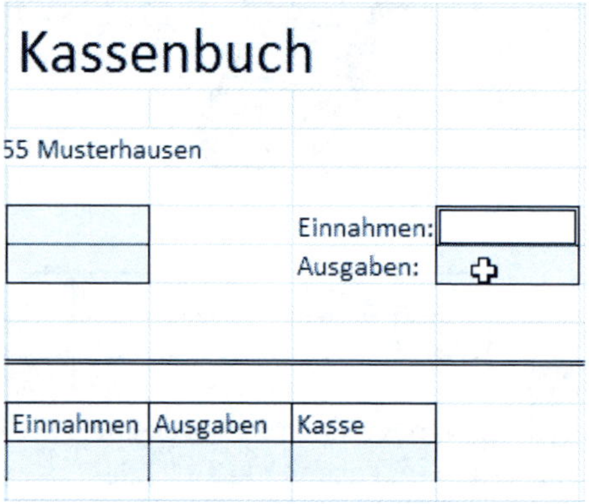

Einnahmen	Ausgaben	Kasse

3 Markieren Sie nun die Zellenbereiche »D6:D7« und »G6:G7«. Lassen Sie die ⌈Strg⌉-Taste los. Die Zellen, in denen das Euroformat stehen soll, sind markiert.

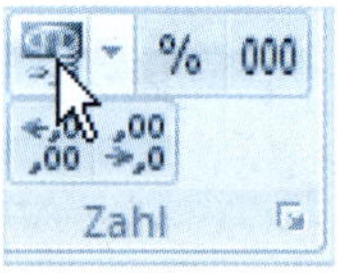

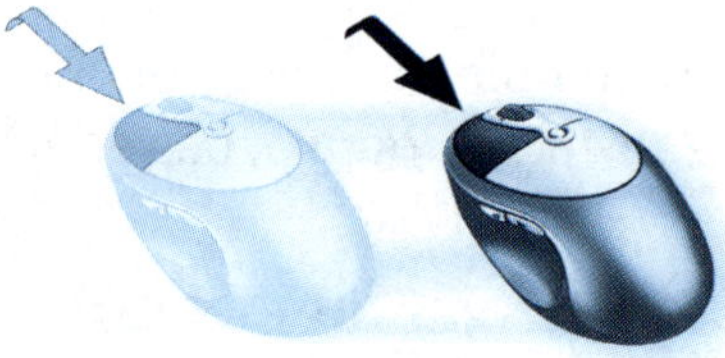

🔲 ▾   %   000
🔄 ,00   ,00 →,0
Zahl

4 Aktivieren Sie die Schaltfläche *Buchhaltungszahlenformat*.

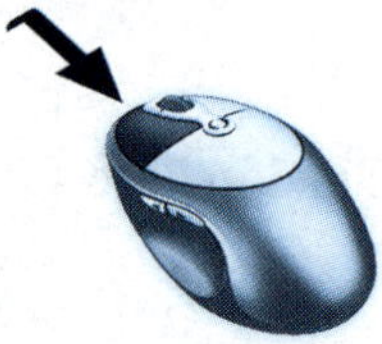

Die Zellen sind mit dem Euro formatiert. Tragen Sie noch keine Zahlen ein! Würden Sie welche eintragen, weiß Excel: Aha, in diese Zelle kommt das Währungsformat »Euro« mit zwei Dezimalstellen hin.

Die Schriftfarben

Bei Ausgaben sieht man »rot«! Was liegt näher, als die Zahlen für die Ausgaben in der Farbe Rot darzustellen. Es stehen aber noch weitere Farben zur Auswahl. Klicken Sie auf den Pfeil neben der Schaltfläche *Schriftfarbe*, erhalten Sie eine Palette verschiedenster Farben. So könnten Sie bei Postsachen »Gelb« wählen. Mit einem Mausklick auf die gewünschte Farbe – hier Rot – formatieren Sie die aktivierte Zelle.

Die zuletzt ausgesuchte Farbe erscheint in der Schaltfläche *Schriftfarbe* so lange, bis Sie eine andere auswählen.

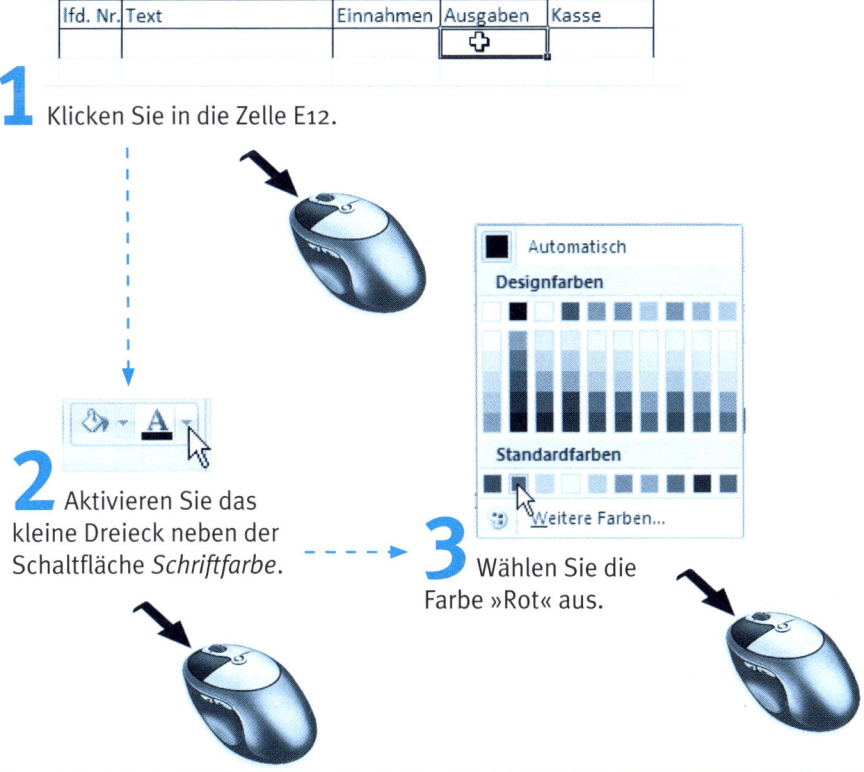

1 Klicken Sie in die Zelle E12.

2 Aktivieren Sie das kleine Dreieck neben der Schaltfläche *Schriftfarbe*.

3 Wählen Sie die Farbe »Rot« aus.

Achtung

Möchten Sie eine Schriftfarbe wieder aufheben, wählen Sie in der Farbpalette *Automatisch* aus.

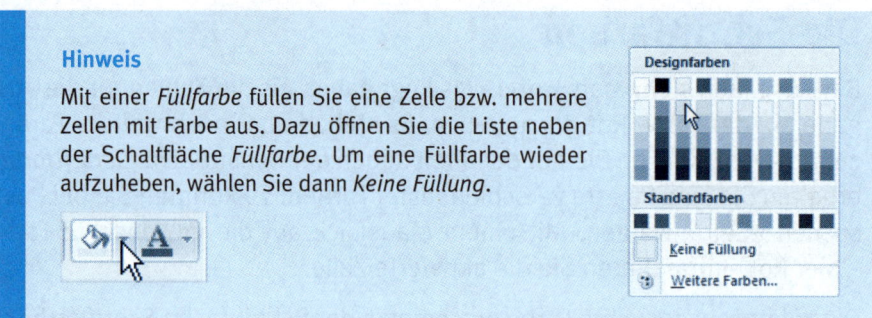

Hinweis

Mit einer *Füllfarbe* füllen Sie eine Zelle bzw. mehrere Zellen mit Farbe aus. Dazu öffnen Sie die Liste neben der Schaltfläche *Füllfarbe*. Um eine Füllfarbe wieder aufzuheben, wählen Sie dann *Keine Füllung*.

Wenn ... Dann ... Sonst ...

Es müssen noch die Formeln angegeben werden. Es ist nur eine, und zwar für den aktuellen Kassenbestand. Im ersten Fall soll der »Anfangsbestand« und die »Einnahme« addiert werden. Da Sie aber nicht wissen, ob der erste Vorgang eine Einnahme oder Ausgabe ist, kann es natürlich auch sein, dass der Kassenbestand sich um die Ausgaben vermindert.

Sie geben Excel in einer Formel an:

Wenn es sich um eine Einnahme handelt, soll die Software addieren, handelt es sich dagegen um eine Ausgabe, muss subtrahiert werden. Sie benötigen die Funktion *WENN*.

Wenn	Berechnung
Einnahme	Kassenbestand + Einnahme
Ausgabe	Kassenbestand – Ausgabe

Welche Wege es gibt, um eine Formel und/oder Funktion zu suchen, zu finden und einzufügen, haben Sie im letzten Kapitel kennen gelernt.

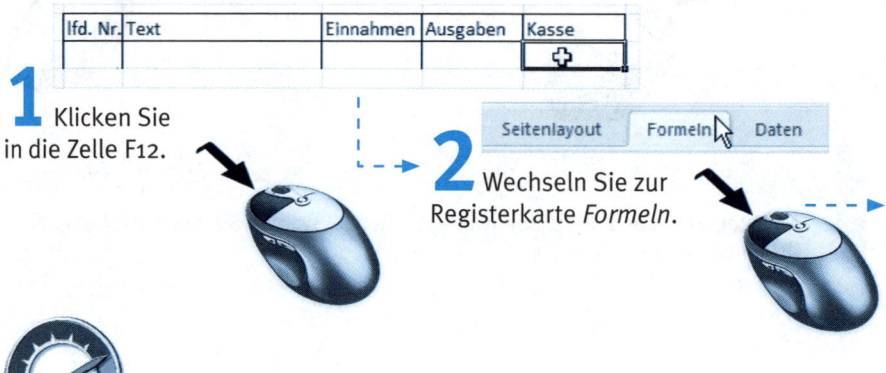

1 Klicken Sie in die Zelle F12.

2 Wechseln Sie zur Registerkarte *Formeln*.

3 Aktivieren Sie die Schaltfläche *Logisch*.

4 Starten Sie die Funktion *Wenn*.

Eine Eingabefläche verschieben

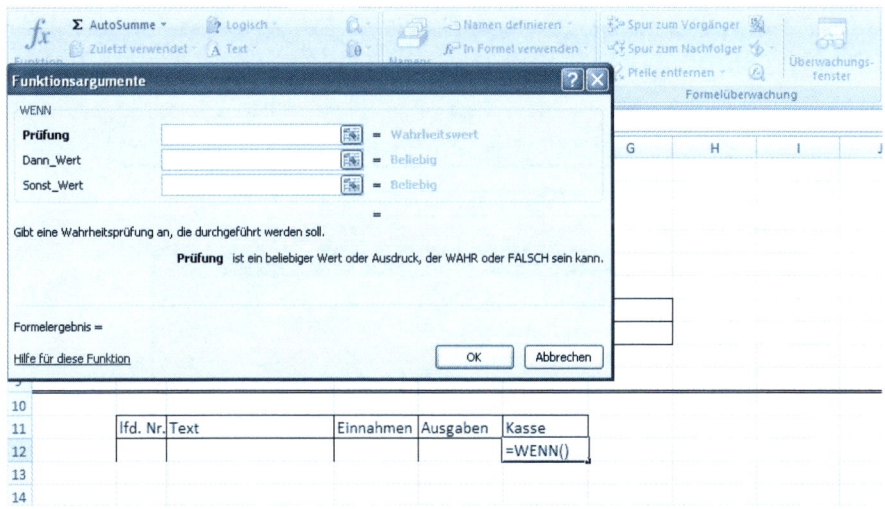

Sie benötigen die Zellen, die von der Eingabefläche verdeckt werden. Daher positionieren Sie diese in Ihrem Tabellenblatt anders.

Um sie im Tabellenblatt zu bewegen, klicken Sie einfach eine graue Fläche an und halten die Maustaste gedrückt. Der Mauszeiger verwandelt sich in einen Pfeil.

Während des Verschiebens erkennen Sie einen gestrichelten Kasten, der die Größe der Eingabefläche hat. Bewegen Sie diesen auf die neue Position innerhalb des Tabellenblatts. (Wenn Sie den Funktions-Assistenten später erneut starten, erscheint die Eingabefläche wieder an der alten Position. Das Verschieben gilt also nur einmalig.)

1 Bewegen Sie den Mauszeiger auf eine beliebige graue Fläche innerhalb der Eingabefläche.

2 Ziehen Sie mit gedrückter Maustaste die Eingabefläche genau unter die Zellen B12 bis F12, die Sie gleich benötigen.

Natürlich können Sie die Zellennamen auch in die Felder eintippen. Aber so haben Sie einen einfacheren Weg.

Hinweis

Sie können auch Zellen angeben, indem Sie auf diese Schaltfläche klicken.

Prüfung	
Dann_Wert	
Sonst_Wert	

Wenn ...

Wenn das Wörtchen »Wenn« nicht wäre! Der Computer kennt nur zwei Fälle bzw. Zustände:

Ja oder Nein!

Wenn es keine Frau ist, dann ist es für das Programm ein Mann. Eine Mitte gibt es nicht (für die Software).

Bedingung	Bedingung trifft nicht zu
Mann	Frau
Hören	Taub
Sehen	Blind
Tod	Leben
Ein	Aus
Einnahmen	Ausgaben

In diesem Beispiel suchen Sie eine Bedingung. *Wenn's* keine Einnahme ist, *dann* kann's nur eine Ausgabe sein. Etwas dazwischen gibt es nicht!

Sie tragen die Bedingung ein:

»Einnahmen >0«

Wird bei Einnahmen ein Wert eingetragen, weiß Excel, es ist ein Zugang und muss addiert werden.

Ist es keine Einnahme, weiß Excel, es kann nur eine Ausgabe sein.

Wenn ...	Berechnung
Einnahme	Kassenbestand + Einnahme
Keine Einnahme	Kassenbestand – Ausgabe

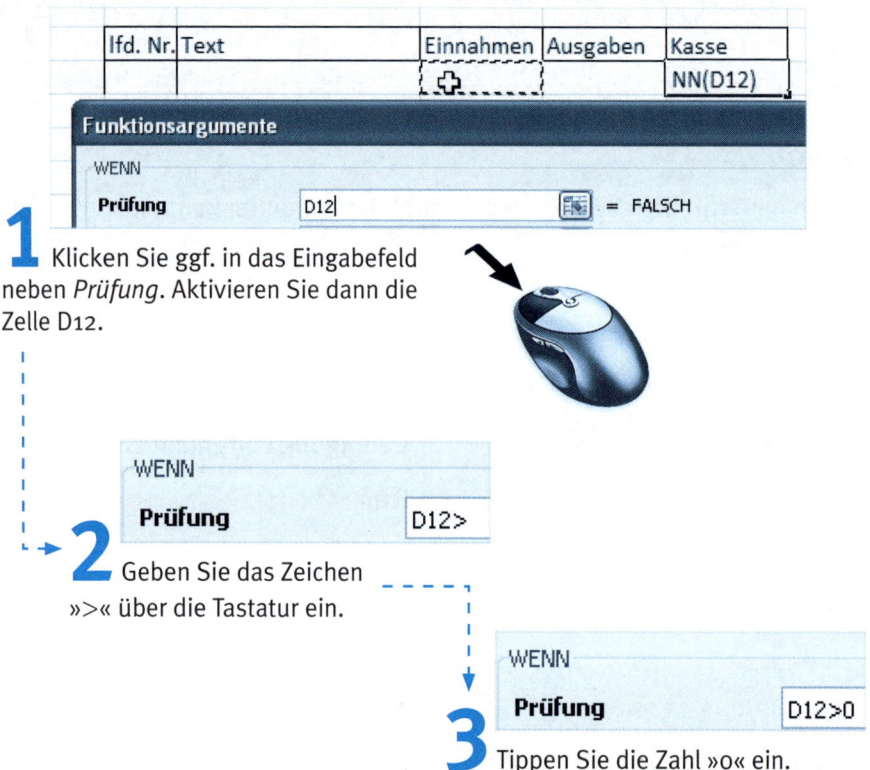

1 Klicken Sie ggf. in das Eingabefeld neben *Prüfung*. Aktivieren Sie dann die Zelle D12.

2 Geben Sie das Zeichen »>« über die Tastatur ein.

3 Tippen Sie die Zahl »0« ein.

... Dann ...

Handelt es sich um eine **Einnahme,** sollen der Anfangsbestand und die Einnahme addiert werden.

Wenn ...	Berechnung
Einnahme	Kassenbestand + Einnahme

Tipp

Sie brauchen das Pluszeichen (+) nicht mit anzugeben. Wenn Sie kein Rechenzeichen angeben, weiß Excel, dass die angeklickten Zellen addiert werden sollen.

Funktionsargumente

WENN

Prüfung	D12>0
Dann_Wert	
Sonst_Wert	

1 Setzen Sie die Einfügemarke in das Eingabefeld neben *Dann_Wert*.

5		
6	Anfangsbestand:	
7	Monatsendbestand:	
8		
9		
10		
11	lfd. Nr. Text	Einnahmen Ausg
12		
13		
14		
15		
16		
17		

Funktionsargumente

WENN

| **Prüfung** | D12>0 |
| Dann_Wert | D6 |

2 Klicken Sie in die Zelle D6.

| **Prüfung** | D12>0 |
| Dann_Wert | D6+ |

3 Tippen Sie das Pluszeichen (+) ein.

lfd. Nr.	Text	Einnahmen	Ausgaben	Kasse
		⊕		D6+D12)

Funktionsargumente

WENN

Prüfung	D12>0	[icon]	= FALSCH
Dann_Wert	D6+D12	[icon]	= 0

4 Klicken Sie in die Zelle D12.

... Sonst ...

Wenn es sich nicht um eine Einnahme handelt, so ist es für Excel eine Ausgabe. Der Anfangsbestand wird also um die Ausgabe vermindert. Sie klicken nun bei *Sonst_Wert* an und aktivieren die Zellen. Für die Subtraktion verwenden Sie das Minuszeichen (–).

Wenn ...	Berechnung
Keine Einnahme	Kassenbestand – Ausgabe

WENN

Prüfung	D12>0	[icon]
Dann_Wert	D6+D12	[icon]
Sonst_Wert		[icon]

1 Aktivieren Sie das Eingabefeld neben *Sonst_Wert*.

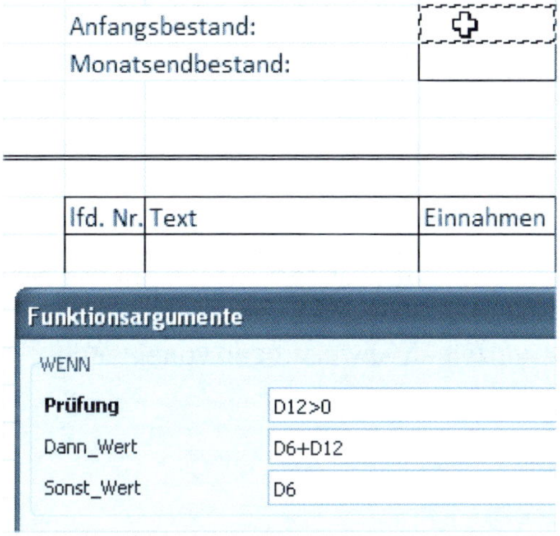

Anfangsbestand:

Monatsendbestand:

lfd. Nr.	Text		Einnahmen

Funktionsargumente

WENN

Prüfung	D12>0
Dann_Wert	D6+D12
Sonst_Wert	D6

2 Klicken Sie in die Zelle D6.

| Sonst_Wert | D6- |

3 Tippen Sie das Minuszeichen (–) über die Tastatur ein.

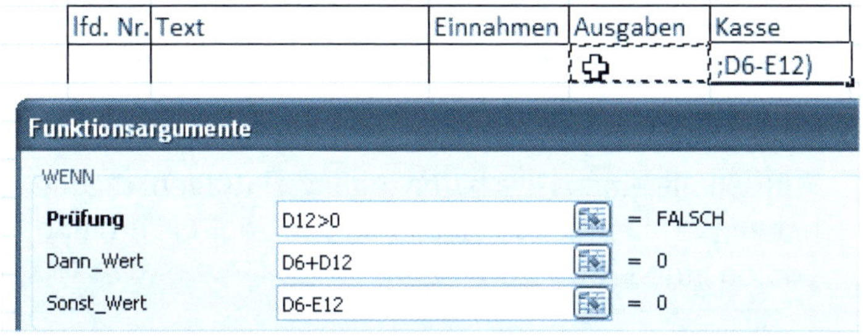

lfd. Nr.	Text	Einnahmen	Ausgaben	Kasse
				;D6-E12)

Funktionsargumente

WENN

Prüfung	D12>0		= FALSCH
Dann_Wert	D6+D12		= 0
Sonst_Wert	D6-E12		= 0

4 Klicken Sie in die Zelle E12.

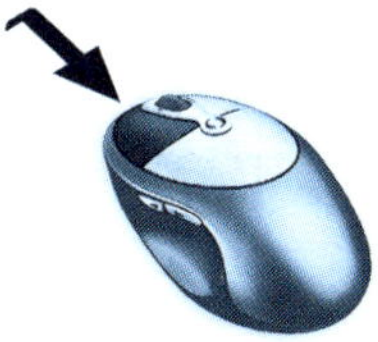

5 Beenden Sie die Formeleingabe durch Drücken der Enter-Taste.

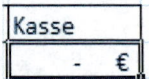

Nachdem Sie die Formel eingetragen haben, erkennen Sie bei »Kasse« nur das Eurozeichen. Das ist korrekt, da Sie bisher noch nichts eingegeben haben.

Dass sich in der Zelle eine Formel befindet, erkennen Sie in der Bearbeitungsleiste.

| F12 | ▼ | f_x | =WENN(D12>0;D6+D12;D6-E12) |

Das Semikolon (;) trennt die einzelnen Anweisungen voneinander.

> **Fachwort**
>
> Den Aufbau einer Formel bezeichnet man als *Syntax*.

Ausdruck	Bedeutung
(Wenn	Falls ...
D12>0	... die Einnahme (Zelle D12) größer als null ist; dann ...
D6 + D12	... addiere den Anfangsbestand (Zelle D6) und die Einnahmen (Zelle D12); ansonsten ...
D6 – E12)	... subtrahiere vom Anfangsbestand (D6) die Ausgaben (Zelle E12).

Würden Sie einen Geschäftsvorgang eintragen, rechnet Excel korrekt. Hier haben Sie einen Anfangsbestand von 200,00 Euro und eine Einnahme von 200,00 Euro (200 + 200 = 400).

	A	B	C	D	E	F	G
4		Firma ABC, Königstr. 4711, 44455 Musterhausen					
5							
6		Anfangsbestand:		200,00 €		Einnahmen:	
7		Monatsendbestand:				Ausgaben:	
8							
9							
10							
11		lfd. Nr.	Text	Einnahmen	Ausgaben	Kasse	
12				200,00 €		400,00 €	
13							
14							

Bei einer Ausgabe erhalten Sie ebenfalls das richtige Ergebnis. Hier verfügen Sie über einen Anfangsbestand von 200,00 Euro und eine Ausgabe in Höhe von 100,00 Euro (200 – 100 = 100). So soll eine Kasse in Excel aussehen, dann klappt's auch mit der Abrechnung.

	A	B	C	D	E	F	G
4		Firma ABC, Königstr. 4711, 44455 Musterhausen					
5							
6		Anfangsbestand:		200,00 €		Einnahmen:	
7		Monatsendbestand:				Ausgaben:	
8							
9							
10							
11		lfd. Nr.	Text		Einnahmen	Ausgaben	Kasse
12						100,00 €	100,00 €
13							

Aber tragen Sie noch keine Zahlen ein! Sie benötigen das Blankoformular der Kasse später in diesem Kapitel.

Die laufende Nummer

Eine Angabe können Sie bereits tätigen. Sie tragen die Zahl »1« unter »lfd. Nr.« ein.

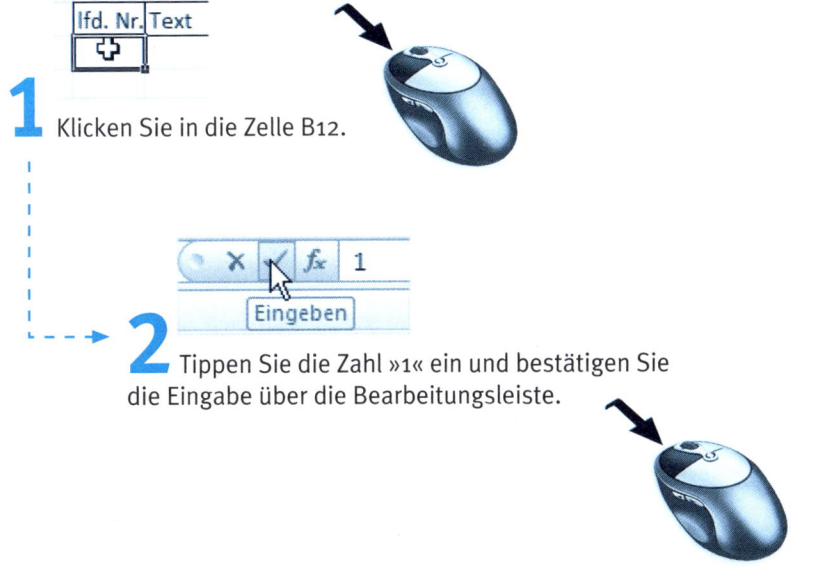

1 Klicken Sie in die Zelle B12.

2 Tippen Sie die Zahl »1« ein und bestätigen Sie die Eingabe über die Bearbeitungsleiste.

Markieren Sie die gesamte Zeile und kopieren Sie mithilfe des Ausfüllkästchens eine Zeile nach unten. Sie werden bemerken, dass Excel die laufende Nummer von »1« automatisch auf »2« hochzählt.

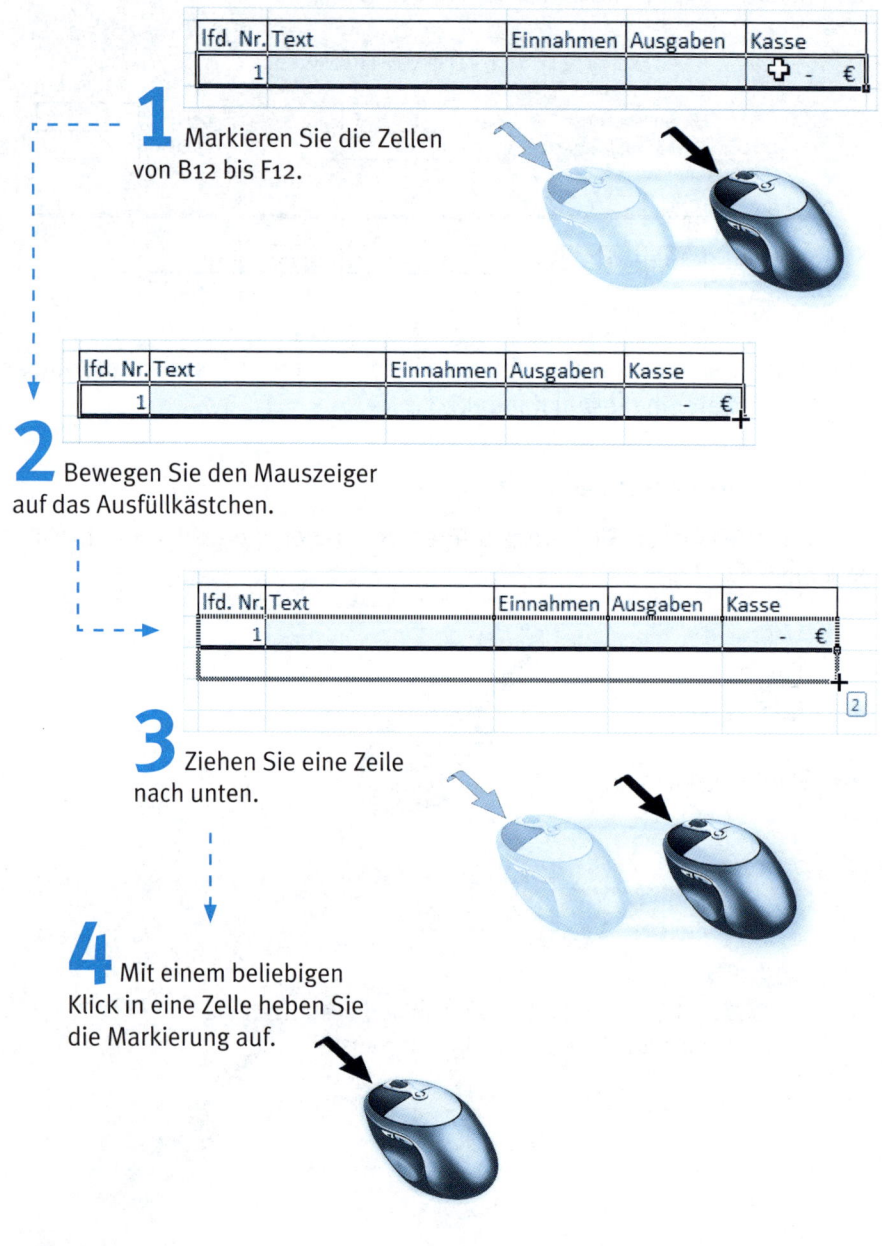

1 Markieren Sie die Zellen
von B12 bis F12.

2 Bewegen Sie den Mauszeiger
auf das Ausfüllkästchen.

3 Ziehen Sie eine Zeile
nach unten.

4 Mit einem beliebigen
Klick in eine Zelle heben Sie
die Markierung auf.

> **Hinweis**
>
> Falls Sie auf die Spalte »lfd. Nr.« verzichten möchten, reicht es vollkommen aus, die Formel aus der Zelle »Kasse« (Zelle F12) nach unten zu kopieren.

Die Rahmenlinien löschen

Beim Kopieren kann es passieren, dass Sie folgendes Erscheinungsbild haben. Die Funktion *Rahmenlinien* wurde zwar oben bereits erwähnt. Aber es ist eine gute Übung, sie in den nächsten Schritten noch einmal einzusetzen.

lfd. Nr.	Text	Einnahmen	Ausgaben	Kasse
1				- €
2				- €

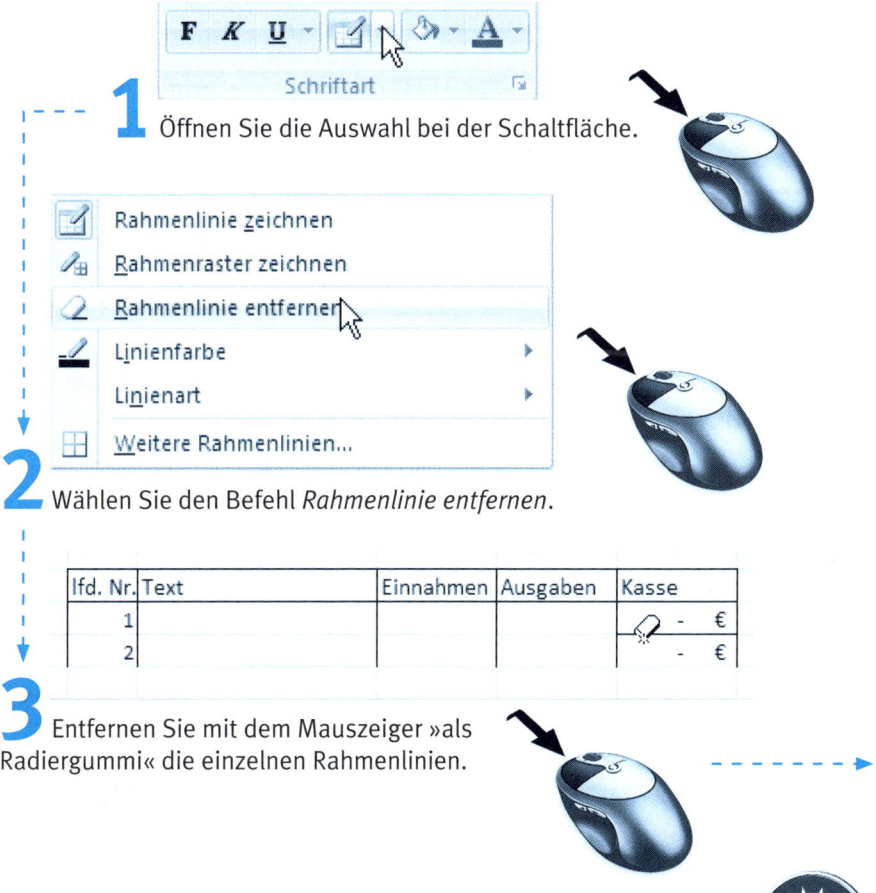

1 Öffnen Sie die Auswahl bei der Schaltfläche.

2 Wählen Sie den Befehl *Rahmenlinie entfernen*.

3 Entfernen Sie mit dem Mauszeiger »als Radiergummi« die einzelnen Rahmenlinien.

lfd. Nr.	Text	Einnahmen	Ausgaben	Kasse
1				- €
2				- €

4 Über die [Esc]-Taste schalten Sie die Funktion wieder aus.

Die Formel ändern

Nur ergibt sich in der Formel ein (Denk-)Fehler. Ab der zweiten Zeile wird der Kassenbestand nicht wie bisher ermittelt. Die erste Zeile ist eigentlich eine Ausnahme, da sie sich als Einzige auf den Anfangsbestand bezieht.

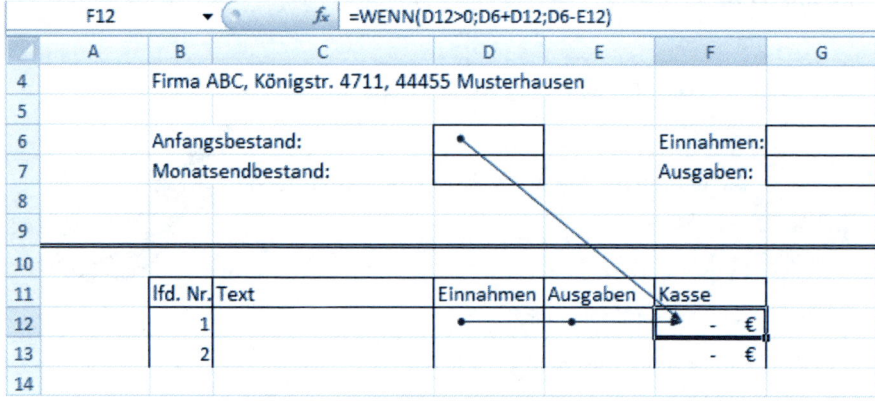

Ab der zweiten Zeile ermittelt sich der aktuelle Kassenbestand immer aus dem vorherigen.

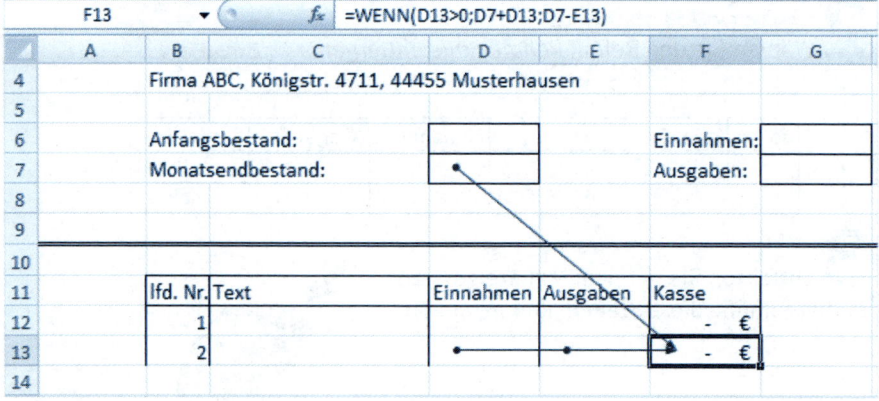

Die Formel muss dementsprechend abgeändert werden. Sie brauchen nur die Zelle anzuklicken, um die Formel zu bearbeiten.

1 Klicken Sie in die Zelle F13.

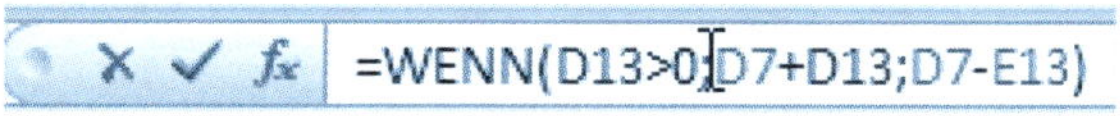

2 Setzen Sie die Einfügemarke genau vor »D7«.

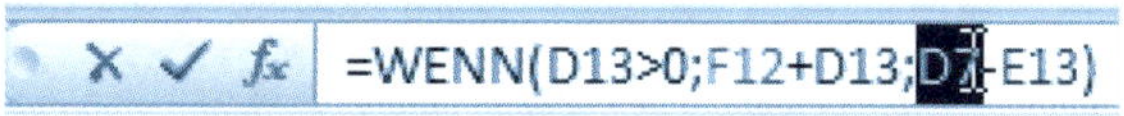

X ✓ fx | =WENN(D13>0;D7+D13;D7-E13)

3 Markieren Sie »D7«.

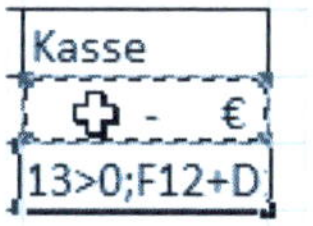

X ✓ fx | =WENN(D13>0;F12+D13;D7-E13)

4 Klicken Sie in die Zelle F12.

Die »falsche« Zelle D7 befindet sich noch einmal in der Bearbeitungsleiste. Geben Sie die richtige Zelle für die Formel an.

1 Setzen Sie den Cursor genau vor »D7«.

X ✓ fx | =WENN(D13>0;F12+D13;D7-E13)

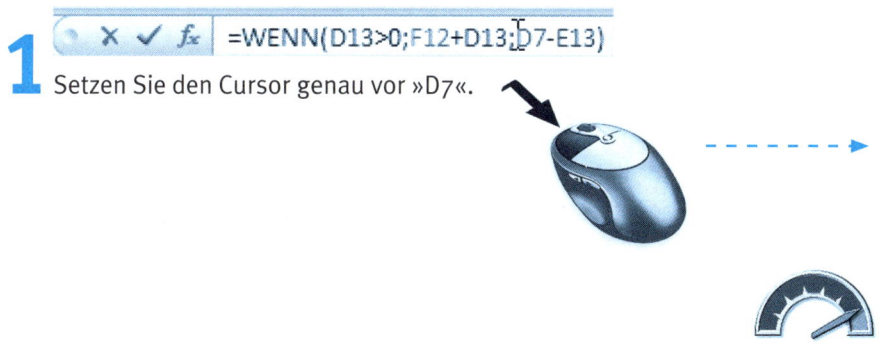

2 Markieren Sie »D7«.

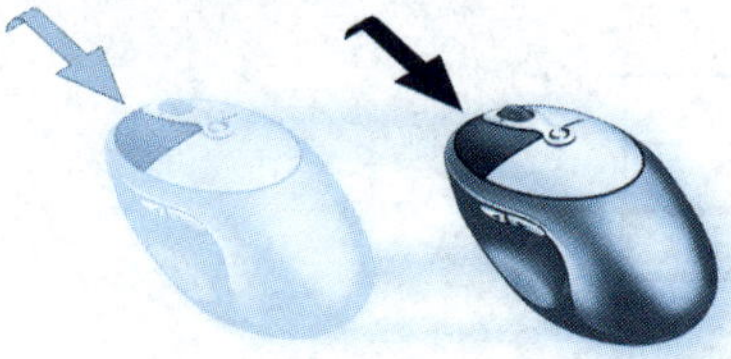

`× ✓ fx =WENN(D13>0;D7+D13;D7-E13)`

3 Klicken Sie wieder in die Zelle F12.

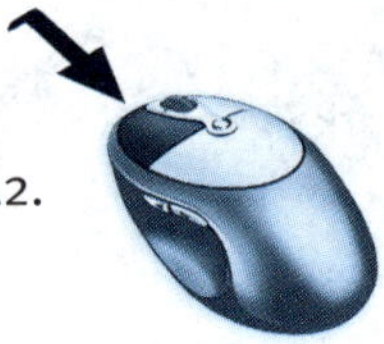

Kasse
+ - €
D13;F12-E1

4 Bestätigen Sie die neue Formel.

`× ✓ fx =WENN(D13>0;F12+D13;F12-E13)`
Eingeben | WENN(Prüfung; [Dann_Wert]; [Sonst_Wert])

Von nun an können Sie die Vorgänge eingeben und alles wird korrekt ermittelt. Tragen Sie aber weiterhin noch keine Zahlen ein!

Mit Tabellenblättern arbeiten

Wahrscheinlich möchten Sie Ihre Kasse nicht nur für einen Monat benutzen, sondern für mehrere. Unten erkennen Sie die *Blattregister* von Excel.

Fachwort

Die *Blattregister* befinden sich am unteren Bildschirmrand und zeigen die Namen der Tabellenblätter der Mappe an.

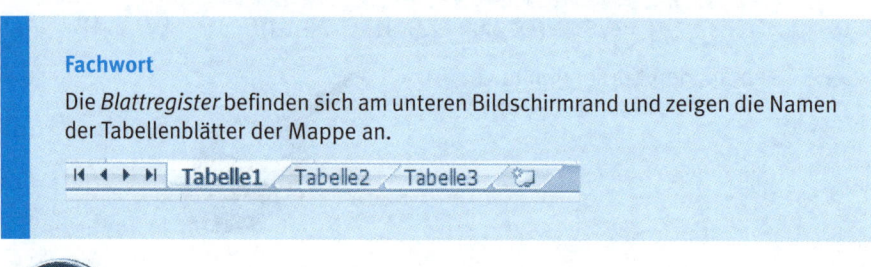

|◄ ◄ ► ►| **Tabelle1** / Tabelle2 / Tabelle3 /

Dort können Sie Ihre einzelnen Tabellenblätter umbenennen. So können Sie eines für »Januar«, eines für »Februar« usw. anlegen.

Das wäre in der Praxis vergleichbar, als hätten Sie einen Aktenordner für die Kasse mit der Beschriftung »Kasse 2007«. Hier heften Sie die einzelnen Kassenblätter »Januar, Februar, März usw.« ab. Genauso funktioniert es in Excel. So können Sie Ihre Einnahmen und Ausgaben über das gesamte Jahr hinweg erfassen.

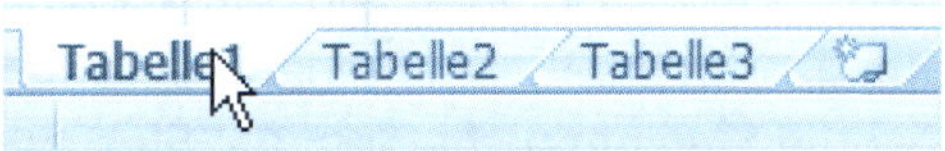

1 Bewegen Sie den Mauszeiger zum Blattregister.

2 Doppelkicken Sie auf den Registerreiter »Tabelle1«.

3 Tippen Sie den Monat »Januar« ein.

4 Klicken Sie beliebig in eine Zelle im Tabellenblatt. Die Eingabe ist bestätigt.

Von Tabellenblatt zu Tabellenblatt kopieren

Bisher haben Sie nur eine Art Blankoformular für die Kasse erstellt. Das hat auch seine Berechtigung! Sie möchten die bisherigen Angaben in ein neues Tabellenblatt einfügen, welches Sie gleich »Februar« benennen werden. So brauchen Sie das vorhandene Kassenbuch nur einmal zu entwerfen und kopieren es in die anderen Monate.

Sie setzen den Mauszeiger auf das Registerblatt – hier ist es »Januar«. Halten Sie die linke Maustaste gedrückt, erscheint am Mauszeiger ein kleines Blatt. Hiermit könnten Sie den Inhalt von Januar ins nächste Tabellenblatt verschieben. Das möchten Sie aber nicht, sondern Sie wollen kopieren.

Drücken Sie zusätzlich zur linken Maustaste die `Strg`-Taste. Es erscheint in diesem kleinen Blatt am Mauszeiger ein Plus (+). Damit können Sie nun kopieren. Sie ziehen von einem Blattregister ins nächste.

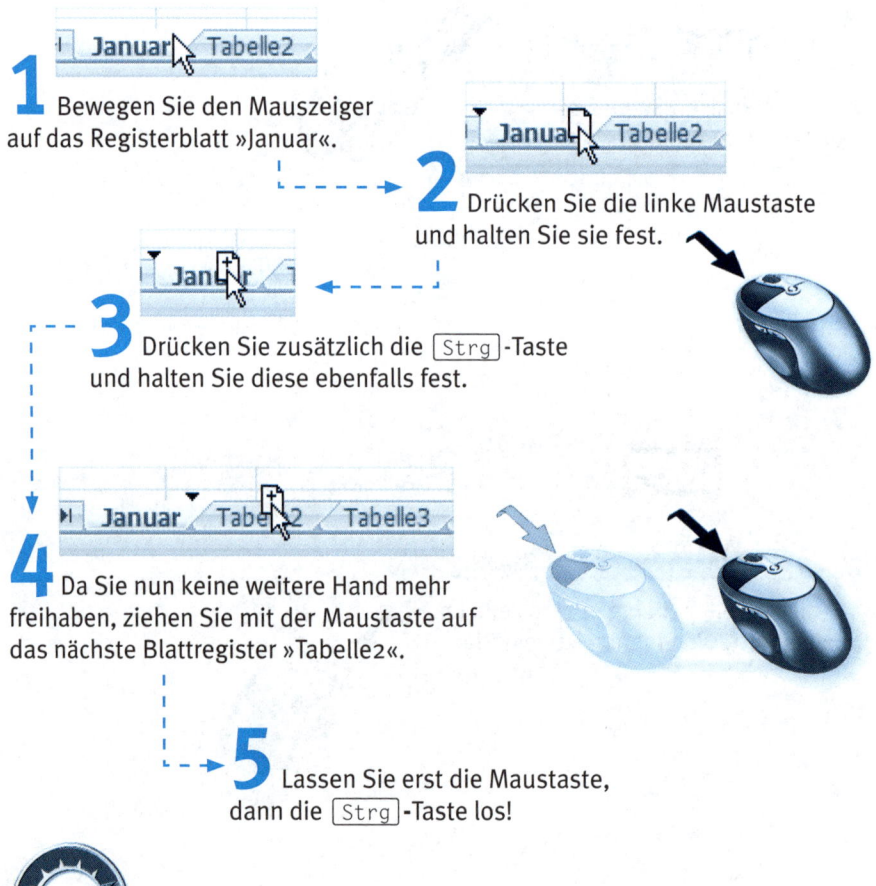

1 Bewegen Sie den Mauszeiger auf das Registerblatt »Januar«.

2 Drücken Sie die linke Maustaste und halten Sie sie fest.

3 Drücken Sie zusätzlich die `Strg`-Taste und halten Sie diese ebenfalls fest.

4 Da Sie nun keine weitere Hand mehr freihaben, ziehen Sie mit der Maustaste auf das nächste Blattregister »Tabelle2«.

5 Lassen Sie erst die Maustaste, dann die `Strg`-Taste los!

Excel springt automatisch in das andere Arbeitsblatt und zeigt Ihnen dessen Inhalt an.

Sie haben bemerkt, dass ein neues Blattregister angelegt worden ist. Es trägt den Namen »Januar (2)«.

Da das zweite Arbeitsblatt jedoch »Februar« heißen soll, benennen Sie es um. Gehen Sie hier genauso vor, wie Sie es bereits beim Blattregister »Januar« kennengelernt haben.

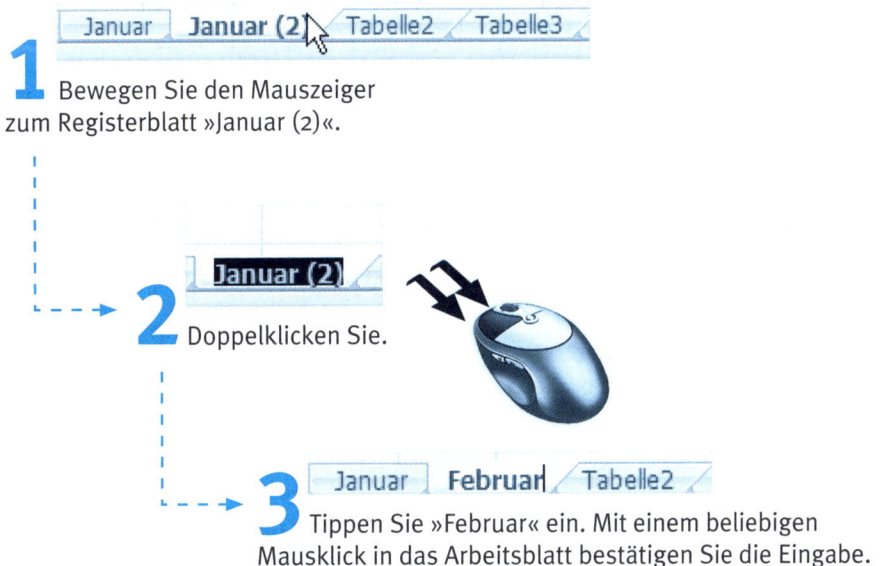

1 Bewegen Sie den Mauszeiger zum Registerblatt »Januar (2)«.

2 Doppelklicken Sie.

3 Tippen Sie »Februar« ein. Mit einem beliebigen Mausklick in das Arbeitsblatt bestätigen Sie die Eingabe.

Auf diese Art und Weise können Sie Monat für Monat anlegen.

Sie können natürlich nicht nur Monat für Monat eingeben, sondern haben auch andere Ablagemöglichkeiten wie:

■ Daten für Kunden, Lieferanten, Privatadressen, ...

■ Tage: Montag, Dienstag, ...

■ Jahre: 2006, 2007, 2008, 2009, ...

Von Tabellenblatt zu Tabellenblatt rechnen

Eine Sache müssen Sie aber in dem Tabellenblatt »Februar« noch angeben. Der Anfangsbestand des Monats ergibt sich aus dem Schlussbestand des Monats Januar.

Sie klicken den Anfangsbestand im Februar an und geben das Gleichheitszeichen für eine Formel an.

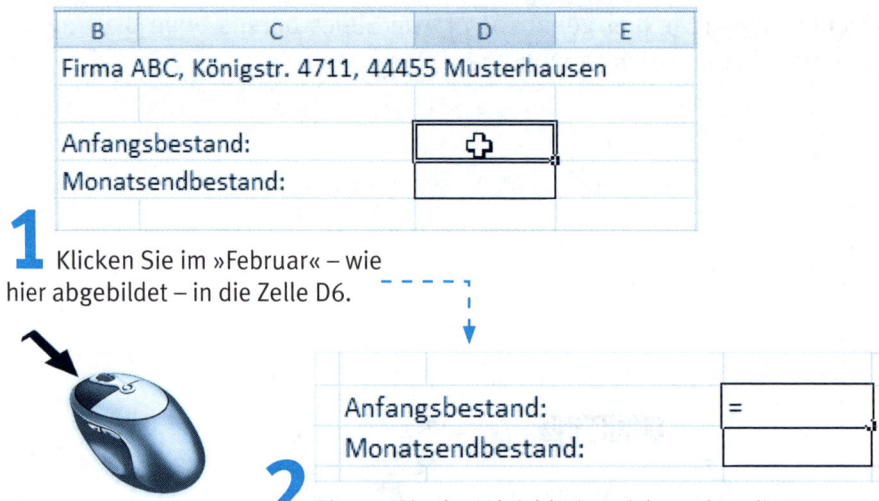

1 Klicken Sie im »Februar« – wie hier abgebildet – in die Zelle D6.

2 Tippen Sie das Gleichheitszeichen über die Tastatur für eine Formeleingabe ein.

> **Hinweis**
>
> Wenn Sie *mehr als eine Zelle* addieren möchten, verwenden Sie die Schaltfläche *AutoSumme*.

Sie wechseln mit einem Mausklick über das Blattregister in den Monat Januar. Hier brauchen Sie nur den Monatsendbestand anzuklicken.

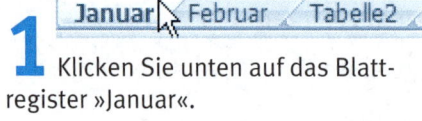

1 Klicken Sie unten auf das Blattregister »Januar«.

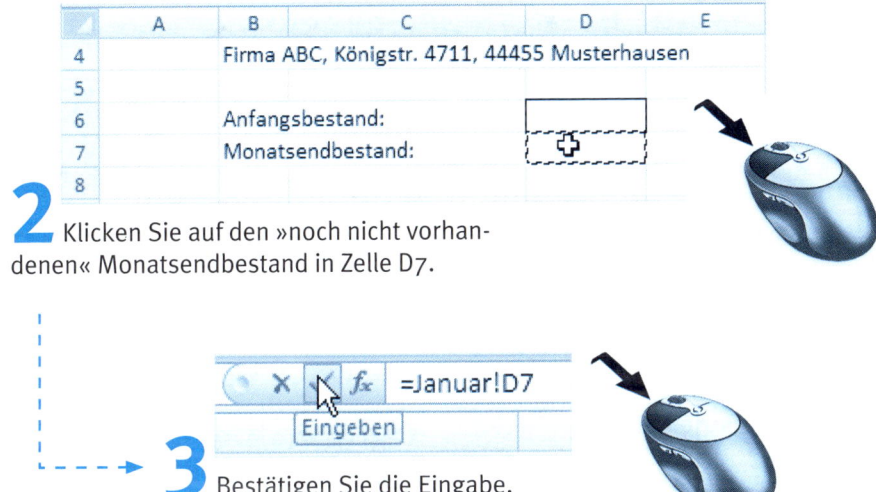

2 Klicken Sie auf den »noch nicht vorhandenen« Monatsendbestand in Zelle D7.

3 Bestätigen Sie die Eingabe.

Hinweis

Sobald Sie die Angaben bestätigt haben, springt Excel wieder in das Arbeitsblatt, in dem das Ergebnis stehen soll, in diesem Beispiel ist das »Februar«.

Klicken Sie die Zelle an, erkennen Sie in der Bearbeitungsleiste die folgende Formel.

Der Ausdruck »Januar!« bedeutet, die Formel bezieht sich auf das Arbeitsblatt »Januar«.

Danach folgt die Angabe der Zelle (hier D7).

Einnahmen oder Ausgaben eintragen

Endlich folgen die Eingaben! Der Vorteil der bisherigen Vorgehensweise liegt auf der Hand: Sie brauchen jetzt nur noch die Vorgänge einzugeben. Den Rest macht das Kassenbuch bzw. erledigen die bereits vorformatierten Zellen.

Beobachten Sie, wie die einzelnen Zellen automatisch aufgefüllt werden, während Sie die Zahlen eingeben.

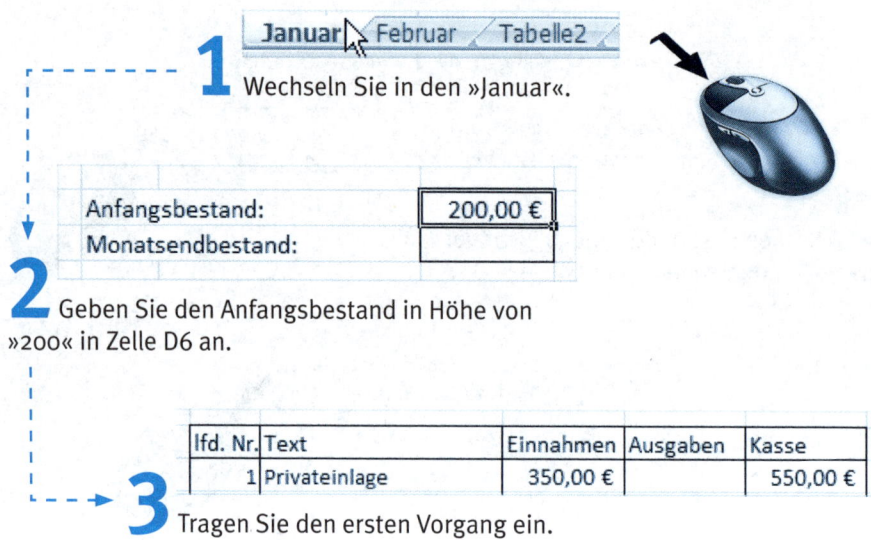

1 Wechseln Sie in den »Januar«.

Anfangsbestand:	200,00 €
Monatsendbestand:	

2 Geben Sie den Anfangsbestand in Höhe von »200« in Zelle D6 an.

lfd. Nr.	Text	Einnahmen	Ausgaben	Kasse
1	Privateinlage	350,00 €		550,00 €

3 Tragen Sie den ersten Vorgang ein.

Bei dem einen Geschäftsvorfall soll es sicherlich nicht bleiben!

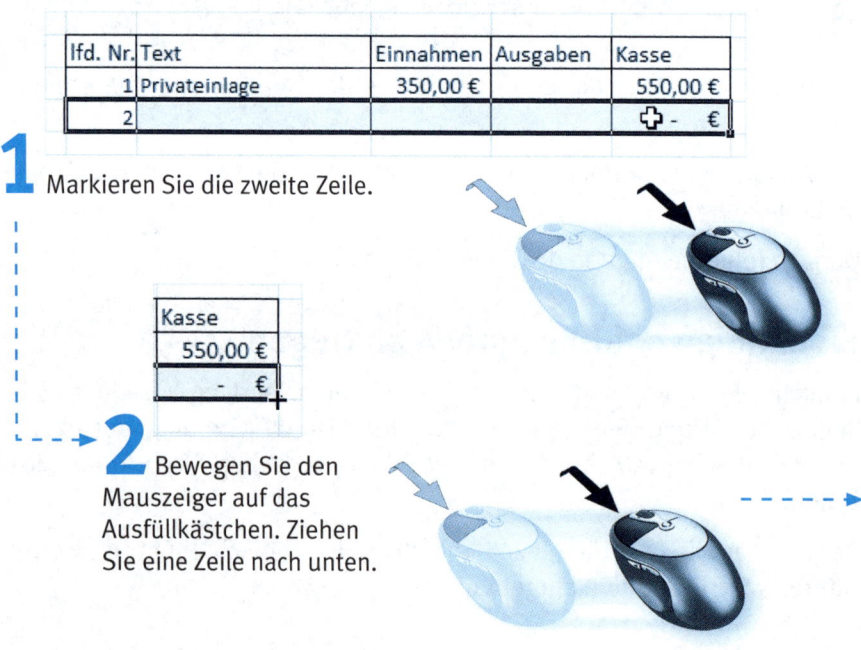

lfd. Nr.	Text	Einnahmen	Ausgaben	Kasse
1	Privateinlage	350,00 €		550,00 €
2				- €

1 Markieren Sie die zweite Zeile.

Kasse
550,00 €
- €

2 Bewegen Sie den Mauszeiger auf das Ausfüllkästchen. Ziehen Sie eine Zeile nach unten.

lfd. Nr.	Text	Einnahmen	Ausgaben	Kasse
1	Privateinlage	350,00 €		550,00 €
2	Druckerpatrone		22,00 €	528,00 €

3 Geben Sie den zweiten Vorgang ein.

> **Hinweis**
>
> Excel nummeriert bei »lfd. Nr.« automatisch und die Formel für den aktuellen Kassenbestand wird in die nächste Zeile kopiert.

In diesem Stil führen Sie Ihr Kassenbuch weiter. Auch mehrere Vorgänge können gleichzeitig angegeben werden. So vergeht Tag für Tag, Woche für Woche und der Monat ist bald zu Ende.

> **Achtung**
>
> Bei einem fortlaufend geführten Kassenbuch muss dies nicht täglich geführt werden, wenn eine tägliche Aufzeichnung der Einnahmen erfolgt.
>
> Finanzgericht Saarland v. 15.07.2003

lfd. Nr.	Text	Einnahmen	Ausgaben	Kasse
1	Privateinlage	350,00 €		550,00 €
2	Druckerpatrone		22,00 €	528,00 €
3				528,00 €

1 Markieren Sie die Zeile.

lfd. Nr.	Text	Einnahmen	Ausgaben	Kasse
1	Privateinlage	350,00 €		550,00 €
2	Druckerpatrone		22,00 €	528,00 €
3				528,00 €
				10

2 Kopieren Sie nach unten, bis die QuickInfo »10« anzeigt.

lfd. Nr.	Text	Einnahmen	Ausgaben	Kasse
1	Privateinlage	350,00 €		550,00 €
2	Druckerpatrone		22,00 €	528,00 €
3	Kassenentnahme		100,00 €	428,00 €
4	Büromaterial		20,00 €	408,00 €
5	Bankabhebung	200,00 €		608,00 €
6	Privatentnahme		300,00 €	308,00 €
7	Porto		32,50 €	275,50 €
8	Fachbücher		30,00 €	245,50 €
9	Druckerpapier		5,00 €	240,50 €
10				240,50 €

3 Tragen Sie die Einnahmen und Ausgaben ein.

10	Schlussbestand			240,50 €

4 Der Monat ist vorbei! Schreiben Sie in die Zelle C21 »Schlussbestand«.

Wie die Zeit doch vergeht. Wie schnell doch ein Monat vorbei ist!

Jetzt müssen nur noch die Zellen für den »Kassenkopf« ermittelt werden:

- Monatsendbestand
- Summe der Einnahmen
- Summe der Ausgaben

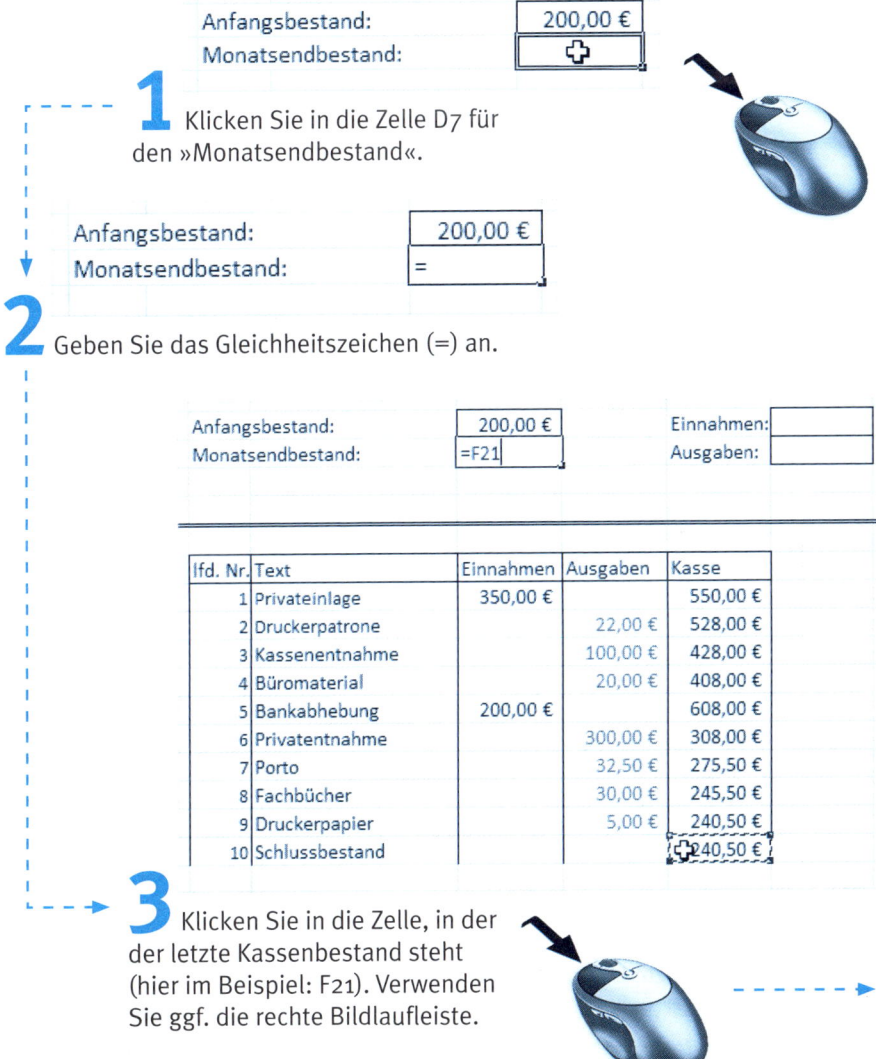

1 Klicken Sie in die Zelle D7 für den »Monatsendbestand«.

2 Geben Sie das Gleichheitszeichen (=) an.

3 Klicken Sie in die Zelle, in der der letzte Kassenbestand steht (hier im Beispiel: F21). Verwenden Sie ggf. die rechte Bildlaufleiste.

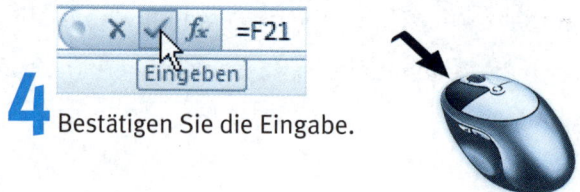

4 Bestätigen Sie die Eingabe.

Es gilt, die Summe der Einnahmen zu ermitteln!

| Anfangsbestand: | 200,00 € | | Einnahmen: | |
| Monatsendbestand: | 240,50 € | | Ausgaben: | |

1 Klicken Sie in die Zelle G6 rechts neben »Einnahmen«.

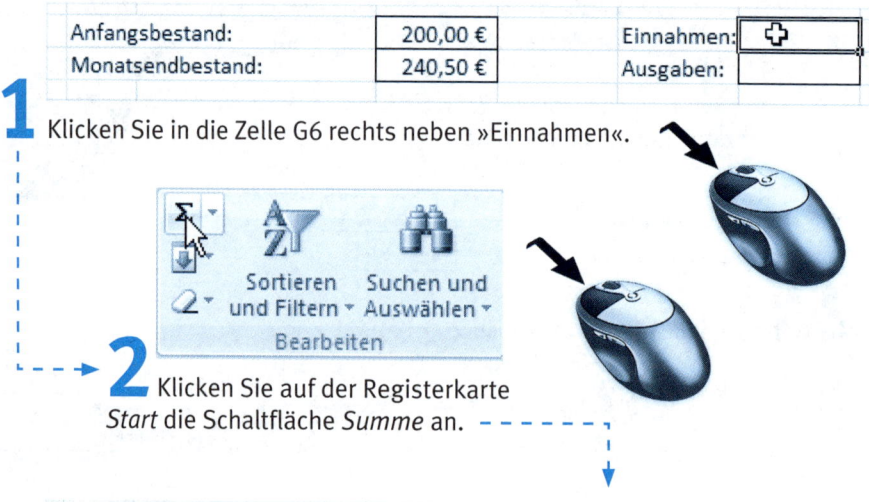

2 Klicken Sie auf der Registerkarte *Start* die Schaltfläche *Summe* an.

lfd. Nr.	Text	Einnahmen	Ausgaben	Kasse
1	Privateinlage	350,00 €		550,00 €
2	Druckerpatrone		22,00 €	528,00 €
3	Kassenentnahme		100,00 €	428,00 €
4	Büromaterial		20,00 €	408,00 €
5	Bankabhebung	200,00 €		608,00 €
6	Privatentnahme		300,00 €	308,00 €
7	Porto		32,50 €	275,50 €
8	Fachbücher		30,00 €	245,50 €
9	Druckerpapier		5,00 €	240,50 €
10	Schlussbestand			240,50 €

3 Markieren Sie die Zellen für die »Einnahmen«, also den Bereich von D12 bis D20.

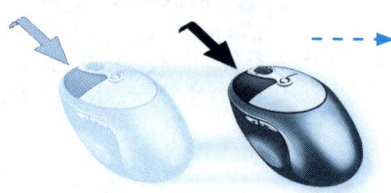

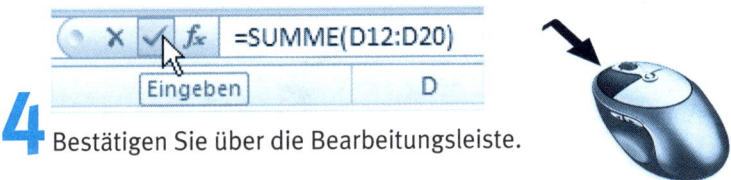

4 Bestätigen Sie über die Bearbeitungsleiste.

Wie bei den Einnahmen verfahren Sie auch bei den Ausgaben: Zelle aktivieren, *AutoSumme* angeben und die entsprechenden Zellen markieren.

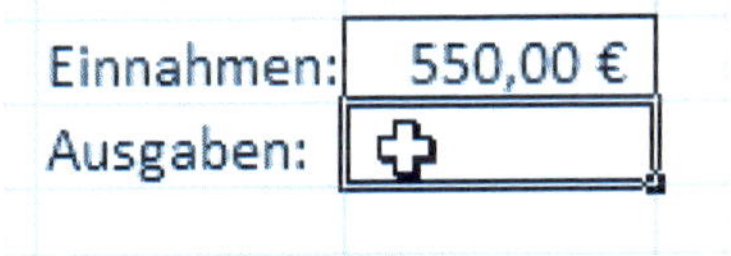

Einnahmen:	550,00 €
Ausgaben:	

1 Klicken Sie in die Zelle G7 für die »Ausgaben«.

2 Klicken Sie auf die Schaltfläche *Summe*.

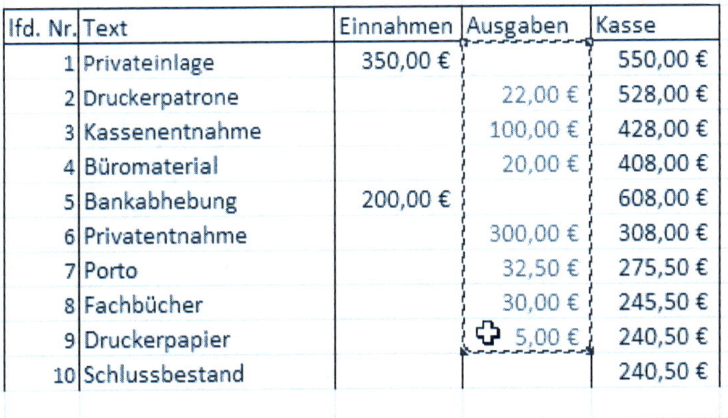

Sortieren und Filtern ▾   Suchen und Auswählen ▾

Bearbeiten

lfd. Nr.	Text	Einnahmen	Ausgaben	Kasse
1	Privateinlage	350,00 €		550,00 €
2	Druckerpatrone		22,00 €	528,00 €
3	Kassenentnahme		100,00 €	428,00 €
4	Büromaterial		20,00 €	408,00 €
5	Bankabhebung	200,00 €		608,00 €
6	Privatentnahme		300,00 €	308,00 €
7	Porto		32,50 €	275,50 €
8	Fachbücher		30,00 €	245,50 €
9	Druckerpapier		5,00 €	240,50 €
10	Schlussbestand			240,50 €

3 Markieren Sie die gesamten Zellen für die »Ausgaben«, also den Bereich von E12 bis E20.

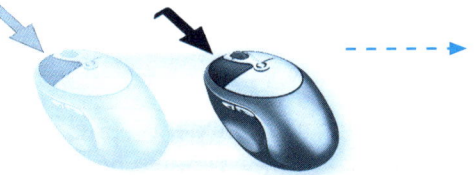

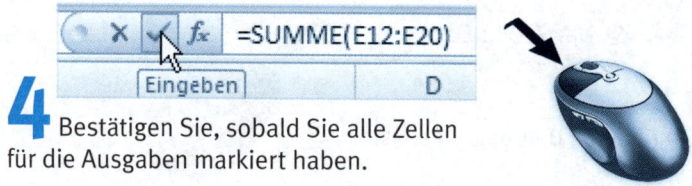

4 Bestätigen Sie, sobald Sie alle Zellen für die Ausgaben markiert haben.

Ob Sie's glauben oder nicht – das Kassenbuch ist vollendet! Erledigt und abgeheftet ist der »Januar«, der »Februar« kann kommen.

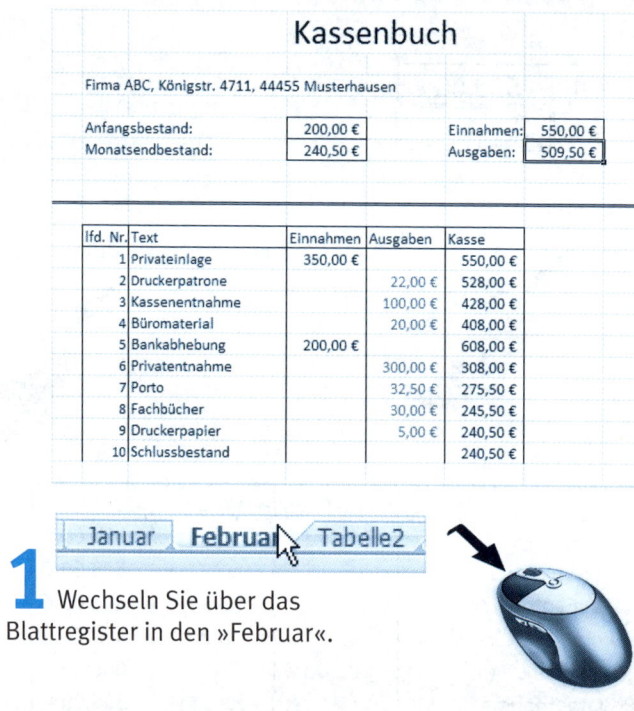

Kassenbuch

Firma ABC, Königstr. 4711, 44455 Musterhausen

Anfangsbestand:	200,00 €	Einnahmen:	550,00 €
Monatsendbestand:	240,50 €	Ausgaben:	509,50 €

lfd. Nr.	Text	Einnahmen	Ausgaben	Kasse
1	Privateinlage	350,00 €		550,00 €
2	Druckerpatrone		22,00 €	528,00 €
3	Kassenentnahme		100,00 €	428,00 €
4	Büromaterial		20,00 €	408,00 €
5	Bankabhebung	200,00 €		608,00 €
6	Privatentnahme		300,00 €	308,00 €
7	Porto		32,50 €	275,50 €
8	Fachbücher		30,00 €	245,50 €
9	Druckerpapier		5,00 €	240,50 €
10	Schlussbestand			240,50 €

1 Wechseln Sie über das Blattregister in den »Februar«.

Sie erkennen beim Anfangsbestand einen Wert in Euro. Es ist der Schlussbestand des Monats »Januar«.

Kassenbuch

Firma ABC, Königstr. 4711, 44455 Musterhausen

Anfangsbestand:	240,50 €	Einnahmen:	
Monatsendbestand:		Ausgaben:	

Na, dann kann's ja mit dem Februar losgehen! Viel Vergnügen! Vergessen Sie aber vorher nicht, es könnte noch irgendwann einmal der März kommen!

Tipps zum Kapitel

1. Klicken Sie auf diese Schaltfläche bei den Registerblättern, legen Sie *neue Tabellenblätter* mit einem Mausklick an.

2. Platzieren Sie den Mauszeiger über die Registerblätter und drücken die rechte Maustaste, können Sie Tabellenblätter einfügen, löschen, umbenennen, verschieben, kopieren.

3. Möchten Sie z. B., dass bestimmte Zellen eine bestimmte Formatierung erhalten, wenn sie eine Bedingung erfüllen? Beispiel: Alle Zahlen »>100« sollen in Rot formatiert werden.

Dazu klicken Sie auf der Registerkarte *Start* die Schaltfläche *Bedingte Formatierung* an. Wählen Sie *Regeln zum Hervorheben von Zellen* aus, erhalten Sie eine Auswahl. Aktivieren Sie z. B. den Eintrag *Größer als*, geben Sie genau an, welche Zellen mit welcher Farbe formatiert werden sollen.

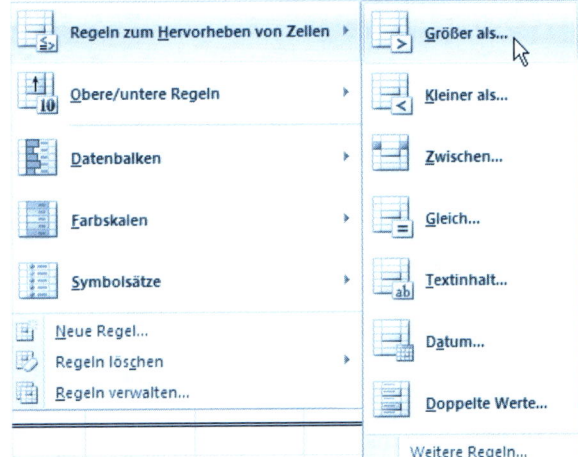

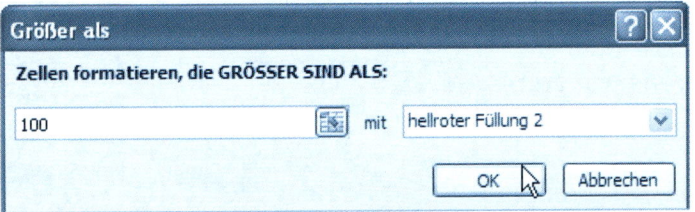

Das können Sie schon

Das lernen Sie neu

Kapitel 14

Adressenlisten schnell erfassen und verwalten

Um Übersichten wie Adressen zu erfassen, legen Sie Listen, also einfache Tabellen, an. Wie war noch mal die Anschrift von Herrn ABC aus dem Ort XYZ? Vergessen Sie's! Mit Excel legen Sie eine Adressenliste an und sortieren sie von A bis Z. Über verschiedene Filter können Sie sich schnell bestimmte Daten auch aus einer sehr umfangreichen Tabelle schnell anzeigen lassen.

Von A bis Z: eine Liste sortieren

Fachwort

Eine *Liste* ist ein geschlossener Bereich in einer Tabelle.

Sie legen gleich eine Adressenliste an, die Sie auf Wunsch auch umfangreicher beispielsweise mit Geburtstag, Tel.-Nr. gestalten können. Damit Sie die Übersicht bewahren, wird die Liste sortiert.

Auf der Registerkarte *Start* sortieren Sie über die Schaltfläche *Sortieren und Filtern*. Hier geben Sie an, wie Sie sortieren möchten (von A bis Z oder Z bis A). Sie sortieren jedoch nur nach der ersten Spalte. In dieser Liste wäre das die Spalte »Name«.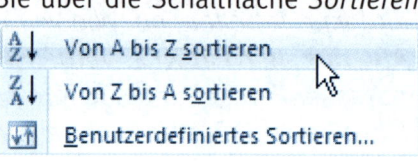

Da es aber in der Praxis durchaus vorkommen kann, dass Personen denselben Nachnamen haben, muss noch wie bei einem Telefonbuch nach Vornamen sortiert werden.

Sortieren nach	Beispiel
Name	Adam, Peter, Oberhausen
	Adam, Horst, Düsseldorf
	Adam, Horst, Aachen
	Bangel, Petra, München
Vorname	Adam, Horst, Düsseldorf
	Adam, Horst, Aachen
	Adam, Peter, Oberhausen
Wohnort	Adam, Horst, Aachen
	Adam, Horst, Düsseldorf

Hinweis

Ausfüllhelfer – die AutoAusfüll-Funktion

Tippen Sie die Eingaben ein. Sie sehen, dass Sie ein Wort nur einmal neu schreiben müssen, beim zweiten Mal erscheint es nach wenigen Zeichen automatisch als Vorschlag. Sie übernehmen den vorgeschlagenen Ausdruck über die ⌈Enter⌋-Taste. *Achtung:* Diese Funktion ist nur in Spalten verfügbar und nur dann, wenn zwischen den bereits eingegebenen Daten und der aktuellen Zelle keine Leerzeile steht. Die Funktion kann auch nicht ausgeführt werden, wenn es sich bei der Dateneingabe um Zahlen, Datums- oder Zeitwerte handelt. Excel »erkennt« Begriffe anhand der Buchstabenfolge.

Name	Vorname
Zimmermann	Renate
Meier	Thorsten
Schwarz	Paul
Maier	Hans
Maier	Doris
Waigl	Theodora
Bohnenstange	Fritz
Maier	

	A	B	C	D	E	F
1						
2		Name	Vorname	Straße	PLZ	Ort
3		Zimmermann	Renate	Großen Garten 4	89999	Dörfli
4		Meier	Thorsten	Albrecht-Dürer-Str. 13	48000	Hauptstadt
5		Schwarz	Paul	Tomatenallee 9	45998	Gemüsestadt
6		Maier	Hans	Grabenstr. 28	22008	Quickendorf
7		Maier	Doris	Grabenstr. 28	22008	Quickendorf
8		Waigl	Theodora	Grabowstr. 29	58777	Meiershagen
9		Bohnenstange	Fritz	Rosenallee 79	45979	Greifhausen
10		Maier	Susanne	Gruselstr. 12 a	65599	Rankendorf
11		Schneider	Peter	Am kleinen Weg 3 b	22222	Gabeln
12		Petersen	Petra	Friesenstr. 132	10001	Deichhausen
13						
14						

1 Geben Sie zunächst die Liste ein und klicken Sie danach beliebig in die Liste.

2 Klicken Sie auf der Registerkarte *Start* auf die Schaltfläche *Sortieren und Filtern*.

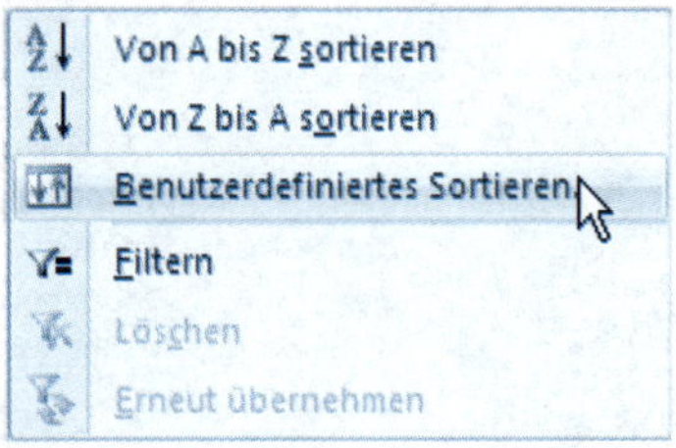

⬆↓	Von A bis Z sortieren
⬇↓	Von Z bis A sortieren
⬛	Benutzerdefiniertes Sortieren
∇=	Filtern
🗑	Löschen
🗑	Erneut übernehmen

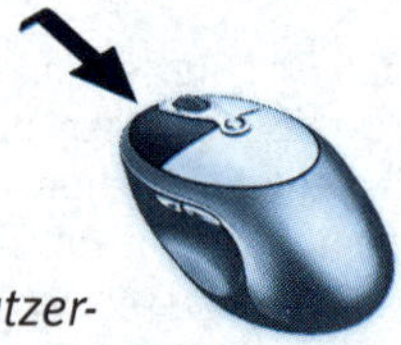

3 Klicken Sie auf den Eintrag *Benutzer-definiertes Sortieren*.

Sortieren

Ebene hinzufügen | Ebene löschen | Ebene kopieren | Optionen... | Daten haben Überschriften

Spalte	Sortieren nach	Reihenfolge
Sortieren nach	Werte	A bis Z

Name
Vorname
Straße
PLZ
Ort

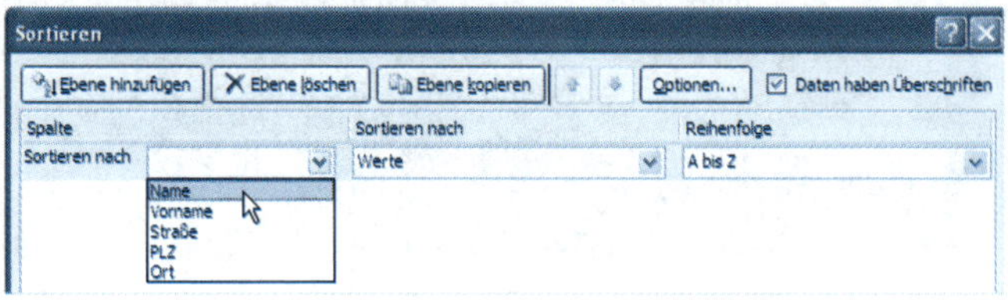

4 Wählen Sie bei *Sortieren nach* den Eintrag »Name« aus.

Ebene löschen | Ebene kopieren

5 Aktivieren Sie die Schaltfläche *Ebene kopieren*.

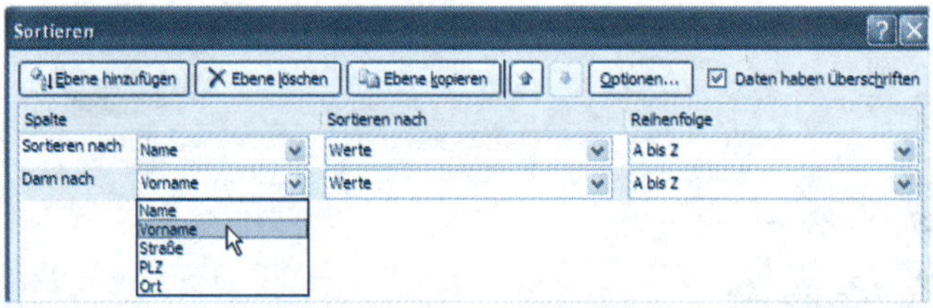

Sortieren

Ebene hinzufügen | Ebene löschen | Ebene kopieren | Optionen... | Daten haben Überschriften

Spalte	Sortieren nach	Reihenfolge
Sortieren nach	Name	Werte	A bis Z
Dann nach	Vorname	Werte	A bis Z

Name
Vorname
Straße
PLZ
Ort

6 Auf diese Art und Weise geben Sie die weiteren Sortierkriterien an. Wählen Sie bei *Dann nach Vorname* aus.

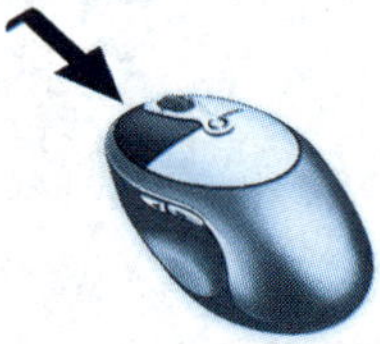

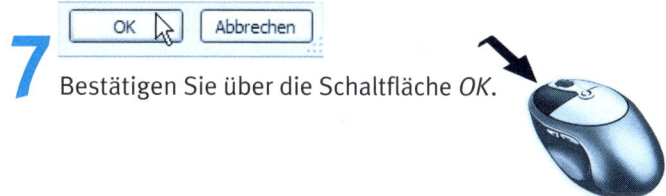

7 Bestätigen Sie über die Schaltfläche *OK*.

Die Liste wurde sortiert.

Name	Vorname	Straße	PLZ	Ort
Bohnenstange	Fritz	Rosenallee 79	45979	Greifhausen
Maier	Doris	Grabenstr. 28	22008	Quickendorf
Maier	Hans	Grabenstr. 28	22008	Quickendorf
Maier	Susanne	Gruselstr. 12 a	65599	Rankendorf
Meier	Thorsten	Albrecht-Dürer-Str. 13	48000	Hauptstadt
Petersen	Petra	Friesenstr. 132	10001	Deichhausen
Schneider	Peter	Am kleinen Weg 3 b	22222	Gabeln
Schwarz	Paul	Tomatenallee 9	45998	Gemüsestadt
Waigl	Theodora	Grabowstr. 29	58777	Meiershagen
Zimmermann	Renate	Großen Garten 4	89999	Dörfli

Ein Fenster fixieren

Bei äußerst umfangreichen Listen ist es nicht gerade komfortabel, sich von A bis Z auf dem Bildschirm durchzublättern. Dazu nutzen Sie die Fixierung des Tabellenblatts.

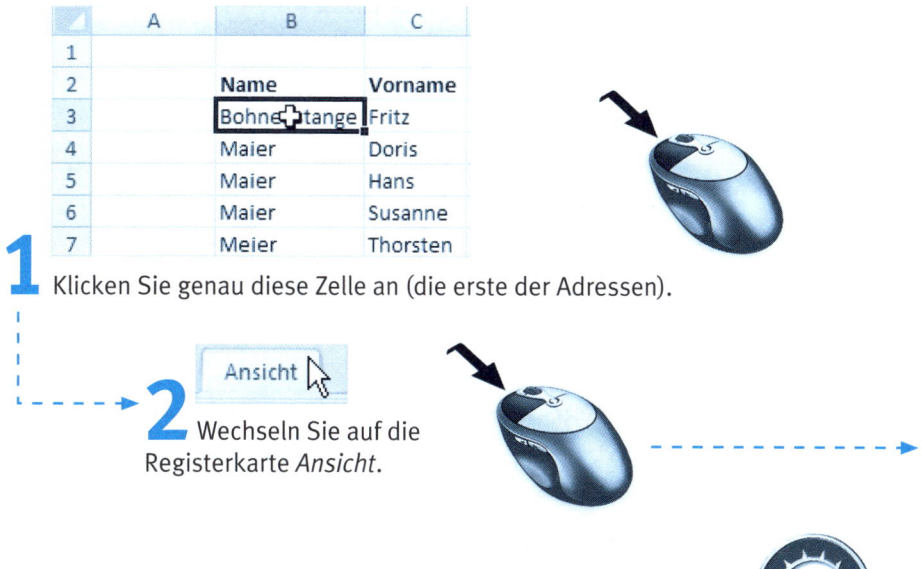

1 Klicken Sie genau diese Zelle an (die erste der Adressen).

2 Wechseln Sie auf die Registerkarte *Ansicht*.

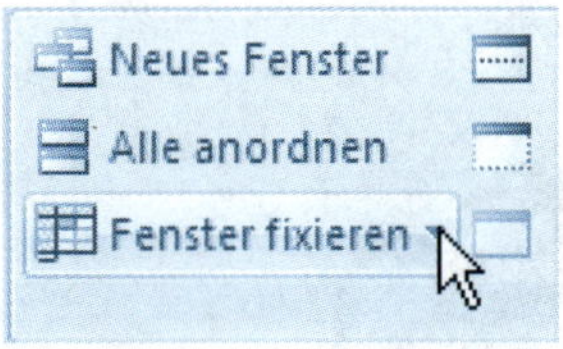

Neues Fenster

Alle anordnen

Fenster fixieren

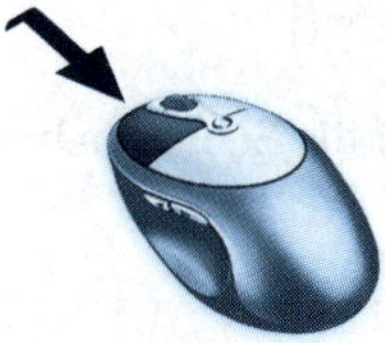

3 Klicken Sie auf die Schaltfläche
Fenster fixieren.

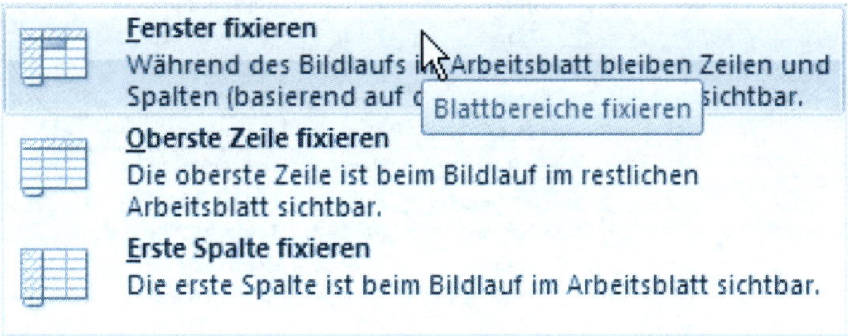

Fenster fixieren
Während des Bildlaufs im Arbeitsblatt bleiben Zeilen und
Spalten (basierend auf der sichtbar.
Blattbereiche fixieren

Oberste Zeile fixieren
Die oberste Zeile ist beim Bildlauf im restlichen
Arbeitsblatt sichtbar.

Erste Spalte fixieren
Die erste Spalte ist beim Bildlauf im Arbeitsblatt sichtbar.

4 Wählen Sie die Angabe *Fenster fixieren*.

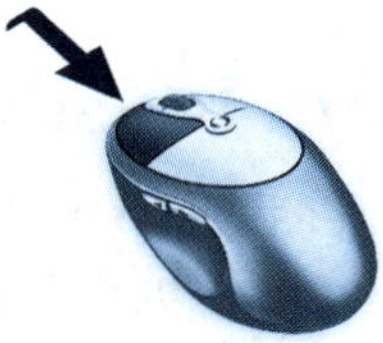

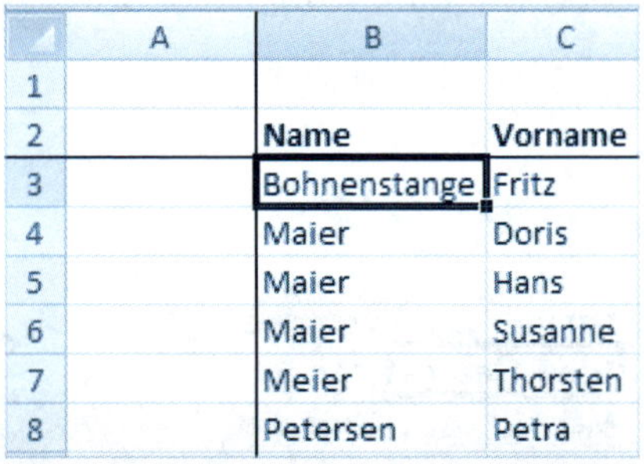

	A	B	C
1			
2		**Name**	**Vorname**
3		Bohnenstange	Fritz
4		Maier	Doris
5		Maier	Hans
6		Maier	Susanne
7		Meier	Thorsten
8		Petersen	Petra

5 Sie erkennen die Fixierungslinien am Bildschirm.

Hinweis

Bei umfangreicheren Listen als diese Beispielliste erkennen Sie noch besser,
wozu Fixierungen nützlich sind.

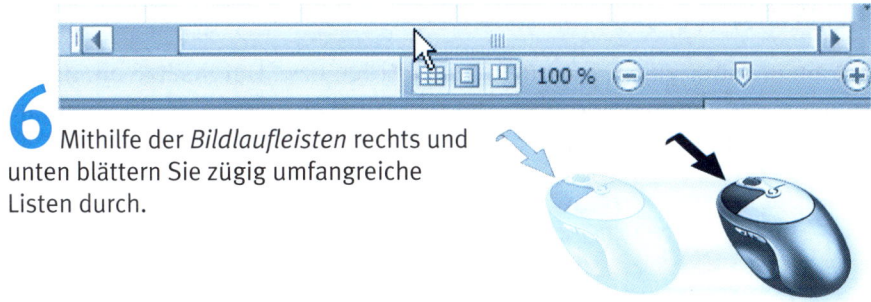

6 Mithilfe der *Bildlaufleisten* rechts und unten blättern Sie zügig umfangreiche Listen durch.

Die Fixierung heben Sie auf, indem Sie wieder auf die Schaltfläche *Fenster fixieren* klicken.

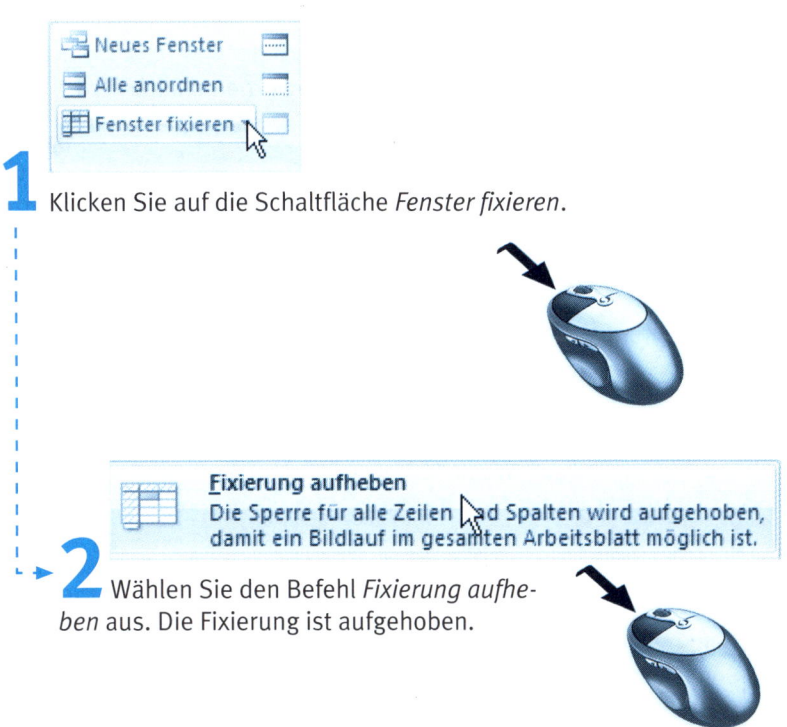

1 Klicken Sie auf die Schaltfläche *Fenster fixieren*.

2 Wählen Sie den Befehl *Fixierung aufheben* aus. Die Fixierung ist aufgehoben.

Bestimmte Daten anzeigen

Mit einem Filter geben Sie nur Listeneinträge bzw. Datensätze an, die bestimmte Bedingungen erfüllen. Um den Filter anzulegen, muss wiederum eine Zelle innerhalb der Liste angeklickt sein.

1 Wechseln Sie zur Registerkarte *Start*.

2 Aktivieren Sie die Schaltfläche *Sortieren und Filtern*.

3 Wählen Sie den Befehl *Filtern*.

Nach der Aktivierung erhalten Sie das folgende Erscheinungsbild.

Name ▼	Vorname ▼	Straße ▼	PLZ ▼	Ort ▼
Bohnenstange	Fritz	Rosenallee 79	45979	Greifhausen
Maier	Doris	Grabenstr. 28	22008	Quickendorf
Maier	Hans	Grabenstr. 28	22008	Quickendorf
Maier	Susanne	Gruselstr. 12 a	65599	Rankendorf

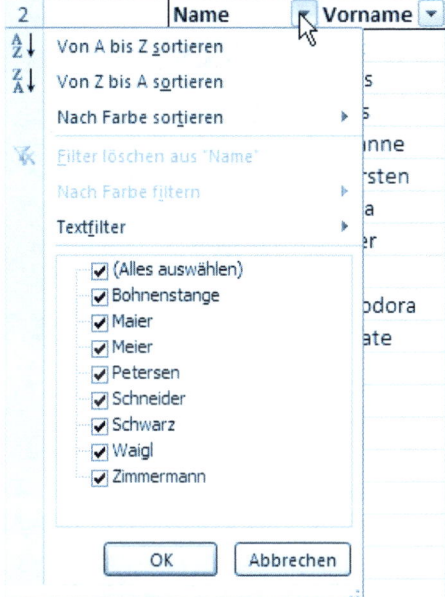

Die Spalten der Liste erhalten zusätzlich kleine Schaltflächen mit Dreiecken. Diese klicken Sie an. Es öffnet sich ein Menü. Hier können Sie Befehle ausführen oder die Datensätze deaktivieren, indem Sie das Häkchen anklicken.

Der benutzerdefinierte AutoFilter

Die so erhaltene Liste können Sie nach bestimmten Datensätzen filtern, sodass solche, die ein bestimmtes Kriterium nicht erfüllen, ausgeblendet werden. Für jedes Feld der Liste kann ein benutzerdefinierter AutoFilter gewählt werden.

Der Textfilter

Im nächsten Beispiel sollen nur die Adressen aufgeführt werden, deren Nachnamen mit einem »M« beginnen.

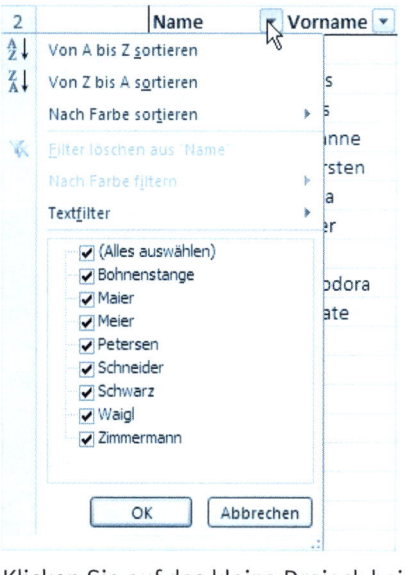

1 Klicken Sie auf das kleine Dreieck bei »Name«.

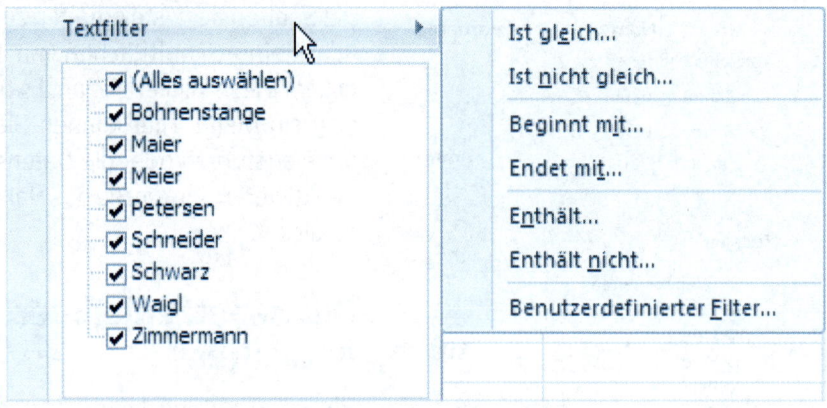

2 Bewegen Sie den Mauszeiger auf den Eintrag *Textfilter*.

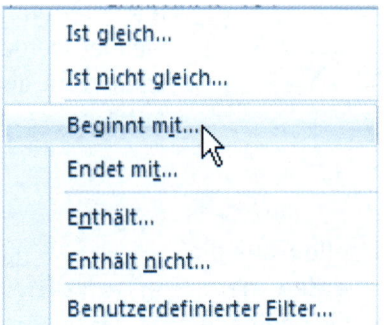

3 Hier erhalten Sie eine Auswahl, wie die Bedingung angelegt werden soll. Aktivieren Sie *Beginnt mit*.

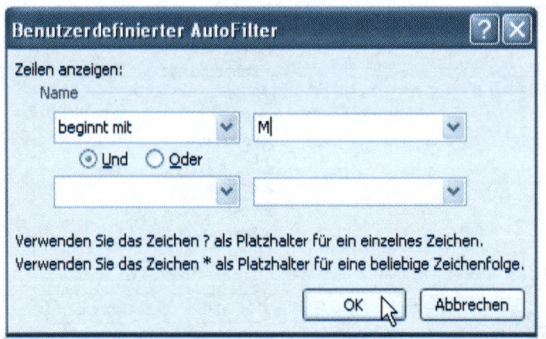

4 Tippen Sie den Buchstaben »M« ein und bestätigen Sie über die Schaltfläche *OK*.

Name		Vorname		Straße		PLZ		Ort	
Maier		Susanne		Gruselstr. 12 a			65599	Rankendorf	
Waigl		Theodora		Grabowstr. 29			58777	Meiershagen	
Zimmermann		Renate		Großen Garten 4			89999	Dörfli	

5 Alle Nachnamen, die mit einem »M« beginnen, werden in der Liste aufgeführt.

Möchten Sie wieder alle Datensätze erhalten, aktivieren Sie den Pfeil und wählen die Option *(Alles auswählen)*. Eine weitere Möglichkeit wäre, Sie löschen den Filter einfach.

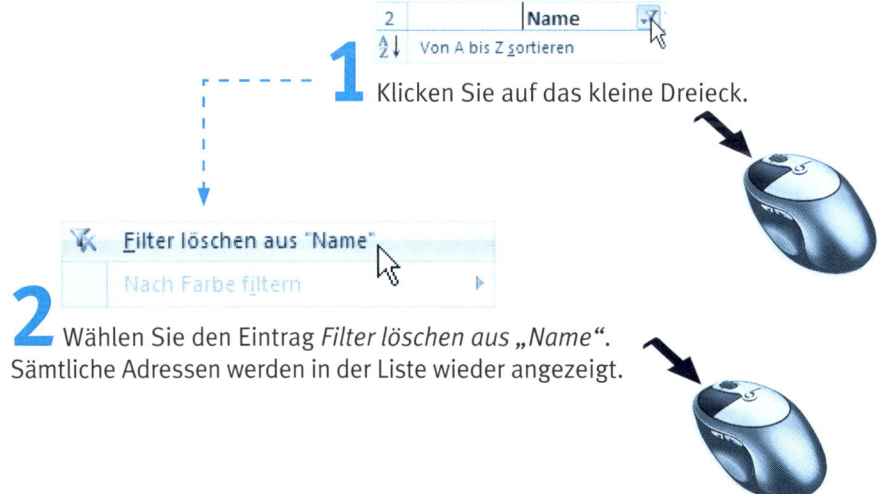

1 Klicken Sie auf das kleine Dreieck.

2 Wählen Sie den Eintrag *Filter löschen aus „Name"*. Sämtliche Adressen werden in der Liste wieder angezeigt.

Der Zahlenfilter

In diesem Beispiel möchten Sie sich alle Orte anzeigen lassen, die im Postleitzahlenbereich über »50000« liegen. Dazu klicken Sie auf das Dreieck neben der Spalte»PLZ«.

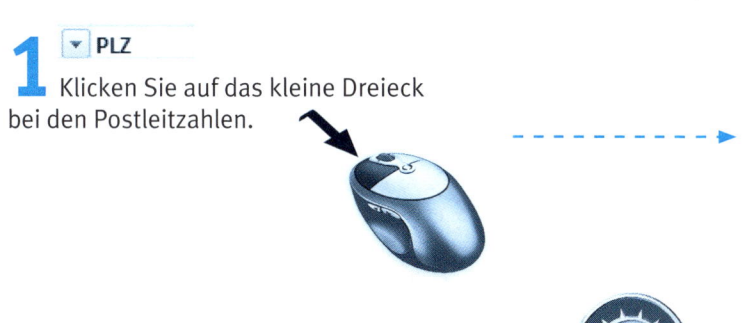

1 Klicken Sie auf das kleine Dreieck bei den Postleitzahlen.

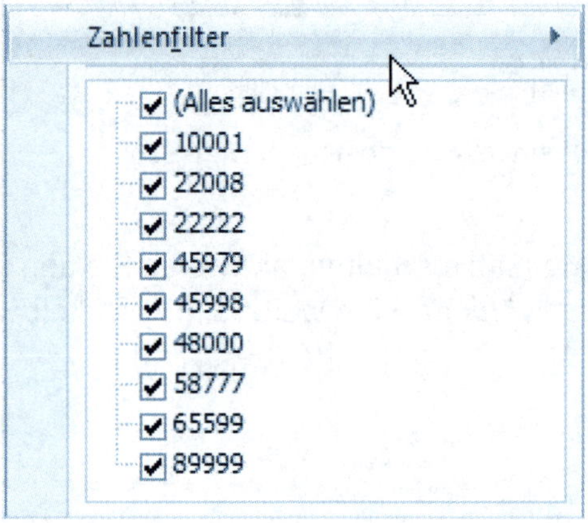

Zahlenfilter ▶

- ☑ (Alles auswählen)
- ☑ 10001
- ☑ 22008
- ☑ 22222
- ☑ 45979
- ☑ 45998
- ☑ 48000
- ☑ 58777
- ☑ 65599
- ☑ 89999

2 Zeigen Sie mit dem Mauszeiger auf den Eintrag *Zahlenfilter*.

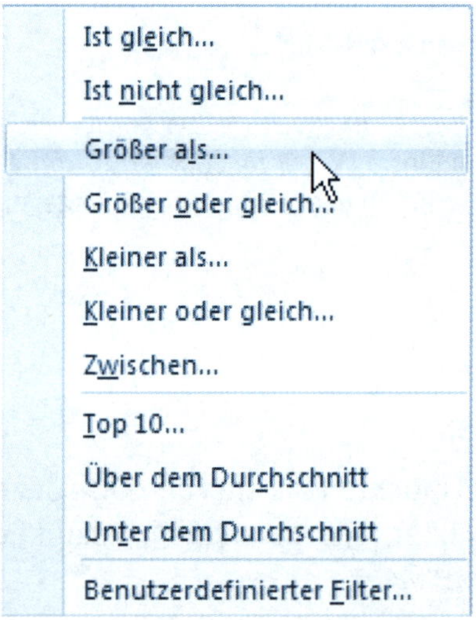

Ist gleich...

Ist nicht gleich...

Größer als...

Größer oder gleich...

Kleiner als...

Kleiner oder gleich...

Zwischen...

Top 10...

Über dem Durchschnitt

Unter dem Durchschnitt

Benutzerdefinierter Filter...

3 Geben Sie hier *Größer als...* an.

Tipp

Mit der Option *Top 10...* listen Sie die Tops nach Selektion auf: die höchsten Zahlen, Prozente usw.

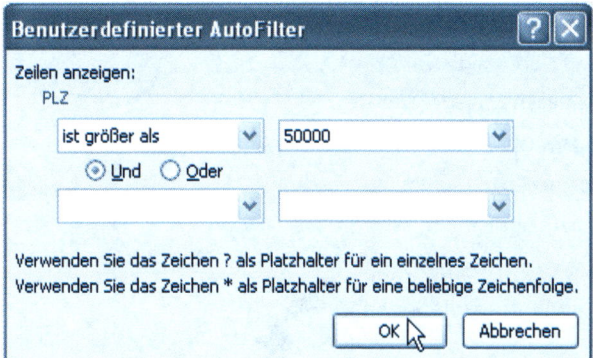

4 Tragen Sie »50000« ein und bestätigen Sie über die Schaltfläche *OK*.

> **Hinweis**
> Sie können hier natürlich auch einen Zahlenbereich von … bis … angeben.

Die Liste wird entsprechend angezeigt.

Name	Vorname	Straße	PLZ	Ort
Maier	Susanne	Gruselstr. 12 a	65599	Rankendorf
Waigl	Theodora	Grabowstr. 29	58777	Meiershagen
Zimmermann	Renate	Großen Garten 4	89999	Dörfli

Den Filter wieder ausschalten

Schalten Sie den Filter wieder aus, wird Ihnen die Liste wie zuvor angezeigt, also ohne die Schaltflächen mit den kleinen Dreiecken.

1 Klicken Sie auf die Schaltfläche *Sortieren und Filtern*.

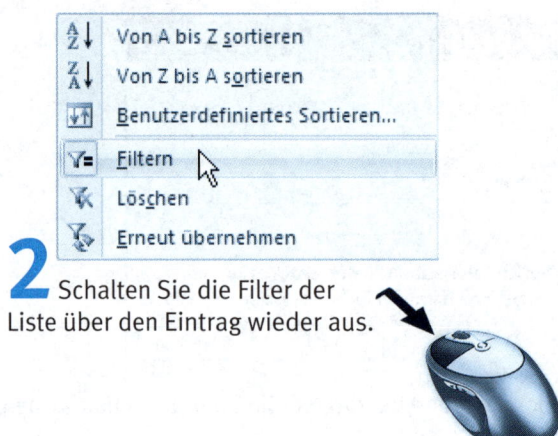

2 Schalten Sie die Filter der Liste über den Eintrag wieder aus.

Tipps zum Kapitel

1. Über die Tastenkombination [Strg]+[L] können Sie schnell eine Liste mit Filterfunktionen für markierte Zellen erstellen.

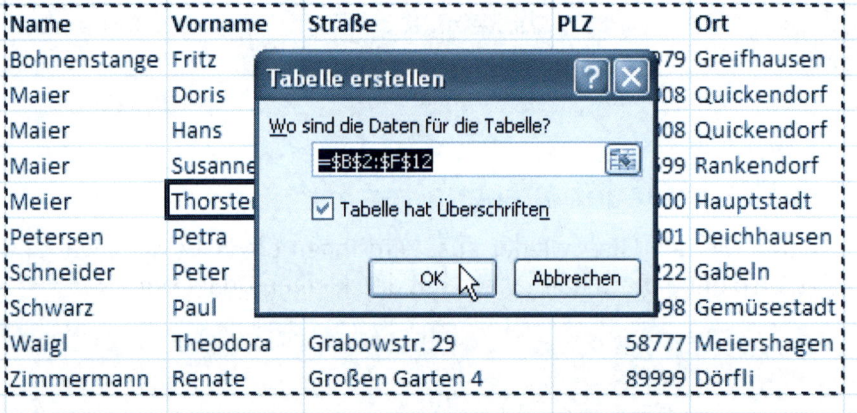

Name		Vorname		Straße		PLZ		Ort	
Bohnenstange		Fritz		Rosenallee 79			45979	Greifhausen	
Maier		Doris		Grabenstr. 28			22008	Quickendorf	
Maier		Hans		Grabenstr. 28			22008	Quickendorf	
Maier		Susanne		Gruselstr. 12 a			65599	Rankendorf	
Meier		Thorsten		Albrecht-Dürer-Str. 13			48000	Hauptstadt	
Petersen		Petra		Friesenstr. 132			10001	Deichhausen	
Schneider		Peter		Am kleinen Weg 3 b			22222	Gabeln	
Schwarz		Paul		Tomatenallee 9			45998	Gemüsestadt	
Waigl		Theodora		Grabowstr. 29			58777	Meiershagen	
Zimmermann		Renate		Großen Garten 4			89999	Dörfli	

2. In Listen können Sie sich mit Tastenkombinationen schnell bewegen und Zellen markieren:

Tasten	Auswirkung
`Strg`+`Pfeil auf`	Erste Zelle in einer Spalte
`Strg`+`Pfeil ab`	Letzte Zelle in einer Spalte
`Strg`+`Pfeil links`	Erste Zelle in einer Zeile
`Strg`+`Pfeil rechts`	Letzte Zelle in einer Zeile
`Strg`+`Umschalt`+`Pfeil ab`	Markiert eine Spalte
`Strg`+`Umschalt`+`Pfeil rechts`	Markiert eine Zeile
`Strg`+`Umschalt`+`*`	Markiert die gesamte Liste

3. Klicken Sie in eine Zelle und drücken die Tastenkombination `Alt`+`Pfeil ab`, können Sie aus dieser Liste einen bereits getippten Eintrag übernehmen.

Das können Sie schon

Das lernen Sie neu

Kapitel 15

Mit Excel 2007 Preise kalkulieren

Berechnungen mal anders herum! »Normalerweise« erfolgt eine Berechnung nach dem Prinzip a + b = c oder vielleicht sogar a + b + c + d = e. Aber in Excel 2007 ist die Berechnung auch anders möglich. Also umgekehrt! Sie haben ein Ziel bzw. das gewünschte Ergebnis vor Augen und wissen nicht, wie Sie dorthin kommen sollen. Excel verfügt über verschiedene Möglichkeiten, die das Durchspielen von Alternativen dazu erleichtern.

Die Zielwertsuche

Im nächsten Beispiel sind Sie Aktionär. Sie wollen natürlich einen »fetten« Gewinn machen. In diesem Beispiel möchten Sie einen Aktiengewinn von »1.000 Euro« erzielen. Wie muss der Aktienkurs stehen, damit Ihre Vorstellungen erfüllt werden? Zunächst stellen Sie Ihre Rechnung auf.

	A	B	C	D
1	Aktienerfolg			
2				
3				
4			Verkauf	
5			Provision 1 %	
6	Stückzahl	1000	Spesen	
7	Kurs	20,00 €	Gutschrift	
8				
9				
10			Kauf	
11			Provision 1 %	
12			Spesen	
13			Gewinn	
14				
15				

1 Stellen Sie die Tabelle auf.

	A	B	C	D
4			Verkauf	=B6*B7
5			Provision 1 %	
6	Stückzahl	1000	Spesen	
7	Kurs	20,00 €	Gutschrift	
8				
9				
10			Kauf	
11			Provision 1 %	
12			Spesen	
13			Gewinn	

2 Ermitteln Sie die jeweiligen Zellen. Der Verkauf ergibt sich aus »Stückzahl * Kurs«.

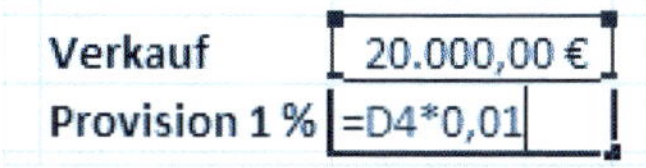

Verkauf	20.000,00 €
Provision 1 %	=D4*0,01

3 Die Verkaufsprovision: »Verkauf * 0,01«.

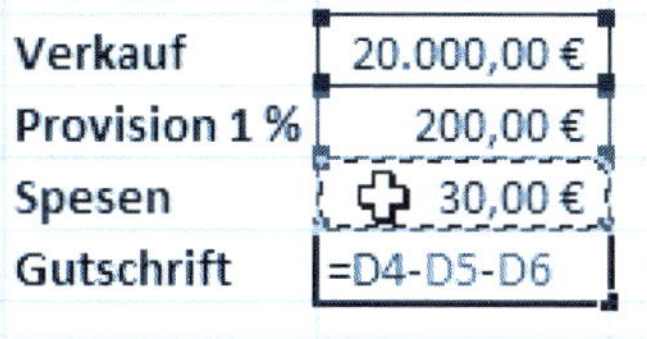

Verkauf	20.000,00 €
Provision 1 %	200,00 €
Spesen	✚ 30,00 €
Gutschrift	=D4-D5-D6

4 Die Spesen sind mit 30 Euro angegeben. Die Gutschrift ergibt sich aus »Verkauf – Provision – Spesen«.

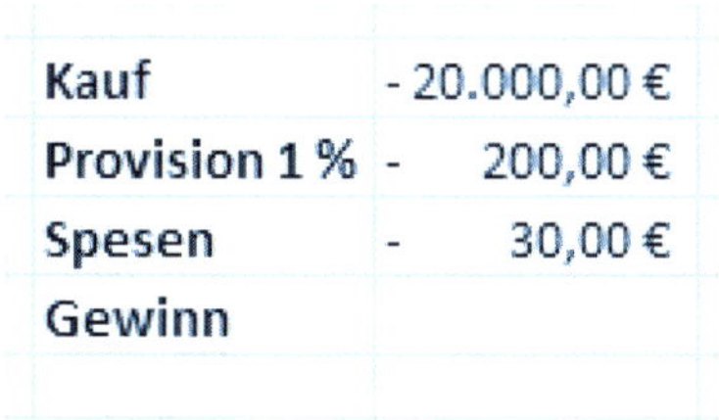

Kauf		- 20.000,00 €
Provision 1 %	-	200,00 €
Spesen	-	30,00 €
Gewinn		

5 Tippen Sie die Werte in die Zellen ein.

Sortieren und Filtern · Suchen und Auswählen ·

Bearbeiten

Verkauf	20.000,00 €
Provision 1 %	200,00 €
Spesen	✚ 30,00 €
Gutschrift	=D4-D5-D6

6 Verwenden Sie auf der Registerkarte *Start* die Schaltfläche *Summe*, markieren Sie die entsprechenden Zellen und bestätigen Sie die Formel.

Die erste Berechnung ist erfolgt. Leider ergibt sich ein Gewinn – nein – ein Verlust von »460« Euro. Sie möchten aber wissen, wie der Kurs stehen muss, um einen Gewinn von 1.000 Euro zu erzielen. Dazu nutzen Sie die *Zielwertsuche* in Excel 2007. Sie variieren den Inhalt einer bestimmten Zelle so lange, bis eine andere angegebene Zelle den von Ihnen gewünschten Inhalt besitzt. In der Ergebniszelle, in diesem Beispiel also die »Gewinn-Zelle«, muss eine Formel stehen.

Berechnung
Berechnung
Berechnung
?
Ergebnis

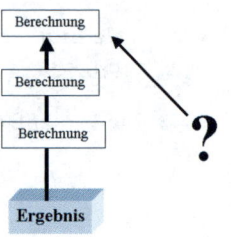

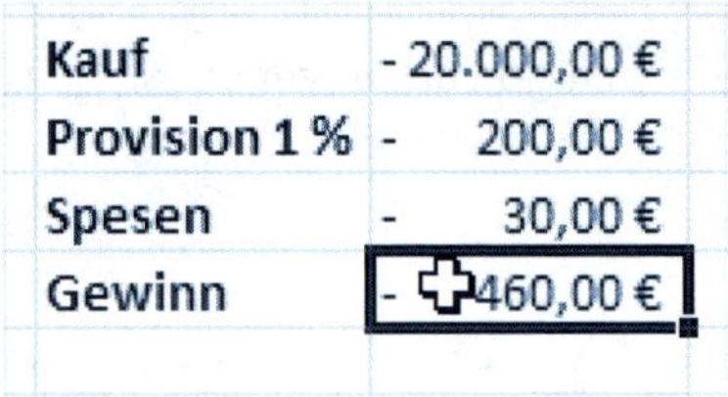

Kauf	- 20.000,00 €
Provision 1 %	- 200,00 €
Spesen	- 30,00 €
Gewinn	- 460,00 €

1 Klicken Sie in die Zelle, in der die Zielwertsuche ausgeführt werden soll, das wäre hier der Gewinn.

Daten

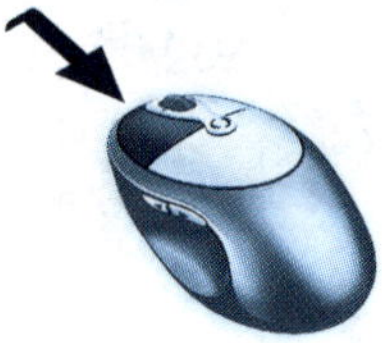

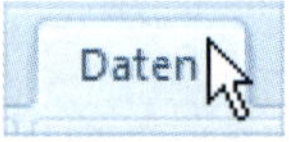

2 Wechseln Sie zur Registerkarte *Daten*.

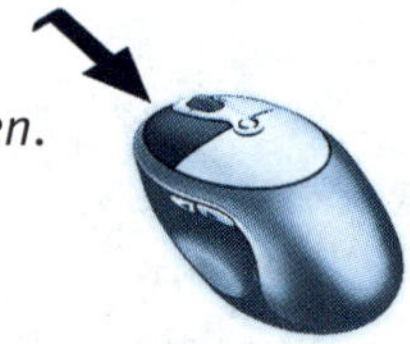

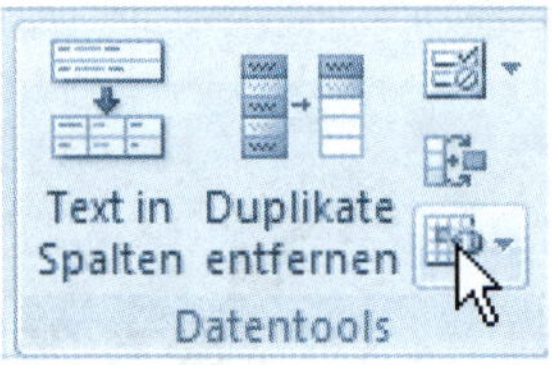

Text in Spalten
Duplikate entfernen
Datentools

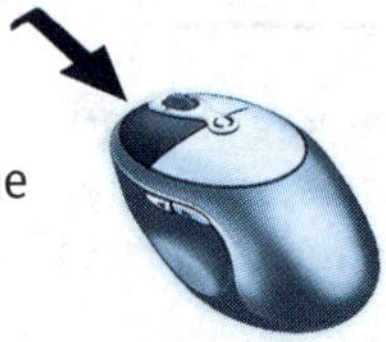

3 Aktivieren Sie die Schaltfläche *Was-wäre-wenn-Analyse*.

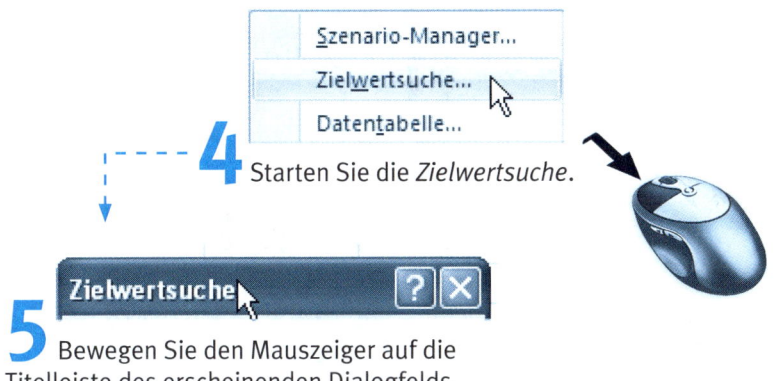

4 Starten Sie die *Zielwertsuche*.

5 Bewegen Sie den Mauszeiger auf die
Titelleiste des erscheinenden Dialogfelds.

Achtung

Sollte – wie in diesem Fall – ein Dialogfeld die Sicht auf Zellen verdecken, verschieben Sie das Dialogfeld. Dazu platzieren Sie den Mauszeiger auf die Titelleiste des Dialogfelds und verschieben es mit gedrückter Maustaste.

	A	B	C	D	E	F	G
1	**Aktienerfolg**						
2							
3							
4			**Verkauf**	20.000,00 €			
5			**Provision 1 %**	200,00 €			
6	**Stückzahl**	1000	**Spesen**	30,00 €			
7	**Kurs**	20,00 €	**Gutschrift**	19.770,00 €			
8							
9							
10			**Kauf**	- 20.000,00 €			
11			**Provision 1 %** -	200,00 €			
12			**Spesen** -	30,00 €			
13			**Gewinn** -	460,00 €			
14							

6 Verschieben Sie das Dialogfeld.

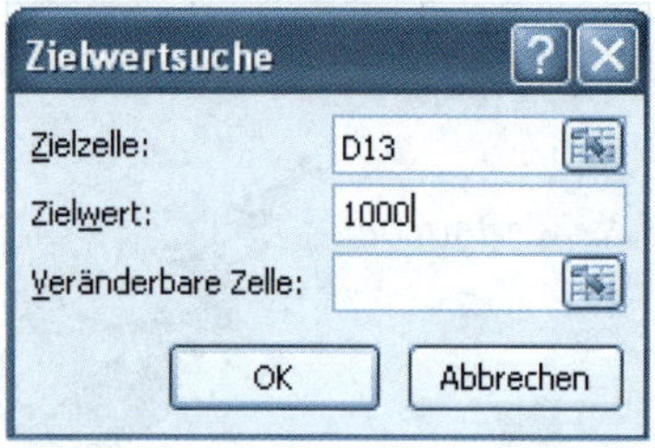

Zielwertsuche

Zielzelle: D13

Zielwert: 1000

Veränderbare Zelle:

OK   Abbrechen

7 Klicken Sie in das Eingabefeld *Zielwert* und tippen Sie »1000« ein.

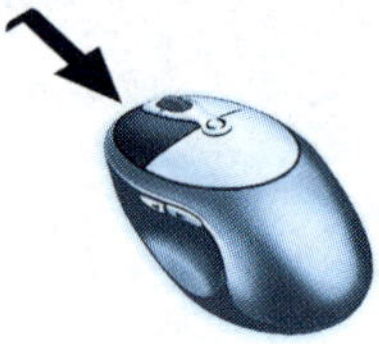

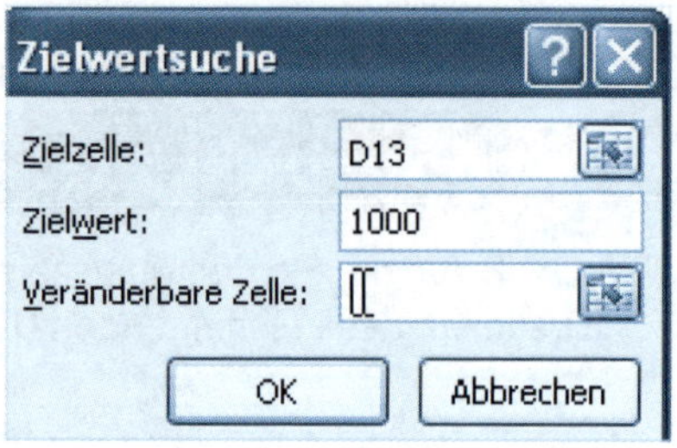

Zielwertsuche

Zielzelle: D13

Zielwert: 1000

Veränderbare Zelle:

OK   Abbrechen

8 Aktivieren Sie das Eingabefeld *Veränderbare Zelle*.

	B7	▼		f_x =SUMME(D7:D12)			
	A	B	C	D	E	F	G
1	Aktienerfolg						
2							
3							
4			Verkauf	20.000,00 €			
5			Provision 1 %	200,00 €			
6	Stückzahl	1000	Spesen	30,00 €			
7	Kurs	20,00 €	Gutschrift	19.770,00 €			
8							
9							
10			Kauf	- 20.000,00 €			
11			Provision 1 %	- 200,00 €			
12			Spesen	- 30,00 €			
13			Gewinn	- 460,00 €			
14							
15							

Zielwertsuche

Zielzelle: D13

Zielwert: 1000

Veränderbare Zelle: $B$7

OK   Abbrechen

9 Klicken Sie in die veränderbare Zelle, hier B7.

10 Starten Sie die Zielwertsuche über die Schaltfläche *OK*.

11 Verlassen Sie das Dialogfeld über die Schaltfläche *OK*.

Add-Ins einfügen

In komplexen Berechnungen müssen mehrere Parameter berücksichtigt werden, um ein bestimmtes Ergebnis zu erzielen. Anhand eines Beispiels soll Ihnen die *Funktion des Solvers* verdeutlicht werden. Der Solver-Befehl gehört zu den Add-Ins und muss bei Ihnen noch eingebunden werden.

> **Fachwort**
>
> Bei einer vollständigen Installation von Excel 2007 werden auch Zusatzprogramme, Add-Ins, installiert, die die Befehle und Funktionen erweitern.

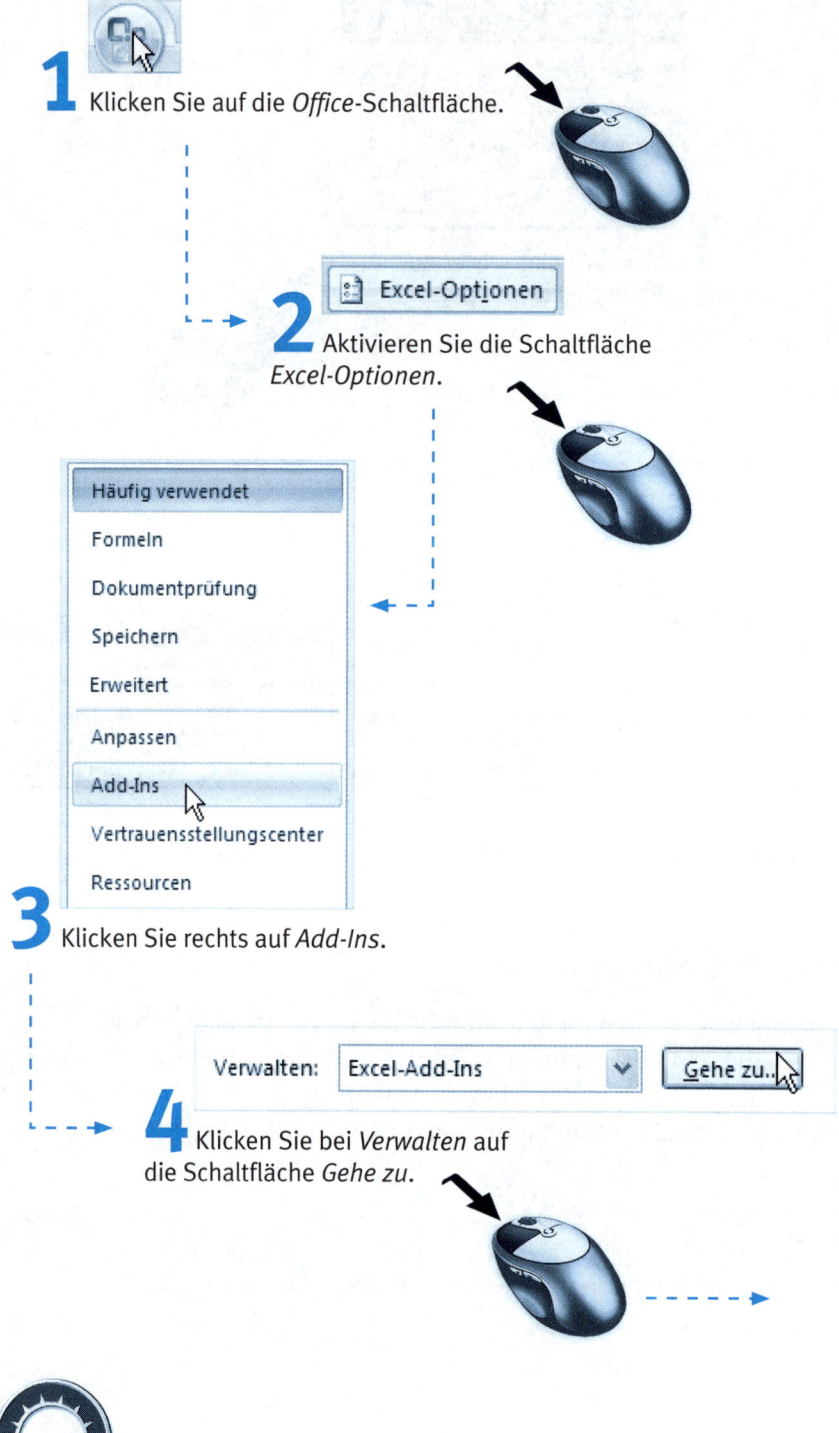

1 Klicken Sie auf die *Office*-Schaltfläche.

Excel-Optionen

2 Aktivieren Sie die Schaltfläche *Excel-Optionen*.

Häufig verwendet

Formeln

Dokumentprüfung

Speichern

Erweitert

Anpassen

Add-Ins

Vertrauensstellungscenter

Ressourcen

3 Klicken Sie rechts auf *Add-Ins*.

Verwalten: Excel-Add-Ins   Gehe zu...

4 Klicken Sie bei *Verwalten* auf die Schaltfläche *Gehe zu*.

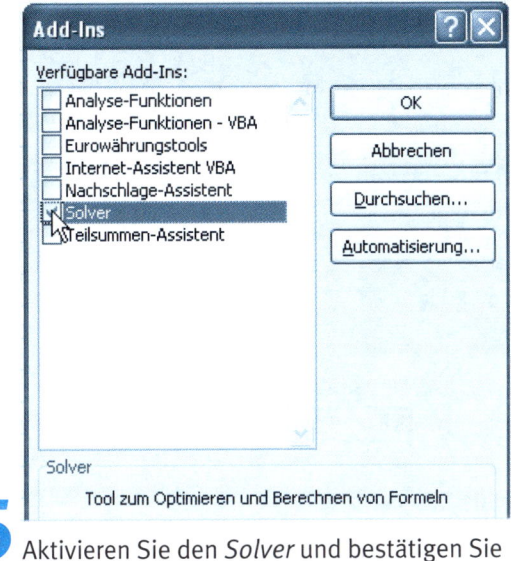

5 Aktivieren Sie den *Solver* und bestätigen Sie über die Schaltfläche *OK*.

Die Schaltfläche *Solver* steht Ihnen auf der Registerkarte *Daten* zur Verfügung.

Der Solver

Der Solver variiert den Inhalt von mehr als zwei bekannten Variablen so, dass ein gewünschtes Ergebnis erreicht wird. Im nächsten Beispiel werden keine komplexen Berechnungen durchgeführt. Sie lernen die *Funktion Solver* auf einfachste Weise kennen.

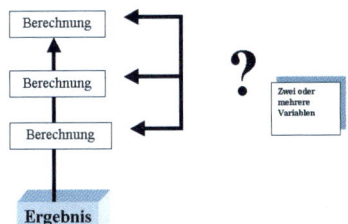

Hinweis

Für die nächsten Schritte legen Sie am besten eine neue Arbeitsmappe über die Schaltfläche *Neu* in der *Symbolleiste für den Schnellzugriff* oder über die Tastenkombination (Strg)+(N) an.

◢	A	B
1	Umsatzermittlung	
2		
3	Stückzahl	3000
4	Verkaufspreis	29,95 €
5	Umsatz	
6		

1 Erfassen Sie die Tabelle.

3	Stückzahl	3000
4	Verkaufspreis	29,95 €
5	Umsatz	=B3*B4
6		

2 Ermitteln Sie das Ergebnis: »Umsatz = Stückzahl * Verkaufspreis«

◢	A	B
1	Umsatzermittlung	
2		
3	Stückzahl	3000
4	Verkaufspreis	29,95 €
5	Umsatz	89.850,00
6		

3 Aktivieren Sie ggf. die Zielzelle.

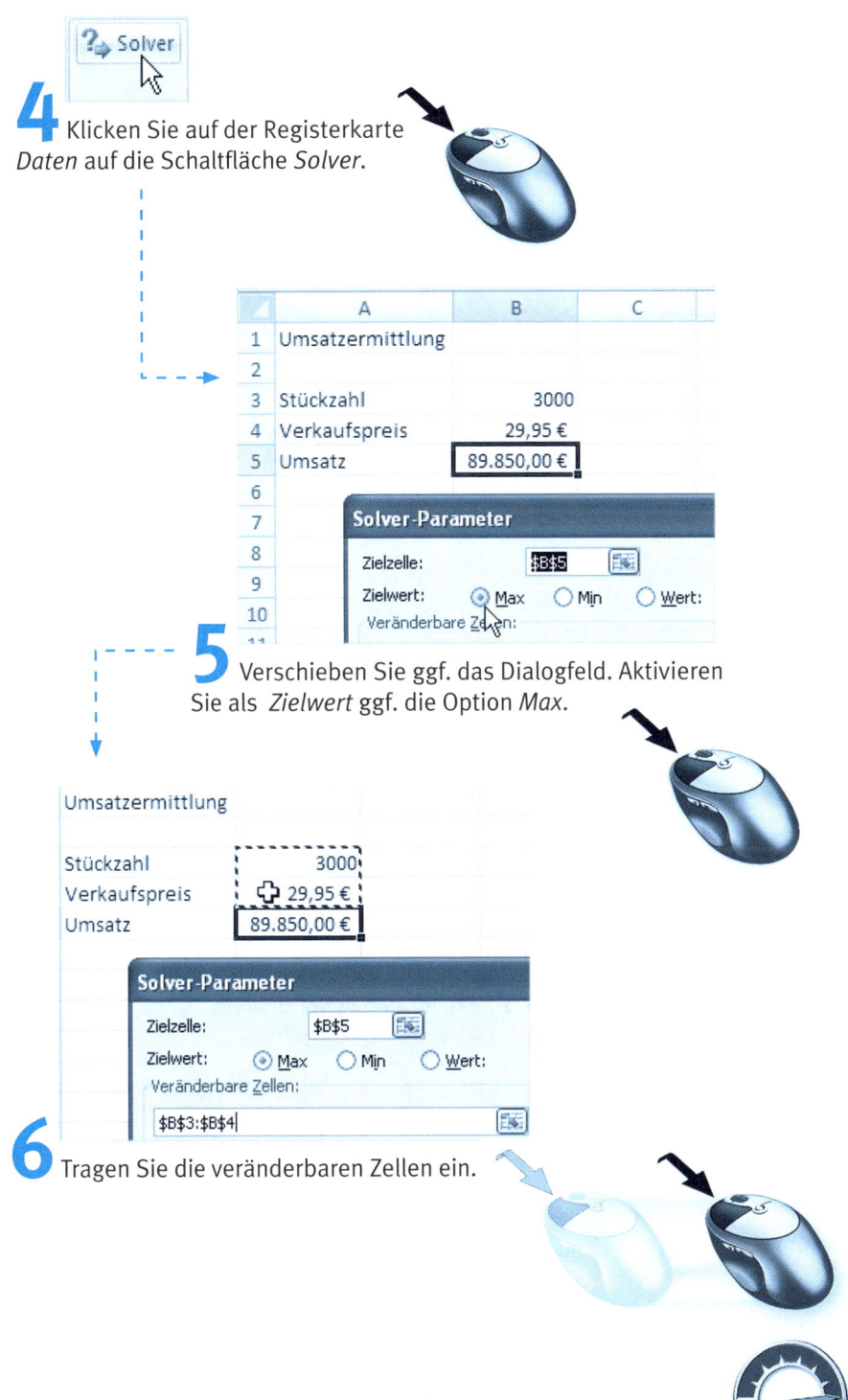

4 Klicken Sie auf der Registerkarte *Daten* auf die Schaltfläche *Solver*.

5 Verschieben Sie ggf. das Dialogfeld. Aktivieren Sie als *Zielwert* ggf. die Option *Max*.

6 Tragen Sie die veränderbaren Zellen ein.

Mit *Max* errechnet sich natürlich das Maximum. Über *Wert* geben Sie einen definierten Zielwert ein.

Zusätzlich können Sie in das Dialogfeld *Nebenbedingungen* eintragen.

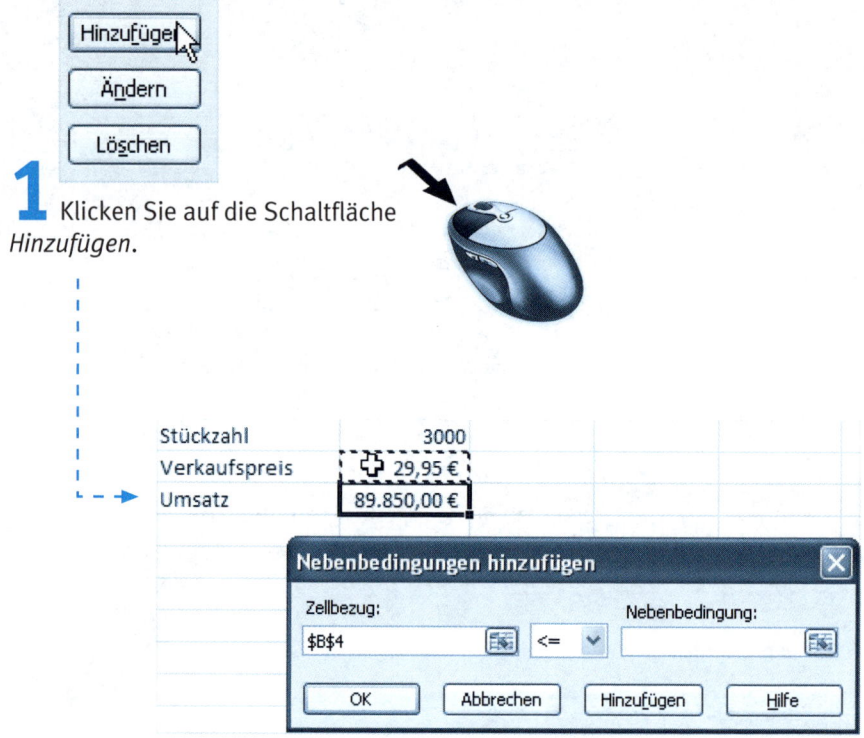

1 Klicken Sie auf die Schaltfläche *Hinzufügen*.

2 Klicken Sie in die Zelle für den Verkaufspreis.

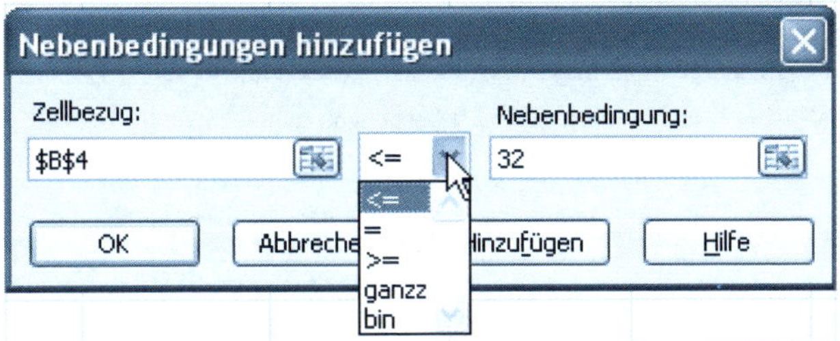

Nebenbedingungen hinzufügen ☒

Zellbezug: Nebenbedingung:

$B$4   [▦]   <=   ▼   32   [▦]

<=
=
>=
ganzz
bin

[OK]   [Abbreche...]   Hinzufügen   [Hilfe]

3 Der Verkaufspreis darf aufgrund der Wettbewerbssituation nicht über 32 € liegen. Geben Sie ggf. den Vergleichsoperator an. Tippen Sie den Vergleichswert ein.

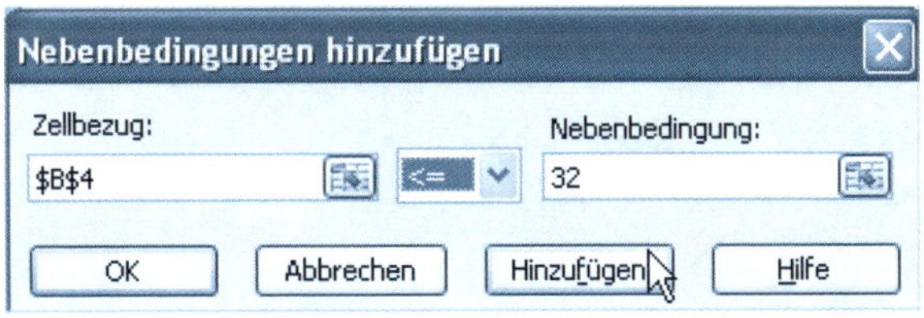

Nebenbedingungen hinzufügen ☒

Zellbezug: Nebenbedingung:

$B$4   [▦]   <=   ▼   32   [▦]

[OK]   [Abbrechen]   [Hinzufügen]   [Hilfe]

4 Klicken Sie auf die Schaltfläche *Hinzufügen*.

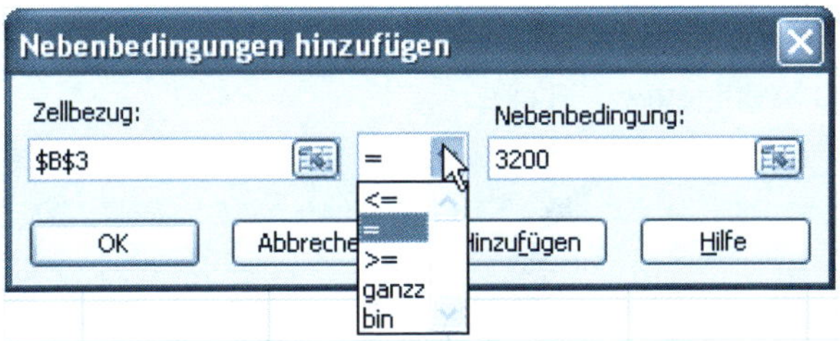

Nebenbedingungen hinzufügen ☒

Zellbezug: Nebenbedingung:

$B$3   [▦]   =   ▼   3200   [▦]

<=
=
>=
ganzz
bin

[OK]   [Abbreche...]   Hinzufügen   [Hilfe]

5 Legen Sie als *Nebenbedingung* fest: »Die Stückzahl soll auf 3.200 erhöht werden«.

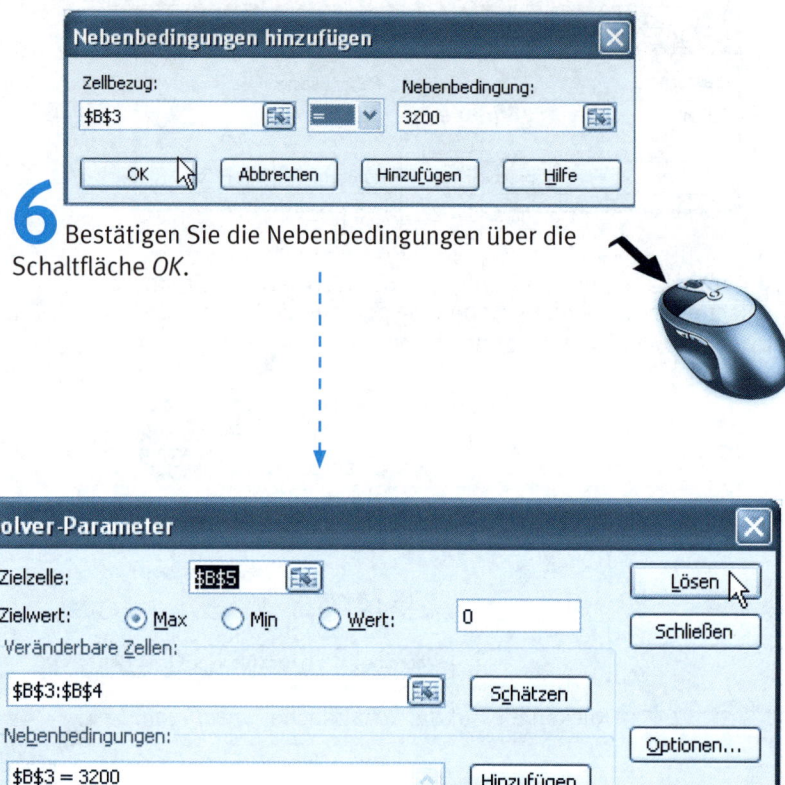

6 Bestätigen Sie die Nebenbedingungen über die Schaltfläche *OK*.

7 Überprüfen Sie die Bedingungen. Klicken Sie auf die Schaltfläche *Lösen*.

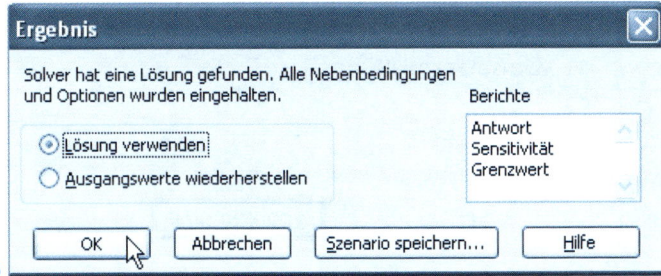

8 Bestätigen Sie mit *OK*.

Hinweis

Über die Option *Ausgangswerte wiederherstellen* wechseln Sie wieder zu den Ursprungsdaten.

	A	B
1	Umsatzermittlung	
2		
3	Stückzahl	3200
4	Verkaufspreis	32,00 €
5	Umsatz	##########
6		

9 Der Platz in der Zelle reicht für die Darstellung des Ergebnisses nicht aus. Bewegen Sie den Mauszeiger auf die Trennlinie der Spalten B und C. Klicken Sie doppelt.

◢	A	B
1	Umsatzermittlung	
2		
3	Stückzahl	3200
4	Verkaufspreis	32,00 €
5	Umsatz	102.400,00 €
6		

10 Auf das Ergebnis wären Sie sicherlich auch selbst gekommen, aber es verdeutlicht auf einfachste Weise die Handhabung des Solvers.

Der Szenario-Manager

Der Szenario-Manager ermöglicht sehr detaillierte Analysen. Nach jeder Änderung werden die Auswirkungen aufgeführt. Sie können beliebig viele Szenariowerte über die Schaltfläche *Hinzufügen* eingeben.

> **Hinweis**
>
> Für die nächsten Schritte legen Sie am besten eine neue Arbeitsmappe über die Schaltfläche *Neu* in der *Symbolleiste für den Schnellzugriff* oder über die Tastenkombination Strg + N an.

◢	A	B
1	Umsatzermittlung	
2		
3	Stückzahl	3000
4	Verkaufspreis	30,00 €
5	Umsatz	90.000,00 €
6		

1 Legen Sie die Tabelle an. Der Umsatz ergibt sich aus: Stückzahl * Verkaufspreis.

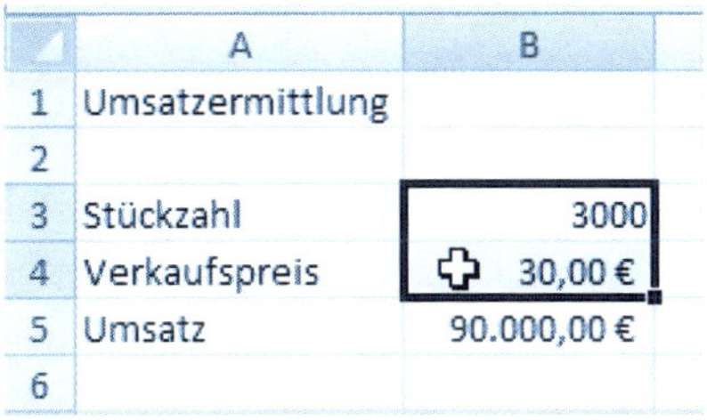

	A	B
1	Umsatzermittlung	
2		
3	Stückzahl	3000
4	Verkaufspreis	30,00 €
5	Umsatz	90.000,00 €
6		

2 Markieren Sie hier die Zellen B3 (Stückzahl) und B4 (Verkaufspreis).

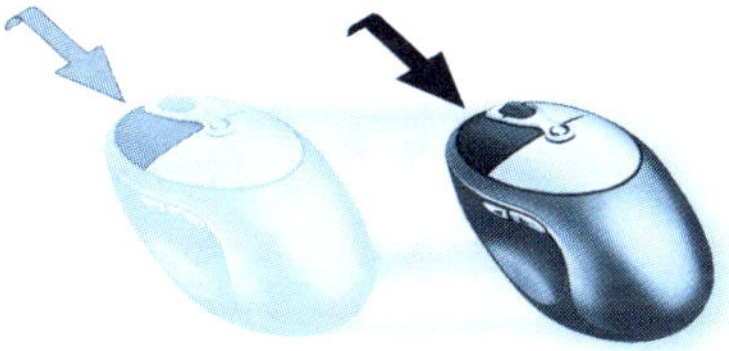

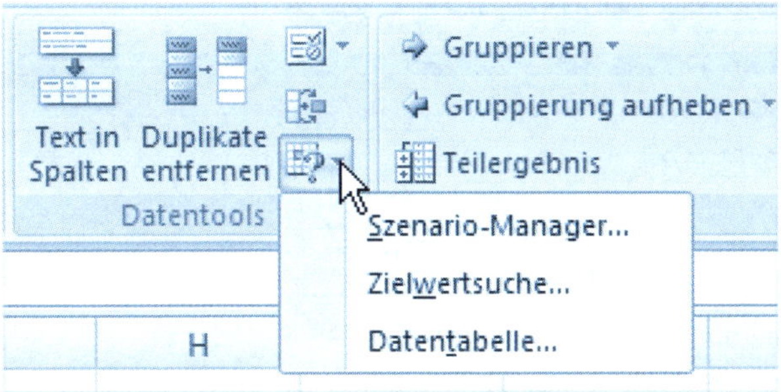

Gruppieren ▾

Gruppierung aufheben ▾

Text in Duplikate
Spalten entfernen   Teilergebnis

Datentools

Szenario-Manager...

Zielwertsuche...

Datentabelle...

H

3 Klicken Sie auf der Registerkarte *Daten* auf die Schaltfläche *Was-wäre-wenn-Analyse*. Starten Sie den *Szenario-Manager* über den Befehl.

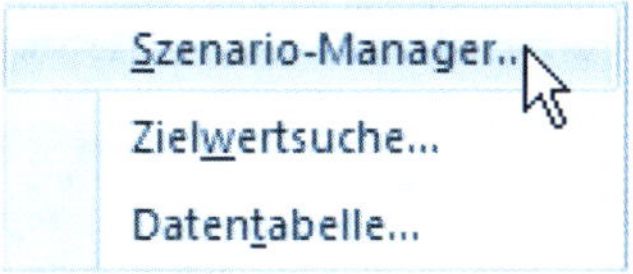

Szenario-Manager...

Zielwertsuche...

Datentabelle...

Hinzufügen...

4 Klicken Sie auf die Schaltfläche *Hinzufügen*.

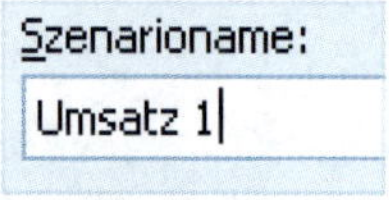

Szenarioname:

Umsatz 1|

5 Geben Sie unter *Szenarioname* einen Namen ein.

| OK | Abbrechen |

6 Bestätigen Sie über die Schaltfläche *OK*.

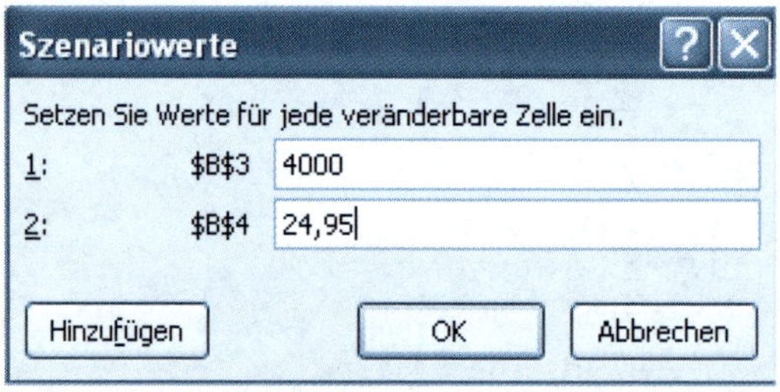

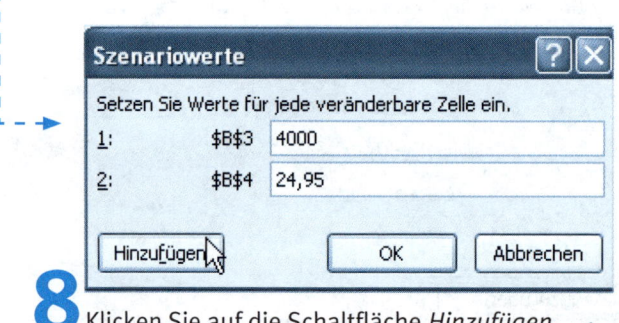

Szenariowerte

Setzen Sie Werte für jede veränderbare Zelle ein.

1:   $B$3   4000

2:   $B$4   24,95|

| Hinzufügen | | OK | Abbrechen |

7 Definieren Sie die erste Variante und ändern Sie dazu die Menge und den Preis.

Szenariowerte

Setzen Sie Werte für jede veränderbare Zelle ein.

1:   $B$3   4000

2:   $B$4   24,95

| Hinzufügen | | OK | Abbrechen |

8 Klicken Sie auf die Schaltfläche *Hinzufügen*.

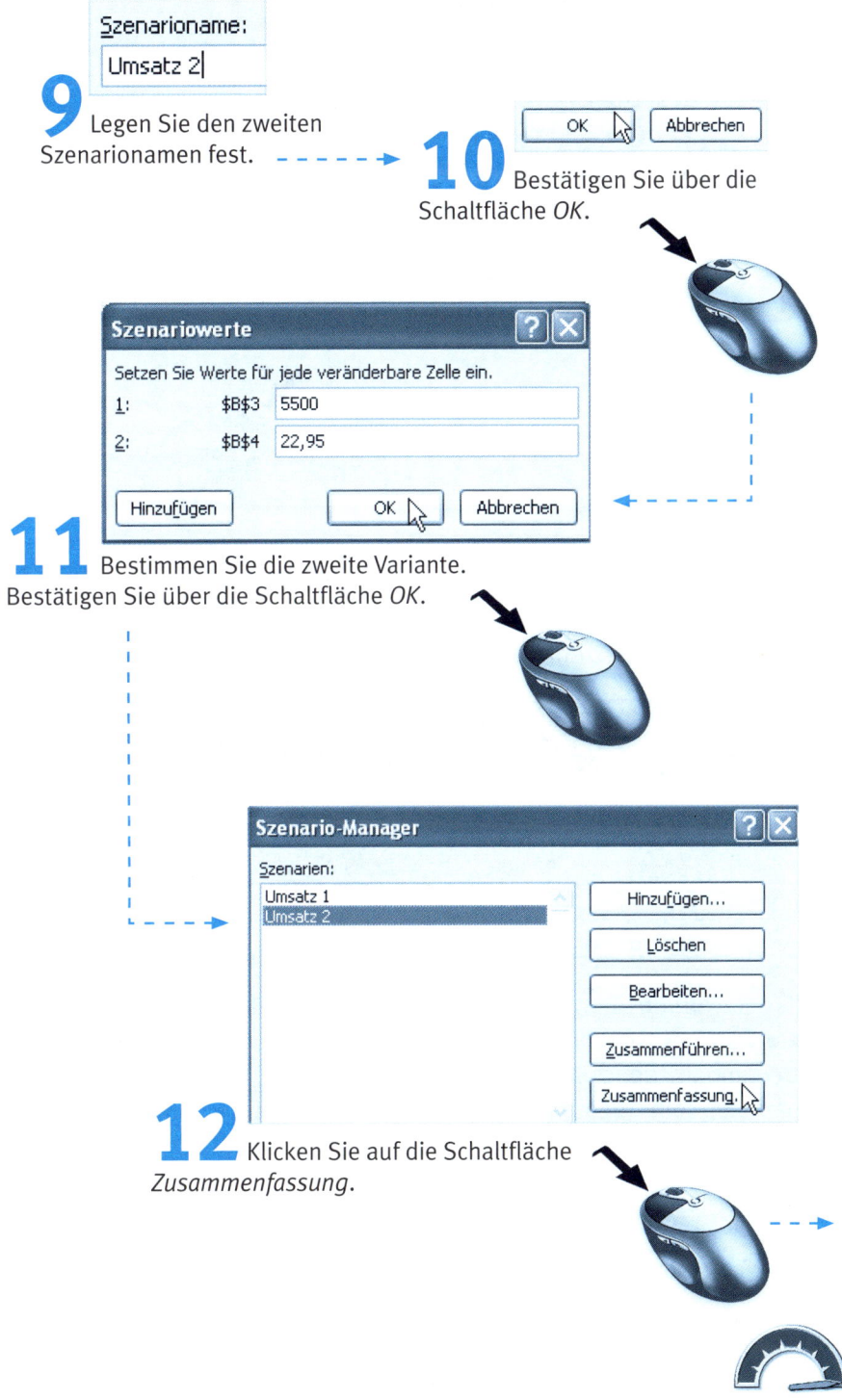

Szenarioname:

Umsatz 2|

9 Legen Sie den zweiten Szenarionamen fest.

OK   Abbrechen

10 Bestätigen Sie über die Schaltfläche *OK*.

Szenariowerte ? X

Setzen Sie Werte für jede veränderbare Zelle ein.

1:    $B$3   5500

2:    $B$4   22,95

Hinzufügen   OK   Abbrechen

11 Bestimmen Sie die zweite Variante. Bestätigen Sie über die Schaltfläche *OK*.

Szenario-Manager ? X

Szenarien:

Umsatz 1
Umsatz 2

Hinzufügen...

Löschen

Bearbeiten...

Zusammenführen...

Zusammenfassung.

12 Klicken Sie auf die Schaltfläche *Zusammenfassung*.

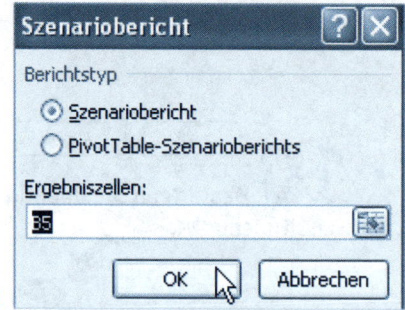

13 Bestätigen Sie über die Schaltfläche *OK*.

Sie gelangen in den Szenariobericht.

Szenariobericht			
	Aktuelle Werte:	Umsatz 1	Umsatz 2
Veränderbare Zellen:			
$B$3	3000	4000	5500
$B$4	30,00 €	24,95 €	22,95 €
Ergebniszellen:			
$B$5	90.000,00 €	99.800,00 €	126.225,00 €

Klicken Sie auf das Blattregister (im Beispiel »Tabelle1«), gelangen Sie zu Ihrer »Ursprungsberechnung«. Szenarien sind an die aktive Tabelle gebunden und werden zusammen mit ihr gespeichert. Ein einmal angelegtes Szenario ist somit beim nächsten Öffnen der Tabelle wieder unverändert vorhanden.

Tipps zum Kapitel

Bei einer vollständigen Installation von Excel 2007 werden auch Zusatzprogramme, Add-Ins, installiert, die die Befehle und Funktionen erweitern. Den Weg dazu finden Sie in diesem Kapitel beschrieben. Ein Add-In wird hier aktiviert oder wieder deaktiviert. Auf diese Art und Weise fügen Sie weitere Add-Ins hinzu. Eine Erklärung zum jeweiligen Add-In finden Sie unten im Dialogfeld.

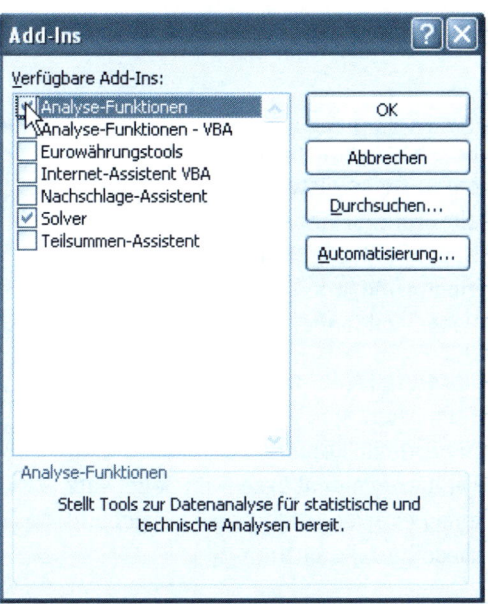

Lexikon

Abfrage

Eine Abfrage richtet sich an die Datenbank. Beispielsweise kann man sich alle Kunden anzeigen lassen, deren Namen mit dem Buchstaben »M« beginnen und/oder in einem bestimmten Postleitzahlenbereich wohnen.

Absolute Feldbezüge

Feldbezüge sind von Bedeutung, wenn Sie Formeln kopieren. Beim absoluten Feldbezug nimmt Excel – im Gegensatz zum r elativen Feldbezug – auf ein und dieselbe Zelle Bezug.

Arbeitsblatt

Ein Arbeitsblatt umfasst Zeilen und Spalten. Es handelt sich hierbei sozusagen um die Grundlage, auf der Sie mit Excel arbeiten.

Arbeitsmappe

In Excel bezeichnet man die Blätter, die Sie bearbeiten, als »Arbeitsmappe«.

Arbeitsspeicher

Den Arbeitsspeicher bezeichnet man auch als RAM, d. h. »Random Access Memory«. Es handelt sich dabei um einen Speicher, der aktuelle Daten beinhaltet und dessen Inhalt beim Ausschalten des Computers gelöscht wird.

Argumente

Geben an, was eine Funktion wie bearbeiten soll.

Ausschneiden

Ausschneiden transportiert den Inhalt der markierten Zellen oder die markierten Objekte in die Zwischenablage, von wo sie in andere Zellen oder Zellenbereiche, aber auch auf andere Programmfenster geholt werden können. Im Gegensatz zum Kopieren wird das Original dabei gelöscht.

AutoAusfüll-Funktion

Tippen Sie die Eingaben ein. Sie erkennen, dass Sie ein Wort nur einmal neu schreiben müssen, beim zweiten Mal erscheint es nach wenigen Zeichen automatisch als Vorschlag. Sie übernehmen den vorgeschlagenen Ausdruck über die ⌈Enter⌉-Taste. *Achtung:* Diese Funktion ist nur in Spalten verfügbar und nur dann, wenn zwischen den bereits eingegebenen Daten und der aktuellen Zelle keine Leerzeile steht. Die Funktion kann auch nicht ausgeführt werden, wenn es sich bei der Dateneingabe um Zahlen, Datums- oder Zeitwerte handelt. Excel „erkennt" Begriffe anhand der Buchstabenfolge.

AutoFilter

Sie verhindern die Anzeige bestimmter Datensätze, indem Sie diese per Kriterien »herausfiltern«.

Bearbeitungsleiste
Sie erkennen hier den Inhalt der aktiven Zelle und bearbeiten Zelleneingaben (Texte, Zahlen, Formeln).

Bedingung
Mit einer Bedingung formulieren Sie einen Ausdruck. Voraussetzung für das Ausführen der Anweisungen, die dieser Bedingung zugeordnet sind, ist, dass der Ausdruck *WAHR* ist. Wenn der Ausdruck nicht *WAHR* ist, werden die Anweisungen entweder übersprungen oder es werden Alternativanweisungen ausgeführt. Eine Bedingung definieren Sie in Excel mit der Funktion *WENN()*.

Bereichsadresse
Die Bereichsadresse besteht aus den Koordinaten eines Zellenbereichs. So kann ein Bereich beispielsweise lauten: C3:C5.

Bezug
Unter einem Bezug versteht man eine Zellenadresse oder einen Zellenbereich in der Tabelle. Es wird zwischen absoluten und relativen Bezügen unterschieden.
Absolut bedeutet, dass die Zelle oder der Bereich selbst gemeint ist, während der relative Bezug nur den Weg zu dieser Zelle festhält.
Die Absolut-Schreibweise verwendet man, damit sich Zellenbezüge beim Kopieren nicht verändern.

Bildlaufleiste
Um innerhalb eines Arbeitsblatts schneller zu blättern (scrollen, rollen), bedient man sich der Bildlaufleisten am rechten und unteren Bildschirmrand.

Blattregister
Befinden sich am unteren Bildschirmrand und zeigen die Namen der Arbeitsblätter der Mappe an.

ClipArt
Excel verfügt über eine kleine Bibliothek vorgefertigter Grafiken, die so genannte ClipArt-Galerie.

CPI
Abkürzung für »Characters Per Inch«, dt. Zeichen pro Zoll (1 Zoll = 2,54 cm). Es ist die Maßeinheit für die Zeichendichte bei Druckern.

Cursor
Positionsanzeiger auf dem Bildschirm in der Form eines blinkenden Lichtflecks oder eines Pfeils. Er markiert die Stelle, an der die nächste Ein- bzw. Angabe des Benutzers erscheinen wird.

3D
Einige Diagrammtypen verwenden dreidimensionale Elemente, um das Zahlenmaterial grafisch darzustellen. Es existieren u. a. 3D-Balken, 3D-Säulen, 3D-Flächen und sogar 3D-Oberflächen. In Excel können Sie jederzeit zwischen verschiedenen Diagrammtypen wechseln.

Datei
Alles, was Sie mit einem Windows-Programm wie Excel oder Word erstellen und abspeichern, wird zu einer Datei.

Datenbank
Eine Datenbank ist eine geordnete Sammlung zusammengehörender Daten, beispielsweise Adressen.

Datenfeld
Bei einem Datenfeld handelt es sich um die kleinste eigenständige Einheit einer Datenbank. Ein oder mehrere Datenfelder bilden einen Datensatz. Beispielsweise könnte ein Adressdatensatz aus den Datenfeldern Name, Vorname, Straße und Ort zusammengesetzt sein.

Datenträger
Als Datenträger bezeichnet man ein Speichermedium, auf dem Sie Ihre Arbeitsmappe dauerhaft abspeichern können, z. B. ein USB-Stick oder eine Festplatte.

Datum
Excel verwendet einen internen Kalender. Das aktuelle Datum bezieht das Programm aus der Systemuhr Ihres Rechners bzw. aus der Datumseinstellung der Windows-Systemsteuerung.

=JETZT()	Tagesdatum mit Uhrzeit
=HEUTE()	Tagesdatum

Deinstallieren
Einige Programmpakete enthalten neben einem Installationsprogramm zusätzlich ein Programm, das die Dateien einer installierten Anwendung löscht. Andere Programme wie z. B. Excel oder Word ermöglichen eine Deinstallierung innerhalb des Setup-Programms.

Dialogfelder
Sie dienen für die Eingabe von Daten und für die Auswahl von Befehlen. Es findet also zwischen Ihnen – als Anwender – und Excel ein Dialog statt.

Download
Herunterladen einer Datei oder eines Programms auf den eigenen Rechner.

Drag&Drop
Englische Bezeichnung für Ziehen und Ablegen. Grafische Benutzeroberflächen wie Windows bieten dieses Verfahren an, das es ermöglicht, den Mauszeiger auf ein Symbol zu bewegen, die linke Maustaste zu drücken und zu halten, bis das Symbol an eine andere Stelle bewegt und abgelegt wird.

Eigenschaften
Zusatzinformationen, die mit einer Arbeitsmappe abgespeichert werden. Dazu gehören statistische Informationen über die Bearbeitungsdauer, Größe, Druck-, Speicher- und Veränderungsdaten und optionale Eintragungen wie Titel, Autor, Stichwörter oder Kommentare.

Ergebnis
Das Ergebnis einer Formel wird immer in der Zelle angezeigt, in der sich die Formel befindet.

Farbpalette
Die Farbpalette stellt Ihnen in Form von kleinen Farbkästchen eine Auswahl verschiedener Farben zur Verfügung. Ein einfacher Mausklick auf

ein Kästchen genügt, um eine Farbe auszuwählen.

Fehlermeldung

Eine Meldung des Computers, dass eine bestimmte Aktion nicht ausgeführt werden kann oder dass mit den Vorgängen, die auf Ihrem Computer ablaufen, etwas nicht in Ordnung ist. Wenn Sie hierzu Rat einholen möchten, sollten Sie sich den Text der Fehlermeldung und ggf. den dazugehörigen Fehlercode aufschreiben.

Fehlerwerte

Ein Wert, den Excel in einer Zelle ausgibt, wenn die dort enthaltene Formel kein korrektes Ergebnis liefern kann, weil die Formel entweder einen logischen Fehler enthält oder die Bezüge auf Zellen mit dem falschen Datentyp bzw. auf leere Zellen hinweisen. Ein Fehlerwert beginnt in Excel immer mit dem Zeichen »#«.

Festplatte

Die Festplatte ist (in der Regel) ein in dem Computer eingebautes Speichermedium, das es erlaubt, größere Datenmengen auch dann zu verwahren, wenn der Computer nicht mehr mit Strom versorgt wird.

Formatierung

Bestimmt das Aussehen (u. a. fett, kursiv, Schriftart) eines Textes auf dem Bildschirm und beim Drucken.

Formel

In Excel eine mit Gleichheitszeichen angegebene Berechnung.

Funktion

Zur Berechnung bestimmter mathematischer Aufgaben werden Formeln eingesetzt.

Kalkulation

Kalkulieren = »berechnen, überlegen«. Eine Abwandlung des lateinischen Worts »calculare« (wörtliche Übersetzung: mit Rechensteinen umgehen).

Kontextmenü

Wird die rechte Maustaste gedrückt, öffnet sich ein Kontextmenü. Der Name besagt, dass die Zusammenstellung der einzelnen Menüpunkte davon abhängig ist, in welchem Kontext bzw. in welcher Arbeitssituation die Taste angeklickt wird.

Legende

Als Legende bezeichnet man die Erklärungen der Darstellungen in einem Diagramm.

Liste

Geschlossener Bereich in einer Tabelle.

Makro

Aufeinanderfolge aufgezeichneter oder geschriebener Befehle, die Aktionen auslösen und durch den Aufruf nacheinander abgearbeitet werden.

Multifunktionsleiste

Die Multifunktionsleiste ist wie eine Art »Karteikasten« dargestellt, der verschiedene Karten (= Registerkarten) enthält. Auf jeder Registerkarte finden Sie die unterschiedlichsten Befehle,

abhängig davon, was Sie gerade in Excel 2007 bearbeiten.

Mustervorlagen
Sie enthalten vorbereitete Tabellenblätter und werden als Unterlage für neue Arbeitsmappen verwendet.

Operator
Ein Operator ist ein Zeichen, mit dem bestimmt wird, wie zwei Ausdrücke (z. B. Zahlen) miteinander verbunden oder verglichen werden sollen.

Option
Verändert die Einstellungen von Excel 2007. Meistens wird sie auf einer Registerkarte aktiviert.

Registerkarten
Um ein Dialogfeld noch einigermaßen übersichtlich zu gestalten, sind viele als eine Art »Karteikasten« dargestellt, der verschiedene Karten enthält.

Reiter
Registerkarten verfügen über »Reiter« (auf denen der jeweilige Name steht), die dazu dienen, eine Karte in den Vordergrund zu holen.

Rubrik
So bezeichnet Excel den Inhalt der X-Achse eines Diagramms, der in der Praxis meist aus der ersten Zeile oder Spalte des dargestellten Zellenbereichs gebildet wird.

Rückgängig
Über diese Schaltfläche wird Ihr zuletzt getätigter Arbeitsschritt rückgängig gemacht. Mit jedem Anklicken wird ein weiterer Arbeitsschritt aufgehoben.

Seitenumbruch
Die Stelle in einem Arbeitsblatt, an der eine Seite endet und eine neue beginnt.

Skalierung
Mithilfe der Skalierung werden in Excel die Skalenabstände der Achsen eines Diagramms festgelegt. Selbstverständlich ändert sich dadurch auch die Darstellungsgröße der Diagrammelemente.

Spalte
Eine Spalte bezeichnet die vertikale Ebene einer Tabelle. Sie werden durch Buchstaben adressiert: A, B, C, …

Speicherplatz
Die Anzahl der Bytes (= Zeichen), die auf einer Festplatte oder einer Diskette für die Speicherung von Daten oder Programmen zur Verfügung steht.

Stammdaten
Daten, die nur selten oder überhaupt nicht geändert werden (wie Name und Anschrift).

Summe
Die Standardfunktion der Excel-Tabelle, für die eine eigene Schaltfläche verfügbar ist. Setzen Sie den Zellzeiger unter oder neben den Bereich, den Sie summieren wollen, und klicken Sie auf das Sigma-Zeichen.

Excel markiert automatisch den zu summierenden Bereich, den Sie mit einem weiteren Klick bestätigen.

Die Funktion lautet:

=SUMME(Bereich)

Um mehr als einen Bereich zu summieren, geben Sie die Bereiche mit dem Trennzeichen Semikolon an:

=SUMME(Bereich1; Bereich2)

Symbolleiste für den Schnellzugriff

In dieser Leiste von Excel 2007 stellen Sie sich Ihre Befehle anhand von Schaltflächen selbst zusammen. Abhängig davon, was Sie häufig benötigen, platzieren Sie den Befehl in die Symbolleiste und können ihn so über die Schaltfläche schnell ausführen.

Syntax

Bezeichnung für den Aufbau einer Formel.

Tastenkombination

Sie drücken erst die eine Taste, halten sie fest und betätigen dann die zweite. Dadurch wird eine bestimmte Funktion ausgeführt.

Titelleiste

Hier steht immer, in welcher Arbeitsmappe Sie sich gerade befinden.

Top 10

Listet die ersten zehn Datensätze nach Selektion auf: die höchsten Zahlen, Prozente, usw.

Verzeichnis

Verzeichnisse sind wie die Schubladen eines Schranks (= Festplatte).

Alle Dateien, die zusammengehören, kommen in dieselbe Schublade (= Verzeichnis).

Zellenbereich

Mehrere Zellen zusammen bilden einen Bereich.

Zellen

Die Felder, wo Spalten und Zeilen sich treffen, bezeichnet man in Excel als »Zellen«.

Zirkelbezüge

Sobald sich eine Formel direkt oder indirekt auf eine Zelle bezieht, die diese Formel enthält, spricht man von einem Zirkelbezug.

Zoom

Mit der Zoomfunktion von Excel vergrößern oder verkleinern Sie die Draufsicht auf das jeweilige Arbeitsblatt.

Zwischenablage

Um Texte von einer Stelle im Dokument an eine andere zu verschieben bzw. zu kopieren, wird normalerweise die Zwischenablage (auch temporärer Speicher genannt) von Office genutzt. Durch die Befehle *Kopieren* oder *Ausschneiden* wird der Text hier aufgenommen und kann bei Bedarf (durch den Befehl *Einfügen*) wieder eingefügt werden.

Liebe Leserin, lieber Leser,

herzlichen Glückwunsch, Sie haben es geschafft. Excel 2007 ist Ihnen nun vertraut. Ist es Ihnen nicht viel leichter gefallen, als Sie am Anfang dachten? Genau das ist das Ziel unserer Bücher aus der easy-Reihe. Sie sollen helfen, erfolgreich die ersten Schritte zu gehen, und den Leser auf keinen Fall mit unverständlichem Fachchinesisch überhäufen.

Als Lektorin hoffe ich, dass Sie durch das Buch die richtige Unterstützung bekommen haben. Denn für Ihre Zufriedenheit stehen alle Beteiligten mit ihrem Namen: der Verlag, die Autoren, die Druckerei.

Aber niemand ist perfekt. Wenn Sie Anregungen zum Buch und zum Konzept haben:

Schreiben Sie uns.

Denn nur durch Sie werden wir noch besser.

Ich freue mich auf Ihr Schreiben!

Birgit Ellissen
Lektorin Markt + Technik
Pearson Education Deutschland GmbH
Martin-Kollar-Str. 10–12
81829 München
E-Mail: bellissen@pearson.de
Internet: http://www.mut.de

Stichwortverzeichnis